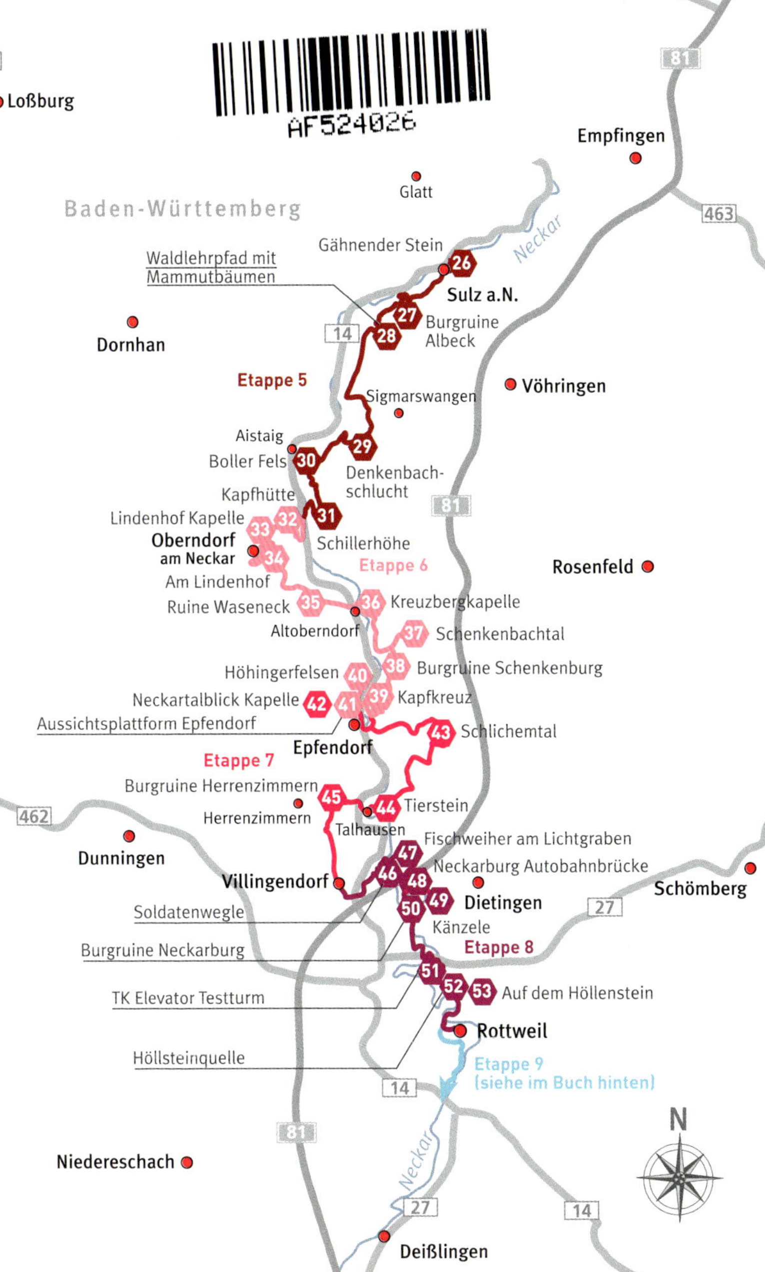

AF524026
Loßburg
Empfingen
Glatt
Baden-Württemberg
Gähnender Stein
Neckar
Waldlehrpfad mit
Mammutbäumen
26
Sulz a.N.
27
Burgruine
Albeck
28
14
Dornhan
Etappe 5
Sigmarswangen
Vöhringen
Aistaig
29
Boller Fels
30
Denkenbach-
schlucht
Kapfhütte
31
Lindenhof Kapelle
32
33
Oberndorf
am Neckar
34
Schillerhöhe
Etappe 6
Rosenfeld
Am Lindenhof
Ruine Waseneck
35
36
Kreuzbergkapelle
Altoberndorf
37
Schenkenbachtal
38
Burgruine Schenkenburg
Höhingerfelsen
40
Neckartalblick Kapelle
42
41
39
Kapfkreuz
Aussichtsplattform Epfendorf
43
Schlichemtal
Epfendorf
Etappe 7
Burgruine Herrenzimmern
45
44
Tierstein
Herrenzimmern
Talhausen
Dunningen
Fischweiher am Lichtgraben
47
Neckarburg Autobahnbrücke
Villingendorf
46
48
49
Dietingen
Schömberg
Soldatenwegle
50
Känzele
Burgruine Neckarburg
Etappe 8
51
TK Elevator Testturm
52
53
Auf dem Höllenstein
Rottweil
Höllsteinquelle
Etappe 9
(siehe im Buch hinten)
Niedereschach
Neckar
N
Deißlingen
81
463
462
27
14

SEBASTIAN WENZEL

# Wandern statt Fahren an der A81 Stuttgart – Bodensee

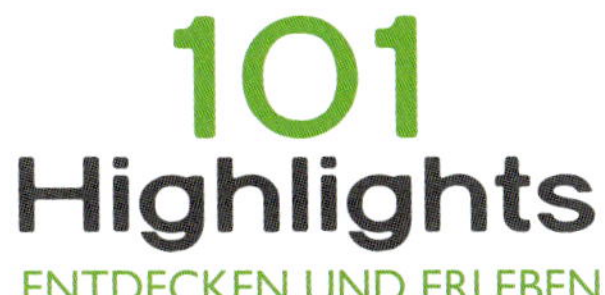

SEBASTIAN WENZEL

# Wandern statt Fahren an der A81 Stuttgart – Bodensee

# 101 Highlights

## ENTDECKEN UND ERLEBEN

Oertel + Spörer

## 4 Etappe, 23,7 km
## Horb - Sulz



## 5 Etappe, 17,7 km
## Sulz - Oberndorf



## 6 Etappe, 21,4 km
## Oberndorf - Epfendorf

## 7 Etappe, 16,1 km
## Epfendorf - Villingendorf



## 8 Etappe, 16,0 km
## Villingendorf - Rottweil



## 9 Etappe, 21,5 km
## Rottweil - Deißlingen

## 10 Etappe, 24,4 km Deißlingen - Villingen-Schwenningen



## 11 Etappe, 25,2 km Villingen-Schwenningen - Bräunlingen



## 12 Etappe, 16,9 km Donaueschingen - Gutmadingen,

## 13 Etappe, 16,2 km
## Gutmadingen - Geisingen,



## 14 Etappe, 23,2 km
## Geisingen - Engen



## 15 Etappe, 21,8 km
## Engen - Mühlhausen

## 16 Etappe, 17,1 km
## Mühlhausen - Singen

# Vorwort

200 Kilometer auf der A81? Und das zu Fuß? Nein, ganz so wagemutig bin ich nicht. Davon abgesehen, dass es nicht nur laut und unangenehm, sondern auch gefährlich und zudem verboten ist, wären die äußeren Eindrücke entlang der Strecke vermutlich genau die, die man auch vom Auto aus gehabt hätte. Also nichts als das Gewohnte! Durch viele Fahrten sind Abgespeichertes, Ansichten und Blicke im Gedächtnis, die man schon lange kennt!

Auf der A81 kann man bei normalen Verkehrsverhältnissen in knapp zwei Stunden von Stuttgart aus den Bodensee erreichen. Gönnt man sich jedoch ein wenig Zeit und Muße, gibt es rechts und links der viel befahrenen Verbindung so manch Lohnendes zu entdecken. Deshalb, und auch um möglichst wenig Entdeckenswertes zu verpassen, mein Entschluss, in gebührendem Abstand zum unablässigen Verkehrsstrom die gesamte Strecke zu erwandern – insgesamt 330 Kilometer, aufgeteilt in 16 Wandertage mit Tagesstrecken von durchschnittlich 20 bis 25 Kilometern.

Die meisten Highlights sind von der Autobahn bequem zu erreichen. Die Wegbeschreibung mit dem Auto beginnt immer an der naheliegendsten Autobahnausfahrt. Aber auch mit den Öffentlichen Verkehrsmitteln sind die meisten Ziele gut zu erreichen.

In der Vorbereitung dieses Projekts habe ich mich schlau gemacht und 101 Highlights abseits der Autobahn recherchiert, um dem Leser*innen einen Anreiz zu bieten, auf der Fahrt entlang der A81 zwischen Stuttgart und dem Bodensee auch mal einen besonderen, wohltuenden Zwischenstopp einzulegen. Oder auch nur, damit sich die Autofahrer*innen mit Hilfe meines Buches nähere Eindrücke von dieser sehr schönen und abwechslungsreichen Landschaft verschaffen können. Ich würde mich natürlich sehr freuen, bei Ihnen, meinen Leser*innen, Neugierde zu wecken, um Verborgenes, scheinbar Unscheinbares entdecken zu wollen.

Ich habe im Frühjahr meine Wanderung am Schönbuchturm bei Herrenberg begonnen und unternahm zu Beginn immer Tageswanderungen. Das heißt, ich fuhr am Ziel meiner Wanderung immer wieder mit dem Zug zurück nach Hause. Bei nächster Gelegenheit – wenn das Wetter passte,

meine Termine es zuließen – bin ich mit der Bahn wieder zum Endpunkt meiner vorherigen Etappe gefahren. So schaffte ich es, nach den ersten acht Tagen in Rottweil anzukommen. Die letzten acht Teilstrecken habe ich zu Beginn der Sommerferien in Baden-Württemberg, Anfang August, am Stück zurückgelegt, mit einem Standquartier in Rottweil.
Im Buch gibt es zu jedem Highlight im Steckbrief bei **Hinkommen** die GPS-Koordinaten sowie einen QR-Code. Durch Scannen des QR-Codes gelangt man zur Verortung des Highlights auf Google Maps. Ebenso gibt es dann die Möglichkeit, sich direkt zum Highlight navigieren zu lassen.
Über Feedback oder konstruktive Hinweise freue ich mich immer.

Gerne können Sie mich kontaktieren: www.fotografie-wenzel-stuttgart.de.

Sebastian Wenzel, im Februar 2022

**Über die Ausrüstung**

In meinem Tagesrucksack sind mindestens zwei 1 ½ Liter Wasserflaschen drinnen, meistens noch eine weitere 1 Liter Flasche sowie etwas zum Essen, meist zwei Brezeln sowie etwas Süßes. Am liebsten Gummibärchen, da Schokolade an heißen Tagen schmilzt, Traubenzucker und etwas zu lutschen, wenn der Mund mal trocken ist.

Eine Regenjacke, auch an trockenen Tagen. Man weiß nie! Und – immer mit langer Zipphose, um die Beine zu schützen. Vor hohen Brennnesseln oder vor einem Sonnenbrand. Hut und Wanderstöcke sind natürlich auch immer dabei. Ein Ersatz-T-Shirt sollte auch immer dabei sein. Ein Unterhemd ist auch im Sommer von Vorteil, wenn das Shirt nass ist, liegt es nicht direkt auf der Haut.

Nach genügend Wasser ist das Zweitwichtigste eine geladene Powerbank. Fototechnisch eher reduziert, aber hochwertig. Ich habe mich für eine kleine Leica D-Lux7 entschieden, die hat für die Größe einen recht großen 1-Zoll-Sensor, ist kompakt und äußert angenehm zu bedienen. Dafür habe ich mindestens zwei geladene Ersatzakkus dabei.

**Wichtige Apps**

Ich kann nur komoot empfehlen. Touren lassen sich im Vorhinein dank empfohlener Wanderziele hervorragend planen. Die Karten und gpx-Dateien sind gut herunterzuladen, sodass man sich auch offline navigieren lassen kann. Die Touren können auch unterwegs korrigiert und angepasst werden.

Für das Wetter empfehle ich meteogram sowie WeatherPro und Warn-Wetter (Regenradar). Man sollte sich nie auf nur eine Wetter-App verlassen. Ich vergleiche immer alle drei genannten. Wenn die Prognose recht übereinstimmt, ist die Wahrscheinlichkeit auf das eintreffende Wetter sehr hoch! Zum Reisen nutze ich die DB Navigator-App.

# Autor

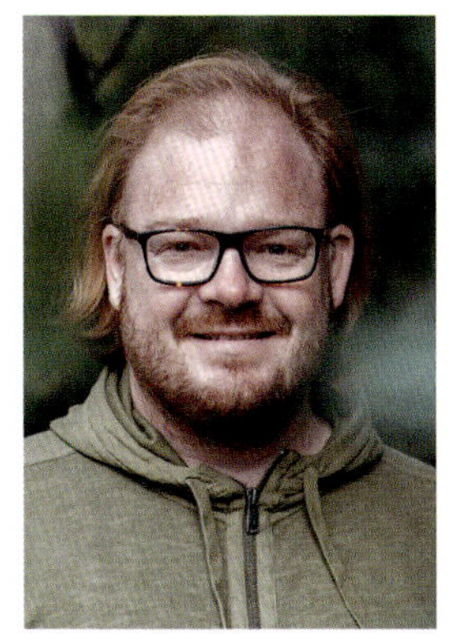
Foto: Martin Stollberg

**Sebastian Wenzel**
Arbeitet als selbstständiger Fotograf und wohnt in Stuttgart. Die Fotografie ist für ihn weit mehr als nur ein Hobby oder ein Beruf. Sie ist Lebensinhalt und bietet die Möglichkeit, sich auszudrücken und persönlich weiter zu entwickeln. Draußen in der Natur zu sein und ständig Neues zu entdecken, lassen sich wunderbar mit der Fotografie verbinden.
Wenzel ist unter anderem „Haus und Hoffotograf" für das Literaturhaus Stuttgart, ist für verschiedene Immobilienunternehmen tätig, fertigt für sie sowohl Außen- als auch Innenaufnahmen verschiedener Objekte an und ist für die Werbeagentur Ströer Deutsche Städte Medien GmbH unterwegs. Natürlich ist er auch für private Anfragen buchbar.

Folgen Sie sebastianwenzel86 auf Instagram, um regelmäßig neue Fotos aus der Region Stuttgart zu sehen.

**Dankeschön**
Einen ganz besonderen Dank möchte ich meinem engen Freund Rainer Schmid-Vasterling aussprechen, der sich viel Zeit genommen hat, meinen bereits vorgefertigten Texten einen sowohl professionellen als auch lebendigen Ausdruck zu verleihen, bevor sie ins Lektorat gingen.
Ebenfalls möchte ich mich ganz herzlich bei meiner Lektorin, Ulrike Weiler, für unsere stets konstruktive Zusammenarbeit bedanken, die zu jeder Zeit für Fragen und Anregungen zur Seite stand und den Texten den letzten Feinschliff gab.

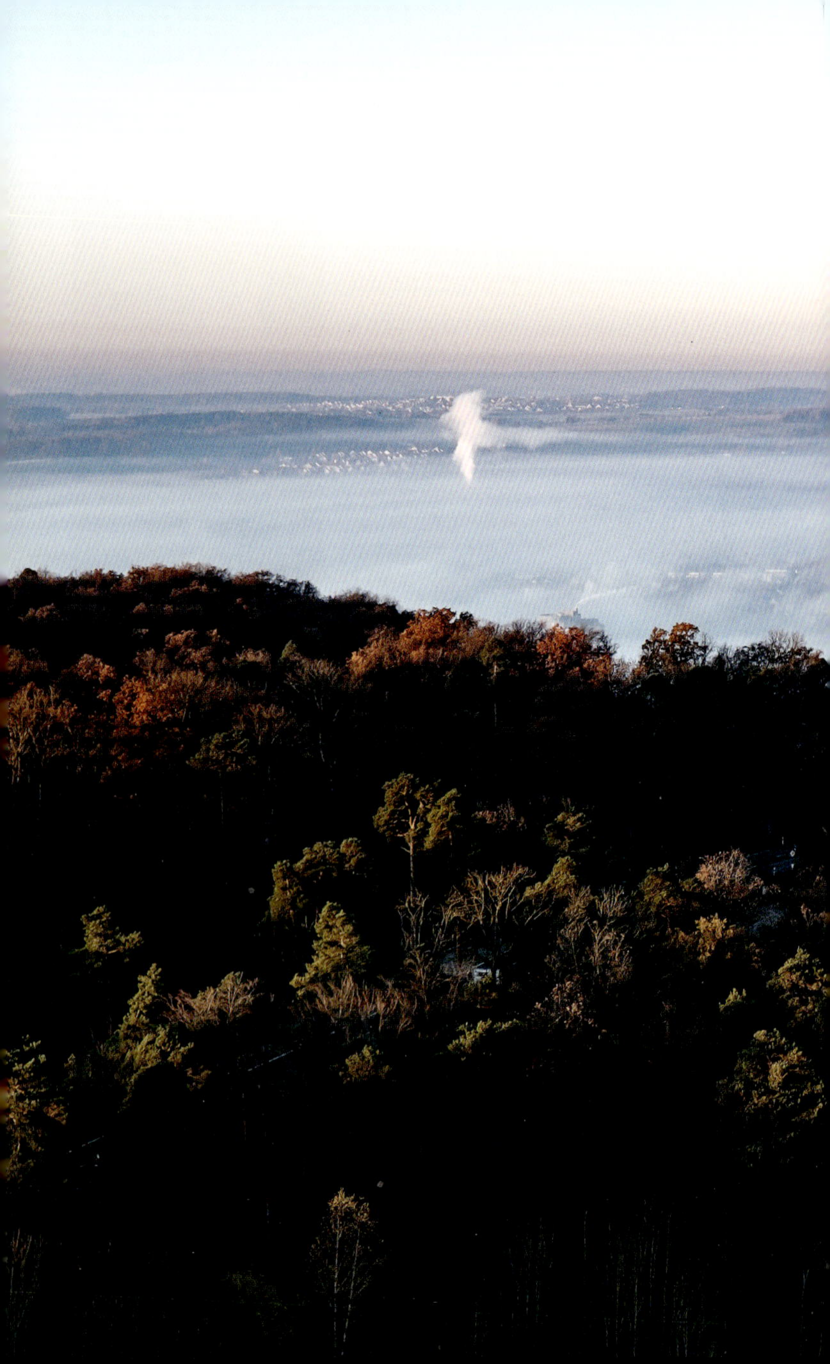

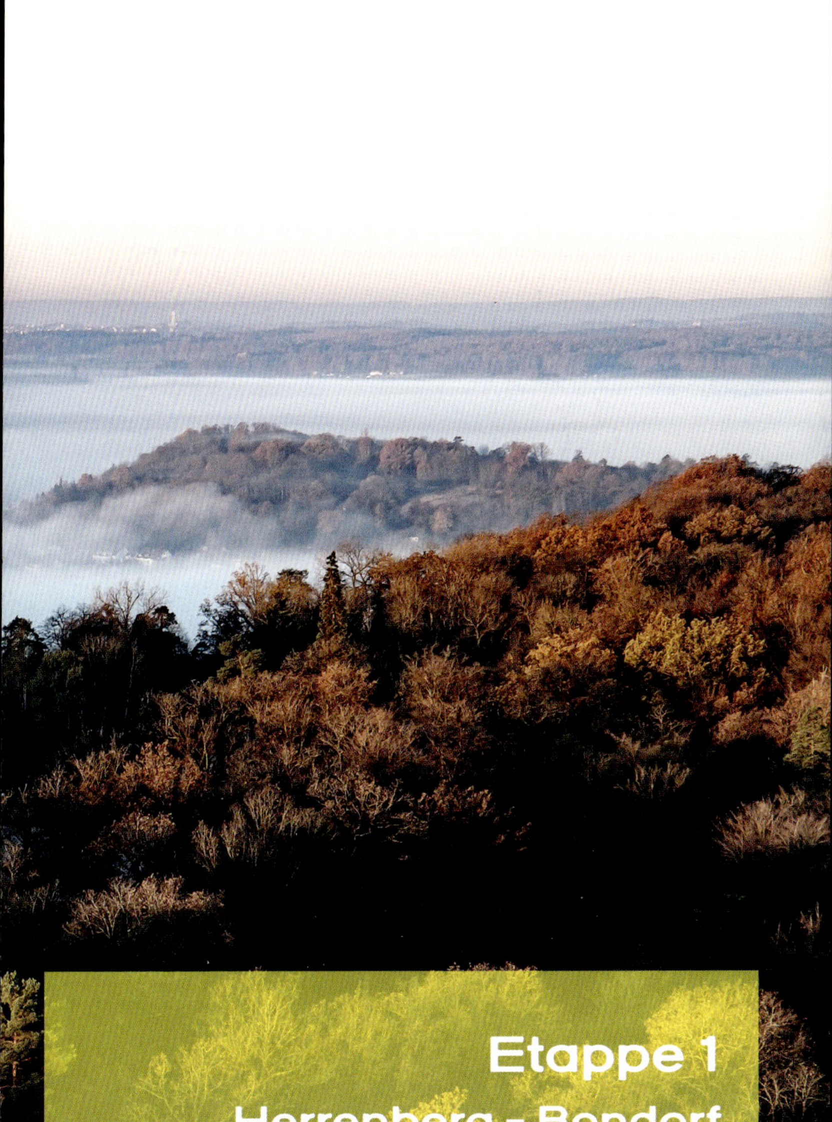

# Etappe 1

## Herrenberg - Bondorf

# 1 SCHÖNBUCHTURM, HERRENBERG

## Unkonventionelle Konstruktion

**Hinkommen:**
48°36'14.5"N 8°54'35.5"E

**Mit dem Auto:**
A81, Ausfahrt 28, Herrenberg.
B296 Richtung Herrenberg. In Herrenberg rechts auf die Hildrizhauser Straße. Dem Straßenverlauf gut 3 Kilometer folgen. Parkplätze gibt es auf Höhe Waldfriedhof. Dem Hinweisschild zum Turm folgen.
**Vom Parkplatz bis zum Turm sind es etwa 500 Meter.**

**Mit dem ÖPNV:**
S-Bahn oder Regionalbahn bis Herrenberg. Dann mit dem Bus 782 Richtung Herrenberg Waldfriedhof, Ausstieg Waldfriedhof (Endstation).
Dem Hinweisschild am Parkplatz bis zum Turm folgen.
**Vom Waldfriedhof bis zum Turm sind es etwa 500 Meter.**

**Tourbeschreibung:**
Vom Parkplatz bis zum Turm geht es überwiegend auf gut asphaltiertem Weg durch Laubwald.

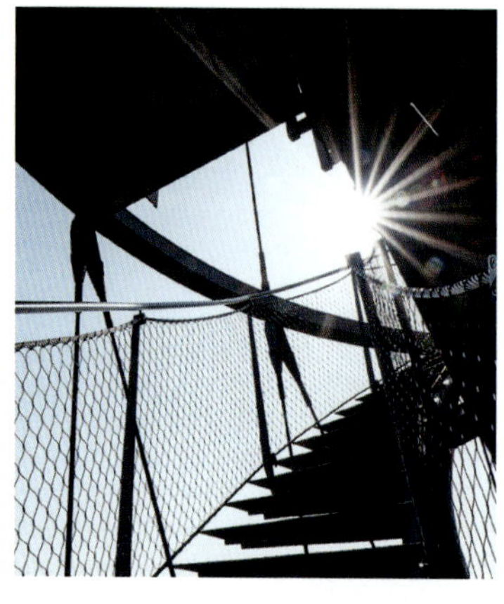

Ich beginne meine Strecke am Schönbuchturm. Der auffällige, hochragende Turm ist ein würdiger Startpunkt, denke ich, da ich besonders von der höchsten Plattform aus einen ersten vielversprechenden Eindruck bekomme, was alles noch an Wanderstrecke vor mir liegt. Auf meiner Fahrt mit der Bahn von Stuttgart nach Herrenberg erkenne ich bereits kurz vor Herrenberg das fast wie ein neues Wahrzeichen des Schönbuchs wirkende Ausflugsziel. Mit seiner un-

konventionellen Konstruktion, die entgegen herkömmlicher Logik nach oben hin breiter wird, ist der Turm auf einem Höhenrücken weithin sichtbar. In Herrenberg steige ich in den Bus und fahre bis hinauf zum Waldfriedhof. Dort angekommen, geht es erst noch wenige Hundert Meter leicht ansteigend auf einem angenehmen Schotterweg durch einen Wald.
Ich erreiche den Turm und bestaune erst einmal die Konstruktion, die durch ihre acht mit Stahlseilnetzen verbundenen Lärchenholzmasten sehr filigran wirkt. Ich muss schon ein wenig Mut aufbringen, um die 35 Höhenmeter auf den schier freischwebenden Treppenstufen zu bewältigen. Aber mein Mut wird bereits auf der ersten Plattform belohnt und ich halte kurz inne, denn schon von hier aus habe ich eine wunderbare Aussicht, die mit jedem weiteren Schritt nach oben noch spektakulärer wird. Vor allem im oberen Bereich kann der Aufstieg für nicht ganz schwindelfreie Besucher durchaus eine Herausforderung sein. Ich traue mich ganz nach oben und werde mit weiten Blicken über das Gäu, den Schönbuch, die Schwäbische Alb sowie den Schwarzwald belohnt. Hier, im Herzen von Baden-Württemberg, lässt sich erahnen, wie groß und vor allem auch wie schön dieses Bundesland ist.

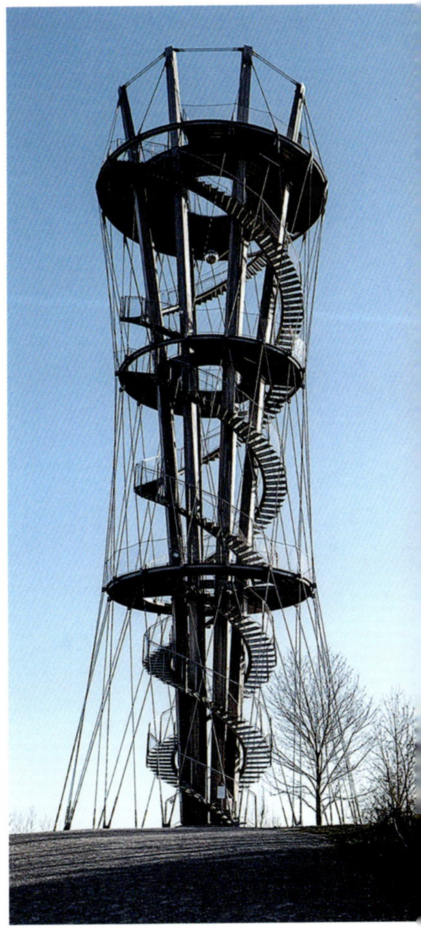

Ich nehme mir vor, den Turm zu verschiedenen Jahreszeiten zu besuchen. Denn im Herbst werde ich bestimmt ein sehr farbenfrohes Meer aus Laubwald unter mir sehen oder mit ein wenig Glück so-

gar über dem Nebel die Weite genießen können. Auch der Winter bietet sicher, wenn es denn einmal Schnee gibt, eine weitere einzigartige Atmosphäre. So ist der Turm zu jeder Jahreszeit ein schönes Wander-, Fahrrad- oder Ausflugsziel.
Ich steige die Treppen wieder hinab, gehe auf dem breiten Schotterweg zurück zum Parkplatz und weiter hinab Richtung Herrenberg.

## Tipp

Im Schönbuch gibt es unzählige Wander- und Spaziermöglichkeiten. Vor allem Wanderungen entlang des Schönbuchtraufs auf der Südseite des Schönbuchs mit vielen weiten Ausblicken ins Gäu lohnen sich. Einkehrmöglichkeit im Naturfreundehaus Herrenberg.

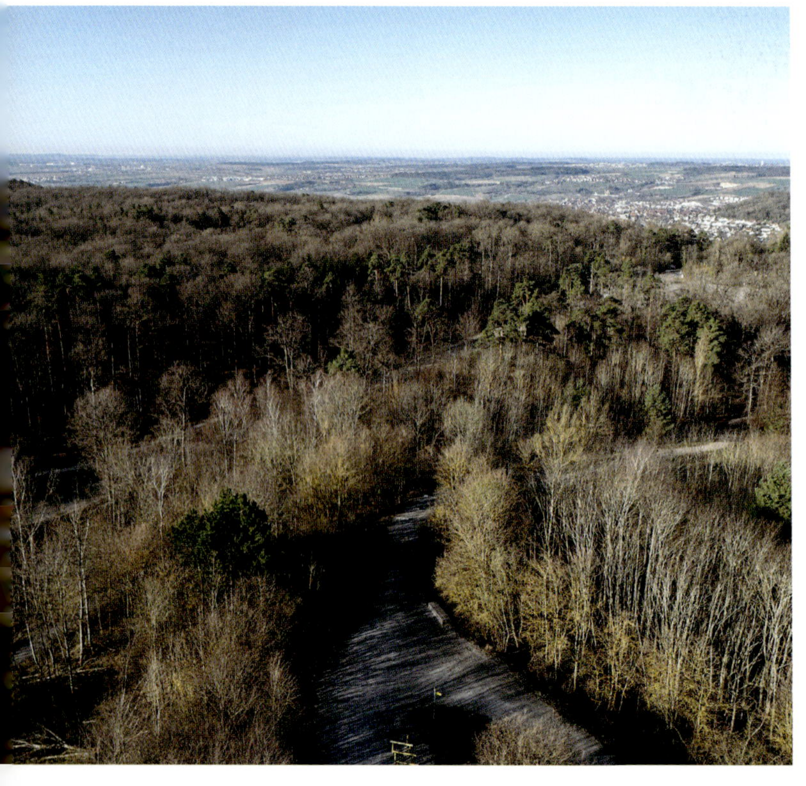

# WALDSEILGARTEN, HERRENBERG
## Kletterspaß für Groß und Klein

2

**Hinkommen:**
48°36'15.0"N 8°53'43.3"E

**Mit dem Auto:**
A81, Ausfahrt 28, Herrenberg.
B296 Richtung Herrenberg. In Herrenberg rechts auf die Hildrizhauser Straße. Dem Straßenverlauf gut 3 Kilometer folgen. Parkplätze gibt es auf Höhe Waldfriedhof. Dem Hinweisschild zum Waldseilgarten folgen.
**Ab dem Parkplatz sind es etwa 600 Meter bis zum Waldseilgarten.**

**Mit dem ÖPNV:**
S-Bahn oder Regionalbahn bis Herrenberg. Dann mit dem Bus 782 Richtung Herrenberg Waldfriedhof, Ausstieg Waldfriedhof (Endstation). Dem Hinweisschild am Wanderparkplatz zum Waldseilgarten folgen.
**Ab dem Waldfriedhof sind es etwa 600 Meter bis zum Waldseilgarten.**

**Tourbeschreibung:**
Vom Parkplatz zum Waldseilgarten geht es überwiegend auf gut asphaltiertem Weg durch Laubwald angenehm und leicht bergab.

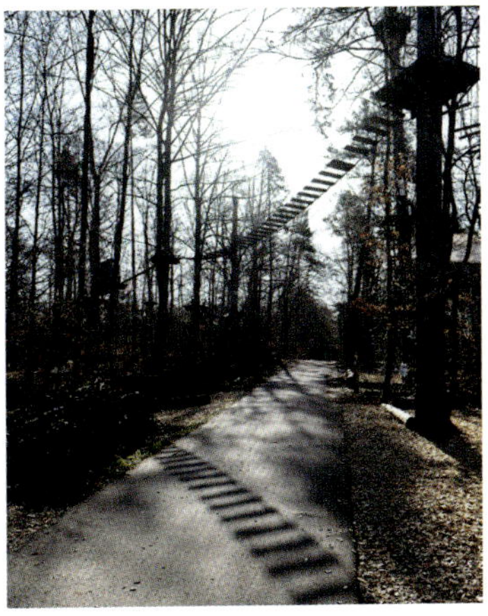

Nach den imposanten Eindrücken des Schönbuchturms geht es Richtung Waldseilgarten, der sich nur wenige Hundert Meter weiter auf der Strecke befindet. Ich gehe also wieder auf dem Schotterweg abwärts zurück durch den Wald, überquere den Wanderparkplatz und sehe Wegweiser, die mich direkt zum Waldseilgarten führen. Einem schmalen Pfad folgend, komme ich an einem kleinen, idyllischen Aussichtspunkt vorbei, der leicht abseits des Weges liegt. Direkt unter mir liegt die A81, die hier in einen

Tunnel führt. Es ist das erste Mal, dass ich auf meiner Wanderung die Autobahn sehe.

Zurück auf dem Weg treffe ich auf Informationstafeln, die über die Bedeutung des Waldes aufklären. So „erzählt“ eine alte Eiche ihre Geschichte und man lernt, wie alt und wie hoch so ein Baum werden kann. Unmittelbar danach habe ich auch schon den Waldseilgarten erreicht. Mein Weg führt direkt unter einen Parcours und ich kann mir auch als Nichtkletterer vorstellen, was es wohl für einen großen Spaß macht, hier von einer Sprosse zur nächsten zu gelangen. Das Besondere an den verschiedenen Parcours ist, dass sie in 8 bis 10 Metern Höhe, umgeben von Wald, auf Höhe der Baumkronen erklommen werden und für jede Altersgruppe unterschiedliche Anforderungen bieten. Für die besonders Mutigen wartet am Ende ein freier Fall aus 13 Metern Höhe.

Neben weiteren Freizeitaktivitäten wie Bogenschießen, Walderlebnisführungen oder GPS-Touren werden auch spezielle Teambildungsevents für Schulen, Firmen und Jugendgruppen angeboten. Am Kiosk, der an eine weitläufige

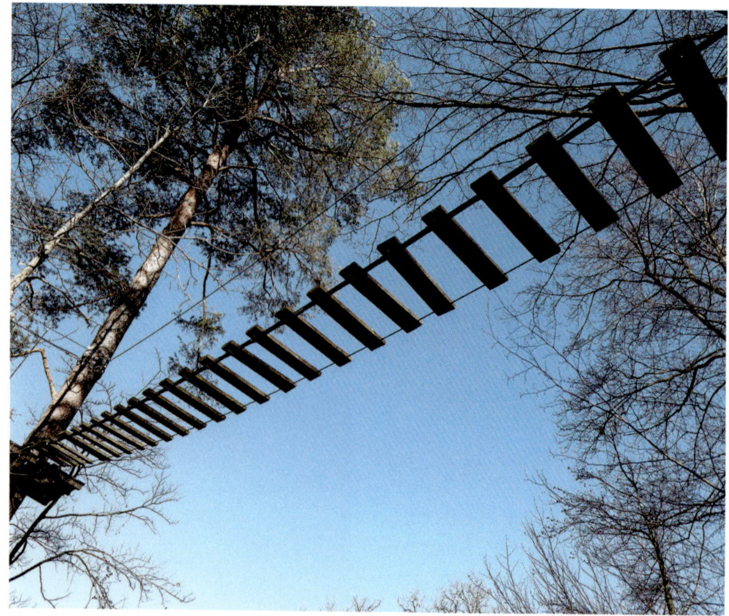

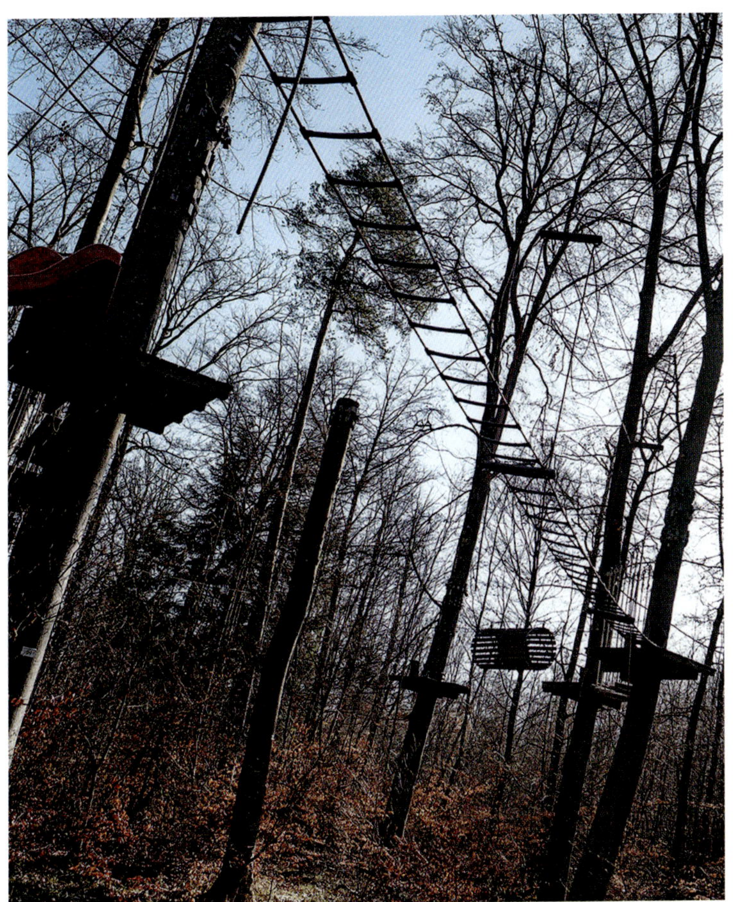

Spielwiese grenzt, gibt es Kleinigkeiten zu essen und Getränke. Ich lasse den Waldseilgarten hinter mir und folge dem Weg weiter durch den Wald zu meinem nächsten Highlight, dem Aussichtspunkt „Am Kapf".

## Tipp

Ein besonders romantisches „Dinner im Baum" zu zweit kann man im Waldseilgarten erleben.
https://www.waldseilgarten-herrenberg.de

# 3 AUSSICHT „AM KAPF", HERRENBERG

## Idyllischer Blick auf weitläufige Wiesenlandschaft

**Hinkommen:**
48°36'20.8"N 8°53'24.0"E

**Mit dem Auto:**
A81, Ausfahrt 28, Herrenberg.
B296 Richtung Herrenberg und weiter auf die B14 (Seestraße). Rechts auf Benzstraße und wieder rechts auf Stuttgarter Straße. Nächste Möglichkeit links auf „Am Joachimsberg". Parkmöglichkeiten am Parkplatz am „Roten Meer".
**Vom Parkplatz bis zum Aussichtspunkt „Am Kapf" sind es etwa 650 Meter.**

**Mit dem ÖPNV:**
S-Bahn oder Regionalbahn bis Herrenberg. Dann mit Bus 782 Richtung Herrenberg Waldfriedhof, Ausstieg Waldfriedhof (Endstation). Dem Hinweisschild am Parkplatz Richtung Waldseilgarten folgen, dann nächste Möglichkeit links abbiegen und dem Pfad folgen Richtung Kapf.
**Vom Waldfriedhof zum Aussichtspunkt am Kapf sind es etwa 1,1 Kilometer.**
Schönerer Weg: Nach Aussichtspunkt, vor dem Waldseilgarten links abbiegen (etwa 1,4 km).

**Tourbeschreibung:**
Zuerst geht es überwiegend durch Laubwald auf gut ausgebauten Wegen leicht bergab. Unterwegs gute Weitsicht.

Gemütlich geht es vom Waldseilgarten angenehm bergab durch einen schönen Laubwald. Nach wenigen Metern lockt mich jedoch ein Pfad, der scheinbar parallel zu meinem Hauptweg hinunter zum Schlossberg führt. Ich nehme diesen Abstecher und erreiche wenige Meter später eine Schranke, an der ein Schild auf ein Naturdenkmal hinweist und die vielen Wanderwegweiser darunter weisen die Gegend als ein beliebtes Naherholungs- und Wandergebiet aus. Nur wenige Schritte später weiß ich auch warum. Auf einem Hügel bietet sich mir eine grandiose Fernsicht über Herrenberg und das Gäu, am Horizont verläuft die A81. Zwei Bänke stehen da, um die weitläufige Wiesenlandschaft am Fuße des Hügels zu genießen. Ich bleibe jedoch stehen und nehme ein paar tiefe Atemzüge. Einfach nur schön. Die Neugier, diesen Pfad zu nehmen, hat sich doch mehr als gelohnt.

Anschließend gehe ich den Hügel hinab und komme an einer sehr alten Eiche vorbei, auf einem Schild lese ich, dass sie das Weidevieh vor Hitze schützen soll. Der Umfang dieser Eiche beträgt 5,55 Meter und sie ist stolze 350 Jahre alt. Neben der Eiche ist auf einer weiteren Tafel zu lesen, dass diese Umgebung hier ein flächenhaftes Naturdenkmal ist. Es handelt sich um einen der wenigen erhaltenen Halbtrockenrasen am Schönbuchrand, welche heute nur durch regelmäßige Mahd freigehalten werden

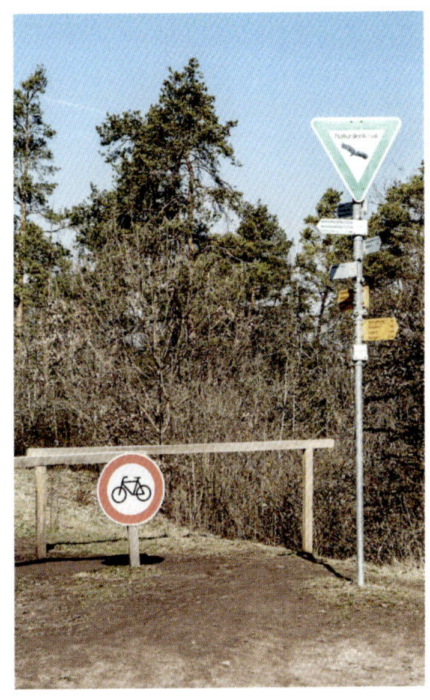

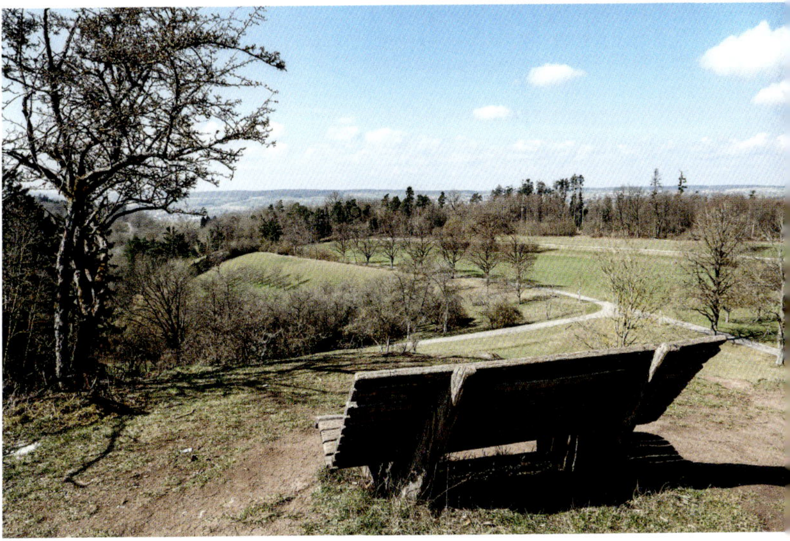

können. Die offene Landschaft mit Sicht zur Wurmlinger Kapelle bei Rottenburg bis hin zur Schwäbischen Alb ist nicht nur für mich ein wirklich schöner Wanderabschnitt. Auch für die Bewohner von Herrenberg und Umgebung ist dies hier ein herrliches Spazierparadies.
Ich habe zwar noch nicht sehr viel „Strecke gemacht", konnte aber bereits jetzt schon so einiges sehen, genießen und entdecken. Diese Erkenntnis motiviert mich für meinen weiteren Weg. Ich freue mich aufs Weitergehen und auf die nächsten tollen Motive.
Über einen lang gezogenen Höhenrücken wandere ich wiederum recht angenehm hinunter zum Schlossberg und genieße sowohl die weitläufige Wiesenlandschaft als auch die Fernsicht, ehe ich abermals in einen kurzen Waldabschnitt gelange.

## Tipp

In der weitläufigen Wiesenlandschaft, die direkt am Fuße des Aussichtshügels liegt, empfehlen sich ausgiebige Spaziergänge. Einkehrmöglichkeit im Naturfreundehaus am Parkplatz Waldfriedhof. Zum Schlossberg und in die sehenswerte, historische Innenstadt von Herrenberg ist es nicht weit.

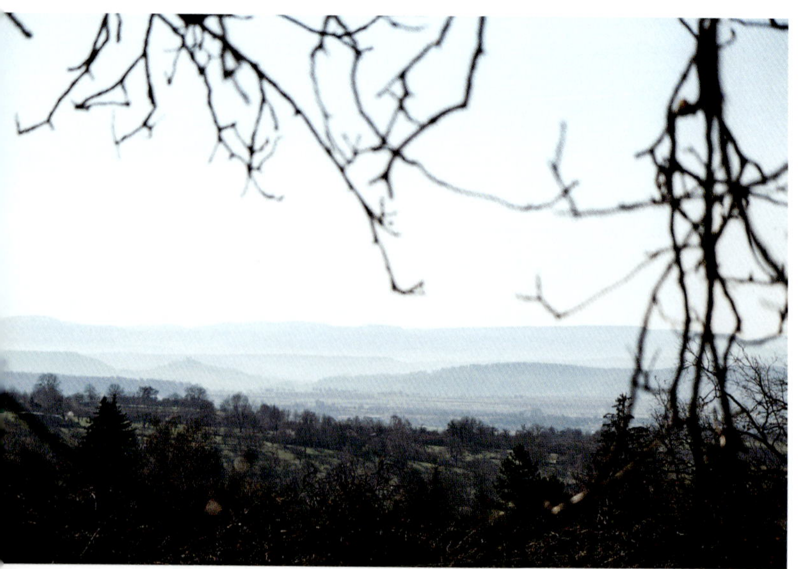

# SCHLOSSBERG ÜBER HERRENBERG, HERRENBERG

4

## Schöne Aussicht über die Stadt

**Hinkommen:**
48°35'51.8"N 8°52'26.8"E

**Mit dem Auto:**
A81, Ausfahrt 28, Herrenberg. B296 Richtung Herrenberg und weiter auf B14 (Seestraße).
Nächstgelegene Parkmöglichkeit am Parkplatz „Nufringer Tor".
Zu Fuß über den historischen Marktplatz zum Schlossberg.
**Vom Marktplatz zum Schlossberg sind es knapp 300 Meter.**

**Mit dem ÖPNV:**
S-Bahn oder Regionalbahn bis Herrenberg.
Zu Fuß über den historischen Marktplatz zum Schlossberg.
**Vom Bahnhof zum Schlossberg sind es 1,2 Kilometer.**

**Tourbeschreibung:**
Von Herrenberg kommend bergauf, eher ein Bummeln durch die historische Altstadt mit vielen Fachwerkhäusern.

Ich erreiche den am nördlichen Rand der Herrenberger Innenstadt gelegenen 523 Meter hohen Schlossberg von oben, den man auch – ein klein wenig anstrengender – in umgekehrter Richtung vom Marktplatz aus und an der wehrhaft wirkenden Stiftskirche vorbei besteigen kann.

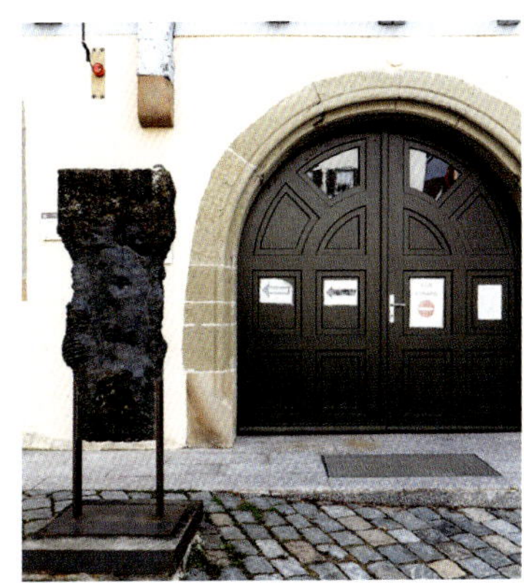

Am Schlossberg angekommen, öffnet sich mir eine große, weite Festwiese. Während auf meiner rechten Seite Reste einer Burgmauer ste-

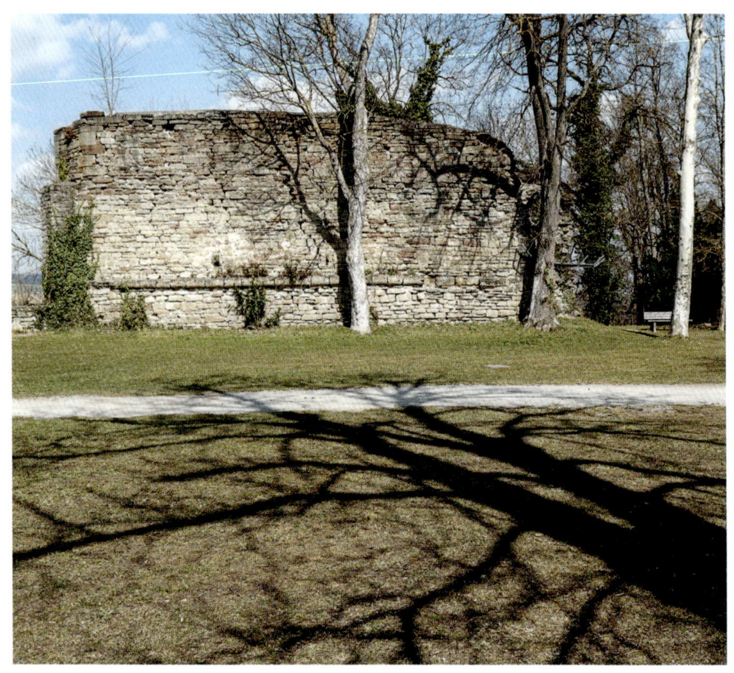

hen, bekomme ich nach links fantastische Weitblicke bis tief hinein in das Gäu und hinüber zur Schwäbischen Alb. Wenn ich nicht auf Wanderschaft wäre, könnte ich mir sehr gut vorstellen, hier auf einer Bank einfach mal sitzen zu bleiben und die Seele baumeln zu lassen. So lasse ich nur kurz das Panorama auf mich wirken. Eine weitere Aussichtsmöglichkeit gibt es auf der Plattform eines kleinen Aussichtsturms. Ich bin neugierig, was ich von dort oben noch erblicken kann. Neben Herrenberg, das mir zu Füßen liegt, erkenne ich unter anderem neben der A81 einen Steinbruch, der mein nächstes Ziel sein wird.

Da das ursprünglich sich auf dem Schlossberg befindliche Schloss nach Erdbebenschäden nicht mehr renoviert und schließlich 1807 zur Baumaterialgewinnung abgetragen wurde, existieren nur noch sehr wenige Mauerreste. Dennoch ist das Burggelände an sich sehr gut zu erkennen und allein schon wegen der phänomenalen Aussicht einen Besuch wert.

Mein Weg führt durch die Schlossanlage einige Treppen hinab, vorbei an der Stadtkirche und weiter bergab durch die historische Innenstadt. Die Fachwerkhäuser, die aus dem 17. Jahrhundert stammen, stehen als geschlossenes Ensemble um den Marktplatz und beeindrucken mich schwer. So wird mein Wandern in Herrenberg fast zu einem Bummeln bei dem mir einige Skulpturen auffallen. Die insgesamt 25 Skulpturen wurden von verschiedenen Künstler*innen gestaltet und erinnern an den Maler und Bauernführer Jerg Ratgeb (1480–1526).

Ich lasse den Marktplatz hinter mir, passiere den Bahnhof, an dem ich heute Morgen ausgestiegen bin, wandere durch das Wohngebiet von Herrenberg und freue mich, wieder in die Natur zurückzukehren.

## Tipp

Auf insgesamt 25 Stationen klärt der Fachwerkpfad über Hintergründe zu den historischen Fachwerkhäusern auf.

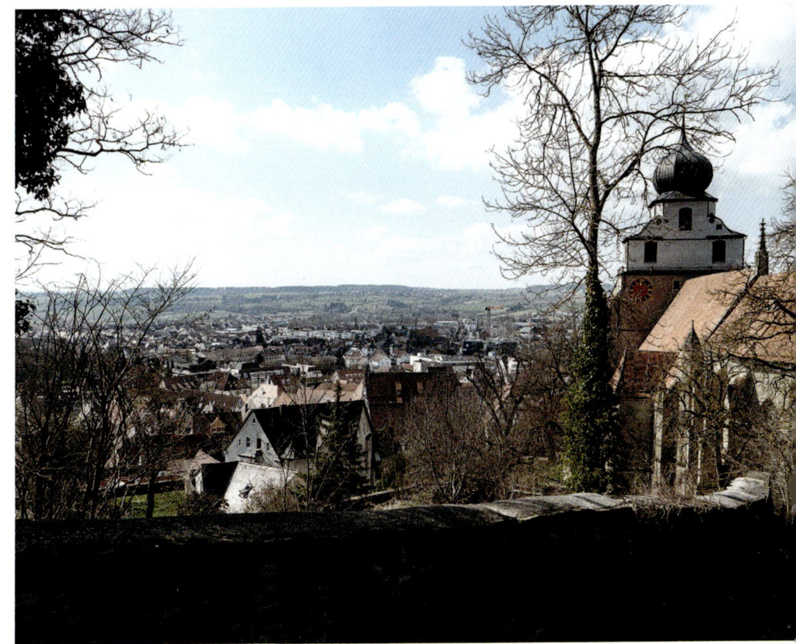

# 5 STEINBRUCH, HERRENBERG

## Umstrittene Materialgewinnung in imposanter Kulisse

**Hinkommen:**
48°35'23.0"N 8°50'32.4"E

**Mit dem Auto:**
A 81, Ausfahrt 28, Herrenberg.
B 296 Richtung Herrenberg. Der B 296 folgen, auf Höhe „Kaufland" weiter geradeaus auf die Nagolder Straße. Am Ortsausgang Herrenberg links halten bis Parkplatz Schulmeisterbuche.
Von dort zu Fuß Richtung Süd-Ost.
**Vom Parkplatz zum Steinbruch sind es etwa 1,1 Kilometer.** Der Steinbruch ist bereits sichtbar.

**Mit dem ÖPNV:**
Mit Bus X77 nach „Herrenberg Schulmeisterbuche". Von dort zu Fuß Richtung Süd-Ost.
**Von der Bushaltestelle Schulmeisterbuche zum Steinbruch sind es etwa 1,1 Kilometer.**
Der Steinbruch ist bereits sichtbar.

**Tourbeschreibung:**
Breite Feldwege mit weiten Blicken über das Gäu bis zur Schwäbischen Alb.

Mit jedem Schritt lasse ich Herrenberg hinter mir und wandere Richtung Steinbruch, den ich bereits vom Schlossberg aus erblickt habe. Aus der Ferne wirkt er eher klein und unauffällig. Da ich Steinbrüche aber generell interessant finde, reizt es mich, mir auch diesen mal genauer anzuschauen. Wie nah werde ich wohl herankommen und sehe ich überhaupt etwas? Von Feldern umgeben, auf flachen, bequem zu laufenden Wegen und mit einer Fernsicht bis hinüber zur Schwäbischen Alb nähere ich mich dem Steinbruch. Schritt für Schritt wird er größer und die Spannung steigt, da ich bereits jetzt erahne, dass ich ziemlich nah herankommen werde. Und siehe da, ich kann tatsächlich an einigen Stellen in die beeindruckende Kulisse schauen. Selbst so ein eher kleinerer Steinbruch kommt einem dann riesig vor und die Bagger und Bohrmaschinen wirken wie Spielzeug. Es gibt sogar eine Aussichtsplattform mit Bänken.

Doch dieses auf den ersten Blick fast beschaulich wirkende und attraktive Ausflugsziel ist durchaus auch Gegenstand von Auseinandersetzungen. Denn die Bewohner des direkt benachbarten Ortes Haslach fühlen sich durch die Geräuschkulisse zuweilen stark beeinträchtigt, gerade bei Sprengungen. Und der Betreiber des Steinbruchs kündigte an, den Umsatz in den nächsten

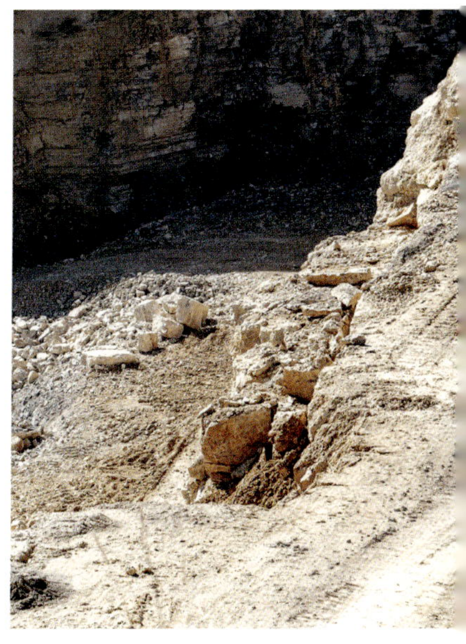

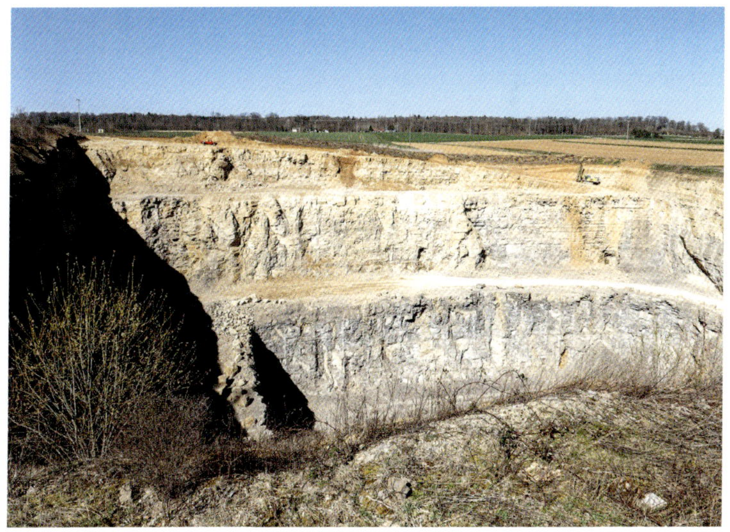

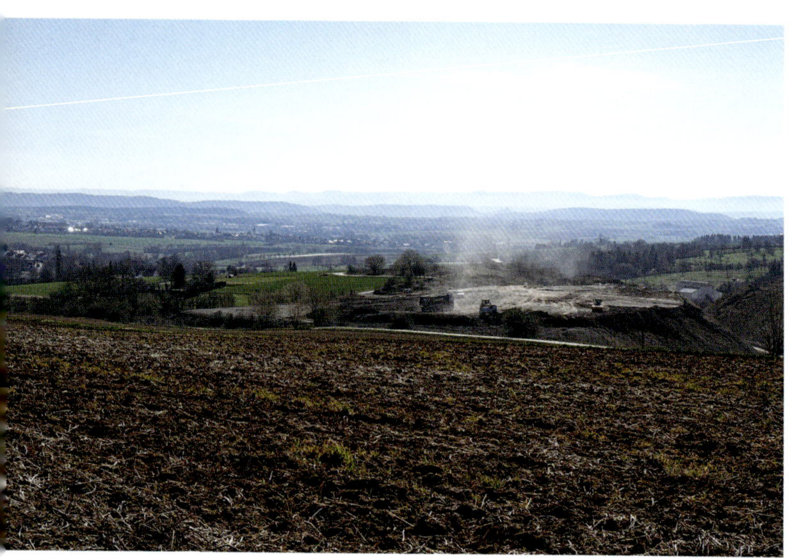

Jahren sogar noch steigern zu wollen. Die Nachfrage nach Muschelkalk, der hier abgebaut wird, ist sehr groß.

Ich möchte noch zu einer Stelle, die mir besonders geeignet erscheint, um weitere Bilder zu machen. Doch plötzlich taucht ein unerwartetes Hindernis auf – der Sprengmeister persönlich kommt auf mich zu und kündigt mir an, dass es demnächst eine Sprengung gibt und hier alles weiträumig gesperrt wird. Meine Bilder darf ich noch schnell aufnehmen, muss mich dann aber im wahrsten Sinne des Wortes aus dem Staub machen.

Bestimmt hätte es auch seinen Reiz gehabt, die Sprengung aus sicherer Entfernung zu beobachten. Ich beschließe jedoch, weiter zu wandern, da ich nicht weiß, wie lange ich noch warten müsste. Außerdem habe ich ja auch noch ein wenig Strecke vor mir, denn durch die angekündigte Sprengung muss ich einen recht großen Umweg durch die Ortschaft Haslach machen.

## Tipp

Vom Wanderparkplatz nur etwas mehr als 1 km Richtung Süd-Westen entfernt, befindet sich ein Arboretum, eine 1,5 Hektar große Fläche, auf der etwa 100 verschiedene heimische und fremdländische Baumarten wachsen.

# AMMERQUELLE, HERRENBERG
## Kleinod am Stadtrand

6

**Hinkommen:**
48°35'03.0"N 8°51'11.3"E

**Mit dem Auto:**
A81, Ausfahrt 28, Herrenberg.
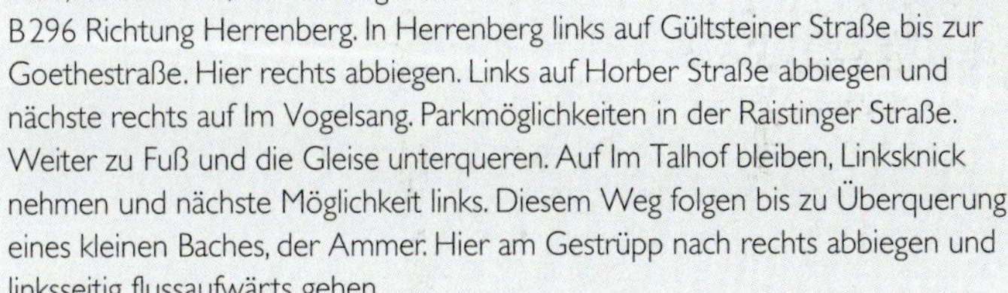
B296 Richtung Herrenberg. In Herrenberg links auf Gültsteiner Straße bis zur Goethestraße. Hier rechts abbiegen. Links auf Horber Straße abbiegen und nächste rechts auf Im Vogelsang. Parkmöglichkeiten in der Raistinger Straße. Weiter zu Fuß und die Gleise unterqueren. Auf Im Talhof bleiben, Linksknick nehmen und nächste Möglichkeit links. Diesem Weg folgen bis zu Überquerung eines kleinen Baches, der Ammer. Hier am Gestrüpp nach rechts abbiegen und linksseitig flussaufwärts gehen.
**Ab der Raistinger Straße sind es etwa 500 Meter bis zur Quelle.**

**Mit dem ÖPNV:**
Von Herrenberg (Bahnhof) mit Bus 779 oder RT779 nach „Im Vogelsang – Herrenberg" fahren. Dort weiter zu Fuß wie oben.
**Ab „Im Vogelsang – Herrenberg" sind es etwa 500 Meter bis zur Quelle.**

**Tourbeschreibung:**
Überwiegend breite Feldwege. Talartiges, idyllisches Spazierengehen entlang der Ammer. Auf Höhe Staufenstraße schöne Blicke in das Tal bis hinüber zum Schönbuchtrauf.

Natürlich trauere ich der Sprengung am Steinbruch ein wenig nach. Aber es nutzt nichts, ich muss einfach weiter. Ich passiere Haslach und wandere von dort aus leicht hinab in Richtung Ammerquelle. Auf halber Höhe blicke ich noch einmal hinüber zum Steinbruch. Ich habe immer noch keinen Knall gehört. Wobei der Sprengmeister mir auch gesagt hat, dass es eine sehr leise Sprengung werden sollte.

Der Wanderweg bleibt weiterhin asphaltiert, leider bin ich immer noch keinen richtigen Naturpfad gegangen. Dennoch habe ich bereits zehn Kilometer auf meiner ausgewählten Strecke nach Singen zurückgelegt und es fasziniert mich, was ich auf dieser kurzen Strecke schon alles entdeckt habe.

Ich komme im idyllischen Ammertal an und weiß, dass hier irgendwo die Ammerquelle versteckt sein muss, die seit 1936 als Naturdenkmal ausgewiesen ist. Da ich einen ganz kleinen Bach überquere, dessen Ufer mit viel Gestrüpp bewachsen ist, vermute ich, dass ich diesen hinaufgehen muss, um zur Quelle zu gelangen. Tatsächlich. Nach etwa 100 Metern entdecke ich im Untergehölz die Quelle. Es ist schon ein besonderer Moment, an einer Quelle zu stehen und zu wissen, dass aus ihr ein Fluss wird, wenn hier in diesem Fall auch nur ein kleiner. Das im Muschelkalk versickerte Grundwasser ist für die Entstehung der Karstquelltöpfe der Ammerquellen verantwortlich. Und eigentlich muss man hier von mehreren Quellen sprechen, denn die Ammer entspringt aus einem zusammenhängenden Quellsystem von vier Quelltöpfen. Ich genieße dieses unscheinbare Naturwunder, mache ein paar Bilder und wandere den Bach auf seinen ersten Metern parallel zurück zu meinem Hauptweg. Dort angekommen, fließt der Aischbach, einer der Hauptquellarme der Ammer, zu.

Ab hier informieren Tafeln darüber, welche Fische in der Ammer leben.

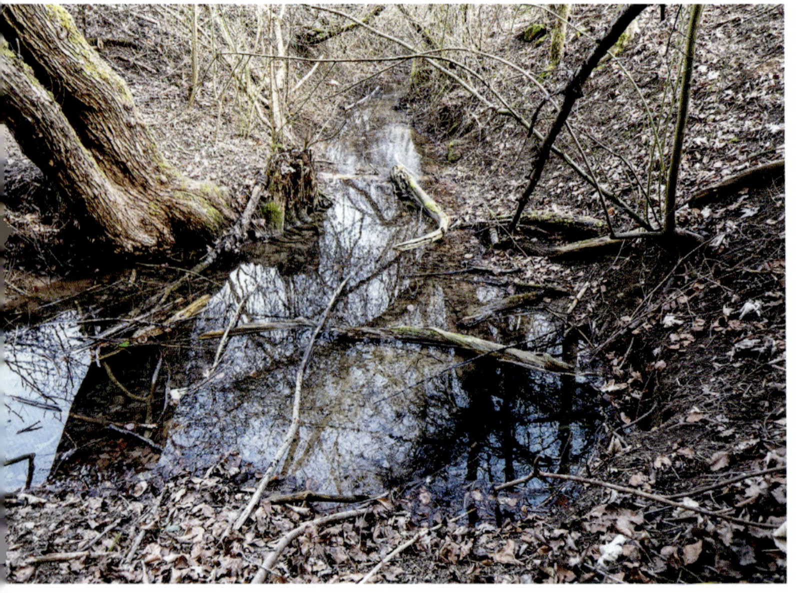

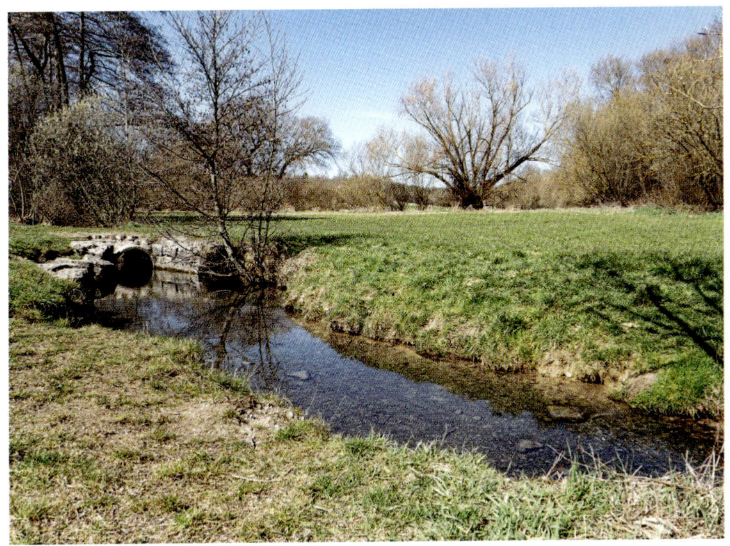

Die Ammer ist insgesamt 22,5 km lang. Auf ihrem Lauf durchfließt sie die Ortschaften Gültstein, Altingen, Reisten, Poltringen, Pfäffingen, Unterjesingen und die Universitätsstadt Tübingen. Dort mündet sie dann im Stadtteil Lustnau in den Neckar.

Ich gehe instinktiv dem Fluss nach und bemerke erst nach ein paar Hundert Metern, dass ich vorher hätte rechts abbiegen müssen. Also gehe ich wieder zurück und biege auf den richtigen Weg ab, der leicht ansteigt. Dadurch bekomme ich einen ganz fantastischen Weitblick über das Ammertal bis hinüber nach Herrenberg und zum Schönbuch. Am Horizont kann ich den Schönbuchturm erahnen – meinen Ausgangspunkt. Vermutlich die letzte Stelle auf der Wanderung, von der aus ich meinen Startpunkt sehen kann.

## Tipp

Die Quelle ist nicht leicht zu finden. Beim Überqueren der jungen Ammer flussaufwärts Richtung Blumengärtnerei gehen. Auch liegt die Ammerquelle am recht neuen Pilgerweg „Martinusweg-Mittelroute Via Sancti Martini", der in Ungarn beginnt und in Frankreich endet. http://www.martinuswege.eu/mittelroute.php

# 7 SKULPTURENGARTEN LUTZ ACKERMANN, GÄUFELDEN

## Bizarre, kleine Kunstwelt

**Hinkommen:**
48°34'16.9"N 8°51'21.0"E

**Mit dem Auto:**
A81, Ausfahrt 28, Herrenberg.
B296 Richtung Herrenberg, dann links auf den „Holzsteig". Im Kreisverkehr zweite Ausfahrt auf Einsteinstraße. Nächster Kreisverkehr zweite Ausfahrt und Straßenverlauf folgen. Dritter Kreisverkehr zweite Ausfahrt, links auf die L1184 Richtung Gäufelden. In Gäufelden die L1184 verlassen und rechts auf Altinger Straße. Rechts in die Herrenberger Straße. Dieser folgen bis zum Parkplatz direkt vor dem Skulpturengarten.

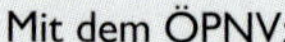

**Mit dem ÖPNV:**
Regionalbahn bis Gäufelden. Dort zu Fuß weiter auf die Bahnhofstraße und gleich rechts auf Rosenäckerstraße. Die Rosenäckerstraße im Linksknick verlassen und geradeaus weiter. Links auf Altinger Straße, dann rechts auf Herrenberger Straße und immer geradeaus.
**Von Gäufelden zum Skulpturengarten sind es etwa 1,5 Kilometer.**

**Tourbeschreibung:**
Gut ausgebaute Feldwege, weite Landschaft mit Blicken bis hinüber zur Schwäbischen Alb.

Ich verlasse das Ammertal, überquere eine Landstraße und die Gäubahn und laufe parallel zur Gäubahn auf gut ausgebautem Weg weiter. Nach einer Weile lädt eine Sitzbank zum kurzen Verweilen ein, und ich genieße die Weitsicht bis hinüber zum Schönbuch. An dieser Stelle hört auch der Asphaltweg auf und mündet in einen zweispurigen Landwirtschaftsweg, der wenig später auch aufhört, und ich gehe mehr oder weniger querfeldein auf einem Weg, der nur noch schwer als solcher erkennbar ist. So stelle ich mir wandern vor. Dieser Genuss ist aber nur von kurzer Dauer, denn ich stoße wieder auf einen Asphaltweg, der mich aber direkt zum Skulpturengarten von

Lutz Ackermann bringt. Bereits von außen erkenne ich einige imposante Skulpturen, wie zum Beispiel eine gigantische, senkrecht aufgestellte Holzdrehscheibe eines Rangierwerks, einen uralten Schienenbus, ein gläsernes Gewächshaus mit Stahlträgern sowie einige Skulpturen, die in die Höhe ragen. Als ausgebildeter Feinblechner, selbstständiger Grafiker und Industriedesigner hat sich Lutz Ackermann zur Lebensaufgabe gemacht, Skulpturen aus Stahl, Holz und Eisen zu kreieren.

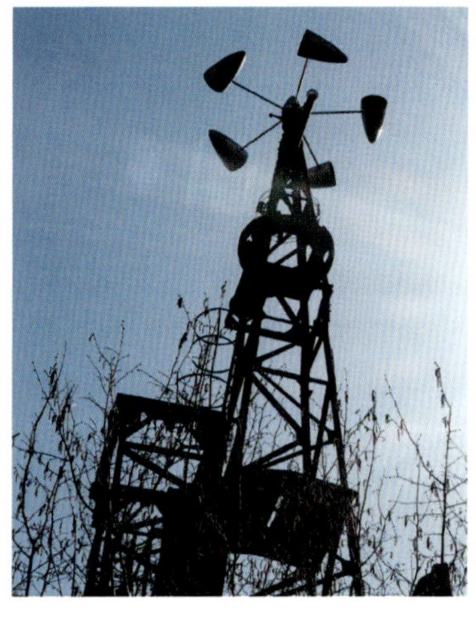

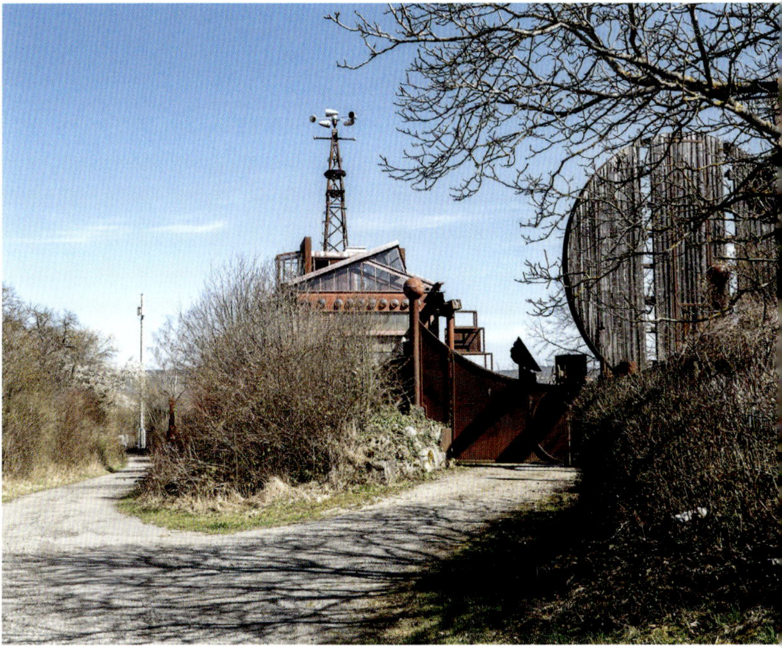

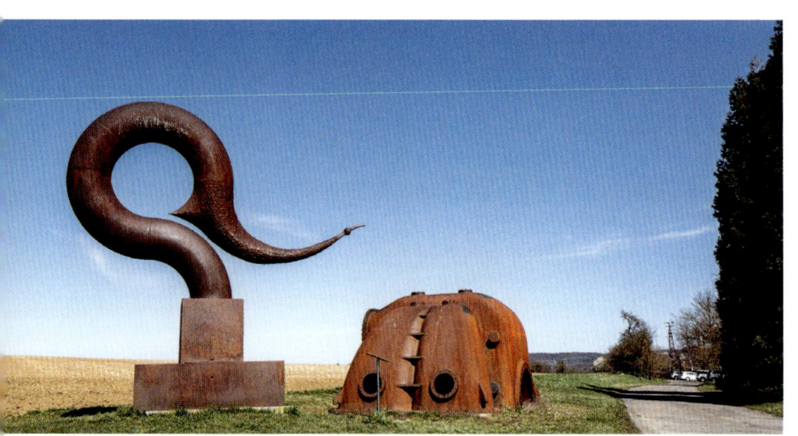

Doch erst im Rahmen einer Führung, mehr unter www.kunststiftung-lutz-ackermann.de, erhält man genauere und sehr spannende Einblicke in diese ganz besondere Kunst und erfährt dabei, wie viel Leidenschaft hinter all den Kunstwerken steckt und auch mit welchen Hindernissen sich der Künstler bisweilen konfrontiert sah. 1972 kaufte Ackermann das ehemalige Bahnwärterhaus mit dem umliegenden Gelände und stieß zunächst auf wenig Verständnis. So fühlten sich zum Beispiel die Nachbarn belästigt, dachten, das Gelände sei heruntergekommen und riefen die Polizei. Erst mit der Zeit wurde das inzwischen zu einer Art Gesamtkunstwerk ausgebaute Grundstück akzeptiert – ein einzigartiger Natur-Skulpturen-Garten, der hier seit Jahrzehnten entstehen durfte.

Ich gehe beeindruckt weiter und erreiche wenig später noch ein „Wegzeichen" von Lutz Ackermann. 2009 wurde es durch ein Turbinengehäuse erweitert, welches noch in ein Kunstwerk umgewandelt werden soll. Wenig später biege ich von meinem Weg nach links auf einen kleinen Pfad ab, der mich entlang von Feldern weiter führt. Ich blicke noch einmal zurück und stelle fest, dass der Skulpturengarten sehr harmonisch in die Landschaft eingebettet ist. Der Schönbuch wird immer kleiner, der Turm ist kaum noch zu erkennen.

## Tipp

Kunstband: Kunst Kraft Werk – Der Bildhauer Lutz Ackermann.
Verlag: Best Ideas! .

# KZ-GEDENKSTÄTTE HAILFINGEN-TAILFINGEN

8

## Die Vergangenheit erlischt nie

**Hinkommen:**
48°32'15.1"N 8°51'07.4"E

**Mit dem Auto:**
A 81, Ausfahrt 29, Rottenburg.
B 28 Richtung Eutingen. Nächste Ausfahrt rechts Richtung Bondorf.
Der L 1148 folgen bis Abfahrt Tailfingen (L 1359).
**Nach etwa 300 Metern rechts der Beschilderung folgen. Stellmöglichkeiten für das Auto gibt es unmittelbar vor der Gedenkstätte.**

**Mit dem ÖPNV:**
Regionalbahn bis Bondorf (bei Herrenberg). Bus 7627 Richtung Rottenburg bis Hailfingen Ortsmitte. Zu Fuß auf der Etzbachstraße, dann links auf Spielbergstraße und rechts abbiegen. An der Gabelung links und gleich wieder rechts (etwa 2 km).
**Vom Bahnhof zur Gedenkstätte sind es etwa 2 Kilometer.**

**Tourbeschreibung:**
Kaum bis keine Höhenmeter müssen bewältigt werden. Die Landschaft ist sehr weit und offen mit Blicken zur Schwäbischen Alb und zum Schönbuch.

Nachdem sich zu Beginn der ersten Tagesetappe die Highlights geballt haben, wird es nun etwas ruhiger und ich genieße das Wandern zu meinem letzten Highlight dieser Etappe. Doch ist die Bezeichnung „Highlight“ für eine KZ-Gedenkstätte wirklich angemessen?
Die Landschaft ist nach wie vor sehr weitläufig und offen, die Fernsicht ist beeindruckend und ich muss kaum Höhenmeter bewäl-

tigen. Ich stoße auf einen längeren Feldweg, an dessen Ende ich einen schmalen, länglichen Waldabschnitt erkenne. Das ist allerdings kein gewöhnlicher Wald, sondern vielmehr die einst vom NS-Regime errichtete ehemalige Startbahn für eine der zahlreichen Außenstellen des KZ Natzweiler-Struthof, das Lager Hailfingen-Tailfingen.

Ich erreiche den Waldabschnitt und wandere auf der südlichen Seite der Startbahn entlang, bevor mich am Ende ein Pfad in den Wald hineinführt. Nach wenigen Metern stoße ich auf Skulpturen, die zeigen, wie sich Menschen künstlerisch mit der Geschichte auseinandersetzen. Das Hauptmotiv „Auge“ soll die Entmenschlichung, das Sehen und Wegsehen, sowie das Leben, Überleben und Sterben der KZ-Häftlinge ausdrücken.

Am Ende des Pfades hört der Wald auf und ich erreiche eine große, dreieckige Plastik aus Aluminium und Beton, die vom Ellwanger Bildhauer Rudolf Kurz gestaltet wurde. Eingraviert sind die Namen aller 601 Häftlinge des Lagers. Dieses Mahnmal soll an die unmenschlichen Arbeitsbedingungen der Häftlinge erinnern, die in den umlie-

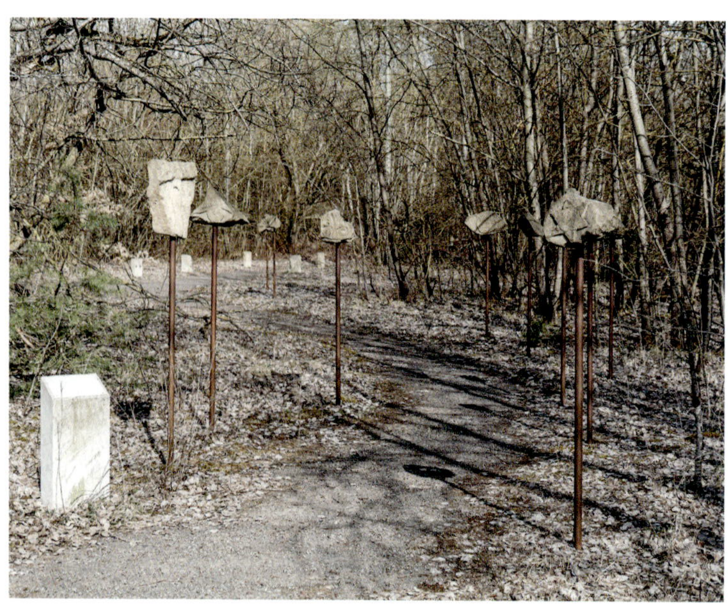

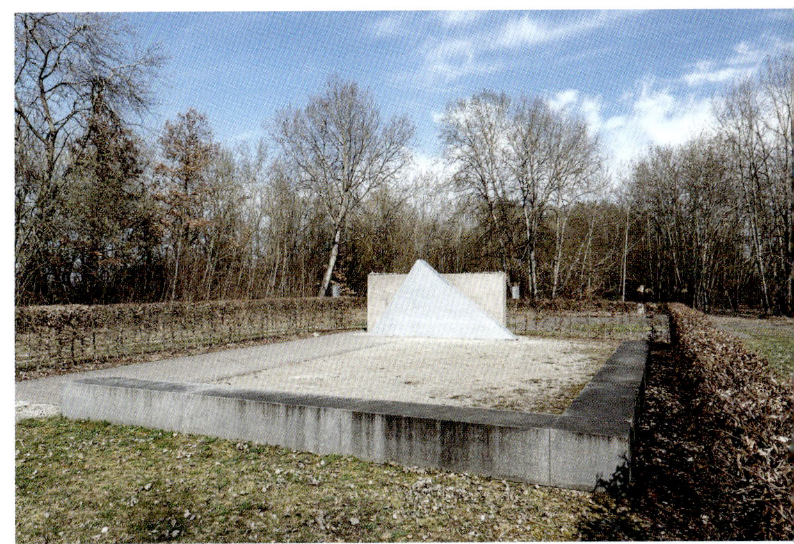

genden Steinbrüchen, beim Ausbau der Startbahn, bei Baumfällarbeiten und beim Entfernen von Blindgängern im Winter 1944/1945 zur Schwerarbeit gezwungen wurden. 124 Häftlinge haben überlebt, das Schicksal von 200 Häftlingen ist bis heute noch ungeklärt.

Es ist ein sehr bedrückendes Erleben und Begegnen und ich merke schon, wie mich die letzten Kilometer zum Bahnhof nach Bondorf anstrengen. Am Bahnhof angekommen, bin ich völlig platt, aber überwältigt von den so unterschiedlichen Eindrücken meiner ersten Etappe. Ich spüre, dass es mich unglaublich reizt, weiter zu gehen. Was erwartet mich an weiteren Highlights entlang meiner gewählten Strecke? Wie verändert sich die Landschaft? Schaffe ich es sowohl konditionell als auch zeitlich? Was kommt alles dazwischen? Einfach nur spannend.

## Tipp

Im Dokumentationszentrum im alten Tailfinger Rathaus gibt es die Möglichkeit, sich mehr mit der Geschichte des Lagers zu befassen. Hauptstraße 39, 71126 Gäufelden-Tailfingen, geöffnet an zwei bis drei Sonntagen im Monat. https://kz-gedenkstaette-hailfingen-tailfingen.de

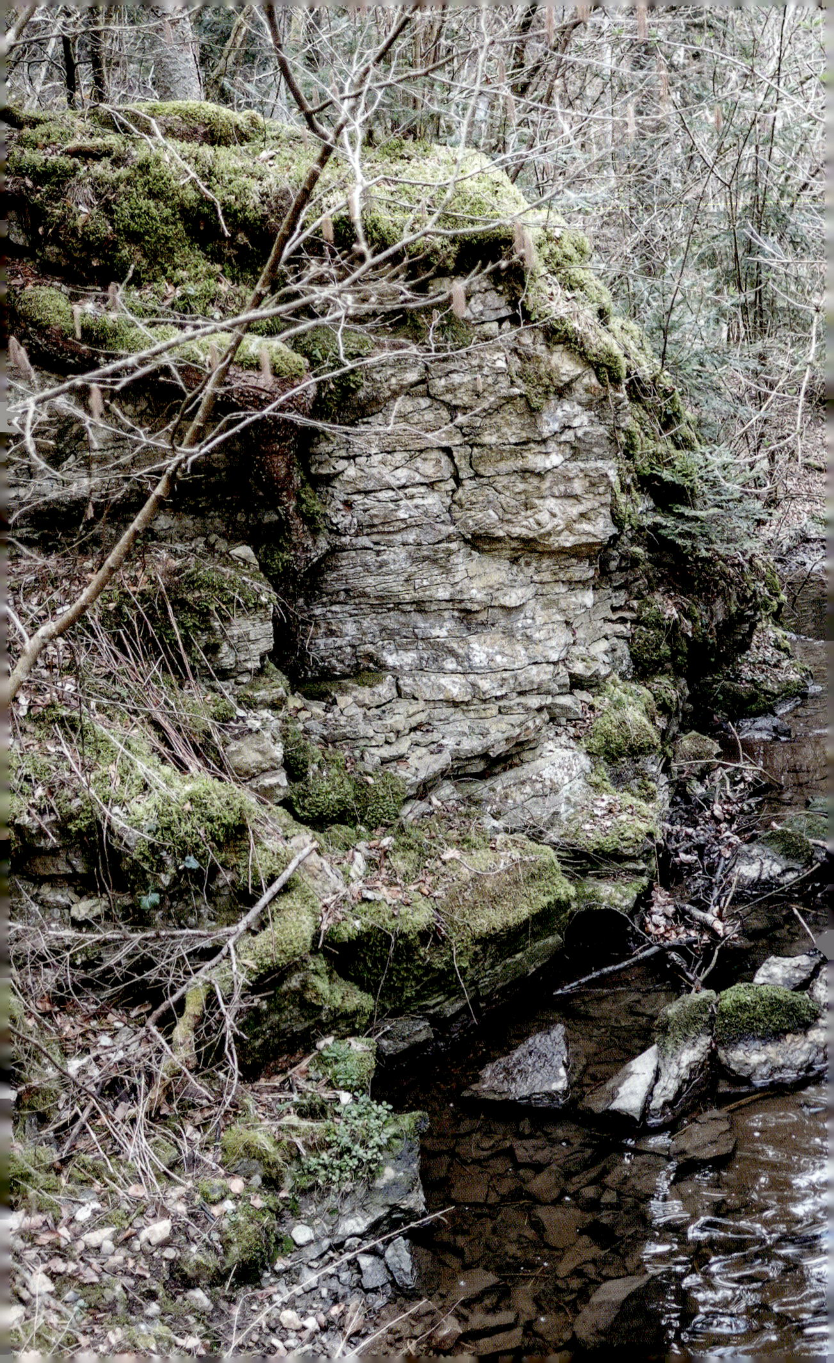

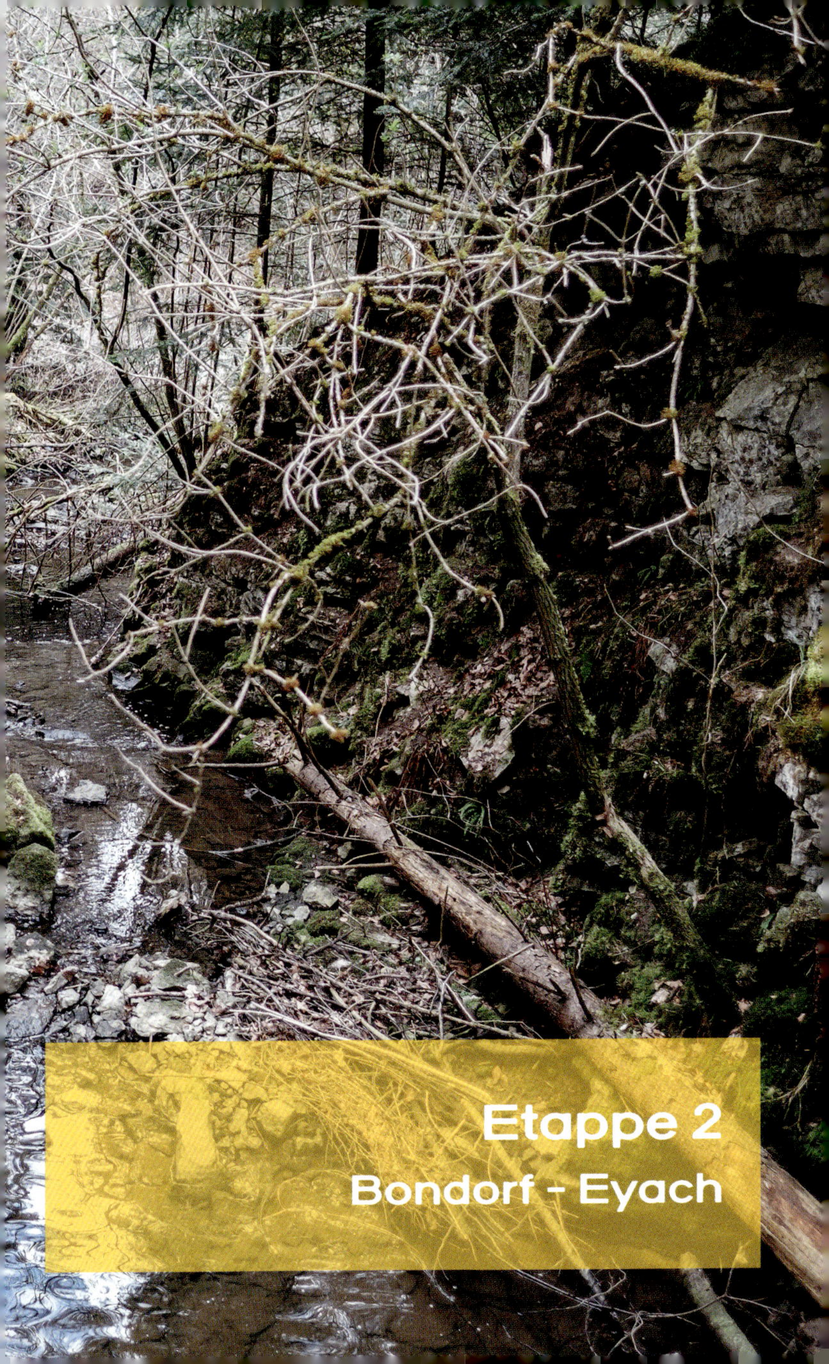

# Etappe 2

## Bondorf - Eyach

# 9 KÜBLERS LOCH, WOLFENHAUSEN

## Naturschauspiel auf den zweiten Blick

**Hinkommen:**
48°29'34.3"N 8°51'55.4"E

**Mit dem Auto:**
A81, Ausfahrt 29, Rottenburg.
B28 Richtung Eutingen, bei der Aral Tankstelle rechts auf „Am Römerfeld". Am Kreisverkehr zweite Ausfahrt (Mercedesstraße). Im nächsten Kreisverkehr zweite Ausfahrt nehmen (K6939). Nächster Kreisverkehr erste Ausfahrt (Bühlstraße). Parkmöglichkeiten in Wolfenhausen. Zu Fuß weiter an der Bühlstraße bis Kreuzung. Rechts auf Hofäckerweg und folgen bis Kreuzung. Links auf Abtswaldstraße.
**Ab Wolfenhausen bis zum Küblers Loch sind es 1,2 Kilometer.**

**Mit dem ÖPNV:**
Regionalzug bis Ergenzingen. Dort weiter zu Fuß. Nach rechts auf Gäustraße. Rechts auf Kirchholzstraße. Nach der Bahnunterquerung links auf Wolfenhauser Weg und folgen. Nach der Brücke am Ende des Weges rechts auf Ergenzinger Straße. Dann rechts auf Germanenstraße und links in Holzstraße. Geradeaus auf Abtswaldstraße und dieser folgen.
**Ab Ergenzingen bis zum Küblers Loch sind es 5 Kilometer.**

**Tourbeschreibung:**
Überwiegend asphaltierte Wege und weite Landschaften mit Sicht bis zur Schwäbischen Alb.

Die erste Tageswanderung auf meiner gewählten Strecke links und rechts der A81 hat mich so neugierig gemacht, dass ich nur zwei Tage später die nächste Tour anschließe. Ich mache mich frühzeitig auf den Weg, um die friedliche Morgenstimmung erleben zu können. Mit dem Zug fahre ich von Stuttgart nach Bondorf. Unterwegs halte ich ab Herrenberg Ausschau nach der Strecke, die ich auf der ersten Etappe gewandert bin und erkenne einige Passagen wieder. In Bondorf geht mein Weg erst einmal durch das noch verschlafene Örtchen. Immer wieder begegne ich Kindern auf dem Weg zur Schule und denke, andere Menschen gehen jetzt zur Arbeit. Ich bin froh, dass ich heute so einen schönen Tag vor mir habe. Nach einigen Minuten verlasse ich Bondorf und gehe zunächst entlang einer Landstraße Richtung Seebronn. Das Morgenlicht der noch tief stehenden Sonne begeistert mich so sehr, dass ich schon jetzt einige Landschaftsaufnahmen machen möchte, obwohl ich noch gar nicht an meinem eigentlichen ersten Highlight angekommen bin. Denn bis dorthin, dem „Kübler Loch", sind erst noch ein paar Kilometer zu gehen. Anders als auf der ersten Etappe mit ihren zahlreichen Highlights gleich zu Beginn, werde ich heute erst später meine Ziele erreichen.

Ich kreuze das erste Mal die A81, indem ich einer Unterführung folge. Mit jedem Schritt lasse ich die Autobahn weiter hinter mir und es wird unmittelbar ruhiger.

Diese Ruhe vertieft sich noch mehr in einem kommenden Waldabschnitt. Im Anschluss an diese Waldidylle öffnet sich mir eine große, wunderschön in die Landschaft eingebettete Wiese. Die Bäume in ihrer Mitte müssen in einer Art Senke stehen. Über die noch feuchte Wiese stapfe ich hinüber zu dieser

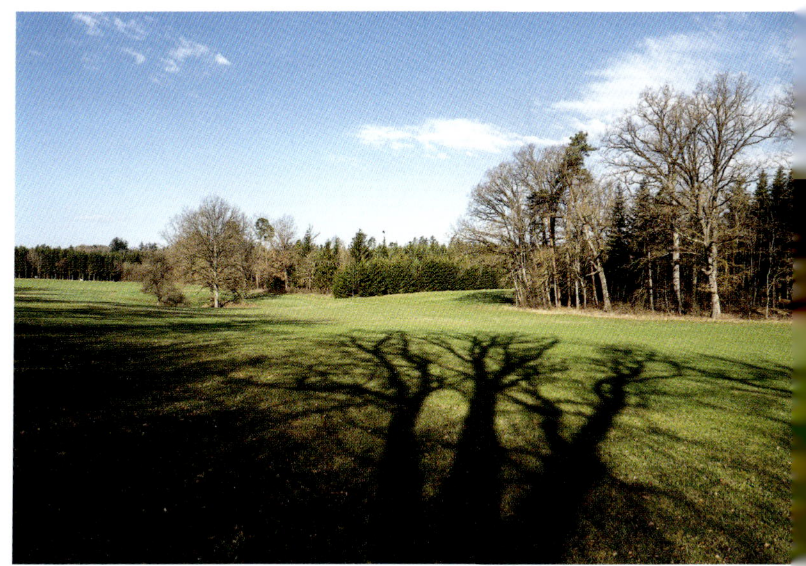

kleinen Baumgruppe. Die letzten Tage hat es nicht geregnet und so steige ich in die trockene Mulde hinein und bin überrascht, wie tief sie doch ist, da ich kaum mehr über den Rand hinaus schauen kann.

Das „Küblers Loch" ist eines von 14 Zielen des Geschichtswanderwegs Neustetten und eine geologische Besonderheit in diesem Trockental östlich von Wolfenhausen. Es handelt sich um eine Doline, also eine trichterförmige Senke, die bei Regen mit Wasser zuläuft und dann einen kleinen See bildet – ein Naturschauspiel auf den zweiten Blick. Färbeversuche haben gezeigt, dass das Wasser später bei der Bronnmühle in Rottenburg wieder zu Tage tritt.

Zurück auf dem Hauptweg, wandere ich weiter Richtung Wolfenhausen. Von der Autobahn, die nur wenige Hundert Meter neben mir verläuft, bekomme ich immer noch nicht viel mit.

## Tipp

Lohnt sich vor allem nach Regentagen, da das Loch dann voll mit Wasser ist. Aber auch an Trockentagen ist es interessant zu sehen, wie tief die Doline ist.

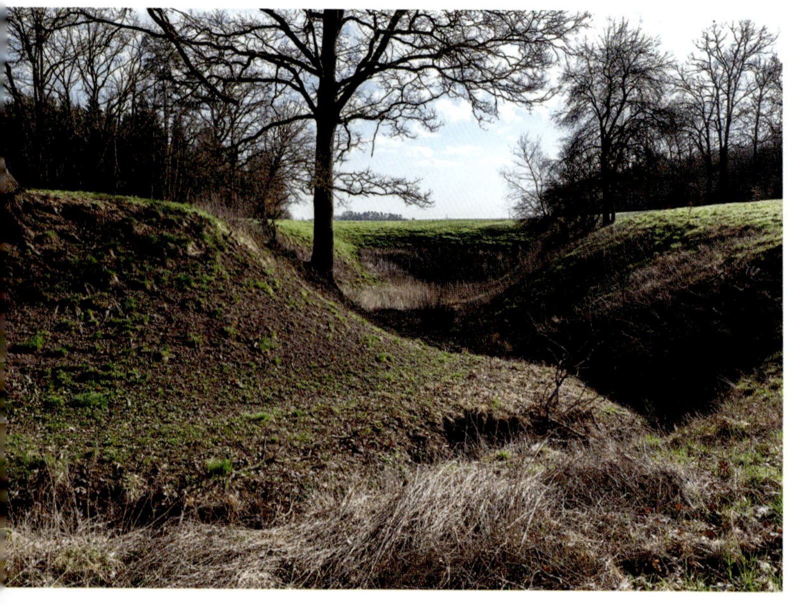

# KNAUSSENHÖHLE, ROMMELSTAL

10

## Klein, beeindruckend und ein wenig geheimnisvoll

**Hinkommen:**
48°28'22.5"N 8°50'23.5"E

**Mit dem Auto:**
A 81, Ausfahrt 29, Rottenburg.
B 28 Richtung Rottenburg. Links auf die L 361 und geradeaus weiter auf Hindenburgstraße. Dann links auf Freudenstätter Straße und wieder links auf Raichbergstraße. Folgen auf Seebronner Straße und Hauptstraße nach Neustetten. Rechts auf Nellingsheimer Straße und folgen auf Neustetter Straße. In Obernau rechts auf Gerberstraße und folgen auf Rommelstalstraße.
Am Wanderparkplatz zu Fuß immer geradeaus durch das Rommelstal weiter.
**Vom Wanderparkplatz bis zur Knaussenhöhle sind es 3 Kilometer.**

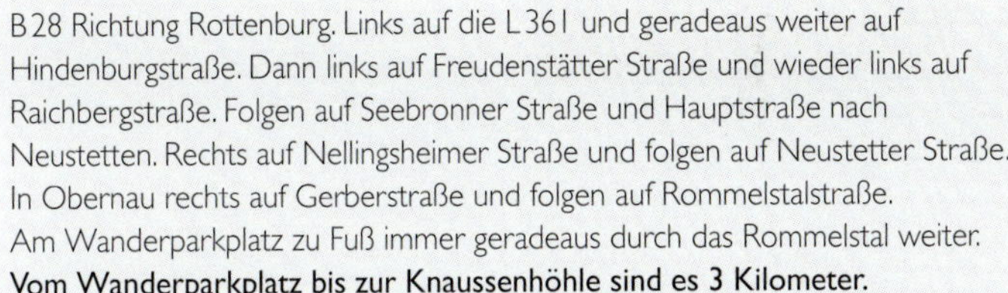

**Mit dem ÖPNV:**
Mit RB, IRE oder HZL bis Bieringen. Dort zu Fuß auf die Allmandstraße, dann auf Neckartalradweg. Diesem folgen und links auf Neckarau. In Obernau rechts auf Rommelstalstraße bis zum Wanderparkplatz. Dann immer geradeaus durch das Rommelstal.
**Vom Bahnhof Bieringen bis zur Knaussenhöhle sind es 6 Kilometer.**

**Tourbeschreibung:**
Zu Beginn noch im schönen Neckartal, geht es ab Obernau herrlich schattig im Tal leicht bergauf. Immer am Seltenbach entlang.

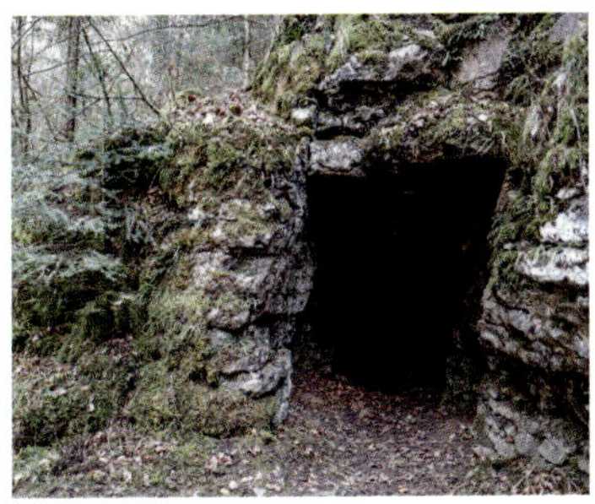

Nachdem ich Wolfenhausen verlassen habe, werfe ich noch einen kurzen Blick zurück zur weit entfernten Autobahn und freue mich, dass ich hier ganz einsam, umgeben von stiller Natur, wandern kann. Mein Blick schweift Richtung Osten über einen großen Acker, auf dem gerade ein Bauer seine „Runden" dreht, hinüber zur Schwäbischen Alb. Dort

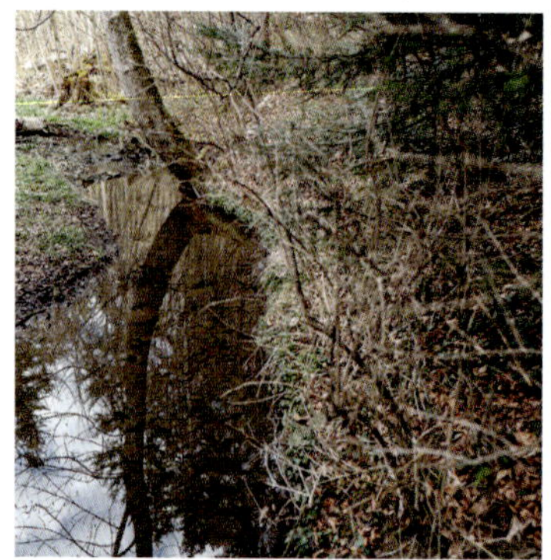

meine ich, die Burg Hohenzollern zu erkennen und mir wird wieder bewusst, dass ich doch schon recht weit gewandert bin, nach nicht einmal zwei Wandertagen.

Wenig später verabschiede ich mich von der Fernsicht und gehe auf einem Schotterweg, der sich leicht bergab schlängelt, durch einen Wald in das malerische Rommelstal. Auf der rechten Seite befinden sich teilweise offene Stellen, die fast an kleine Steinbrüche erinnern. Aber noch schöner und wildromantischer wird es, nachdem ich über eine Brücke den Seltenbach überquert habe, den ich im folgenden Verlauf immer wieder über kleine Brücken kreuze. Mit den sich abwechselnden Licht- und Schattenspielen im Wald ist die Natur einfach umwerfend schön. Von der gar nicht so weit entfernten Autobahn bekomme ich nichts mit.

Berührt von der Natur, verpasse ich fast mein nächstes Highlight, die Knaussenhöhle. Erst ein Hinweisschild macht mich auf die Höhle aufmerksam. Es reizt schon, die recht kleine, aber beeindruckende Höhle zu betreten. Aber wie weit werde ich kommen, ohne befürchten zu müssen, in der engen Höhle

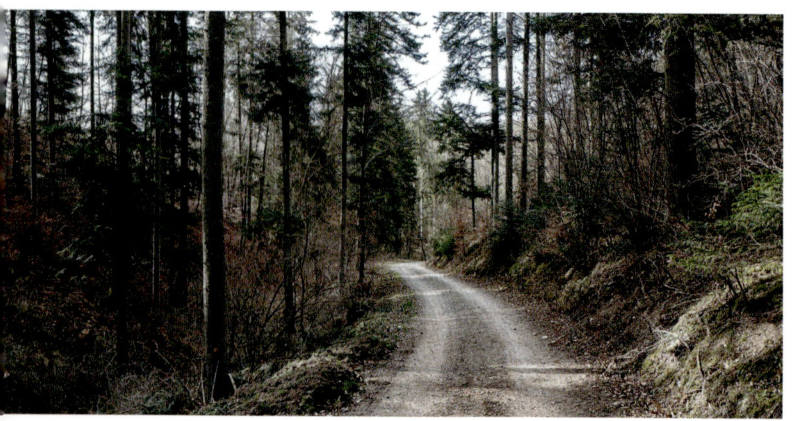

stecken zu bleiben? Und noch etwas lässt meinen Puls ein wenig höher schlagen. Auf dem Hinweisschild vor dem Eingang steht, dass sich viele Geschichten um die Höhle im Rommelstal ranken. So soll im Jahre 1870 der Baumschullehrer Wilhelm Knauss die Höhle für eine beachtliche Steinsammlung angelegt haben. Heutige Höhlenexperten nehmen an, dass sie früher für geologische Untersuchungen genutzt wurde. Eine weitere Geschichte berichtet von der Behausung durch ein Mitglied einer Natursekte. Nichtsdestotrotz habe ich den Entschluss gefasst, mir die Höhle auch einmal von innen anzuschauen.

Hierfür muss ich jedoch ein weiteres Mal, diesmal ohne Brücke, den Seltenbach überqueren, den ich auf den letzten Metern so oft gekreuzt habe und der hier parallel am Wanderweg entlang fließt. Das ist aber nicht sehr schwer, denn er ist nur wenige Zentimeter tief und es gibt einige Steine, auf denen man trockenen Fußes die Höhle erreicht. Nachdem ich im Kriechgang ein paar Meter in der Höhle vorangekommen bin, wird es doch sehr schnell stockdunkel, und ich mache meine Handytaschenlampe an. Sie ist auch gleichzeitig meine einzige Lichtquelle, um von innen ein paar Bilder zu machen. Das Kriechen ist mühsam, ich beschließe wieder den Rückwärtsgang einzulegen und verlasse die Höhle. Erst während der Bildbetrachtung zu Hause bemerke ich, dass ich einen prächtigen Feuersalamander auf dem Foto habe.

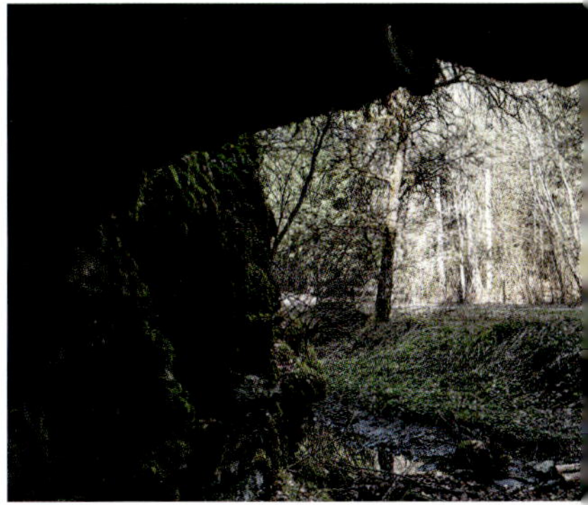

Ich folge dem Weg, biege rechts ab, lasse den plätschernden Bach und das malerische Rommelstal hinter mir, das sich noch bis nach Obernau hinzieht. Wenig später lichtet sich der Wald und ich genieße nach einem kurzen Anstieg wieder die Fernsicht zum Albtrauf.

## Tipp

Eine gute Sicht in das Rommelstal gibt es vom Aussichtspunkt in Schwalldorf am „Weingärtle“. Der Ort liegt oberhalb von Obernau auf der Südseite des Neckartals. Vom Ortszentrum zum Aussichtspunkt geht es Richtung Obernau. Der Aussichtspunkt befindet sich direkt am Waldrand neben dem Sportgelände.

# 11 SCHLOSS WEITENBURG, STARZACH

## Thront wunderschön über dem Neckartal

**Hinkommen:**
48°26'56.1"N 8°49'17.2"E

**Mit dem Auto:**
A 81, Ausfahrt Horb a. N., Horb.
B 32 Richtung Horb. Nächste Ausfahrt nach Ahldorf nehmen und rechts auf die L 459. Dann links auf Waagrain und rechts auf Remigiusstraße. Dieser weiter folgen auf Rathausstraße und rechts auf Rottenburger Straße (L 370), die in die Horber Straße mündet. Nach links folgen und links auf Weitenburger Straße. Nach dem Wald rechts. Parkmöglichkeiten direkt am Schloss.

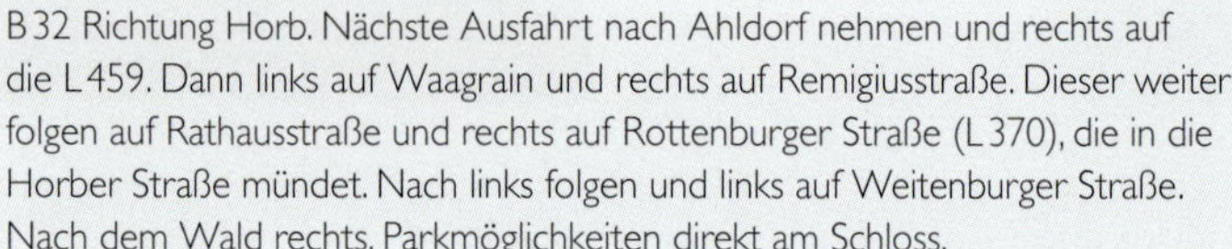

**Mit dem ÖPNV:**

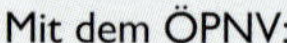

Mit RB, IRE oder HZL nach Eyach. Dort weiter zu Fuß auf „Am Hauptbahnhof" Richtung Börstingen. Links halten und am Autohaus Börstingen vorbei. Folgen auf Lohmühle und links abbiegen. Direkt nach Überquerung des Neckars rechts auf den Neckar-Natur-Weg und immer am Neckar entlang. Dann links abbiegen und die L 370 überqueren. Dem Pfad folgen und bei nächster Möglichkeit rechts, dann wieder rechts und kurz darauf links.
**Vom Bahnhof Börstingen zum Schloss sind es etwa 4 Kilometer.**

**Tourbeschreibung:**
Nördlich des Schlosses topfeben mit weiten Blicken zur Schwäbischen Alb. Südlich des Schlosses idyllisch und erlebnisreich am Neckar im Neckartal entlang.

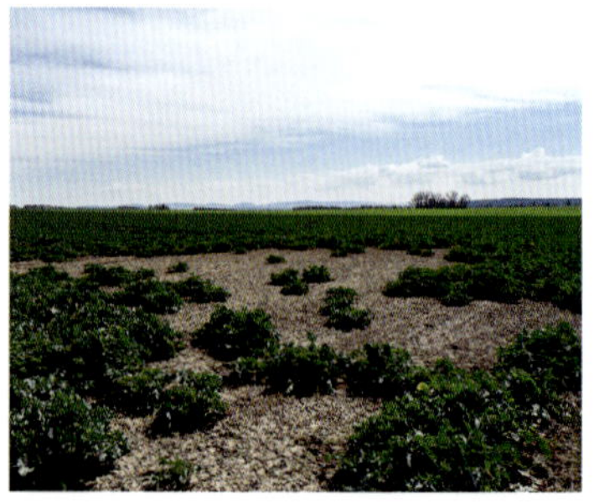

Mein nächstes Highlight, Schloss Weitenburg, liegt 6 Kilometer weiter vor mir. Größer könnte der Kontrast zur Waldidylle, die ich die letzten eineinhalb Stunden erlebt habe, nicht sein zu dem, was mich nun auf dem folgenden Streckenabschnitt erwartet. Über eine schier unendliche Weite öffnet sich der Blick hinüber zur Schwäbischen

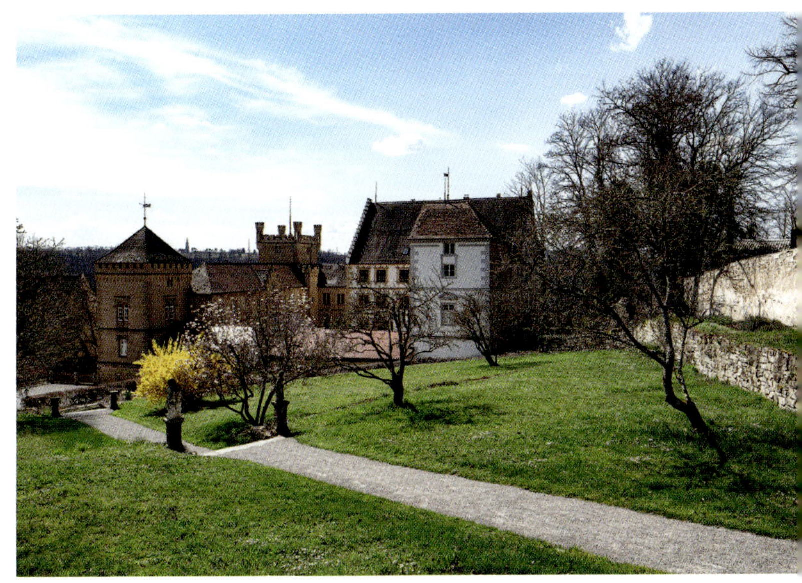

Alb, und ich laufe geradeaus bis zur kleinen Ortschaft Eckenweiler. Dort stelle ich mir vor, wie sich das Leben der Menschen, die hier wohnen, wohl anfühlt. Ist es die Weite oder die Einsamkeit, die einen hier gerne wohnen lässt? Oder beides? Für mich wäre es auf Dauer wohl eher nichts.

Nachdem ich an Eckenweiler vorbei gewandert bin, biege ich links ab und abermals führt der Weg schnurgerade weiter. Meine Blicke schweifen immer wieder von links in Richtung Schwäbische Alb nach rechts zur kaum hörbaren Autobahn. Der Weg führt mich auf diesem Stück nur geradeaus – was ich aber als sehr meditativ und wohltuend empfinde. Ich muss an nichts denken. Einfach laufen, laufen, laufen. Und genießen. Und so ist auf einmal dieser Streckenabschnitt vorüber.

Ich biege nach rechts ab und plötzlich liegt Schloss Weitenburg in Sichtweite vor mir. Auf dem Weg dorthin blicke ich hinab in das idyllisch gelegene Neckartal. Das Schlossgebäude wirkt auf mich fast modern, obwohl es bereits im Jahre 1062 das erste Mal in einer Urkunde des Klosters Hirsau im Schwarzwald erwähnt wurde. Bis zum 18. Jahrhundert war das Schloss eine Burg und ist erst dann zu einem Wohnschloss geworden, welches in neunter Generation in Familienbesitz ist.

Heute kann man sich im Hotel verwöhnen lassen. Die gehobene Restaurantküche, nicht nur für Hotelgäste, wartet mit regionalen Spezialitäten und Wild aus eigener Jagd auf.

Die Schlossanlage ist sehr offen, sodass ich Zugang zum weitläufigen Garten sowie zum Innenhof habe. Beides schaue ich mir genauer an und mache ein paar Bilder. Erst beim Hinausgehen sehe ich ein Schild, auf dem steht: „Keine Profi-Fotos und Drohnenaufnahmen". Ich muss über die Bezeichnung „keine Profi-Fotos" leicht schmunzeln. Mein Augenmerk für meine Bilder lege ich deshalb vor allem auch auf meine Eindrücke von „außen".

Weiter geht es über einen schmalen, dicht bewachsenen Pfad recht steil und direkt hinab ins Neckartal.

## Tipp

Vom Parkplatz dem Schloss entgegen gewandt dem Neckarweg folgen. Von hier aus ergeben sich tolle Blicke in das Neckartal auf Sulzau. Knapp 2 Kilometer östlich befindet sich die Ruine Siegburg, von der der Burggraben noch zu erkennen ist.

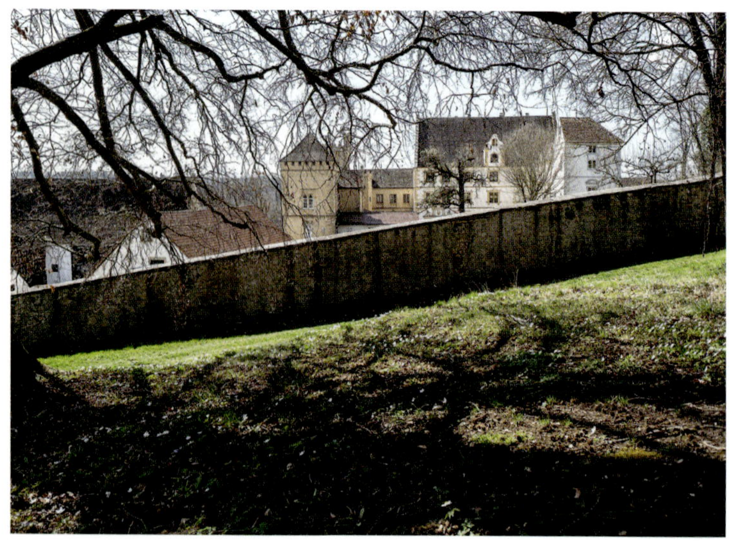

# NECKAR-NATUR-WEG, STARZACH-BÖRSTINGEN

12

## Toller Naturerlebnisweg – nicht nur für Kinder

**Hinkommen:**
48°26'42.0"N 8°48'40.3"E

**Mit dem Auto:**
A 81, Ausfahrt 30, Horb a. N.
Weiter auf B 32 Richtung Horb. Nächste Ausfahrt nach Ahldorf nehmen und rechts auf die L 459. Dann nächste Möglichkeit links auf Waagrain und rechts auf Remigiusstraße. Dieser weiter folgen auf Rathausstraße und rechts auf Rottenburger Straße (L 370), die kurz vor Börstingen in die Horber Straße mündet. Parkmöglichkeiten in Börstingen. Von dort aus wenige Schritte zum Neckar. Der ausgeschilderte Neckar-Natur-Weg geht direkt am Ufer los.

**Mit dem ÖPNV:**
Mit RB, IRE oder HZL nach Eyach. Dort weiter zu Fuß auf „Am Hbf" Richtung Börstingen. Links halten und am Autohaus Börstingen vorbei. Folgen auf Lohmühle und links abbiegen. Direkt nach Überquerung des Neckars rechts auf den Neckar-Natur-Weg und immer am Neckar entlang. **Vom Bahnhof Eyach zum Startpunkt des Neckar-Natur-Wegs sind es circa 2 Kilometer.**

**Tourbeschreibung:**
Wunderschön im Neckartal gelegen, keine nennenswerten Höhenmeter zu bewältigen, umgeben von den Hängen des Neckartals. Richtung Nord-Osten thront Schloss Weitenburg.

Trotz des wild verwucherten Weges beim Abstieg von Schloss Weitenburg hinunter, bekomme ich schon einige Male Sicht auf das Neckartal. Ich erkenne meinen noch vor mir liegenden Weg, der augenscheinlich idyllisch zwischen Neckar auf der linken Seite und einer großen, weiten Wiese auf der rechten Seite, eingebettet zwischen zwei Bergen links und rechts, verläuft.
Im Tal angekommen, überquere ich zuerst noch eine Landstraße, ehe ich links an der Wiese vorbei laufe, die ich bereits von oben gesehen habe. Und nun bin ich am Neckar

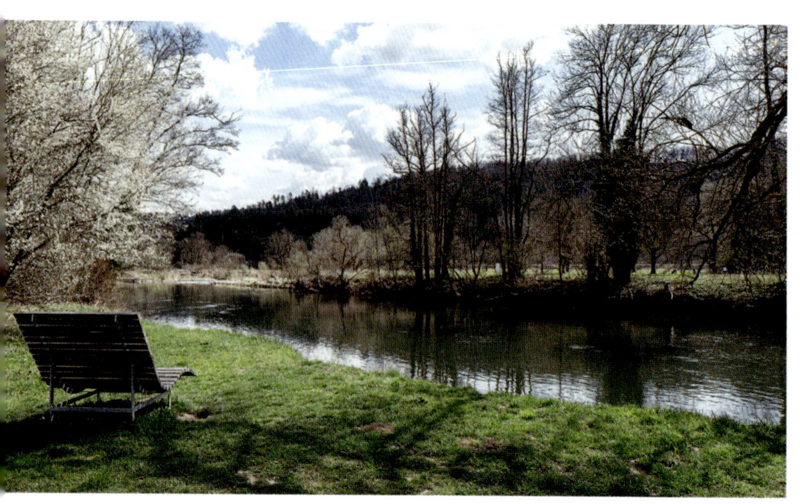

angekommen. Hier beschließe ich, auf einer Bank direkt am Ufer ein Weilchen zu rasten und dem Rauschen des Flusses zuzuhören. Gut erholt führt mich mein Weg direkt am Ufer entlang, und wenn ich zurückblicke, thront dort oben auf dem Hügel Schloss Weitenburg.

Es ist immer wieder schön zu sehen, woher man kommt und wohin der Weg noch führen wird. Bis zum Ende meiner Tageswanderung muss ich aber noch eine ordentliche Strecke bewältigen. So wandere ich immer weiter, stets direkt am Neckar, vorbei an einigen Infotafeln. Diese erklären an acht, teilweise interaktiven Stationen, das Ökosystem Fluss und informieren über die Entstehung der besonderen Landschaft des Neckartals. Zudem gibt es zahlreiche themenbezogene Spielmöglichkeiten für Kinder sowie einige Sitzmöglichkeiten. Der Themenweg ist ein Rundweg über die gesamte Wiese mit einer Länge von 2,2 Kilometern südlich von Börstingen. Das „Neckar-Erlebnis-Tal" zwischen Sulz und Rottenburg kann auf vielen Arten erkundet werden. Mit dem Rad, als Wander- oder Ausflugsziel.

Theoretisch könnte ich jetzt direkt nach Eyach zum Bahnhof wandern und meine Etappe beenden. Da ich aber noch gut bei Kräften bin und auch noch Zeit übrig ist, biege ich auf einen Höhenweg, den ich bereits im Tal erblickt habe und von dem ich mir eine schöne Aussicht über das Neckartal hinüber zum Schloss Weitenburg erwarte.

Ich überquere wieder den Neckar, biege nach rechts ab und folge einem Pfad. Dieser scheint aber wohl offiziell kein Wanderweg zu sein, da er sehr „tief“ und schwer zu begehen ist. Einige Fahrspuren von Waldfahrzeugen deuten darauf hin, dass es wohl eher ein Forstweg ist. Ich bin mir nicht sicher, ob ich mich hier offiziell aufhalten darf. Ein Verbotsschild ist mir aber nicht begegnet, also wandere ich weiter, denn meine Navigation gibt mir nach wie vor recht. Und tatsächlich: Ich erreiche einige Stellen, an denen ich das bekomme, was ich mir erwartet habe: Eine grandiose Sicht über das Neckartal, über die großflächige Wiese, von der ich gekommen bin, bis hinüber zum Schloss Weitenburg! Dieser abenteuerliche Weg hat sich also gelohnt.

Den Abstieg hinunter nach Eyach kann ich im Wald kurz vor dem Ende meiner Etappe im Wald abkürzen. Solche kleinen Abkürzungen erfreuen das Wanderherz doch immer sehr und sind ein schöner Abschluss einer erlebnisreichen Etappe.

## Tipp

Südlich von Schloss Weitenburg und etwa 200 Meter südlich der Bahnstrecke befindet sich das Mofettengebiet Börstingen. Hier entspringen kohlesäurehaltige Quellen, die erstklassiges Mineralwasser liefern. Vor allem die Bad Nierdernauer Römerquelle und der Obernauer Löwen-Sprudel sind bekannt. Gerade in den 1990er-Jahren wurde hier Kohlensäure als industrieller Rohstoff gefördert. Von den ansiedelnden Kohlesäurefabriken sind heute noch zahlreiche Spuren in der Landschaft zu finden.

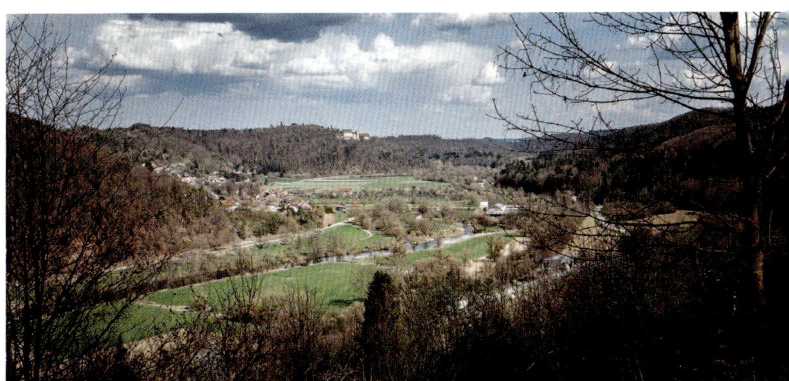

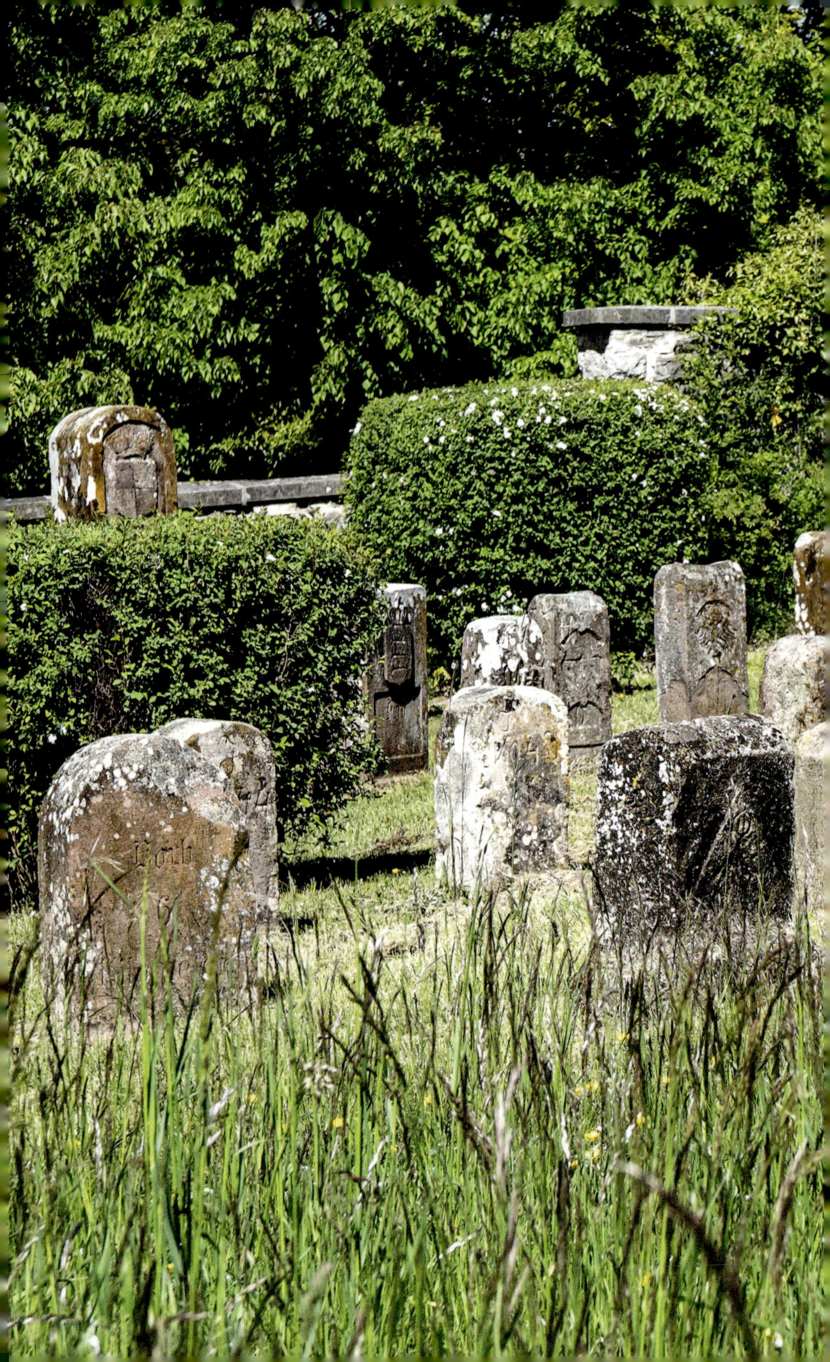

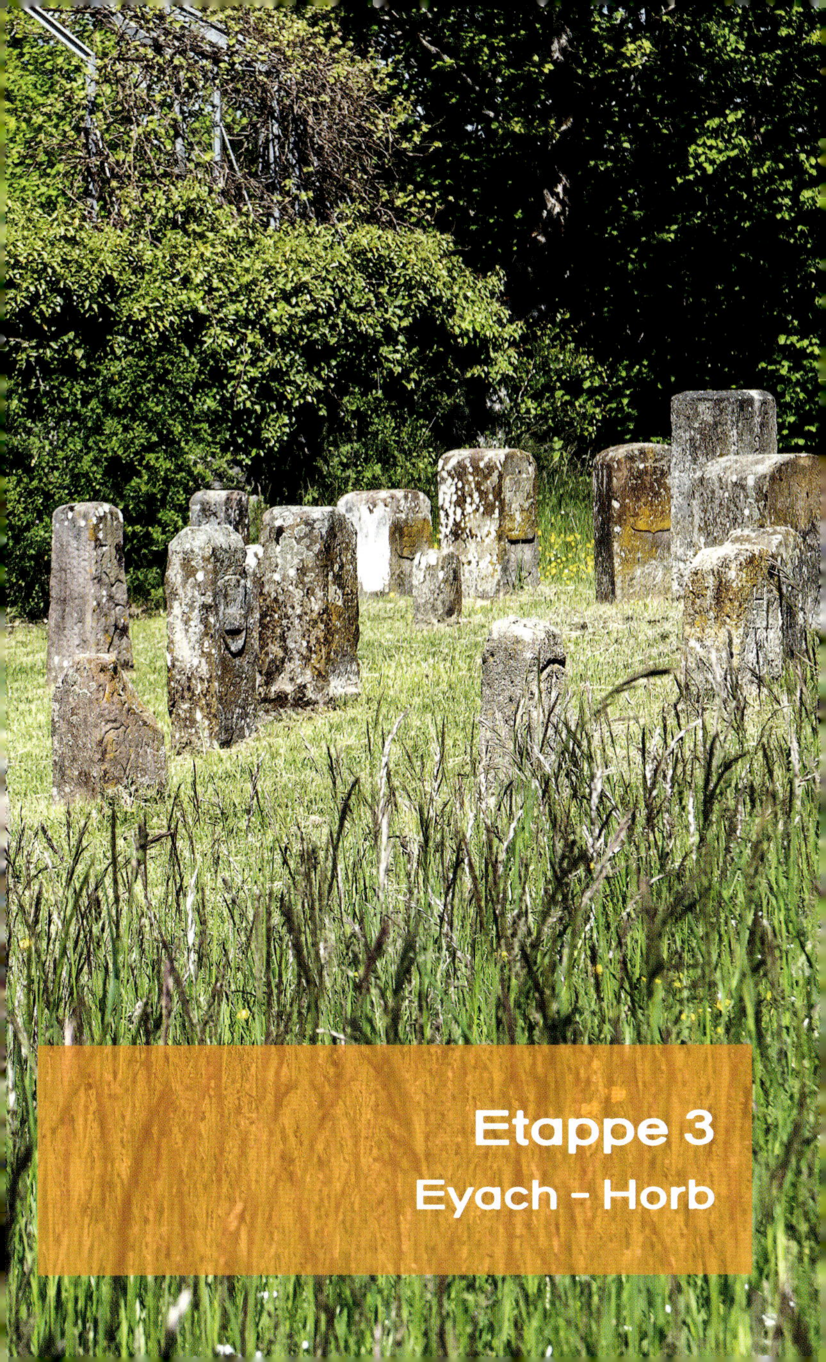

# Etappe 3

## Eyach - Horb

# 13 BURGRUINE FRUNDECK, BÖRSTINGEN
## Eindrucksvolle Überreste

**Hinkommen:**
48°26'33.5"N 8°46'24.0"E

**Mit dem Auto:**
A 81, Ausfahrt 30, Horb a. N.

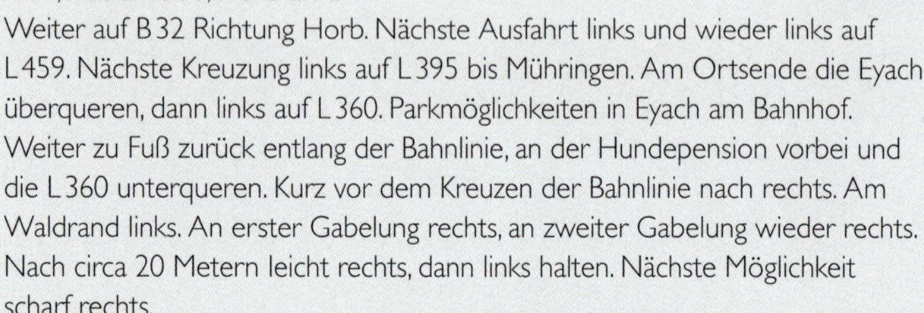

Weiter auf B 32 Richtung Horb. Nächste Ausfahrt links und wieder links auf L 459. Nächste Kreuzung links auf L 395 bis Mühringen. Am Ortsende die Eyach überqueren, dann links auf L 360. Parkmöglichkeiten in Eyach am Bahnhof. Weiter zu Fuß zurück entlang der Bahnlinie, an der Hundepension vorbei und die L 360 unterqueren. Kurz vor dem Kreuzen der Bahnlinie nach rechts. Am Waldrand links. An erster Gabelung rechts, an zweiter Gabelung wieder rechts. Nach circa 20 Metern leicht rechts, dann links halten. Nächste Möglichkeit scharf rechts.
**Vom Bahnhof Eyach bis zur Ruine sind es 1,8 Kilometer.**

**Mit dem ÖPNV:**
Mit RB, IRE oder HZL nach Eyach. Ab hier weiter wie bei Anreise mit dem Auto.

**Tourbeschreibung:**
Beginnt im wunderschönen Neckartal. Dann sehr schattig auf Waldwegen mit einigen Lichtungen.

Meine letzten beiden Wanderetappen haben mich doch mehr angestrengt, als ich dachte. Denn einige Tage später spüre ich eine Überreizung im rechten Fußgelenkknochen, die sich mit schmerzhaften, gichtartigen Symptomen vermischt hat, sodass ich erst einmal zwei Wochen außer Gefecht war. Bis ich meine nächste geplante Etappe in Angriff nehmen konnte, verging leider eine längere Zeit. Diese verordnete Zwangspause war für mich aber die noch größere Qual, weil ich einfach weiter meinen Weg gehen wollte. Nachdem ich von zu Hause aus erst einmal kürzere Strecken geübt habe zu gehen, spür ich jetzt, dass es weitergehen kann.

Die heutige Tagesetappe von Eyach nach Horb ist auch nicht sehr lange. Wenn es geht, kann ich aber leicht ein paar Umwege einbauen, um meine persönlichen Highlights zu erreichen. Zwischen meiner letzten Wanderung und der heutigen hat es mittlerweile gegrünt. Bereits kurz nach dem Start in Eyach breitet sich eine Wiese vor mir aus, die mit unendlich vielen gelben Sumpfdotterblumen übersät ist und so saftig wirkt, wie ich eine Wiese lange nicht mehr zu Gesicht bekommen habe. Mir bietet sich ein Bild, was widersprüchlicher nicht sein kann, denn hinter diesem wunderschönen Stückchen Natur sehe ich bereits die imposante Neckartalbrücke der A81, die ich später noch passieren werde.

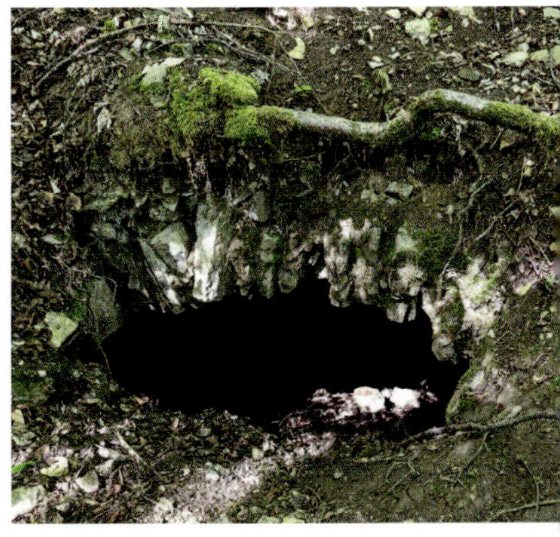

Zuvor biege ich jedoch links ab auf einen Waldweg und mache einen Abstecher hoch zur Burgruine Frundeck, meinem ersten Highlight der heutigen Etappe. Burgen sind für mich immer interessant und der Weg dorthin ist mindestens genau so reizvoll. Denn je höher ich gelange und hinab blicke, desto mehr sehe ich ein atemberaubendes, schier endloses „grünes Meer" aus Bäumen.

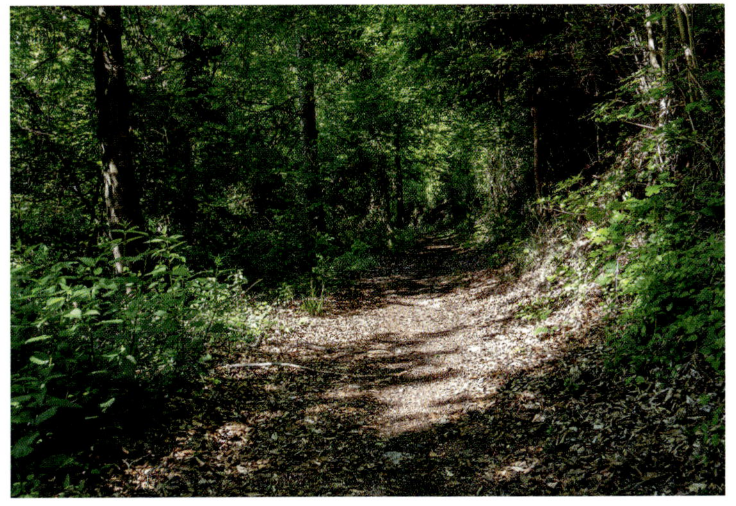

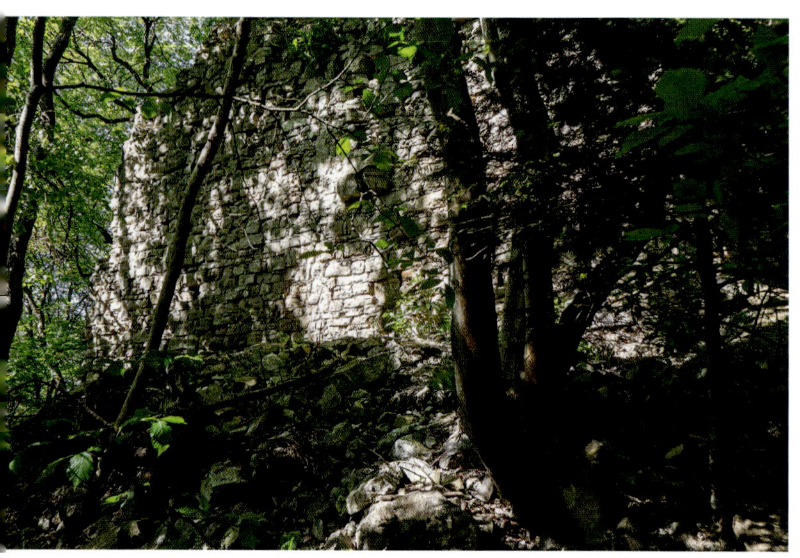

Burg Frundeck liegt auf einem Bergrücken hoch über dem Eyachtal. Die Anlage wurde nach 1230 gebaut und war vor 1500 schon eine Ruine. Von der 30 Meter langen Burg stehen heute nur noch die 10 Meter hohen Reste der Schildmauer. An der Ostseite lassen sich noch Wehrmauerreste erahnen. Die Ruine ist nicht gesichert. Einige Mauerreste sind herabgefallen und liegen auf dem Hang. Reste eines ehemaligen Gewölbekellers stechen besonders hervor. Außerdem erkenne ich auf einem bogenförmigen Stein die eingravierte Jahreszahl 1885, deren Zusammenhang mit der mittelalterlichen Ruine jedoch eher rätselhaft bleibt.

Ein lohnenswerter Abstecher. Ich mache einige Bilder, drehe um und wandere den Aufstieg wieder hinab nach Eyach.

## Tipp

Unbedingt festes Schuhwerk für die Burg.

Größerer jüdischer Friedhof am äußeren Hauptweg Richtung Mühringen, kurz vor Mühringen.

Wallfahrtskapelle Taberwasen südlich der L395, nordwestlich von Dettensee. Der kleine Chorraum stammt aus dem 15. Jahrhundert, der Kirchenraum aus dem 18. Jahrhundert.

# NECKARTALBRÜCKE, BEI HORB

## Überbrückung eines wunderschönen Tals

14

**Hinkommen:**
48°26'44.0"N 8°45'44.4"E

**Mit dem Auto:**
A81, Parkplatz Neckarblick.

**Mit dem ÖPNV:**
Mit RB, IRE oder HZL nach Eyach. Von der Ruine aus zu Fuß weiter Richtung A81.
**Vom Bahnhof Eyach aus etwa 2,7 Kilometer.**

**Tourbeschreibung:**
Überwiegend Laubwald, Blicke ins Neckartal. Meist breite Wanderwege.

Theoretisch hätte ich von der Ruine Frundeck aus auf der Höhe weiter wandern können und wäre direkt oben unter der Neckartalbrücke angekommen. Das hätte den Vorteil gehabt, mir einige Höhenmeter zu ersparen, nämlich das Hinabwandern ins Neckartal und wieder Hinaufsteigen direkt zur Brücke. Dafür würde ich aber auch den Anblick der Brücke versäumen, die ein an dieser Stelle wunderschönes Tal überspannt.

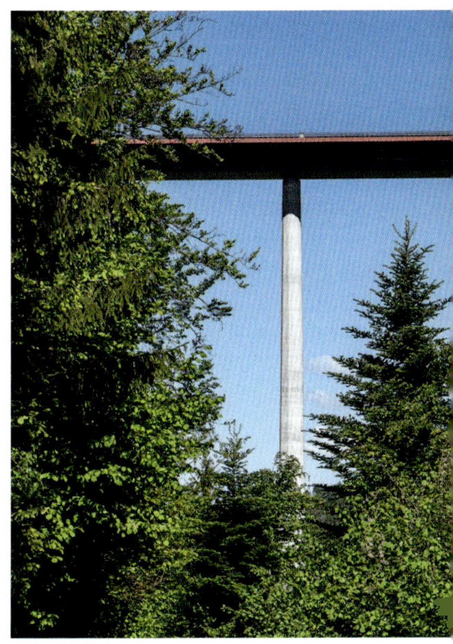

Deswegen gehe ich den Weg zurück, nun bergab, bis ich wieder jene saftige, gelbgrüne Wiese erreiche, die ich vorhin schon so bewundert habe. Plötzlich nehme ich das Geräusch eines sich nähernden Zuges wahr. Kaum habe ich mich um-

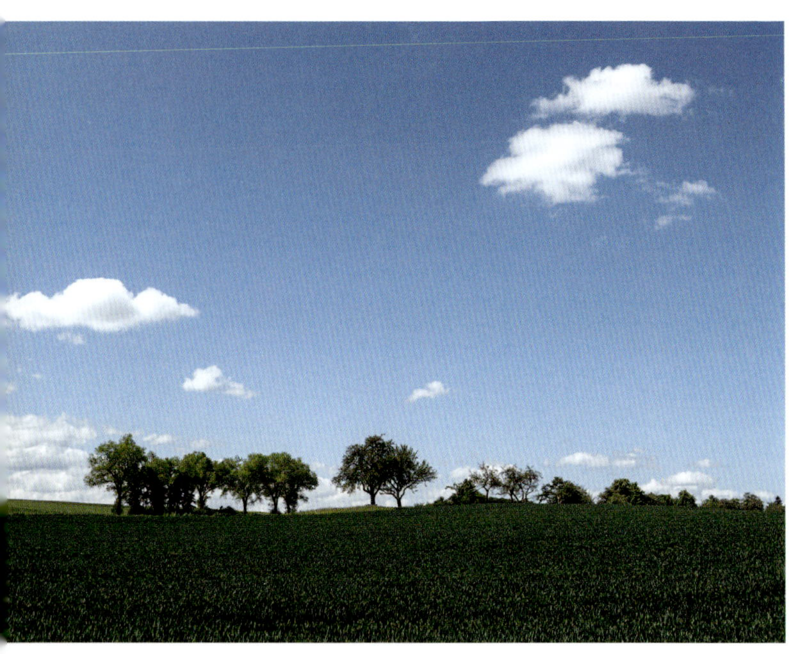

geblickt, um von diesem kontrastreichen Anblick ein paar Bilder zu machen, da ist er auch schon vorbeigefahren.

Ich setze meine Wanderung auf einem asphaltierten Weg fort, begegne einigen Gleichgesinnten sowie ein paar Radfahrern und sehe stets die Neckartalbrücke vor mir. Wirkt sie aus der Ferne noch filigran, so wird sie mit jedem Schritt, den ich mich ihr nähere, wuchtiger. Ich stelle mir vor, wie viele Autos hier wohl täglich darüber rollen. Direkt unter der Brücke wirken deren Stützpfeiler nun unheimlich hoch. Wie viele Höhenmeter ich jetzt wieder zu überwinden habe, wird mir klar, wenn ich mir vorstelle, ich müsste in einem der Pfeiler eine Treppe hochsteigen.

Ich unterquere die Brücke auf dem noch asphaltierten Hauptweg, biege aber unmittelbar danach links ab auf einen auf den ersten Blick vertrauenswürdigen Pfad. Dieser Pfad lässt sich jedoch nach kurzer Zeit immer weniger gut erkennen und ist kaum noch vom wild verwucherten Wald zu unterscheiden, sodass der Aufstieg immer schwieriger wird. An ein Zurück denke ich aber auch nicht, da es der kürzeste Weg ist. Die Brücke ist dabei immer über mir und das lauter werdende Getöse der Autos sagt mir, dass ich mich meinem Ziel – direkt oben unter der Brücke zu stehen – nähere. Aber erst einmal erreiche ich sehr zu meiner Freude wieder einen breiten, gut zu gehenden Weg.

Ich bestaune die kräftigen Stahlseile, die zur Stabilisierung der Brücke beitragen und von weiter unten aussahen wie dünne Stäbe. Sie führen außerdem den Blick direkt hinab in das Neckartal, von wo ich gekommen bin.

## Tipp

Ein paar Hundert Meter nördlich der Autobahnausfahrt circa 200 Meter links neben der A81 gibt es den Weitenbrunnen mit einem markanten Steingewölbe. Das Besondere an diesem Brunnen ist, dass er laut einer alten Oberamtsbeschreibung die älteste erhaltene Brunnenstube in Württemberg ist und bereits Ende des 16. Jahrhunderts erwähnt wurde.

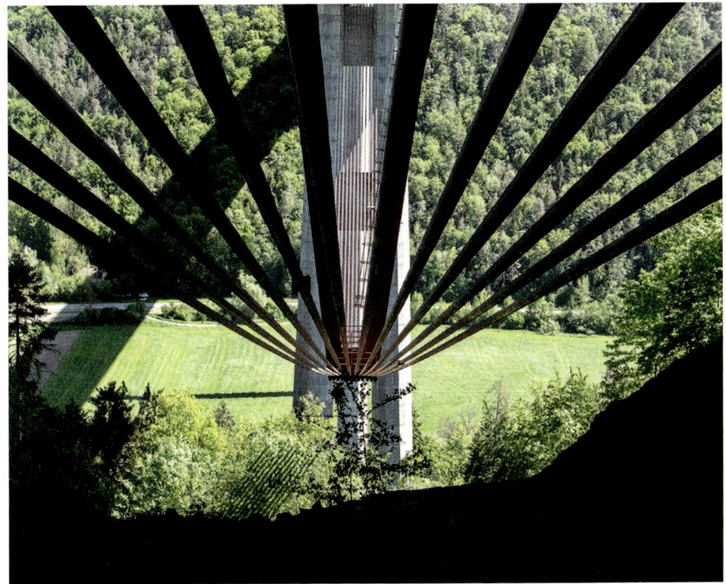

# 15 JÜDISCHER FRIEDHOF MÜHLEN, BEI HORB

## Kulturdenkmal jüdischer Geschichte

**Hinkommen:**
48°26'56.4"N 8°43'28.1"E

**Mit dem Auto:**
A 81, Ausfahrt 30, Horb a. N.
Weiter auf B 32 Richtung Horb. Nächste Ausfahrt links, anschließend rechts auf L 459 Richtung Ahldorf. Links auf Waagrain Richtung Mühlen, vor Bahnstrecke links auf den Egelstaler Weg. **Parkmöglichkeiten gibt es direkt vor dem Friedhof.**

**Mit dem ÖPNV:**
Mit RB, IRE oder HZL nach Mühlen (bei Horb). Zu Fuß weiter auf Schelmenwasen, dann rechts auf den Egelstaler Weg.
**Vom Bahnhof Mühlen bis zum jüdischen Friedhof sind es etwa 200 Meter.**

**Tourbeschreibung:**
Im wunderschönen Neckartal gelegen, viele Spaziermöglichkeiten direkt am Neckar.

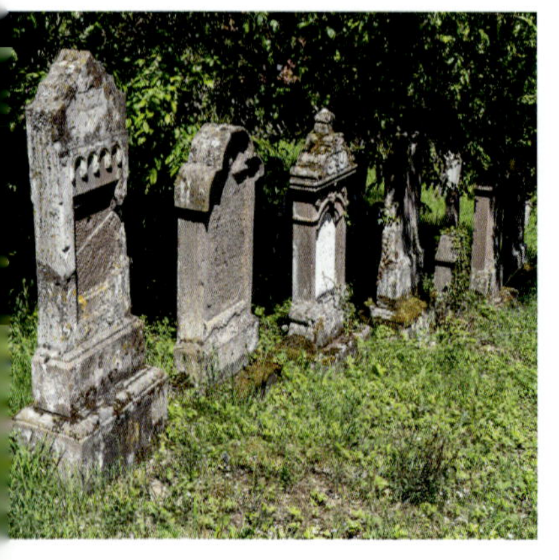

Auf meinem Weg weiter nach Mühlen gehe ich für ein paar wenige Minuten an der belebten Autobahn entlang, biege dann rechts ab und es wird unmittelbar ruhiger. Angenehm geht es im Wald auf breiten Wanderwegen entlang, ehe ich einen asphaltierten Weg erreiche. Von hier aus habe ich wieder einen schönen Blick über das Neckartal. Mein Weg verläuft parallel oberhalb der Bahnstrecke zwischen Rottenburg und Horb, die sich wiederum parallel zum Neckar schlängelt.

Immer mal wieder zeigt sich durch das dichte Grün der lieblich dahin fließende Fluss. Im Hintergrund liegt die kleine Ortschaft Mühlen, in der bereits mein nächstes Highlight liegt – ein jüdischer Friedhof.
Auf diesem Abschnitt geht es relativ bequem und eben dahin, sodass ich schon fast gemütlich vor mich hin schlendern und das Wandern und die Aussichten einfach nur genießen kann. Rasch nähere ich mich dem alten jüdischen Friedhof von Mühlen. Um dorthin zu gelangen, muss ich abermals meine direkte Wanderroute kurz verlassen und nur etwa 200 Meter einer Ortsstraße am Rande von Mühlen folgen.
Am Friedhof angelangt habe ich bereits vom Gehweg aus eine sehr gute Sicht auf das am Hang liegende Gelände. Leider kann ich mir die Grabsteine nicht näher anschauen, da der Eingang geschlossen ist. Überwiegend arme Leute jüdischen Glaubens waren es, die in Mühlen zu Beginn des 19. Jahrhunderts als Hausierer, Metzger, Seifensieder oder kleine Viehhändler ein bescheidenes Leben führ-

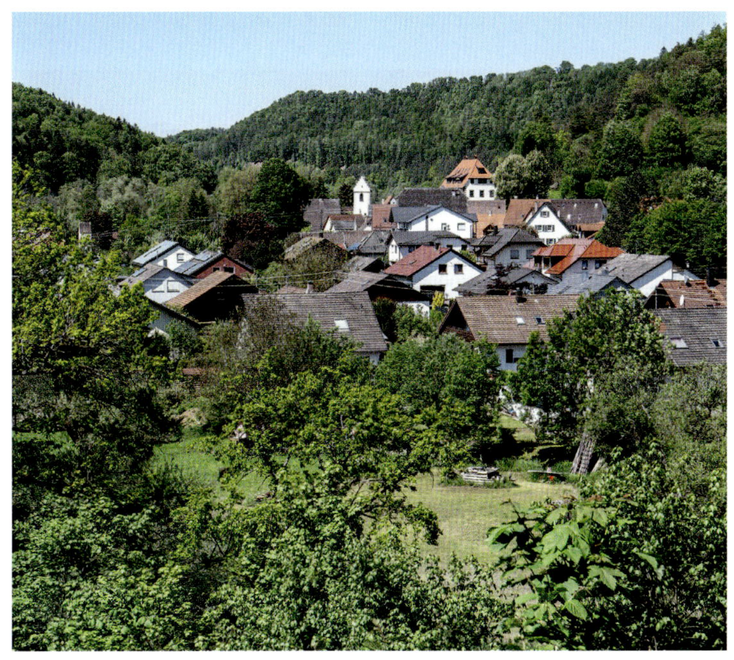

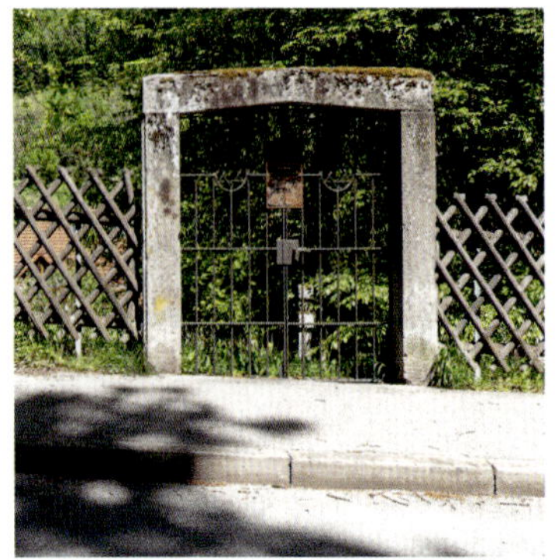

ten. Den Friedhof, auf dem heute noch 154 Grabsteine stehen, gründeten sie im Jahre 1800. Heute ist er ein geschütztes Kulturdenkmal.

2003 wurde auf dem Friedhof ein Gedenkstein aufgestellt, der an die jüdische Gemeinde in Horb und an die Ermordeten erinnert. Ich mache kehrt, gehe auf der Ortsstraße zurück und stoße wieder auf meine Tour, die mich durch den kleinen Ort Mühlen führt.

## Tipp

In jedem Fall vorher anrufen und fragen, ob der Friedhof offen ist und im Rathaus Mühlen nach dem Schlüssel fragen. Telefon 07451/2405, Rathausstraße 22, 72160 Horb, Stadtteil Mühlen.

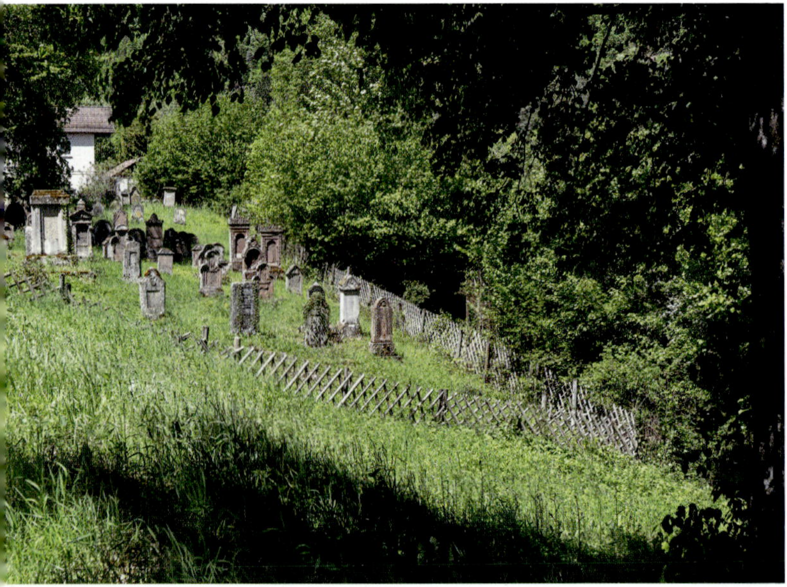

# BURGRUINE EUTINGEN, EUTINGEN

16

## Sehenswerte Festung auf Bergsporn

**Hinkommen:**
48°27'59.9"N 8°43'44.0"E

**Mit dem Auto:**
A 81, Ausfahrt 29, Rottenburg.
B 28 und B 14 Richtung Eutingen, weiter bis Bildechingen.
Parkmöglichkeiten in Bildechingen. Zu Fuß weiter auf Mühlwasen zum südlichen Ortsende. Hier links. Am Wald rechts und nächste Möglichkeit nach links. Talbach und Hauptweg jeweils überqueren.
**Ab dem Parkplatz in Bildechingen sind es etwa 2 Kilometer bis zur Burg.**

**Mit dem ÖPNV:**
Mit RB, IRE oder HZL nach Mühlen (bei Horb). Zu Fuß weiter auf Schelmenwasen Richtung Osten. Links auf Waagrain, dann rechts auf Remigiusstraße. Am Schloss Mühlen links auf Talmühleweg.
**Ab dem Bahnhof Mühlen sind es etwa 2,7 Kilometer bis zur Burg.**

**Tourbeschreibung:**
Auf breiten Wanderwegen, angenehm schattig im Eutinger Tal.

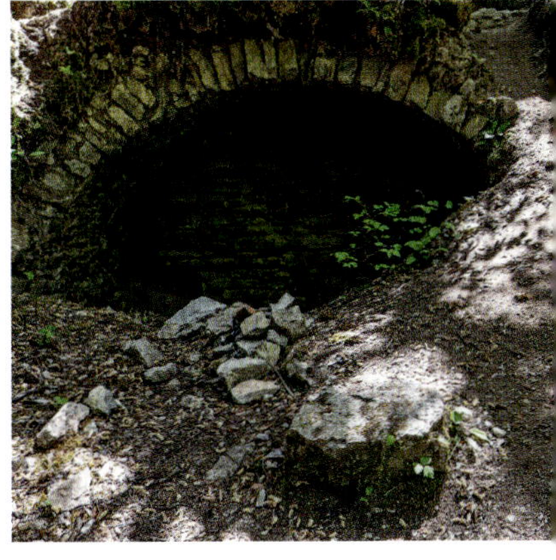

Der letzte große Umweg für heute folgt jetzt. Denn anstatt direkt nach Horb zu wandern, gehe ich zurück nach Mühlen, um von dort zu meiner zweiten Burg zu gelangen, der Burgruine Eutingen. Ich überquere den Neckar, wandere durch Mühlen und erreiche den Eingang des Eutinger Tals.

Ich genieße den unspektakulären, aber sehr romantischen Wanderweg im Eutinger Tal. Da heute Wochenende ist, treffe ich vermehrt auf Menschen, die einen kleinen

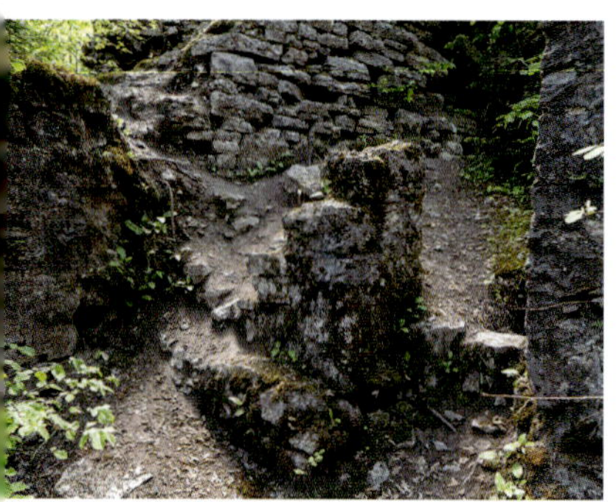

Wochenendausflug unternehmen. Während ich ein paar Bilder mache, sprechen mich zwei ältere Frauen an, was ich denn hier auf dem Weg fotografiere. Ich erzähle ihnen meine Geschichte und so wandern wir ein paar Meter nebeneinander her. Sie scheinen mein Etappenziel Horb näher zu kennen, denn sie geben mir einige Tipps zum Anschauen mit auf meinen Weg.

Nach dem netten Austausch nehme ich einen idyllischen, halb zugewachsenen Pfad abseits des Hauptweges, so dass wir uns leider schon wieder verabschieden müssen. Mein Pfad führt mich weiter direkt zur Burg. Allerdings verläuft er entlang der Burgmauer und wird immer schmaler. Das Problem ist jetzt, dass ich rechts neben der Mauer kaum noch eine Möglichkeit finde, Fuß zu fassen, da es dort doch einige Meter einen steilen Abhang hinuntergeht. So hangle ich mich Meter für Meter voran. Es wird immer noch schmaler und ich muss aufpassen, nicht abzurutschen. Aber zurück zu gehen ist wahrscheinlich auch nicht einfa-

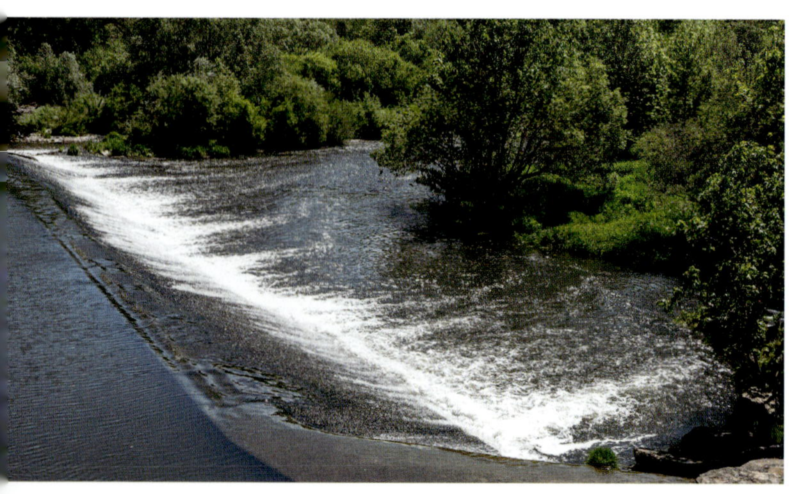

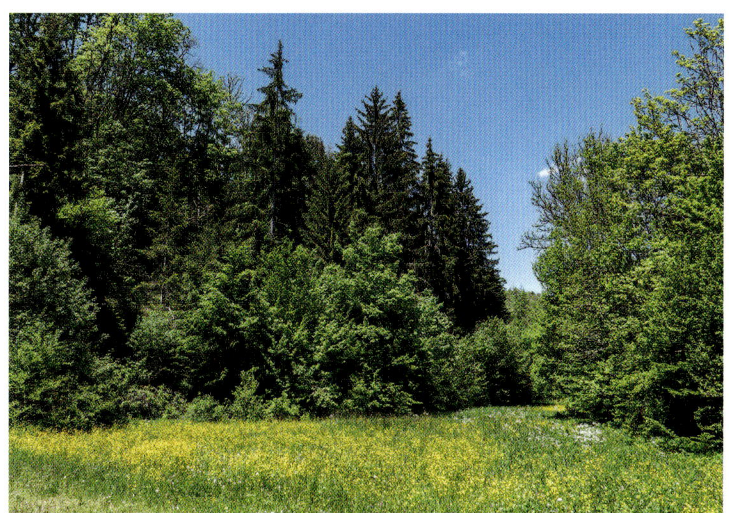

cher. Und kurz bevor es überhaupt nicht mehr geht, erreiche ich eine offene Stelle und bin auf dem „Hof" der Burg.

Jetzt muss ich erst einmal durchatmen, bevor ich die Burg näher in Augenschein nehme. Sie wurde in der zweiten Hälfte des 13. Jahrhunderts erbaut und war Sitz der Herren von Eutingen. Nach regem Besitzerwechsel wurde sie dann 1818 abgebrochen. Erhalten blieben nur malerische Ruinen. Die Abbruchsteine benutzte man für den Bau einer Papierfabrik im Egelstal bei Mühlen. Zwei Torbögen stechen hervor, umgeben von vielen imposanten Mauerresten. Eine sehenswerte Burganlage, in der man wirklich vieles entdecken kann. Rückblickend hätte ich die Burg natürlich auch einfacher erreichen können, denn ich gehe vom Burghof einen angenehmen Pfad weiter, der mich zurück auf den Hauptweg bringt. Diesen überquere ich und gehe auf einem weiteren, wild zugewucherten Pfad Richtung Bildechingen.

## Tipp

Einkehrmöglichkeit im Gasthaus Adler Mühlen mit traditioneller, schwäbischer Küche und einer Kegelbahn. Remigiusstraße 14, 72160 Horb am Neckar, Telefon 07451/7128. Die unterschiedlichen Öffnungszeiten sind der Website, www.adler-muehlen.de, zu entnehmen.

# 17 RAUSCHBART, BEI HORB

## Aussichtsreicher Biergarten

**Hinkommen:**
48°27'02.7"N 8°42'13.8"E

**Mit dem Auto:**
A 81, Ausfahrt 30, Horb a. N.
Weiter auf der B 32 Richtung nach Horb.
In Horb rechts auf Neckarstraße (B 14). Der B 14 folgen bis zum Parkplatz.
Von dort zu Fuß rechts auf ausgeschriebenem Wanderweg.
**Vom Wanderparkplatz zum Rauschbart sind es rund 100 Meter.**

**Mit dem ÖPNV:**
Mit Regionalzug nach Horb. Dann zu Fuß rechts auf den Bahnhofplatz. Den Neckar überqueren. Weiter auf Neckarstraße (B 14) und bis rechts auf Mühlener Straße. Dann links auf Starzelbachweg, vorbei am Friedhof.
**Vom Bahnhof Horb zum Rauschbart sind es 2,2 Kilometer.**

**Tourbeschreibung:**
Der Biergarten, der von einem direkt an der B 14 liegenden Wanderparkplatz über einen kurzen Pfad gut zu erreichen ist, ist wunderbar schattig und bietet eine imposante Aussicht auf Horb und das Neckartal. Städtisches Flair in der historischen Innenstadt von Horb.

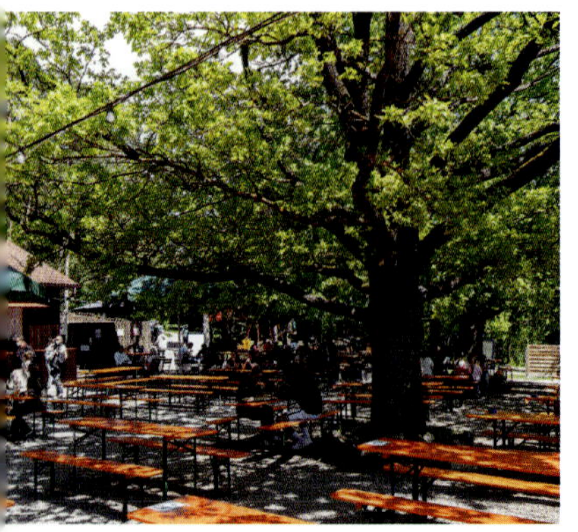

Ich könnte den gleichen Weg, den ich von Mühlen durch das schöne, idyllische Eutinger Tal gekommen bin, von der beeindruckenden Burgruine Eutingen zurückwandern. Mich reizt es aber mehr wieder eine weite Fernsicht zu haben. So beschließe ich, an der Burg das Eutinger Tal zu verlassen, kreuze den Hauptweg, der parallel zum Talbach verläuft und gehe auf einem schmalen, zugewachsenen Pfad weiter Richtung Bildechingen.

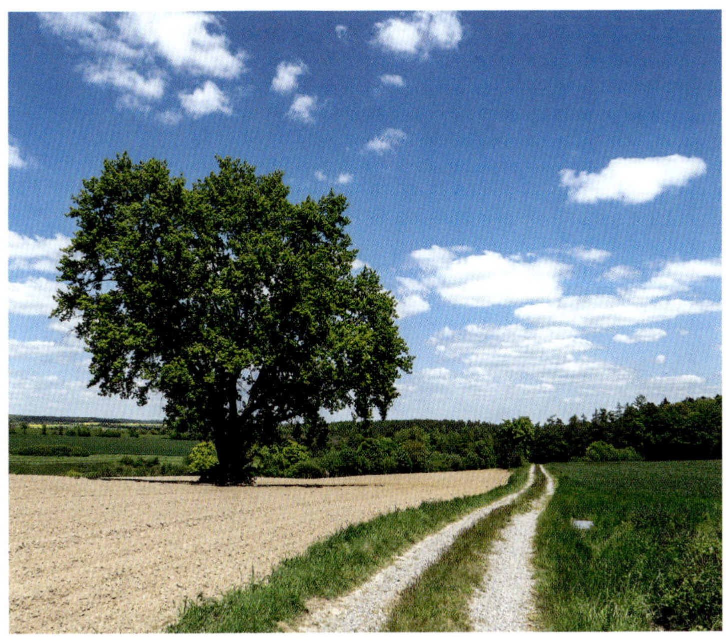

Nach einem kurzen, verwunschenen Waldabschnitt erstreckt sich rechts vor mir ein Feld – mitten im Feld steht ein einzelner, sehr großer Baum. Dieser Anblick ist umwerfend, denn der Baum strahlt etwas aus, was mich stark beeindruckt. Er scheint sehr stolz auf seinen gesonderten Platz zu sein.

Während ich weiter wandere, lässt mich dieser Baum nicht los und ich schaue immer wieder zurück. Dann biege ich nach links und folge laut Beschilderung einem kleinen Abschnitt des Jakobswegs, der parallel zu einer Landstraße Richtung Mühlen führt. Auf der linken Seite sehe ich in der Ferne noch einmal die Neckartalbrücke, dahinter ragen die Höhen der Schwäbischen Alb hervor. An einer Wegkreuzung könnte ich mich hier rechts halten und auf direktem Wege zu meinem nächsten Highlight kommen, dem im wahrsten Sinne des Wortes „aussichtsreichen" Biergarten Rauschbart. Ich folge jedoch dem Jakobsweg, der als Höhenweg und leicht ansteigend oberhalb des Neckartals seinen Reiz hat. Am „Rauschbart" werde ich mit einer gigantischen Aussicht auf Horb und das Neckartal belohnt. Nicht umsonst wurde er vor einigen Jahren zum beliebtesten Biergarten Deutschlands gewählt! Deswegen mache ich hier kurz eine Pause, gönne mir etwas zu trinken und mache ein paar Bilder von der imposanten Kulisse. Auf einem kurzen Pfad geht es wieder hinunter zu einem Wanderparkplatz, von dem man den Biergarten gut erreichen kann.

## Tipp

Die schöne Aussicht lässt sich am besten bei einem frisch gezapften Bier, einem leckeren, knusprigen Hähnchen oder einem knackigen Salat genießen. Informationen zu den verschiedenen Öffnungszeiten gibt es unter www.rauschbart.de.

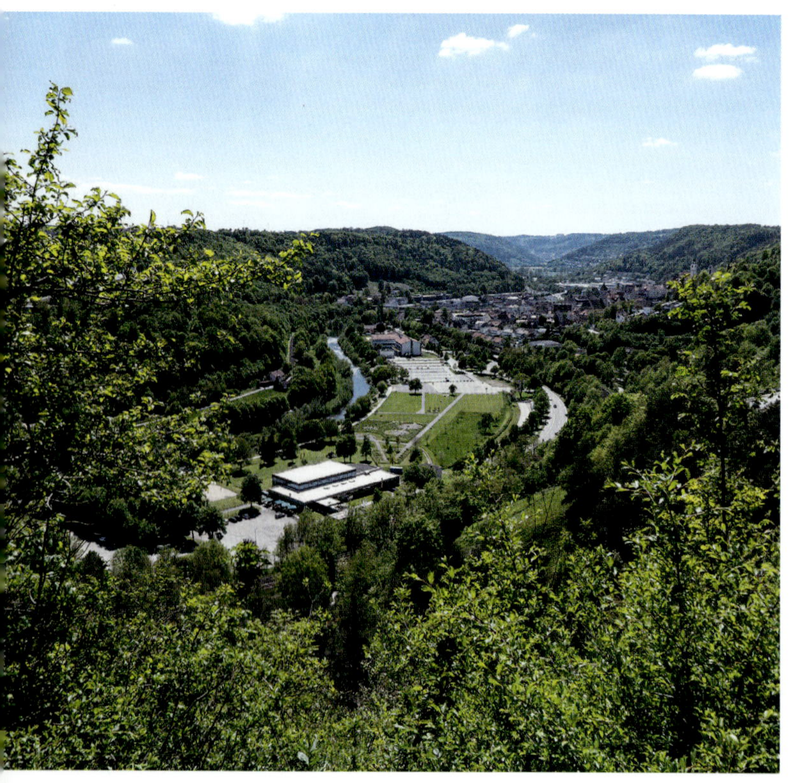

# STEINERNER GESCHICHTSGARTEN, HORB

18

## Ungewöhnliches Freilichtmuseum

Hinkommen:
48°26'53.3"N 8°41'35.8"E

Mit dem Auto:
A81, Ausfahrt 30, Horb a. N.
Weiter auf der B32 Richtung nach Horb.
In Horb rechts auf Neckarstraße (B14). Links abbiegen auf Gutermannstraße, dann rechts auf Bildechinger Steige. Wieder rechts auf Kreuzerstraße. Im Linksbogen des Straßenverlaufs gibt es Parkmöglichkeiten.
**Zu Fuß etwa 100 Meter weiter auf dem Pfad durch einen Wald bis zum Steinernen Geschichtsgarten.**

Mit dem ÖPNV:
Mit Regionalzug nach Horb. Dann zu Fuß rechts zum Bahnhofplatz. Dem Bahnhofplatz folgen und Neckar überqueren. Weiter auf Neckarstraße (B14). Nach Gutermannstraße links auf den Weg und rechts auf Weingasse.
Am Wohngebietsende nach links. Dann wieder scharf links.
**Vom Bahnhof zum Steinernen Geschichtsgarten sind es 1,2 Kilometer.**

Tourbeschreibung:
Städtisches Flair in Horb. Am Geschichtsgarten schöne Aussicht auf Horb und das Neckartal.

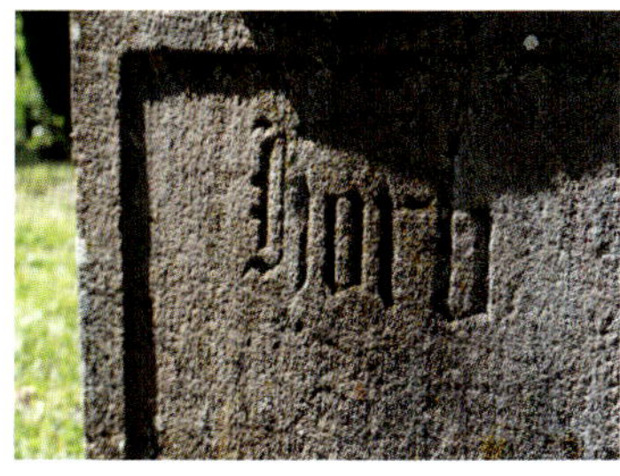


Vom Wanderparkplatz unterhalb des Rauschbarts wandere ich den gegenüberliegenden Hang wieder hoch, von wo aus ich noch einmal auf den gastlichen Ort zurückblicken kann. Wie wohltuend es nun auch wieder für mich ist, erneut alleine auf meiner Strecke zu sein! Mein letztes Highlight für diese

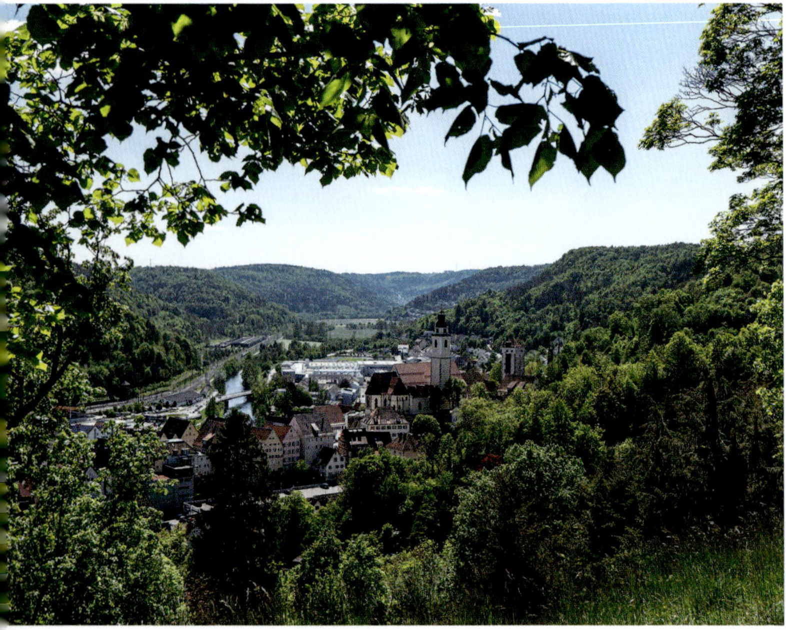

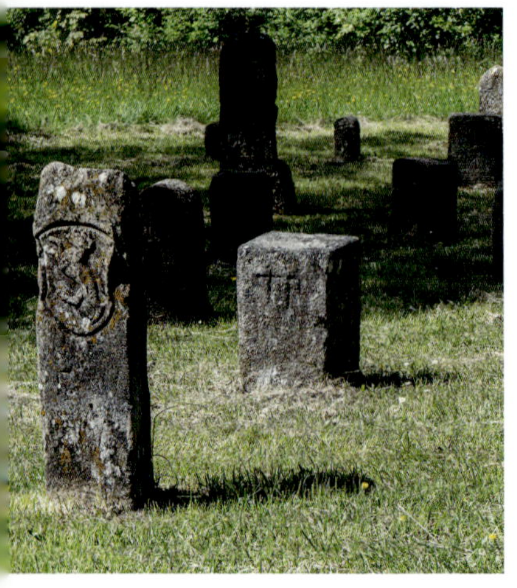

Etappe, der Steinerne Geschichtsgarten von Horb, ist nicht mehr weit entfernt. Doch erst einmal komme ich an einem Wasserturm vorbei, der leider für die Öffentlichkeit nicht zugänglich ist. Aber auch schon am Fuße des Turmes öffnet sich mir ein herrlicher Blick hinab in das Neckartal und auf Horb, mein Tagesziel. Diese Aussicht motiviert mich ausreichend für den letzten Teil der heutigen Strecke.

„Geschichte in Stein gehauen" verspricht der Steinerne Geschichtsgarten in Horb. Das frei zugängliche Freilichtmuseum liegt auf einem der Horber „Hausberge", dem Kreuzkapellenberg, direkt am Jakobusweg. Mich zieht es jedoch zunächst vorbei an den geschichtsträchtigen Steinen wieder zu einem Aussichtspunkt, der bereits vor meinen Augen liegt. Ich blicke auf Horb und das Neckartal, das idyllisch eingebettet zwischen den Hängen auf der linken und rechten Seite liegt. Eine Tafel auf einem Gedenkstein erinnert an die Kreuzkapelle, die hier früher einmal stand.

Ich genieße einfach nur die Aussicht und schaue mir dann natürlich noch die hier seit 1979 zusammengetragenen mittlerweile über 80 steinernen Geschichtszeugen näher an. Die Kleindenkmale sind mit ihren Gravuren ein Stück Heimatgeschichte und erzählen von Grenzverläufen, erinnern aber auch an Unglücke, Kriege, Hungersnöte, Morde oder Hinrichtungen. Kurze Infos zu jedem Stein gibt es auf der Internetseite der Stadt Horb.

Das kleine, lichte Wiesengrundstück ist im Ensemble mit dem nahe gelegenen Aussichtspunkt ein sehr gelungener Standort für dieses besondere Freilichtmuseum. Auf einem schmalen Pfad wandere ich hinunter nach Horb. Am Bahnhof werfe ich noch einmal einen kurzen Blick zurück auf die am Hang liegende, von der Stiftskirche am Marktplatz überragte, reizvolle historische Kleinstadtkulisse.

## Tipp

Führungen für den Steinernen Geschichtsgarten können bei der Stadt Horb angefragt werden: Telefon 07451/901200, stadtinfo@horb.de.

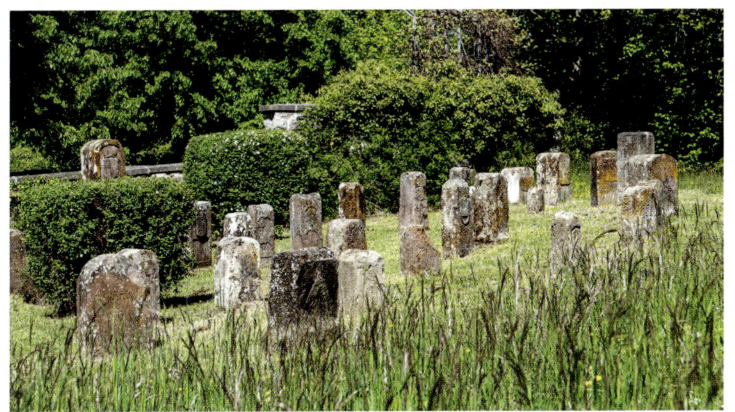

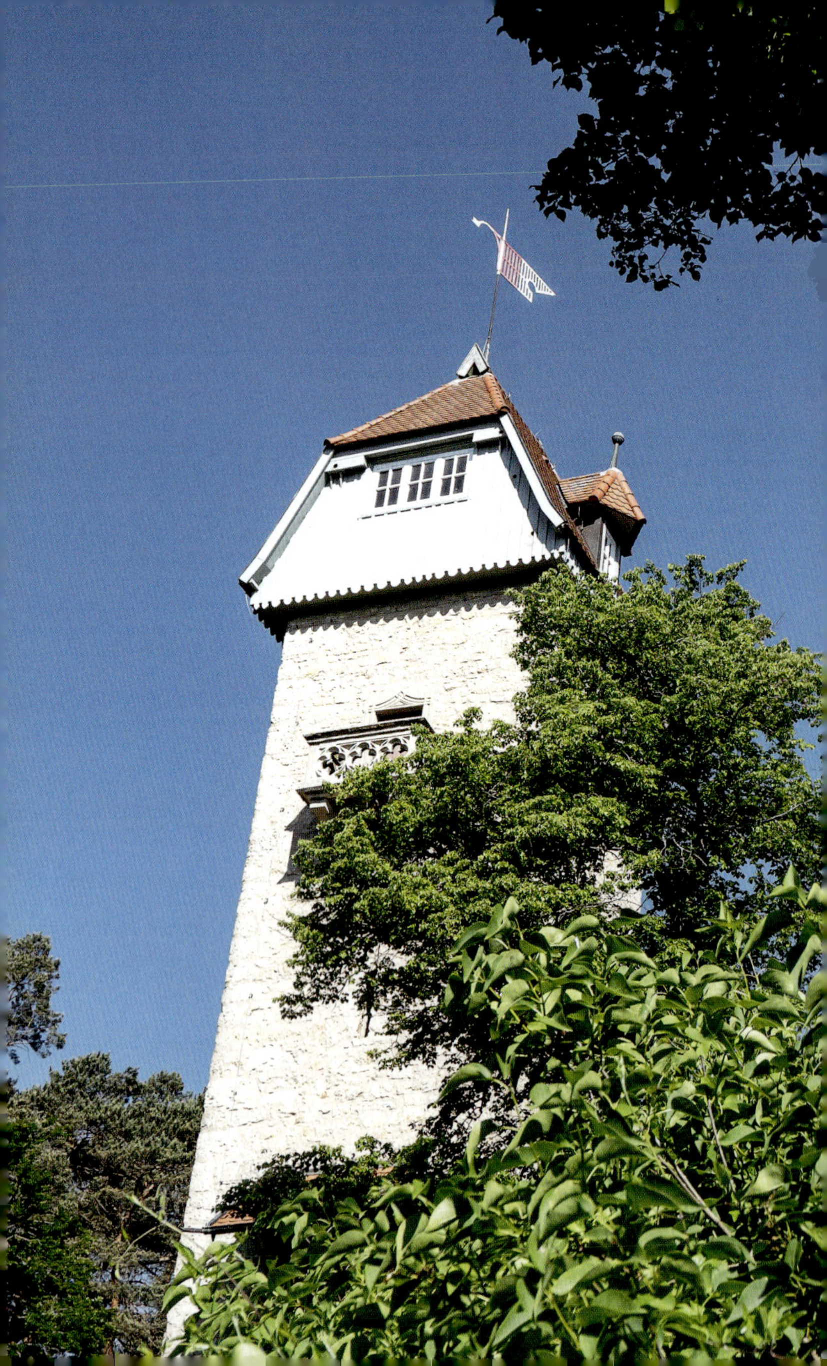

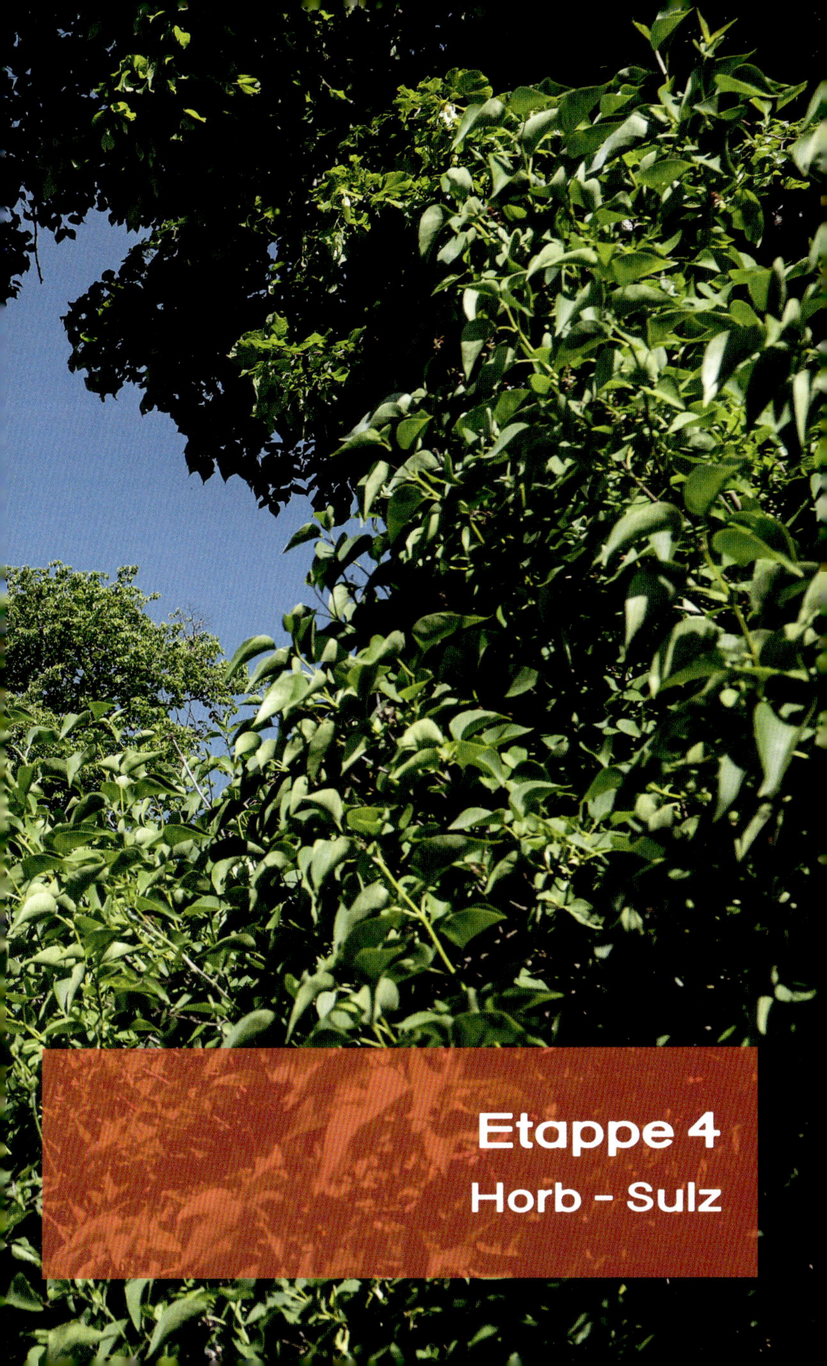

# Etappe 4
## Horb - Sulz

# 19 RINGMAUERWEG, HORB

## Wo die Hakenbüchse knallt

**Hinkommen:**
48°26'48.7"N 8°41'11.0"E

**Mit dem Auto:**
A 81, Ausfahrt 30, Horb a. N.
Weiter auf B 32 Richtung Horb. Parkmöglichkeiten im P10 Parkhaus, Marktplatz, Wintergasse 4. Zu Fuß zurück auf Wintergasse und weiter auf Bildechinger Steige. Dann links bis zum Beginn des Ringmauerwegs.
**Vom P10 Parkhaus am Marktplatz zum Beginn des Ringmauerwegs sind es etwa 500 Meter.**

**Mit dem ÖPNV:**
Mit Regionalzug nach Horb. Zu Fuß weiter auf Lindenstraße und den Neckar überqueren. Dann rechts auf Neckarstraße und gleich links auf Weg (links an Porto Pizza vorbei). Weiter auf Burgstall und geradeaus auf Bildechinger Steige. Auf Höhe Weingasse links auf Ringmauerweg.
**Vom Bahnhof zum Beginn des Ringmauerwegs sind es etwa 800 Meter.**

**Tourbeschreibung:**
Städtisches Flair in Horb. Wild bewachsener, aber bequemer Ringmauerweg mit einigen Aussichten auf Horb und leichter Steigung.

Mein Wecker klingelt unmoralisch früh, ich freue mich aber auf den schönen Tag, der wieder vor mir liegt. Da ich meine letzte Etappe in Horb beendet habe und von dieser kleinen, idyllisch gelegenen, historischen Stadt sehr angetan war, freue ich mich umso mehr, dort wieder hinzufahren. Gleich zwei Highlights erwarten mich zu Beginn meiner Wanderung – der Ringmauerweg und der Schütteturm oben auf einem Hang, den ich bereits vom Bahnhof aus erkennen kann. Ich überquere den Neckar, folge einem Abschnitt des Jakobswegs und biege am Rand der Innenstadt links auf den Ringmauerweg, einen der schönsten Spazierwege um Horb.
Der leicht ansteigende Weg befindet sich an einem dicht bewachsenen Hang, ist aber recht breit und angenehm zu begehen. Immer wieder gibt es durch das Gestrüpp Öffnungen, und ich schaue hinab auf Horb, das von dem frühmorgend-

lichen Licht gerade geweckt wird. Die Stiftskirche Heilig Kreuz und der Turm der Burg Hohenberg sind immer wieder meine Blickfänge. Auch zum Schütteturm schaue ich häufig hinüber.

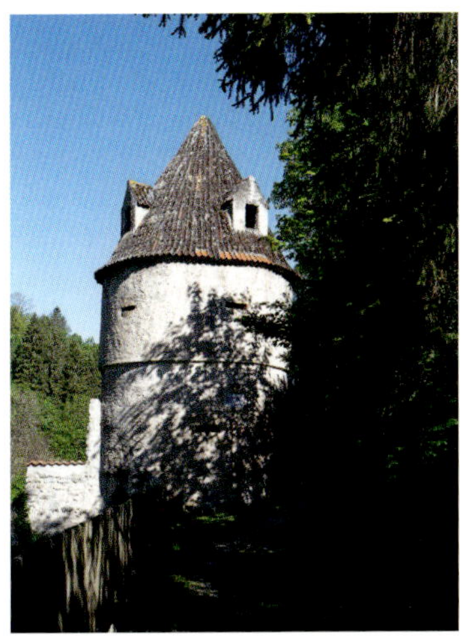

Von der im 15. Jahrhundert fertig gestellten Stadtbefestigung im Tal stehen heute noch zwei Ringmauertürme. Der mittlere Wehrturm der Ringmaueranlage am Kuglerhang wurde im Jahre 1480 fertiggestellt. Heute befindet sich darin ein Wehrgeschichtliches Museum, das im Rahmen einer Führung besichtigt werden kann. Im Museum ist ein

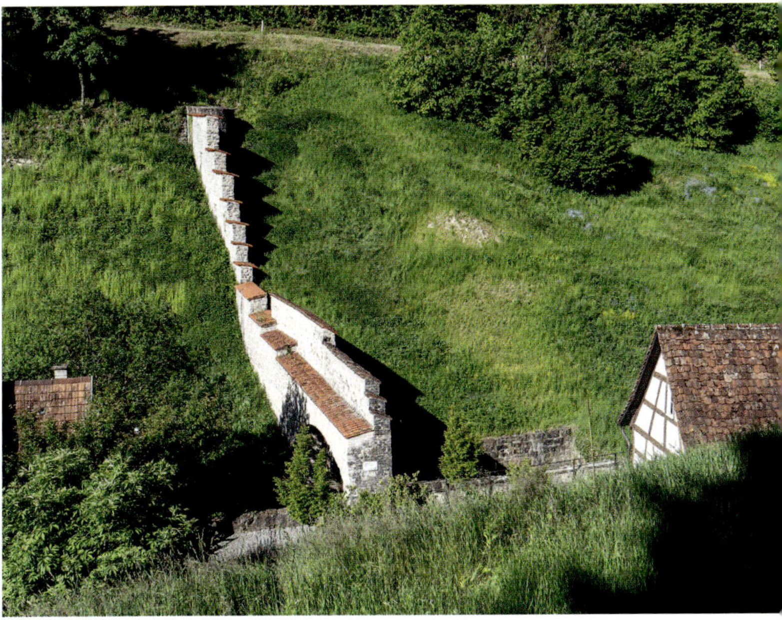

Modell der mittelalterlichen Stadt Horb zu sehen, Schautafeln geben Informationen zu den Stadttoren und Wehranlagen der Stadtmauer. Auch die Türmerwohnung mit originalem Fußboden ist erhalten. Mit zur Museumsanlage gehört auch ein ehemaliges Torwärterhäuschen an der Straße nach Altheim.

Ich gehe weiter Richtung Schütteturm, erreiche den gegenüberliegenden Hang und blicke noch einmal hinüber zum Wehrturm, auf dem ich jetzt erst ein historisches Reiterbild aus dem Jahre 1480 erkenne.

## Tipp

Führung im Wehrgeschichtlichen Museum nach Vereinbarung, Telefon 07451/4205.

Am Tag der offenen Turmtür Mitte Mai wird zum Abschluss der Führungen eine historische Hakenbüchse abgefeuert, die gegen Ende des 15. Jahrhunderts in den Wehrtürmen zur Verteidigung der Stadtmauer im Altheimer Tal zum Einsatz kam.

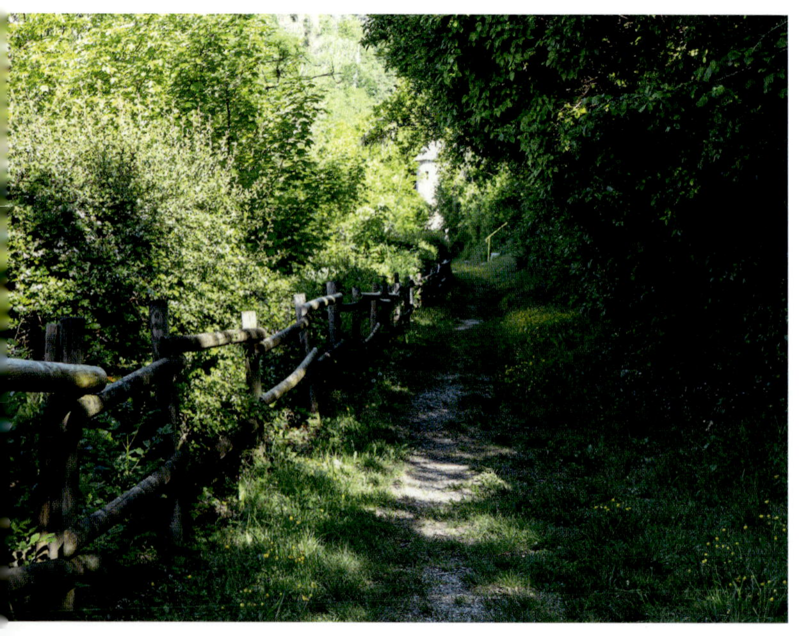

20

# SCHÜTTETURM, HORB

## Faszinierende Aussicht auf Horb und das Neckartal

**Hinkommen:**
48°26'43.9"N 8°40'54.3"E

**Mit dem Auto:**
A81, Ausfahrt 30, Horb a. N.

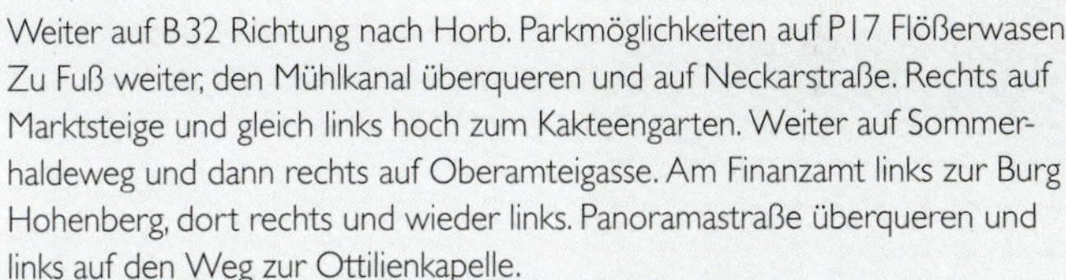

Weiter auf B32 Richtung nach Horb. Parkmöglichkeiten auf P17 Flößerwasen. Zu Fuß weiter, den Mühlkanal überqueren und auf Neckarstraße. Rechts auf Marktsteige und gleich links hoch zum Kakteengarten. Weiter auf Sommerhaldeweg und dann rechts auf Oberamteigasse. Am Finanzamt links zur Burg Hohenberg, dort rechts und wieder links. Panoramastraße überqueren und links auf den Weg zur Ottilienkapelle.
**Vom Parkplatz zum Schütteturm sind es etwa 800 Meter.**

**Mit dem ÖPNV:**
Mit Regionalzug nach Horb. Zu Fuß weiter auf Lindenstraße und den Neckar überqueren. Dann links auf Schillerstraße und am Parkplatz P17 Flößerwasen vorbei. Von hier zu Fuß weiter wie oben.
**Vom Bahnhof zum Schütteturm ist es etwa 1 Kilometer.**

**Tourbeschreibung:**
Steiler Anstieg mit insgesamt gut 100 Höhenmetern von der Innenstadt Horbs zum Turm hinauf. Am Turm jedoch faszinierende Aussicht auf Horb und Neckartal.

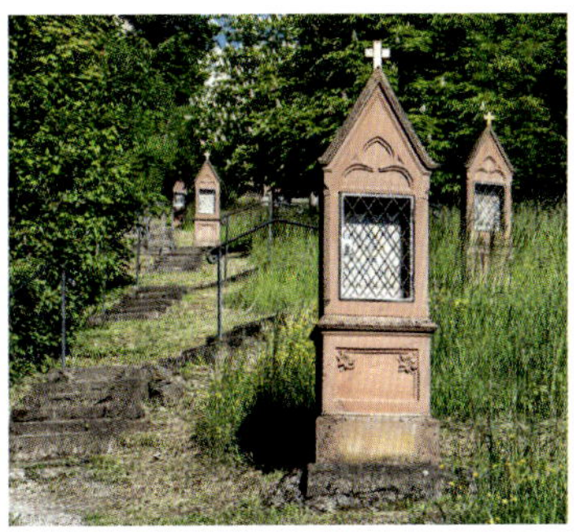

Dem ersten Highlight meiner heutigen Etappe folgt unmittelbar danach auch schon das zweite – der Schütteturm, der nur einer von vielen Wahrzeichen Horbs ist. Ich verlasse den Ringmauerweg und gehe ein paar Schritte an der Altheimer Straße entlang zurück Richtung Innenstadt. Kurz vor der Stiftskirche Heilig Kreuz, die ich vom Ringmauerweg aus so oft gesehen

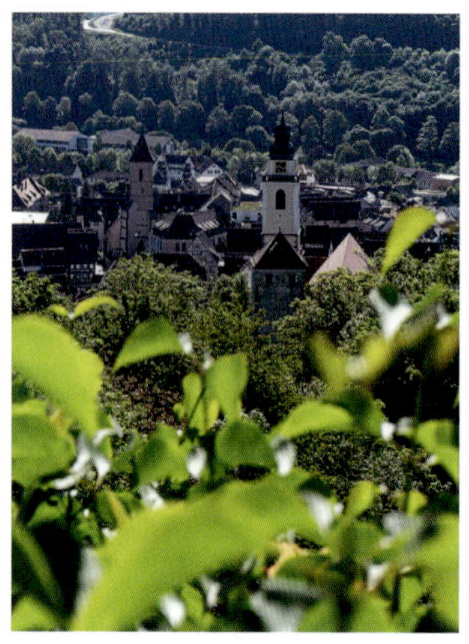

habe, biege ich rechts ab, kreuze die Panoramastraße und steige in einem Waldabschnitt einige Treppen hinauf.

Anschließend führt mich ein liebevoll gestalteter Kreuzweg bergauf zur Ottilienkapelle am Fuße des Schütteturms. Die einzelnen Bildstöcke befinden sich auf einer schmalen, lang gezogenen Lichtung. Immer wieder bleibe ich stehen und lasse den Kreuzweg auf mich wirken.

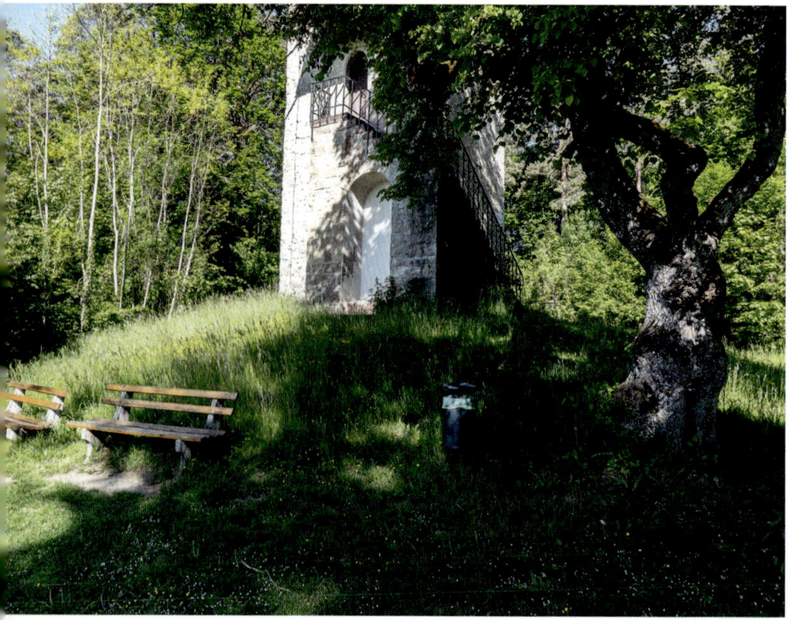

Auch die Ottilienkapelle und der Schütteturm befinden sich auf einer Lichtung und beide könnten

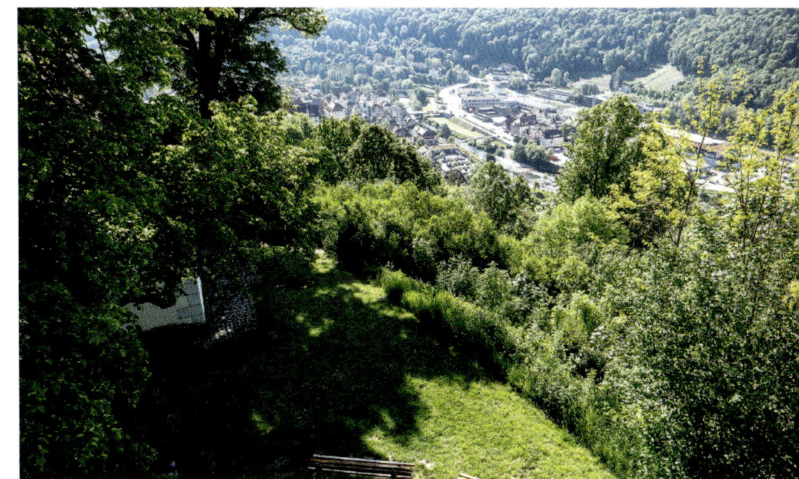

an keinen schöneren Orten stehen. Aber erst einmal lege ich nach dem recht steilen Anstieg eine kurze Verschnaufpause ein und genieße die herrliche Aussicht auf Horb und das Neckartal. Ein paar Stufen kann ich auf der Außentreppe des Turmes hochsteigen, bis ich vor der leider verschlossenen Eingangstüre stehe. Dennoch ist die Sicht auch nur von hier oben lohnender als von der Lichtung aus. Der Turm wurde zur Zeit der Städtekriege im 15. Jahrhundert erbaut und diente bis in das 19. Jahrhundert als Wachtturm. Der Wächter kam nur von außen über eine Leiter an seinen Platz. Um sich zu schützen, zog er sie anschließend bis ins Jahr 1825 wieder in den Turm zurück. Erst danach entstand als bequemerer Zugang eine steinerne Außentreppe. Zu Beginn des 20. Jahrhunderts wurde der baufällige Turm zu einem Aussichtsturm restauriert und der Öffentlichkeit übergeben.

Vom Schütteturm begebe ich mich auf einem weichen Pfad direkt hinein in den Wald und genieße die Morgenstimmung.

## Tipp

Der Turm öffnet seine Tür am Tag des offenen Denkmals, immer am zweiten Sonntag im September.

# 21 STEINBRUCH, HORB

## Genusswandern auf einem Höhenweg

**Hinkommen:**
48°26'15.7"N 8°39'54.0"E

**Mit dem Auto:**
A81, Ausfahrt 30, Horb a. N.
Weiter nach Horb. Dort auf die B14 bis Rexingen. Parkmöglichkeiten um die Johanniterstraße. Weiter zu Fuß zurück auf Johanniterstraße, links auf Lichtenbergstraße, dann rechts auf Schafblumenhalde. Etwa 80 Meter nach der Linkskehre scharf rechts und dem Pfad in den Wald bis zum Steinbruch folgen.
**Von Rexingen zum Steinbruch sind es 1,3 Kilometer.**

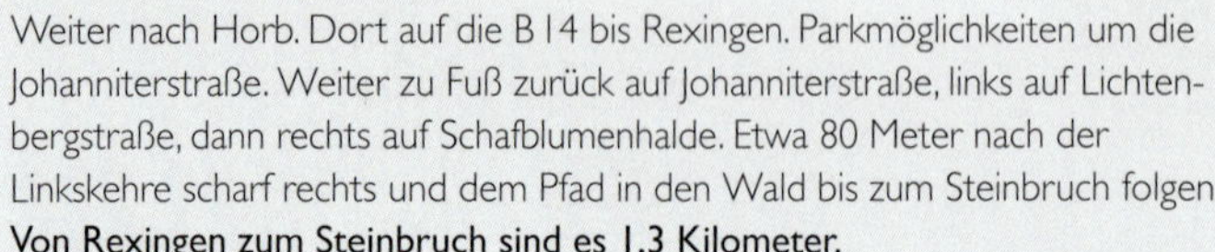

**Mit dem ÖPNV:**
Mit der Bahn nach Horb. Zu Fuß zum Marktplatz, rechts an der Stiftskirche vorbei, vor Bußgasse nach links. Die Panoramastraße überqueren und rechts auf den Weg oberhalb Kropfbrunnenweg. An der Gabelung den mittleren Weg nehmen, dann leicht rechts und zweite scharf links. Dann immer geradeaus.
**Vom Bahnhof Horb zum Steinbruch sind es 2,7 Kilometer.**

**Tourbeschreibung:**
Kleine Wanderung. Nach Verlassen des Neckartals schattig ansteigend im Wald, dann eben. Einige herrliche Aussichten auf das Neckartal.

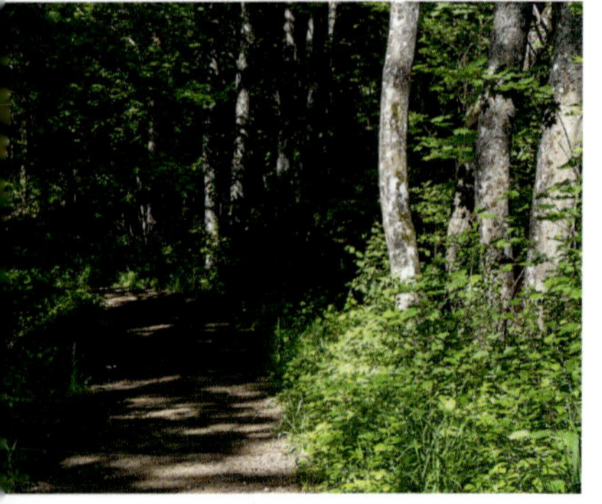

Da ich bereits auf einem Hang oberhalb des Neckartals bin, geht es sehr angenehm und flach weiter. Ich genieße wieder das pure Dahinwandern in diesem idyllischen Abschnitt. Es ist noch sehr früh, und die Sonne steht noch recht tief. So werden einige Bäume auf dem sonst schattigen Weg besonders schön von der Sonne beleuchtet. Auf der linken Seite bekomme ich durch einige lichtere Stellen öfters

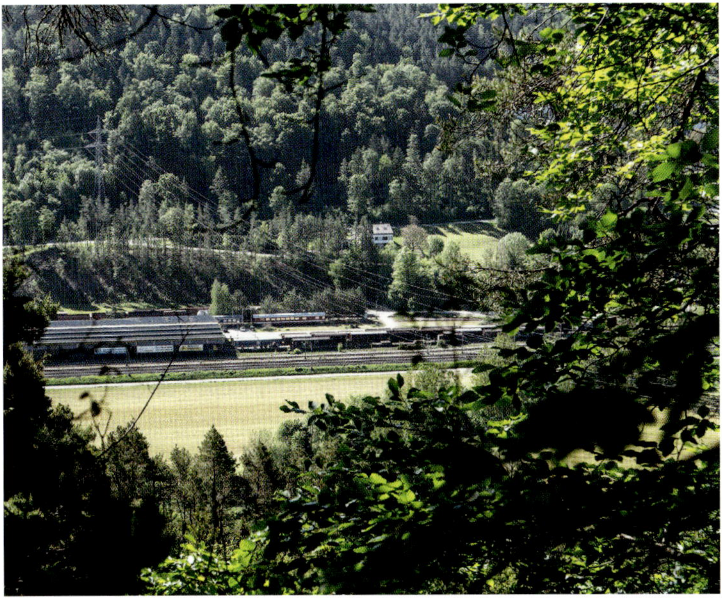

Gelegenheit, hinab in das Neckartal zu blicken. Aber nicht nur die Sicht hinab ins Tal hat ihren Reiz, auch die frische Morgenluft ist einfach nur wohltuend. Es lohnt sich doch immer wieder, früh aufzustehen.

Viel zu schnell komme ich an einer auffälligen, steinernen Wand vorbei, die mich sehr neugierig macht. Muschelkalkschichtbänder zeigen, dass hier gewaltige Kräfte aus zwei verschiedenen Richtungen aufeinander gewirkt haben, was darauf schließen lässt, dass es sich hierbei um einen natürlich entstandenen Felsabbruch handelt. Umso erstaunlicher ist es, dass ich auf einer Infotafel erfahre, dass in diesem unwegsamen Gelände tatsächlich früher auch Kalksteine für Schotter- und Bauzwecke abgetragen wurden. Auf einer etwas größeren Lichtung direkt vor dem Steinbruch mit Blick hinunter in das Neckartal bietet es sich an, Pause zu machen. Ich wandere auf dem weiterhin idyllischen Pfad hinab nach Ihlingen ins Neckartal. Es ist ein schönes Gefühl, das Tal nicht immer nur von oben zu sehen, sondern mich bald mittendrin zu bewegen. Nach Ihlingen geht es aber auch schon wieder bergauf durch einen Waldabschnitt auf dem Jakobsweg. Die sehr ge-

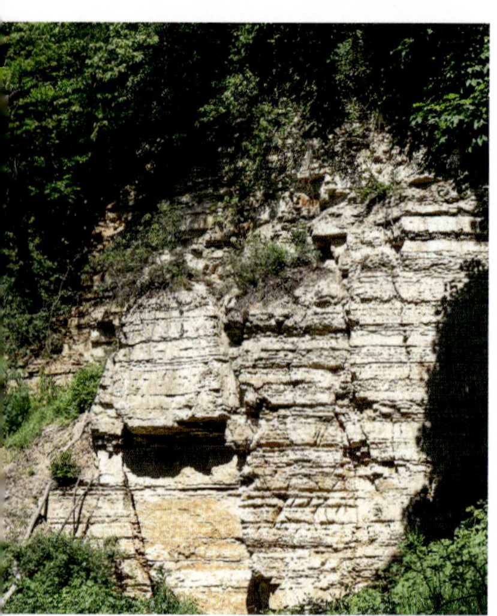

ordnet wachsenden Stämme der Bäume bilden mit ihren regelmäßigen Abständen ein fast schon abstraktes Muster.

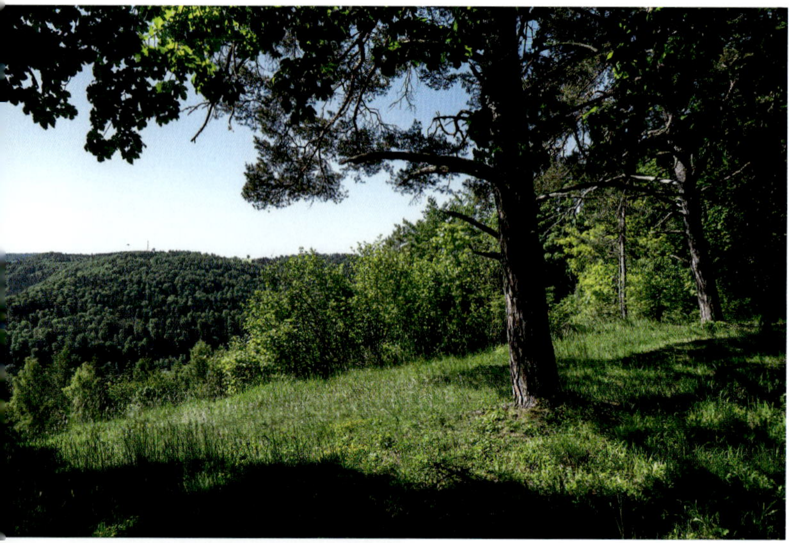

## Tipp

Jakobuskirche Ihlingen in Form einer Basilika. Sie liegt am Jakobsweg und auf dem Schnittpunkt Neckartal, Schwarzwald und Gäu. Zahlreiche Spuren aus dem 12. Jahrhundert, eine wertvolle Holzkanzel im Renaissancestil, wunderschöne Fresken im Altarraum und ein Jakobusstein im Kirchhof machen sie absolut sehenswert.

# DETTINGER FELSEN, DETTINGEN

22

## Gipfelkreuz mit genialer Aussicht

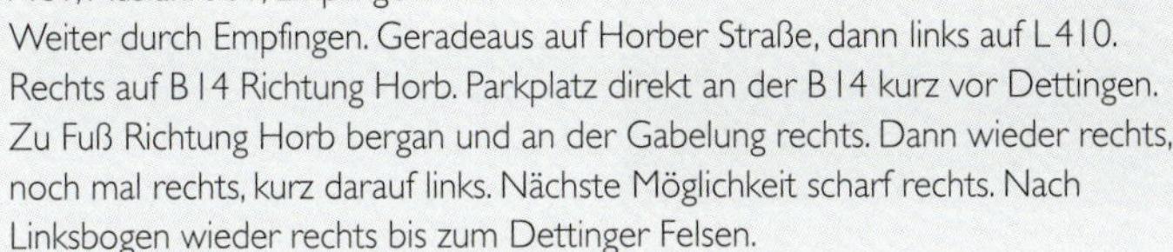

**Hinkommen:**
48°24'55.3"N 8°38'30.4"E

**Mit dem Auto:**
A 81, Ausfahrt 31, Empfingen.
Weiter durch Empfingen. Geradeaus auf Horber Straße, dann links auf L 410. Rechts auf B 14 Richtung Horb. Parkplatz direkt an der B 14 kurz vor Dettingen. Zu Fuß Richtung Horb bergan und an der Gabelung rechts. Dann wieder rechts, noch mal rechts, kurz darauf links. Nächste Möglichkeit scharf rechts. Nach Linksbogen wieder rechts bis zum Dettinger Felsen.
**Vom Parkplatz zum Dettinger Felsen sind es 2,3 Kilometer.**

**Mit dem ÖPNV:**
Mit Bahn nach Horb. Zu Fuß weiter und links zum Bahnhofplatz. Am Aldi vorbei und am Neckar entlang. Nächste Möglichkeit links (Unterführung) nach Isenburg. Am Forellengasthof Waldeck rechts vorbei. Nach Linksbogen wieder links und gleich rechts. Zweite Möglichkeit rechts. Dem Weg folgen Richtung Motocross-Strecke Betra. Danach rechts in den Wald und geradeaus bis zum Dettinger Felsen.
**Vom Bahnhof Horb zum Dettinger Felsen sind es 5,5 Kilometer.**

**Tourbeschreibung:**
Tolle Impressionen vom Neckartal. Knapp 200 Meter Höhendifferenz. Wege können an und nach Regentagen rutschig sein, festes Schuhwerk.

Wieder im Neckartal gehe ich gemütlich auf dem Jakobsweg weiter durch den Ort Dettingen, nach dem auch schon mein nächstes Highlight benannt ist – der Dettinger Felsen. Bereits jetzt sehe ich ihn und erwarte mir von dort eine gigantische Aussicht, diesmal von der anderen Seite des Neckartals. Direkt am Ortsrand überquere ich

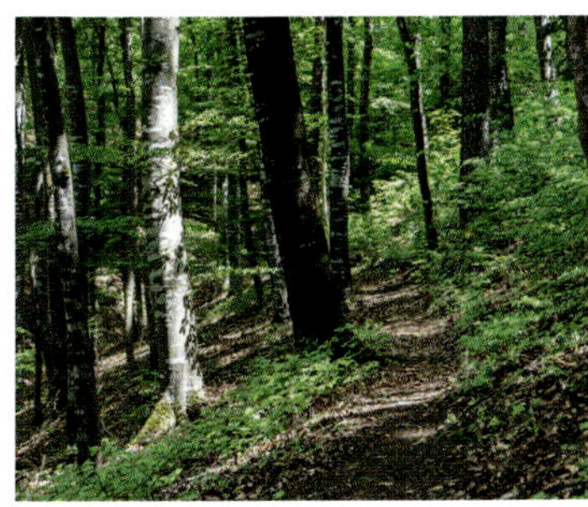

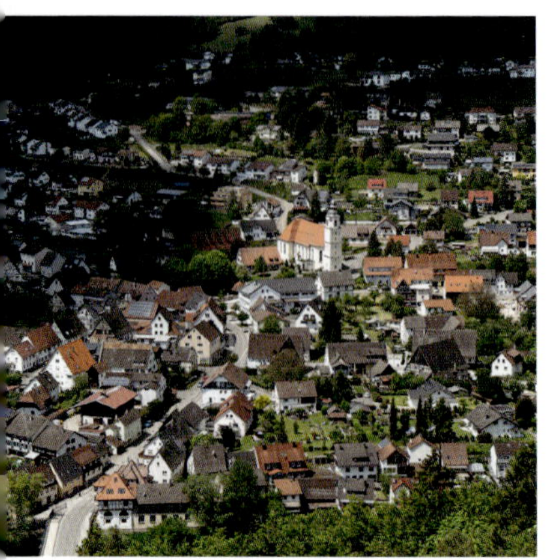

den Neckar und bin erstaunt über den Anblick, der sich mir plötzlich bietet. Der Blick von der Brücke auf den Neckar und die umgebende Landschaft bildet einen Kontrast zum Ort, wie er stärker nicht sein könnte – Natur pur.

Nach zehn angenehm zu gehenden Kilometern habe ich mich zwar auf Genusswandern eingestellt – trotzdem treibt mich die Neugier auf die bevorstehende Aussicht vom Dettinger Felsen an und lässt mich die Mühen des zu bewältigenden Anstiegs von 150 Höhenmetern schnell vergessen. Mein Weg führt mich wieder entlang eines idyllischen, mit Wurzeln verwachsenen Pfades hinauf zum Felsen. Plötzlich stehe ich oben auf einem ungesicherten Aussichtspunkt, der sogar mit einem Gipfelkreuz markiert ist. Ich bin einfach nur begeistert, wie

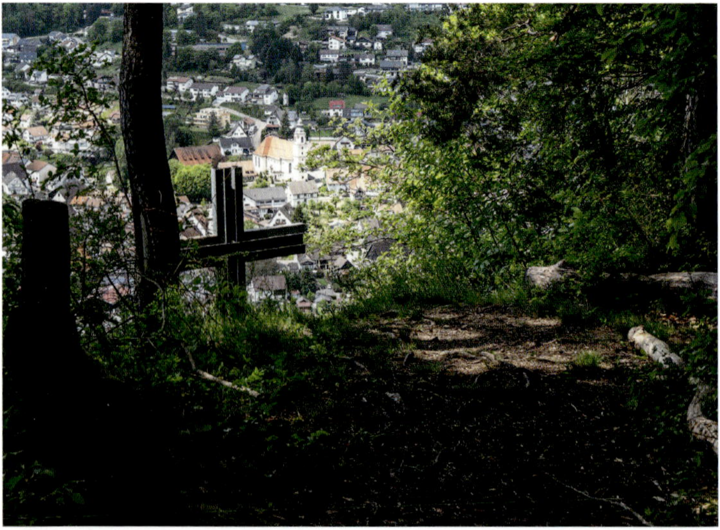

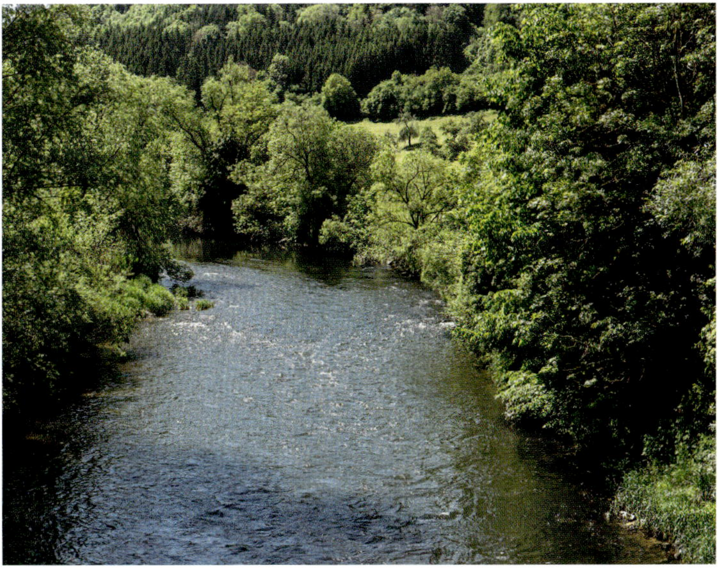

viel ich heute schon wieder erlebt und gesehen habe, obwohl ich eigentlich nur im Neckartal unterwegs war. Ich traue mich bis ganz nach vorne und stelle fest, dass ich früher vor solch einem Felsen wesentlich mehr Respekt gehabt hätte. Wo ist meine Höhenangst hin? Währenddessen sind erste Wolken aufgezogen. Ein spannendes Bild mit abwechselnden Licht- und Schattenspielen auf Dettingen und das Neckartal ergibt sich.
Nach den genussvollen Naturschauspielen wandere ich in einem schönen, schattigen Waldabschnitt oberhalb des Neckars weiter Richtung Neckarhausen.

## Tipp

Grillhütte oberhalb des Dettinger Felsens. Schöne, aussichtsreiche Picknickmöglichkeit auch für größere Gruppen.

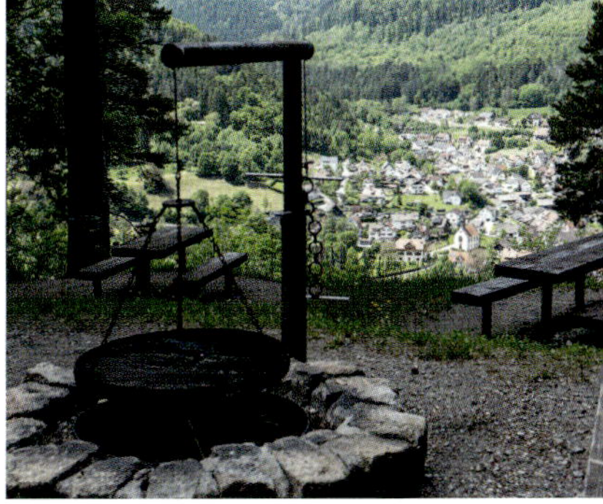

# 23 ST. ULRICHSKAPELLE, NECKARHAUSEN (BEI HORB)

## Große Kapelle auf kleinem Hügel

**Hinkommen:**
48°23'57.0"N 8°38'50.3"E

**Mit dem Auto:**
A 81, Ausfahrt 31, Empfingen.
Weiter durch Empfingen. Geradeaus auf Horber Straße. Links auf die L 410 und gleich rechts am Schotterwerk vorbei. Parkmöglichkeiten in Neckarhausen.

**Mit dem ÖPNV:**
Mit der Bahn nach Horb. Bus 7403 Richtung Sulz Bahnhof, Ausstieg Neckarhausen Abzweig Betra, Horb am Neckar. Fährt nicht samstags, sonntags und an Feiertagen.
Zu Fuß ab Horb: Immer dem Neckar entlang durch das Neckartal, zuerst Richtung Dettingen, dann weiter nach Neckarhausen. In Neckarhausen an der Kläranlage links abbiegen und der Oberamtstraße folgen. Links auf die B 14 und wenige Meter bis zur Kapelle folgen.
**Von Horb zur Kapelle ist es eine 8,4 Kilometer lange Wanderung.**

**Tourbeschreibung:**
Stets am Neckar entlang.

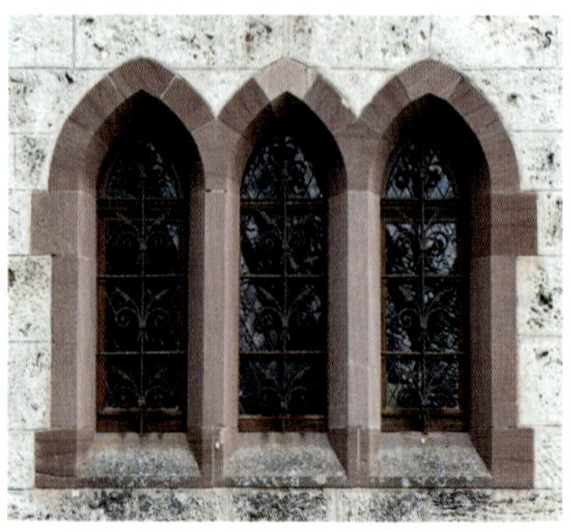

Vom anstrengenden, aber lohnenden Aufstieg zum Dettinger Felsen wandere ich frisch motiviert und erholt weiter. In einem Laubwald geht der Weg leicht bergab und angenehm schattig Richtung Neckarhausen. Kurz nachdem ich den Wald verlassen habe und es durch die parallel verlaufende B 14 Richtung Horb wieder etwas lauter wird, sehe ich die St. Ulrichskapelle

schon vor mir, wie sie, leicht erhoben auf einem kleinen Hügel einen etwas überdimensionalen Eindruck macht. Sowohl die Bahnstrecke nach Singen, meinem Fernziel, als auch der Neckar verlaufen parallel zur Bundesstraße. Ich nehme mir vor, hier auf meiner nächsten Bahnfahrt die Kapelle wahrzunehmen und ich frage mich, warum so ein großes Gotteshaus noch Kapelle und nicht Kirche genannt wird.
Leider bin ich als Fotograf zur falschen Zeit hier. Ich fotografiere nämlich direkt ins Gegenlicht. Also suche ich mir die Seite aus, die von der Sonne beleuchtet wird. Aber auch das erweist sich als Geduldsspiel, da die Wolken immer mehr

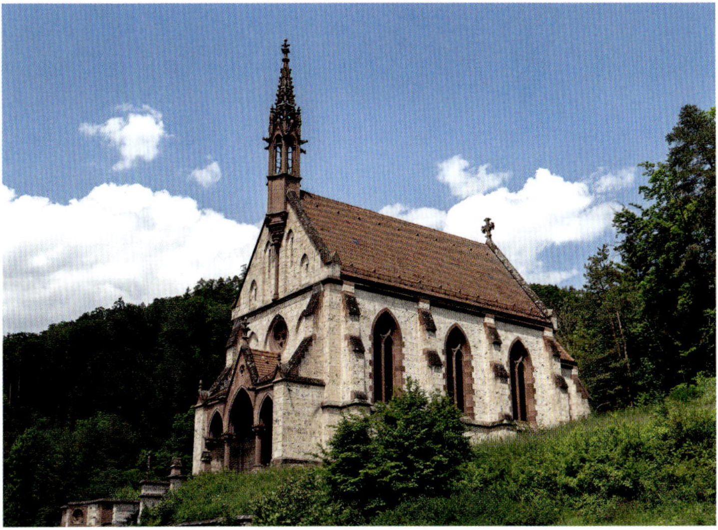

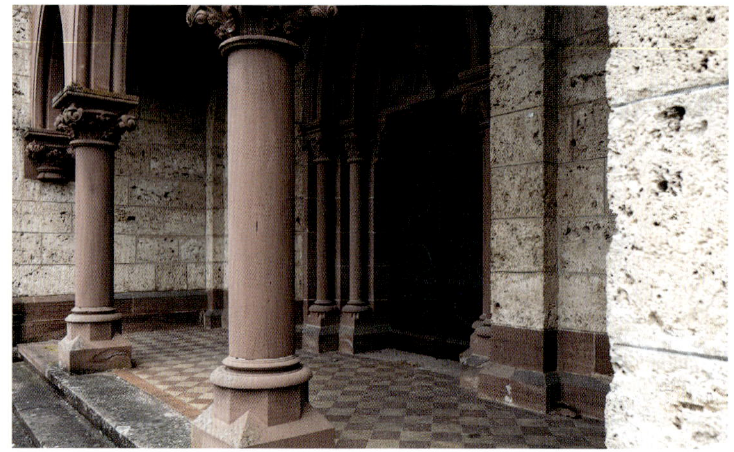

werden und ich warten muss, bis die Sonne wieder erscheint. Ich bin froh, dass ich diesen Moment noch erwische, bevor die Sonne für längere Zeit verschwindet.
Leider ist die Kapelle verschlossen, weshalb ich noch ein paar Detailaufnahmen von außen mache. Hierfür ist das nun verschwundene direkte Sonnenlicht sogar von Vorteil. Auf Infotafeln erfahre ich, dass die Kapelle nicht ohne Grund auf diesem Hügel steht. Eine große Wasserflut hat Mitte des 18. Jahrhunderts den ursprünglichen Bau stark beschädigt und man suchte einen sichereren Ort für einen Neubau. Auch meine zweite Frage, warum so ein großes Gotteshaus noch den Namen Kapelle trägt, wird beantwortet: Der Andrang der Gläubigen war zu groß, und so mussten viele während des Gottesdienstes auf der Straße stehen. So wurde schließlich Ende des 19. Jahrhunderts der Bau einer neuen Kapelle genehmigt.
Hier an der Kapelle biege ich rechts in das Glatttal ab und verlasse für einen Abstecher zum Wasserschloss Glatt das Neckartal.

## Tipp

Auf beschilderten Wegen ist die Burg Wehrstein leicht nördlich am Rand des Orts Fischingen gut zu erreichen. Die Burganlage aus dem Jahre 752 wurde 1643 von kurbayrischen Truppen größtenteils zerstört und ist ganzjährig kostenfrei auf eigene Gefahr begehbar. Weitere Informationen: www.wehrstein.de.

# WASSERSCHLOSS GLATT, SULZ

24

## Renaissanceschloss in einem Weiher

**Hinkommen:**
48°23'12.9"N 8°37'32.4"E

**Mit dem Auto:**
A81, Ausfahrt 31, Empfingen. Weiter nach Empfingen.
Links auf die L410. Dann rechts auf Neckartalstraße (B14).
In Neckarhausen links nach Glatt. Parkmöglichkeiten in Glatt.

**Mit dem ÖPNV:**
Mit der Bahn nach Sulz. Dann Bus 7410 Richtung Albeck-Gymnasium, Sulz am Neckar (Montag bis Freitag, unregelmäßige Abfahrtszeiten). Aussteigen in Glatt, Wasserschloss.
Alternative zu Fuß ab Sulz Bahnhof: Rechts auf Bahnhofstraße, dann rechts auf Freudenstädter Straße und links weiter auf Kappel. Rechts auf Stockenbergweg und die Freudenstädter Straße überqueren. Gleich links durch den Ort über die Hauffstraße. Erneut links auf Kreuzweg und sofort wieder rechts. Dem Weg folgen bis Glatt. Rechts auf Muristraße, dann links.
**Vom Bahnhof Sulz zum Wasserschloss Glatt sind es etwa 4 Kilometer.**

**Tourbeschreibung:**
Im wunderschönen Glatttal gelegen, gut zu begehende Wege.
Schöner Laubmischwald.

In Neckarhausen biege ich rechts ab Richtung Glatt. Und in genau diesem Moment kommt die Sonne doch noch einmal hinter den Wolken hervor und der Zug fährt genau durch den Lichtspot. Was für ein Glück! Dies ist ein sehr besonderer Moment und erfreut das Fotografenherz umso mehr, weil Licht und Motiv unverhofft zur gleichen Zeit mitspielten. Auch das Licht- und Schattenspiel in die andere Richtung ist fotografisch lohnend.
Ich folge nun auch das erste Mal einer Landstraße. Es gibt leider keinen Gehweg. Aber keine Sorge: Der Verkehr ist sehr gering. So geht es zuerst über den idyllischen Neckar, wenig später über die nicht weniger romantische Glatt, die hinter mir in den Neckar mündet. Die Glatt ist auch gleichzeitig der Fluss,

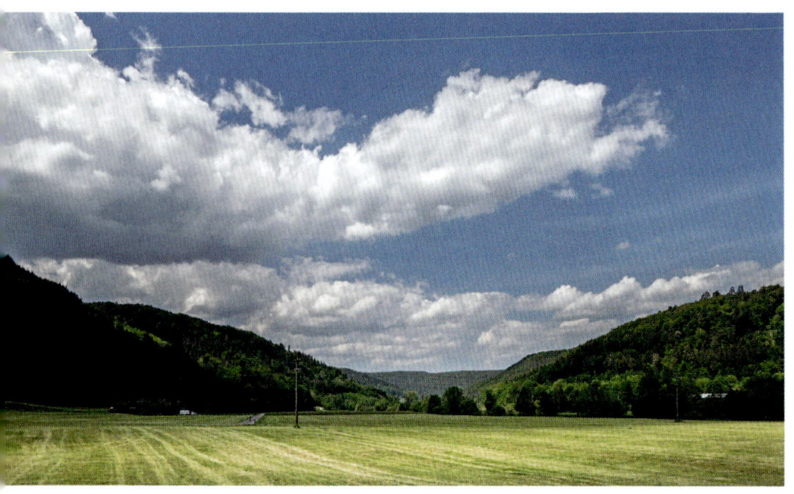

nach dem mein nächstes Highlight benannt ist: Das Wasserschloss in Glatt.

Unmittelbar nach der Überquerung der Glatt verlasse ich die Landstraße und wandere entspannt leicht oberhalb auf einem breiten Weg am Waldrand entlang. Meine Blicke folgen ab und an noch der Landstraße, die immer tiefer unter mir liegt. Der Ortsanfang von Glatt liegt vor mir. Kurz vor dem Schloss fängt es leicht zu tröpfeln an, zum Glück wird es aber kein ergiebiger Regen und nach fünf Minuten ist es auch schon wieder trocken.

Das Schloss ist tatsächlich von einem wiederhergestellten Weiher umgeben. Der imposante Bau zählt zu den am besten erhaltenen Schlossanlagen Baden-Württembergs. Schloss Glatt ist auch eines der wenigen noch erhaltenen Wasserschlösser und sogar eines der ältesten Renaissance-Schlösser in Baden-Württemberg.

Heute sind im Kultur- und Museumszentrum Schloss Glatt Schlossmuseum, Adelsmuseum, Bauernmuseum sowie eine Galerie untergebracht. Das Schlossmuseum beschäftigt sich mit der Geschichte des Dorfes und der Herrschaft Glatt. Im Adelsmuseum gibt es Einblicke über die Lebensformen des Adels im Mittelalter und der früheren Neuzeit. Das bäuerliche Leben in den Dörfern der Region ist Gegenstand des Bauernmuseums, während die Galerie Schloss Glatt Kunst aus der Region präsentiert.

## Tipp

Das Kultur- und Museumszentrum Schloss Glatt bietet ein vielfältiges Programm an – Feste, Konzerte, Festspiele und Besichtigungen, www.schloss-glatt.de.
Übrigens: Im Schlossgarten befindet sich auch eine schöne Minigolfanlage. Es wird zwischen alten Bäumen und dem Fluss Glatt gespielt. Geöffnet von Mitte April bis zum Ende der Herbstferien (Anfang November) bei trockener Witterung täglich von 11 Uhr bis zum Einbruch der Dunkelheit.

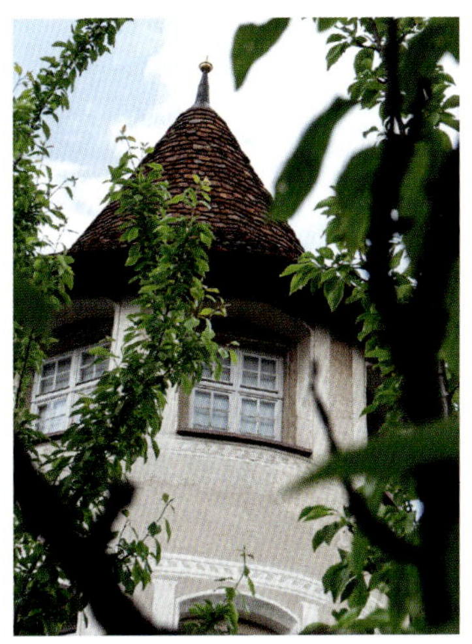

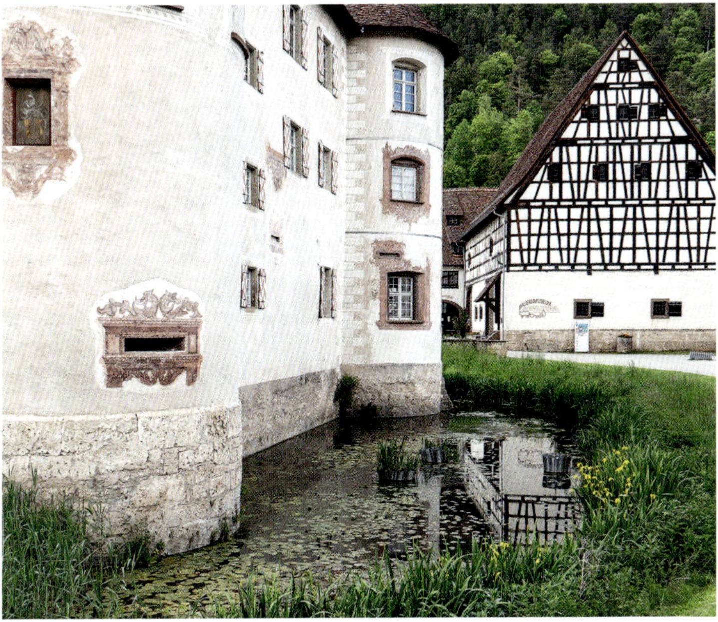

# 25 AUSSICHTSPUNKT STOCKENBERG, SULZ

## Schönstes Panorama oberhalb von Sulz

**Hinkommen:**
48°21'53.2"N 8°37'50.0"E

**Mit dem Auto:**
A 81, Ausfahrt 32, Sulz a. N.
L 409 nach Sulz. Parkmöglichkeiten am Bahnhof.
Zu Fuß weiter auf Bahnhofstraße, dann rechts auf Freudenstädter Straße.
Links auf Kappel, rechts auf Stockenbergweg.
**Nach letztem Haus links bis zum Aussichtspunkt sind es etwa 800 Meter.**

**Mit dem ÖPNV:**
Mit der Bahn nach Sulz. Zu Fuß weiter wie oben.

**Tourbeschreibung:**
Städtisches Flair in Sulz. Aussicht auf Sulz und Neckartal.

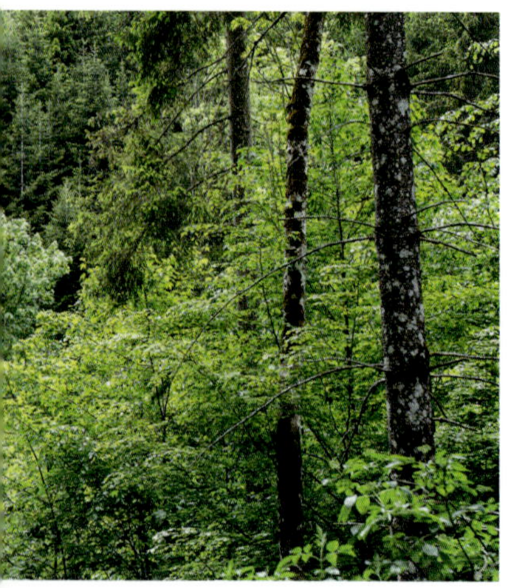

Die Eindrücke und das Erlebnis, den ganzen Tag mit der Natur verbunden zu sein, sind so intensiv, dass ich an eine Rast während des Wanderns gar nicht denke. Trotz einer Strecke von fast 25 Kilometern und 600 Höhenmetern seit dem Highlight 19 gab es fast nur Fotopausen. Und so merke ich jetzt doch, dass meine Kräfte langsam schwinden. Deswegen bin ich auch froh, dass ich mich dem Ende meiner heutigen Etappe, dem Ort Sulz, nähere.

Auf einer asphaltierten, fast nicht befahrenen Straße wandere ich aus

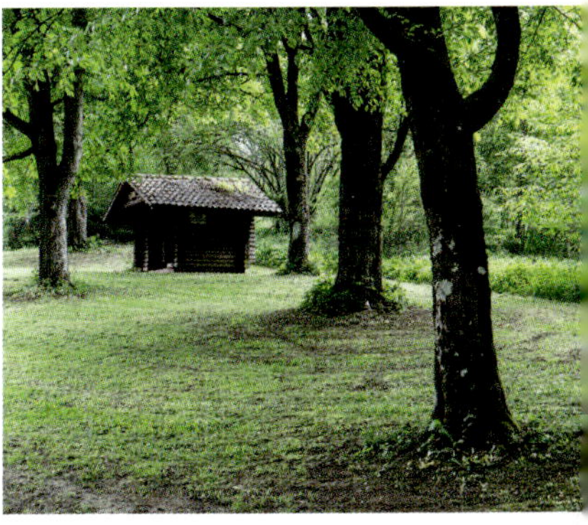

dem Glatttal hinaus, und wieder hinauf durch einen Laubwald. Ich bewundere das saftige, farbintensive und variantenreiche Grün. Und einmal mehr mache ich die Erfahrung, dass das bergauf Wandern doch deutlich angenehmer ist als bergab zu gehen. Ich begegne einem Förster in seinem Waldfahrzeug, der die Straße hinunter nach Glatt fährt. Nach ein paar Minuten kommt er von unten zurück und überholt mich. Lustigerweise begegnet er mir dann noch ein weiteres Mal.

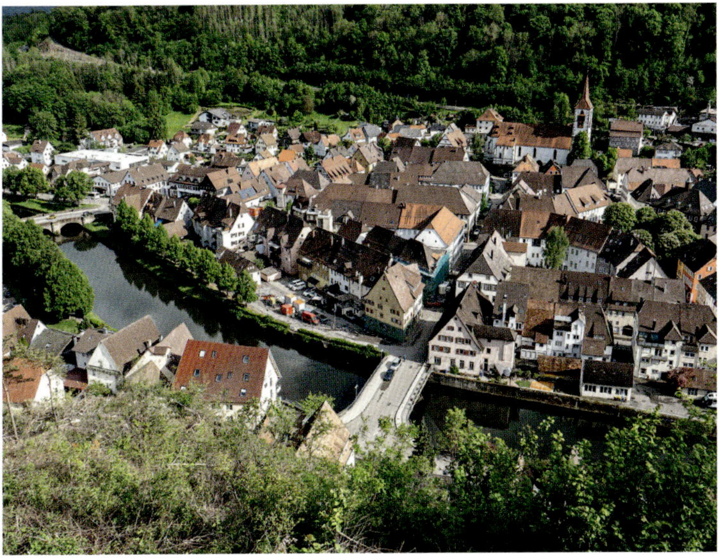

Nach einer Weile habe ich eine Hochfläche erreicht und komme am Waldrand an der Glatter-Täle-Hütte vorbei. Ideal auch für größere Gruppen. Auch ich könnte mir vorstellen, hier jetzt endlich ein Päuschen einzulegen. Mit dem Blick auf meine Uhr stelle ich aber fest, dass ich noch genügend Zeit bis

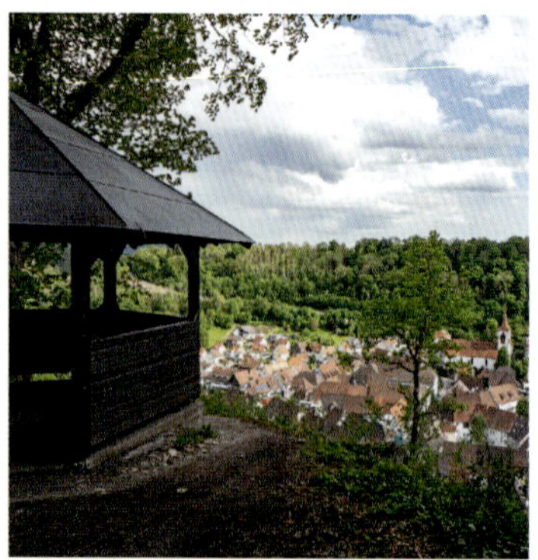

zur Abfahrt meines Zuges habe und diese möchte ich dann aber doch lieber an meinem letzten Highlight kurz vor Sulz verbringen, dem Aussichtspunkt Stockenberg.

Weiter geht es nach links Richtung Sulz, ich komme an einigen Feldern vorbei und erreiche auch schon den Aussichtspunkt. Hier scheint es so, als ob vor Kurzem gerodet wurde und ich habe freie Sicht auf das Städtchen, das Neckartal und die Bahnstrecke, auf der ich weiter Richtung Singen fahren werde. Für meine letzten Bilder ist die Sonne leider hinter den Wolken. Aber ich habe ja noch Zeit, setze mich in das Hüttchen am Aussichtspunkt und genieße einfach. Und ich habe

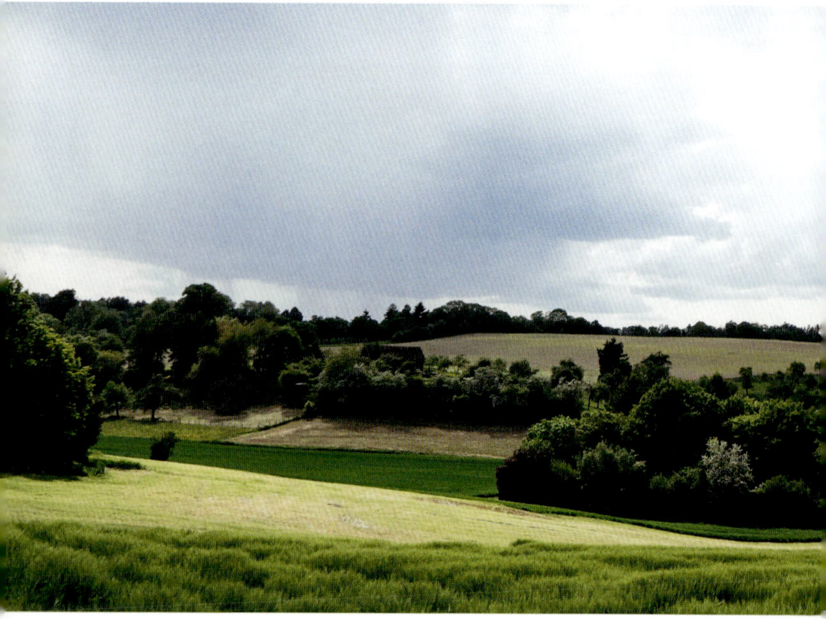

Glück. Die Sonne kommt doch noch einmal heraus! Fotografie heißt „Malen mit Licht". Dieser herrliche Anblick ist wieder ein Beleg dafür.

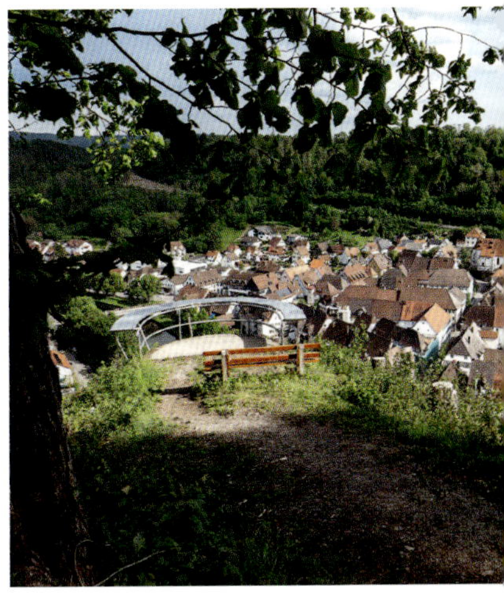

## Tipp

Sulzer Audio-Märchenwanderung mit dem kleinen Drachen Streusel, Dauer etwa 1,5 Stunden. Vor allem für Familien mit Kindern. Beginn am Wanderparkplatz, unterhalb der Burg Albeck. Mitzubringen sind ein internetfähiges Smartphone und eventuell Sitzunterlagen, www.sulz.de.

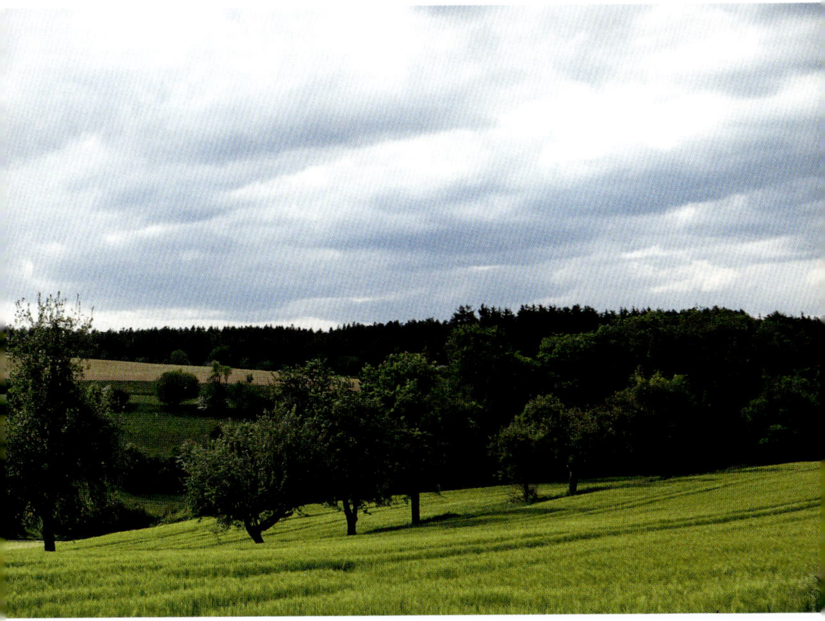

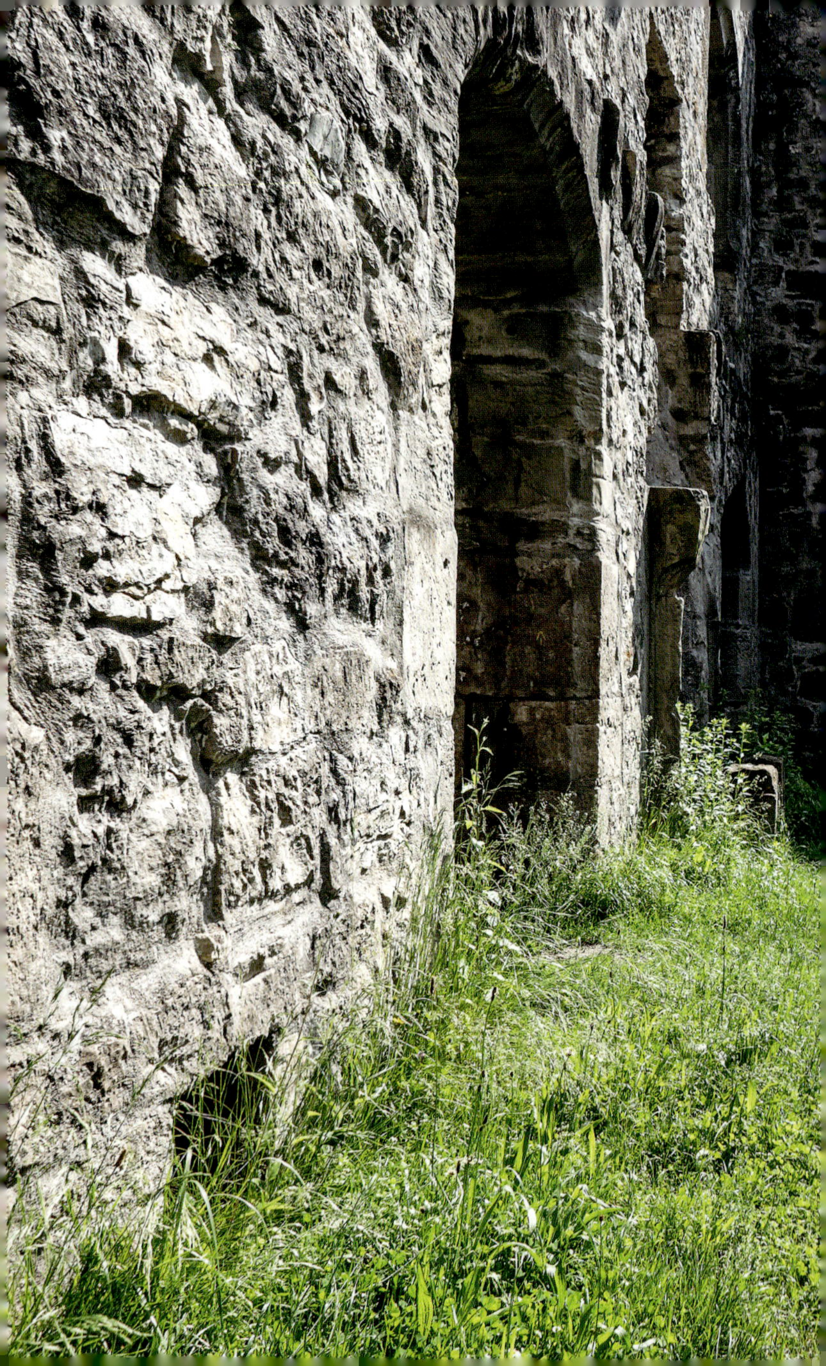

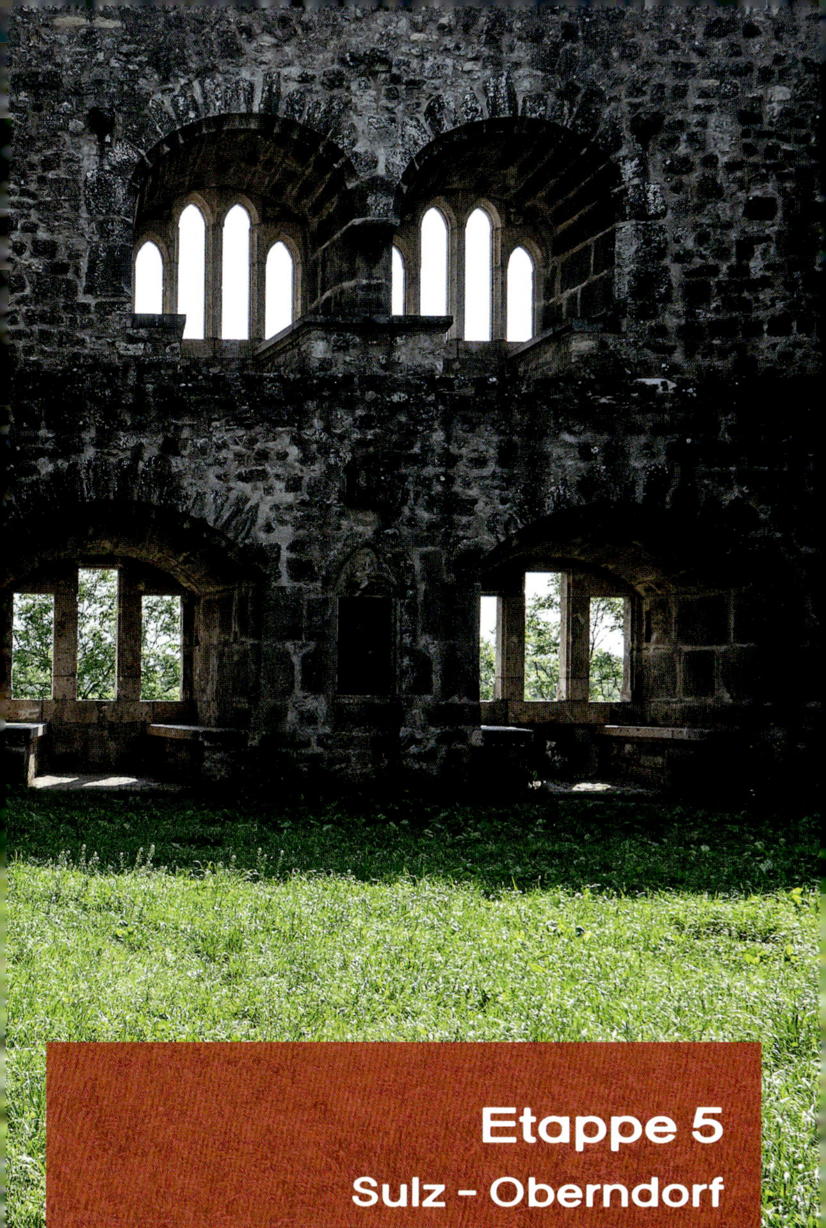

# Etappe 5

## Sulz – Oberndorf

# 26 GÄHNENDER STEIN, SULZ

## Wandern auf dem „Liebeswegle“

**Hinkommen:**
48°21'52.5"N 8°38'28.3"E

**Mit dem Auto:**
A81, Ausfahrt 32, Sulz a. N.

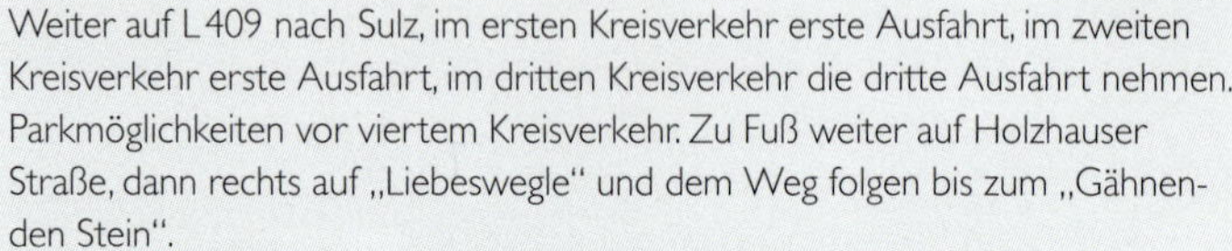

Weiter auf L409 nach Sulz, im ersten Kreisverkehr erste Ausfahrt, im zweiten Kreisverkehr erste Ausfahrt, im dritten Kreisverkehr die dritte Ausfahrt nehmen. Parkmöglichkeiten vor viertem Kreisverkehr. Zu Fuß weiter auf Holzhauser Straße, dann rechts auf „Liebeswegle“ und dem Weg folgen bis zum „Gähnenden Stein“.

**Vom Parkplatz bis zum Gähnenden Stein sind es etwa 500 Meter.**

**Mit dem ÖPNV:**
Mit der Bahn nach Sulz. Zu Fuß rechts auf Bahnhofstraße, dann links auf Ludwigstraße. Nochmals links auf Zeppelinstraße und den Fußgängersteg über den Neckar nehmen. Über Holzhauser Straße rechts auf das „Liebeswegle“.

**Vom Bahnhof Sulz bis zum Gähnenden Stein sind es etwa 900 Meter.**

**Tourbeschreibung:**
Ansteigender, idyllischer-verwunschener Pfad, der an und nach Regentagen recht rutschig sein kann. Gutes Schuhwerk. Schöne Aussichten auf Sulz und Neckartal.

Das frühe Aufstehen für meine vorherige Etappe hat sich gelohnt – nicht nur wegen der noch tief stehenden Sonne und der morgendlichen Stimmung. So macht mir dann auch das frühe Aufstehen heute nichts aus, obwohl ich eigentlich eher ein Langschläfer bin. Ich nehme wieder den frühen Zug um 7.16 Uhr ab Stuttgart. Die Strecke zu meinen Startpunkten wird immer länger, was mich aber auch sehr freut, weil mir dadurch bewusst wird, wie weit ich bereits gekommen bin. Während der Fahrt stelle ich erstaunt fest, dass es auch Mitte Juni neblig sein kann – eine fast herbstliche Stimmung. So ergeben sich bereits auf der Fahrt nach Sulz geheimnisvolle Nebelbilder von den Landschaften, durch die ich bereits gewandert bin.

Mein erstes Highlight heute ist der „Gähnende Stein“, ein steiler

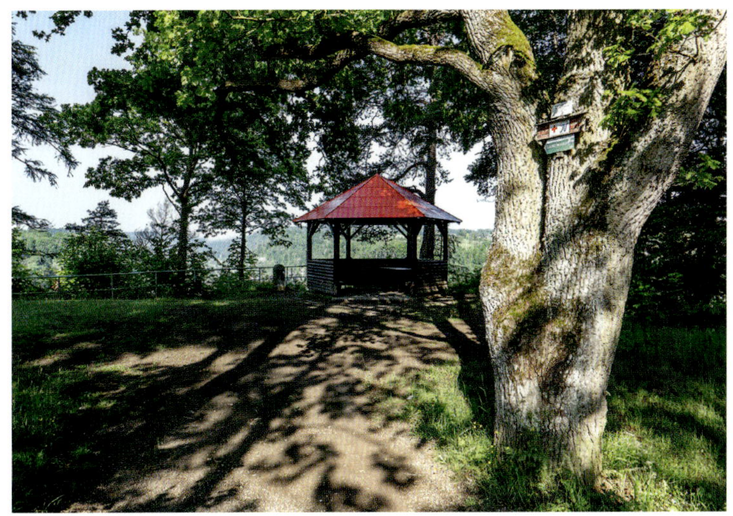

Felsabbruch mit Aussichtsplattform oberhalb von Sulz. Durch eine geologische Verwerfung wurde an dieser Stelle ein größerer Fels vom Gähnenden Stein getrennt. Entstanden ist dadurch eine Art Schlucht, die immer weiter auseinander driftete. Der Abstand beträgt mittlerweile fünf bis sieben Meter. Das Plateau des vorgelagerten Felsens wird im Volksmund „Bärentanz" genannt. Von dieser immer weiter sich öffnenden Spalte rührt wohl der etwas seltsam klingende Name, der erstmals im Jahre 1285 erwähnt wurde.

Leider erfüllt sich meine Hoffnung nicht, hoch über dem Neckartal über den Wolken zu sein, denn der Nebel hat sich rasch verzogen, sodass ich in Sulz nur noch den schönen, klaren Morgenhimmel über mir habe. Aber auch das hat seinen Reiz. Ich überquere den stimmungsvollen Neckar, lasse den

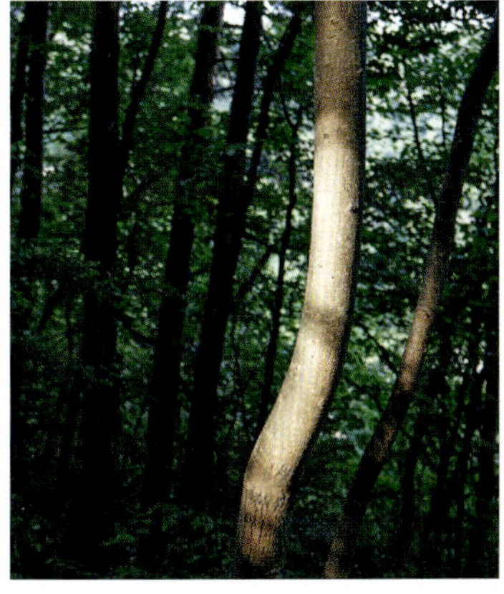

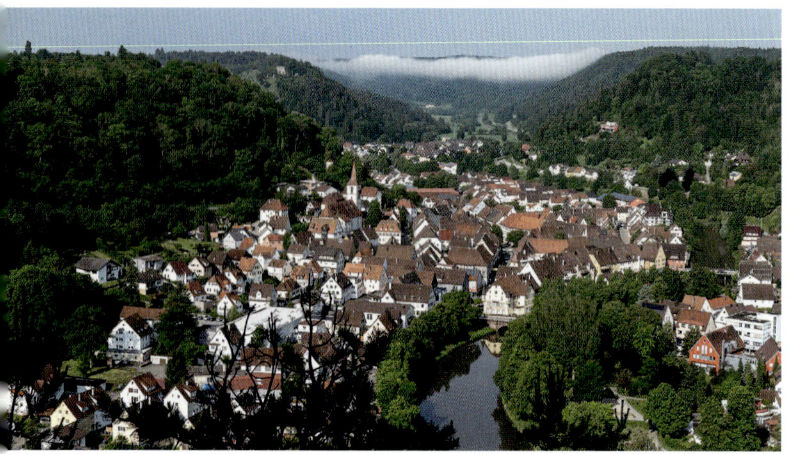

Ort zügig hinter mir und erreiche romantische Pfade, die nicht umsonst auch als „Verlobungswegle" und „Liebeswegle" gekennzeichnet sind.

Der frühmorgendliche Tau liegt noch auf den Blättern, alles ist ein wenig feucht. So geht es idyllisch und im Zickzack durch den Wald hinauf zur Aussichtsplattform, an der ich mich in einer Hütte mit auffällig rotem Dach erst einmal kurz von den knapp 100 Höhenmetern Aufstieg erhole. Ich genieße dabei die Aussicht auf den Neckar, wie er sich liebevoll durch Sulz und das Neckartal schlängelt.

Am gegenüberliegenden Hang sehe ich den Aussichtspunkt Stockenberg, den ich am Ende meiner letzten Etappe besucht habe. Ganz am Horizont erkenne ich noch einen Nebelfetzen, der sich stimmungsvoll in die Szenerie einfügt. Kurz davor thront auf einem Hang die Burg Albeck, mein nächstes Highlight. Nach einigen genussvollen Momenten wandere ich das romantische „Verlobungswegle" zurück hinunter nach Sulz. Dort überquere ich einen Kreisverkehr und gehe am Friedhof parallel zum Neckar entlang.

## Tipp

Römerkeller aus dem 1./2. Jahrhundert n. Chr. im Stadtteil Kastell, etwa 500 Meter südlich vom Aussichtspunkt. Geöffnet von Mai bis Oktober am ersten und letzten Sonntag im Monat von 10 bis 12 Uhr, www.kulturundheimatverein-sulz.de.

27

# BURGRUINE ALBECK, SULZ

## Erstaunlich gut erhaltene Burgruine

**Hinkommen:**
48°21'16.6"N 8°36'58.1"E

**Mit dem Auto:**
A81, Ausfahrt 32, Sulz a. N.
Auf L409 Richtung Sulz. In Sulz links auf Weilerstraße. Parkmöglichkeiten am Wanderparkplatz der Burg. Zu Fuß weiter und der Beschilderung bis hoch zur Ruine folgen. **Ab Wanderparkplatz bis zur Burg sind es etwa 500 Meter.**

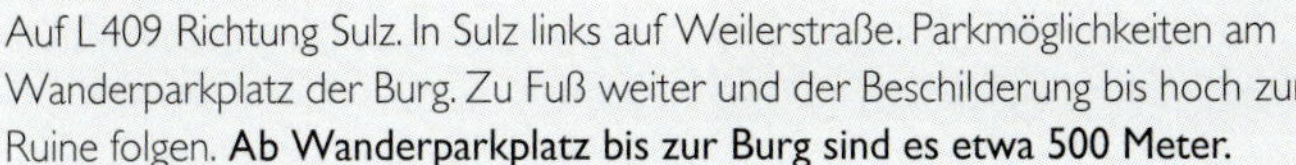

**Mit dem ÖPNV:**
Mit der Bahn nach Sulz. Zu Fuß rechts auf Bahnhofstraße und weiter auf Untere Hauptstraße, Marktplatz und Obere Hauptstraße. Geradeaus auf Weilerstraße. Vom Wanderparkplatz weiter wie oben.
**Vom Bahnhof Sulz sind es etwa 2,3 Kilometer bis zur Burg.**

**Tourbeschreibung:**
Tolle Ausblicke auf das Neckartal. Anstieg zur Burg könnte an und nach Regentagen rutschig sein. Festes Schuhwerk.

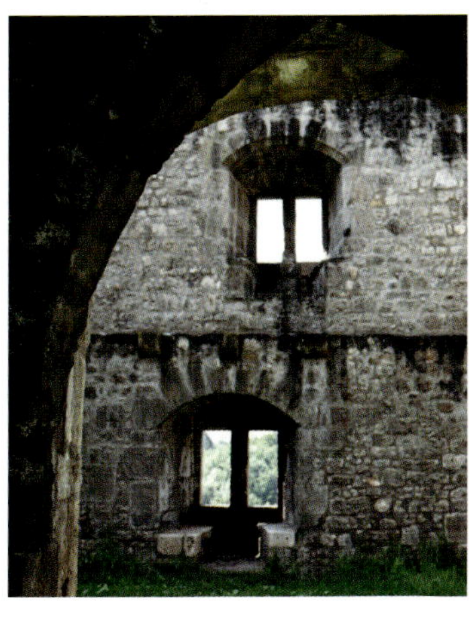

Vom tollen Aussichtspunkt geht es auf dem romantischen „Verlobungswegle" zurück hinunter nach Sulz. Dort überquere ich einen Kreisverkehr und wandere am Friedhof parallel zum Neckar entlang. Vor mir überquert die historische, steinerne Waldhornbrücke aus dem 18. Jahrhundert den Fluss. Ich genieße das immer noch frühmorgendliche Licht, merke jedoch, wie die Sonne stetig steigt. Sie soll heute aber noch einmal für ein paar Minuten leicht vom Mond verdeckt werden. Ich bin gespannt, ob ich auf

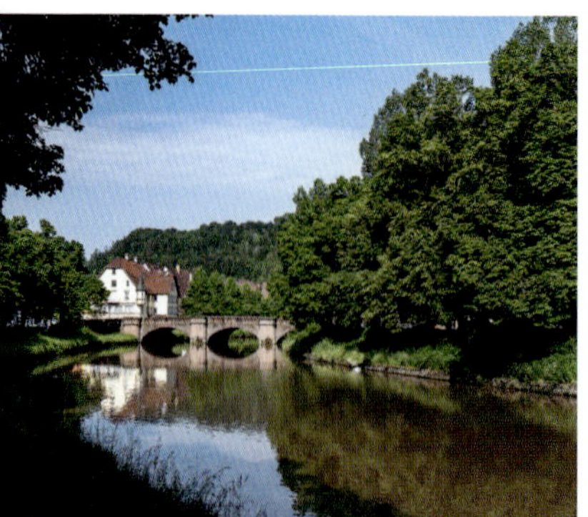

meinem Weg etwas von der partiellen Sonnenfinsternis mitbekomme. Nach der Brücke biege ich links ab und bin nach wenigen Schritten am Stadtrand von Sulz und erneut in einem schönen Waldabschnitt. Hier geht der breite und bequem zu gehende Weg leicht bergauf, sodass ich gut vorankomme. Ich befinde mich mittlerweile leicht oberhalb von Sulz und immer wieder gibt es Stellen, an denen ich einen freien Blick hinunter ins Neckartal habe. Auf dem Weg geht es gut einen Kilometer lebhaft weiter, bis ich die Burgruine Albeck oben auf einem Hang erblicke. Um dorthin zu gelangen, verlasse ich nun den Wald und überquere einen Wanderparkplatz. Ab hier ist der Weg hoch zur Burg schon ausgeschildert. Am Wegesrand gibt es einige Infotafeln zur Burg, die mich neugierig machen, was ich oben alles so entdecken werde.

Urkundlich wurde die Burg zwar 1420 erstmals erwähnt, wann sie jedoch genau erbaut wurde, ist ebenso unklar wie die Namensher-

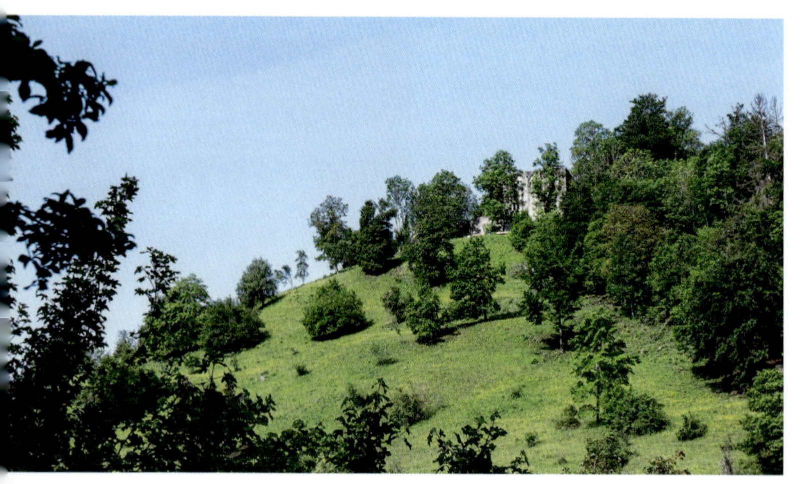

kunft. Auf dem Palast mit seiner Ringmauer, dem ältesten bestimmbaren Bauteil der Burg, ist jedoch eindeutig abzulesen, dass sie zwischen 1225 und 1250 erbaut wurde. Vermutlich wurde sie aber bereits schon im 11. Jahrhundert errichtet. Die Geschichte des Ortes jedoch reicht sogar bis in die Bronzezeit zurück, aus der auf dem Gelände Scherben gefunden wurden.

Bei der Burg bekomme ich aber erst einmal eine Aussicht auf Sulz und das Neckartal in Richtung Norden, dorthin, wo ich herkomme. Durch einen Torbogen gelange ich in das Innere der Burg. Sehr spannend, vor allem auch zum Fotografieren! Licht, Schatten, grafische Elemente. Alles, was das Fotografenherz glücklich macht. Ich schaue mir jede einzelne Ecke der Burg an, mache ein paar Bilder und gehe an der Burgmauer entlang zurück zum Aussichtspunkt, um auf der anderen Hangseite des Neckartals mit tollen Blicken in das Weilertal weiter Richtung Oberndorf zu wandern.

## Tipp

Ausreichend Proviant für ein Picknick am Grillplatz direkt an der Burg mitnehmen.

Durch die bewegte Geschichte der Burg mit vielen Höhen und Tiefen führt Graf Alwig I. während einer Führung, die unter der Stadt Sulz gebucht werden kann, www.sulz.de, Telefon 0171-8185396, family-hartmann@t-online.de.

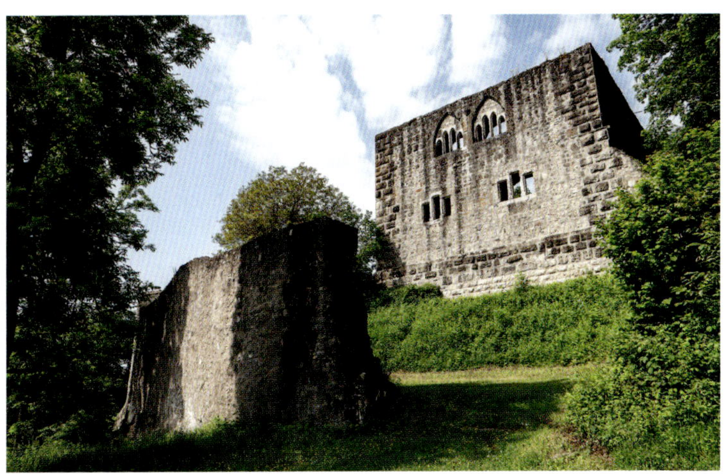

# 28 WALDLEHRPFAD MIT MAMMUTBÄUMEN, SULZ

## Gigantisches Naturwunder

**Hinkommen:**
48°20'53.8"N 8°36'24.0"E

**Mit dem Auto:**
A81, Ausfahrt 32, Sulz a. N.
Auf der L409 Richtung Sulz. In Sulz links auf Weilerstraße. Parkmöglichkeiten am Wanderparkplatz der Burg Albeck. Zu Fuß weiter und der Beschilderung der Burg folgen. Dann linksseitig auf dem beschilderten Jakobsweg weiter.

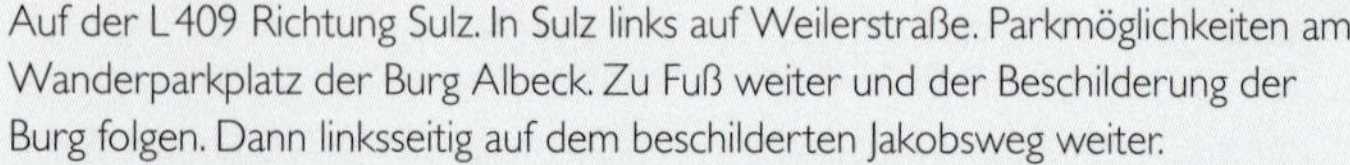

**Ab dem Wanderparkplatz bis zu den Mammutbäumen sind es etwa 700 Meter.**

**Mit dem ÖPNV:**
Mit der Bahn nach Sulz. Zu Fuß rechts auf Bahnhofstraße und weiter auf Untere Hauptstraße, Marktplatz und Obere Hauptstraße. Geradeaus auf Weilerstraße bis zum Wanderparkplatz. Ab hier weiter wie oben.
**Ab Bahnhof Sulz sind es etwa 2,5 Kilometer bis zu den Mammutbäumen.**

**Tourbeschreibung:**
Auf Naturpfaden und gut zu gehenden Waldwegen läuft man oberhalb des Neckartales. Anstieg zur Burg könnte an und nach Regentagen rutschig sein. Festes Schuhwerk.

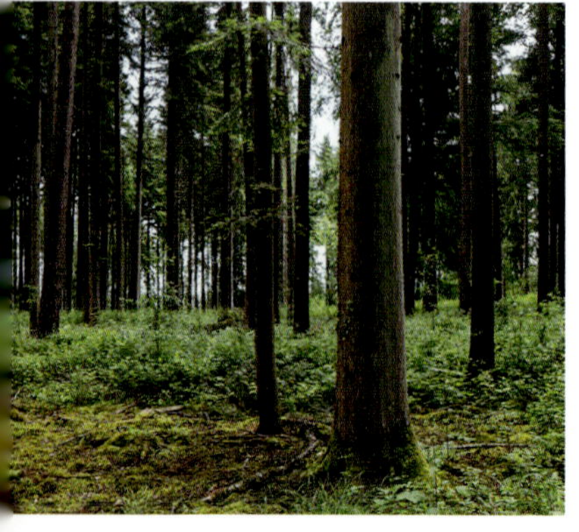

Wildromantisch geht es von der Burg Albeck weiter. Auf der rechten Seite liegt das Neckartal, ich gehe aber links den Jakobsweg entlang auf einem schon fast alpinen Höhenweg. Der beeindruckende Blick auf das Weilertal, der mich schon von der Burg aus so begeistert hat, begleitet mich noch ein kleines Stück. Etwas später stoße ich auf einen fast vertrockneten Wacholder, der mich so fasziniert, dass ich vor ihm stehen bleibe. Auf einer kleinen

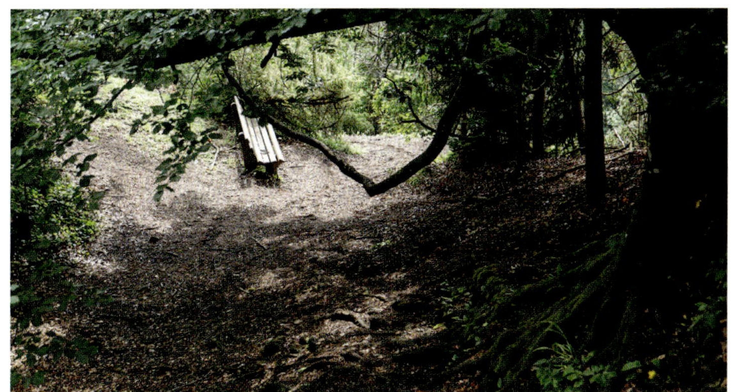

Holztafel lerne ich Näheres über den Nutzen von Wacholder kennen. Der Weg steigt noch einmal kurz serpentinenartig an, wird immer schmaler und idyllischer, bevor es auf einen Waldlehrpfad in den Wald hineingeht. Hier lädt eine Bank zum Verschnaufen und Genießen ein. Unmittelbar dahinter wächst ein einzelner, recht dicker Ast eines sehr markanten Baumes direkt über dem Weg. Der Boden ist übersät von Wurzeln. Wieder bleibe ich vor dieser fast märchenhaft anmutenden Szenerie stehen, mache ein paar Bilder und genieße einfach nur. Nun wird der Pfad wieder langsam zu einem recht breiten Waldweg. Es geht angenehm eben dahin. In regelmäßigen Abständen stoße ich auf Infotafeln, die über die Bedeutung und das Leben des Waldes aufklären. Von den vielen verschiedenen, intensiven Grüntönen bin ich einfach nur begeistert. Allerdings fürchte ich auch so langsam, dass ich von der angekündigten Sonnenfinsternis heute nichts mitbekomme. Ich befinde mich im Wald, es hat leicht zugezogen und der errechnete Zeitpunkt sollte in den nächsten Minuten sein. Obwohl ich letztendlich nichts mitbekommen habe, finde ich es trotzdem spannend, an so einem Naturereignis draußen zu sein.

Ich biege vom Hauptweg links ab und erreiche nach wenigen Minuten das eigentliche Highlight am bis jetzt sich schon lohnenden Waldlehrpfad: drei Mammutbäume, deren Samen, so steht es auf der Infotafel, sich König Wilhelm I. direkt aus Kalifornien liefern ließ. In der Wilhelma in Stuttgart wurden sie dann aufgezogen und später in den königlichen Wäldern, Schlossgärten und Parkanlagen Württem-

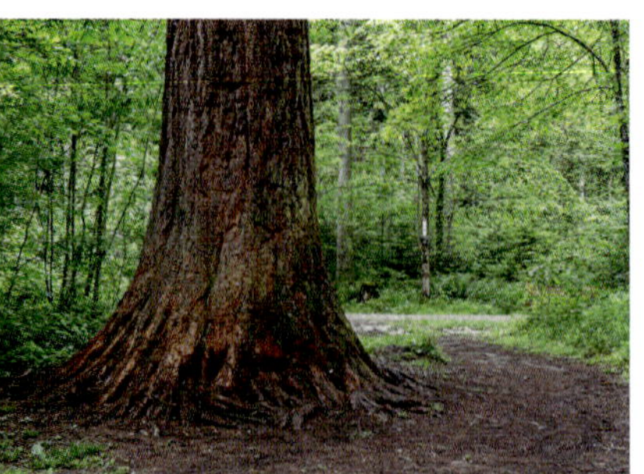

mich fast auf den Boden. Pech nur, dass dabei meine Wanderhose reißt. Aber ich begegne ja nicht so vielen Menschen. Von daher – was soll's! Und schmunzle über das Malheur. Nach ein paar Fotos gehe ich wieder zurück auf den breiten, geschotterten Waldweg und wandere weiter Richtung Oberndorf.

bergs angepflanzt. An den berühmtesten Mammutbaum im Sequoia National Park in den USA kommen diese „erst" 150 Jahre alten Bäume noch nicht ganz ran: Denn dieser hat eine Höhe von 84 Metern, einen Durchmesser von 11,1 Metern und ist unglaubliche 3500 Jahre alt!
Um möglichst viel von diesen dennoch imposanten Stämmen auf mein Bild zu bekommen, lege ich

## Tipp

Rastmöglichkeiten bieten sich in der Eichwald-Hütte an, die nur circa 200 Meter weiter hinter den Mammutbäumen auf dem Weg liegt oder in der Stumpenhütte, ungefähr 1 Kilometer weiter – nach der Eichwaldhütte circa 100 Meter geradeaus, dann links. Nächste Möglichkeit rechts und dem Weg bis zur Hütte folgen.

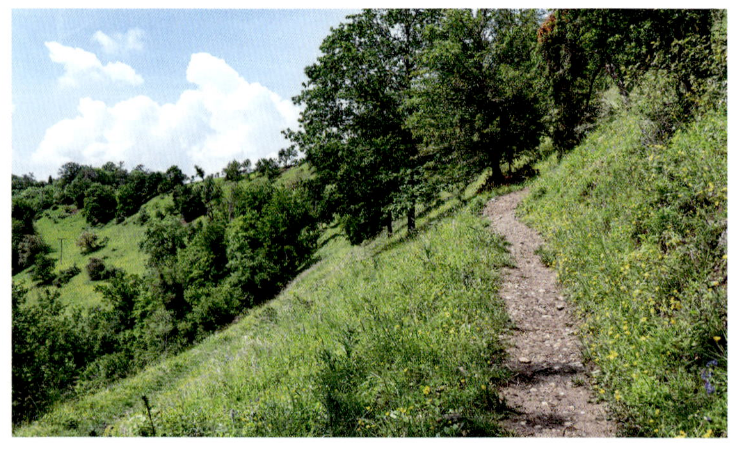

# DENKENBACHSCHLUCHT, SIGMARSWANGEN

29

## Wildromantisch verzaubernd

**Hinkommen:**
48°18'55.9"N 8°35'58.4"E

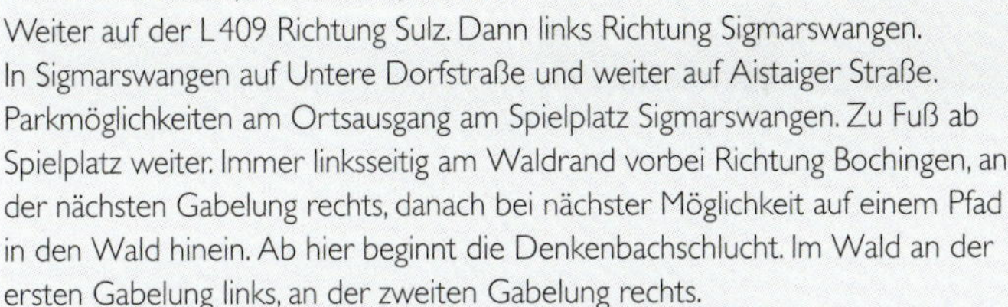

**Mit dem Auto:**
Von Norden: A81, Ausfahrt 32, Sulz a. N.
Weiter auf der L409 Richtung Sulz. Dann links Richtung Sigmarswangen.
In Sigmarswangen auf Untere Dorfstraße und weiter auf Aistaiger Straße.
Parkmöglichkeiten am Ortsausgang am Spielplatz Sigmarswangen. Zu Fuß ab Spielplatz weiter. Immer linksseitig am Waldrand vorbei Richtung Bochingen, an der nächsten Gabelung rechts, danach bei nächster Möglichkeit auf einem Pfad in den Wald hinein. Ab hier beginnt die Denkenbachschlucht. Im Wald an der ersten Gabelung links, an der zweiten Gabelung rechts.
**Vom Spielplatz bis zur Schlucht ist es etwa einen Kilometer.**

**Mit dem ÖPNV:**
Mit der Bahn nach Oberndorf. Zu Fuß Richtung Norden am Neckar entlang auf Neckarstraße, dann den Neckar überqueren. Links auf Hölderlinstraße. Dann rechts abbiegen und Treppe hoch zur Eichendorffstraße, dann links. Immer geradeaus bis Pfarrwaldstraße. An deren Ende links. Dann über die Kreuzung geradeaus und nächste Gabelung links. Dem Pfad folgen bis die Denkenbachschlucht beginnt.
**Vom Bahnhof bis zur Schlucht sind es rund 5,5 Kilometer.**

**Tourbeschreibung:**
Zauberhafte Stimmungen. Schmale, teils rutschige Wege vor allem an und nach Regentagen. Festes Schuhwerk.

Mit der zerrissenen Hose geht es erst einmal gut weiter. Ich muss aber vor allem beim Fotografieren darauf achten, dass sie nicht weiter reißt. An einer Stelle öffnet sich der Wald nach links und ich bekomme die Gelegenheit, in die Ferne zur Schwäbischen Alb zu blicken. Da die heutige Etappe doch recht stark von Wald geprägt ist, ist die unerwartete Weitsicht eine wohltuende Abwechslung.

Die Sonnenfinsternis ist schon wieder Vergangenheit. Leider habe ich

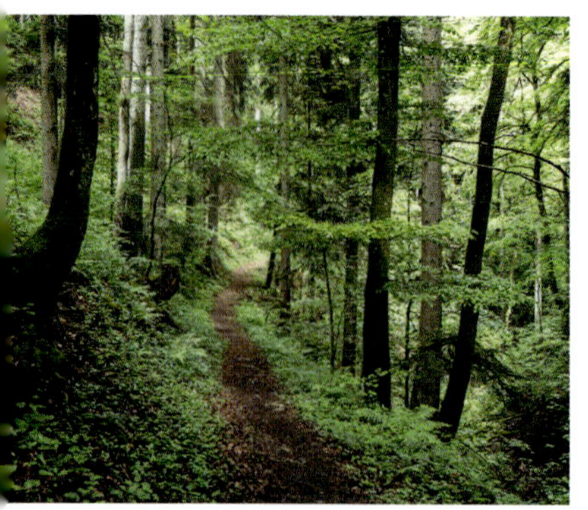

nichts mitbekommen. Ein Grund hierfür könnten auch die stark aufziehenden Wolken, die sich am Horizont teilweise sogar schon türmen, sein. Ich bin froh, dass ich meine zwei ersten Highlights, die Aussicht vom Gähnenden Stein und die Burg Albeck, noch bei Sonnenlicht fotografieren konnte und dass mein letztes Highlight, die Mammutbäume, nicht zu sehr vom Sonnenlicht abhing.

Weiter geht es ein gutes Stück geradeaus und ich freue mich, dass ich einfach nur vorwärts komme und an nichts denken muss. Nur ein kleiner, lieblicher Weiher lenkt mich für einen kurzen Moment ab. Weil es gerade so schön voran geht, kürze ich ab und verzichte auf eine Aussicht auf das Neckartal. Blicke hinab ins Tal habe ich ja bereits oft genießen dürfen.

Ich komme an einem größeren Spielplatz am Waldrand bei Sigmarswangen vorbei und beobachte, wie dunkle Regenwolken weiterziehen. Nach dem Spielplatz wandere ich linksseitig an einem Waldrand weiter, in den ich wenig später nach einer Gabelung hineingehe und hier befinde ich mich bereits am Anfang der Denkenbachschlucht. Ich bin wirklich überwältigt von der Atmosphäre in dieser wildromantischen Schlucht und erstaunt, wie schnell sich ein Wald in solch eine Wildnis

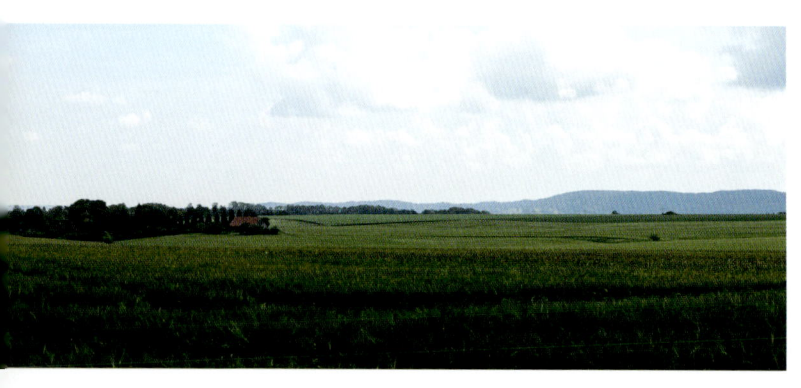

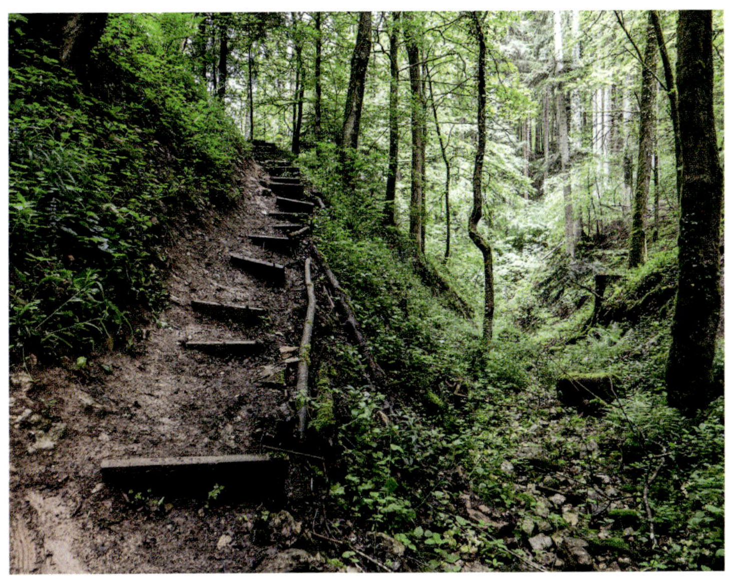

verwandeln kann. Es ist so schön still hier, ich höre nur vereinzelt ein paar Vogelstimmen. Ein glücklicher und besonderer Augenblick.

Nach dem Regen muss ich aufpassen, nicht auszurutschen. Vor allem nach der Überquerung des Denkenhauser Bachs ist ein Anstieg auf Behelfsstufen im Herzen der Schlucht eine rutschige Angelegenheit. Aber genau deswegen ist der Abschnitt für mich reizvoll und ja, sogar ein wenig abenteuerlich. Und das mit meiner kaputten Hose! Darüber, wie ich mit der mittlerweile auch schmutzigen Hose und meinen dreckigen Schuhen nach Stuttgart komme, möchte ich lieber nicht nachdenken. Aber nach wenigen Metern geht es auch schon wieder recht gut am Hang entlang zu gehen. Ich schaue immer wieder rechts hinab in die Schlucht, die wenig später in einem weiten Linksbogen kurz vor der Burg Bogeneck endet und verlasse die Schlucht nach einem weiten Linksbogen kurz vor der Burg Bogeneck.

## Tipp

Genügend Proviant für ein Picknick am weitläufigen Grillplatz beim Spielplatz Sigmarswangen einpacken.

# 30 BOLLER FELSEN, OBERNDORF
## Aussichtsreicher Punkt über dem Neckartal

**Hinkommen:**
48°18'47.3"N 8°34'35.9"E

**Mit dem Auto:**
A81, Ausfahrt 33, Oberndorf a. N.

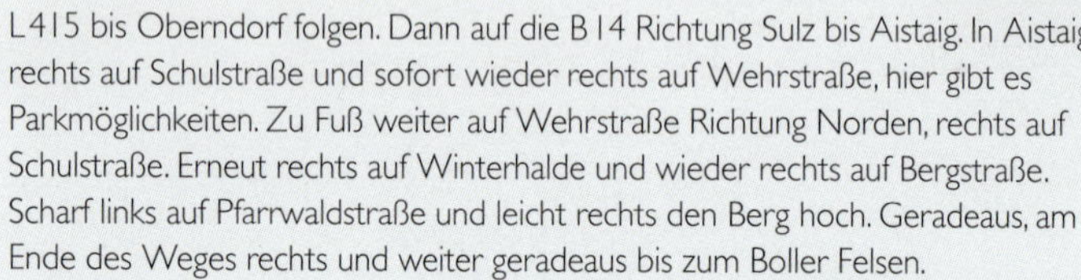

L415 bis Oberndorf folgen. Dann auf die B14 Richtung Sulz bis Aistaig. In Aistaig rechts auf Schulstraße und sofort wieder rechts auf Wehrstraße, hier gibt es Parkmöglichkeiten. Zu Fuß weiter auf Wehrstraße Richtung Norden, rechts auf Schulstraße. Erneut rechts auf Winterhalde und wieder rechts auf Bergstraße. Scharf links auf Pfarrwaldstraße und leicht rechts den Berg hoch. Geradeaus, am Ende des Weges rechts und weiter geradeaus bis zum Boller Felsen.
**Ab Wehrstraße sind es etwa 1,5 Kilometer bis zum Boller Felsen.**

**Mit dem ÖPNV:**
Mit der Bahn nach Oberndorf a. N.
Richtung Norden am Neckar entlang auf Neckarstraße, dann den Neckar überqueren. Links auf Hölderlinstraße und rechts auf Hölderlinstraße bleiben. Dann rechts auf Treppe hoch und wieder rechts auf Eichendorffstraße. Gleich scharf links den Berg hoch. An der Kreuzung scharf rechts und nächste wieder scharf links. Geradeaus und an nächster größerer Kreuzung links (nicht scharf links!). Nach Rechtsknick links.
**Vom Bahnhof bis zum Boller Felsen sind es rund 2,4 Kilometer.**

**Tourbeschreibung:**
Abwechslungsreicher Höhenweg über dem Neckartal mit guten Aussichten ins Tal. Könnte rutschig sein, vor allem an und nach Regentagen. Festes Schuhwerk.

Kurz nach dem Verlassen der Denkenbachschlucht geht es im Wald weiter zur Burgruine Bogeneck, wobei die Bezeichnung Ruine fast schon etwas übertrieben ist. Lediglich ein paar Steine liegen auf einem schwer zu begehenden Hang. Dennoch reizt es mich, das verwunschen wirkende Gelände näher zu erkunden. Und was auf den ersten Blick schon fast zu vernachlässigen schien, stellt sich jetzt doch als kleines Kletterabenteuer heraus und ganz nebenbei gibt es einige

kleinere Hohlräume aus Steinen zu entdecken.
Der schmale Pfad, auf dem ich gekommen bin und anschließend Richtung Boller Felsen weitergehe, ist an einer Stelle von beiden Seiten umgeben von ungewöhnlich hohen Brennnesseln. Dieses Dickicht beeindruckt mich schwer. Hier bin ich froh, eine lange Hose zu tragen, die meine Beine schützt.
So langsam wird der Wald wieder lichter und ich erreiche den Boller Felsen, einen exponierten Aussichtspunkt hoch über dem Neckar. Als ob ich das Glück für den heutigen Tag bestellt hätte, kommt jetzt auch wieder die Sonne heraus. Unten im Tal erkenne ich die Bahnstrecke, auf der ich später wieder heimfahren werde. Ich gönne mir ein paar Minuten Verschnaufpause auf einer der vielen Sitzmöglichkeiten, die es hier gibt, und lese Ludwig Uhlands romantisches Gedicht über „die versunkene Krone", welches hier auf einer Steintafel steht:

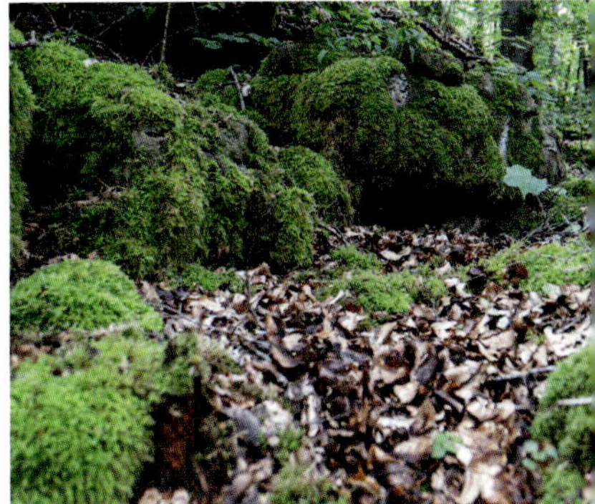

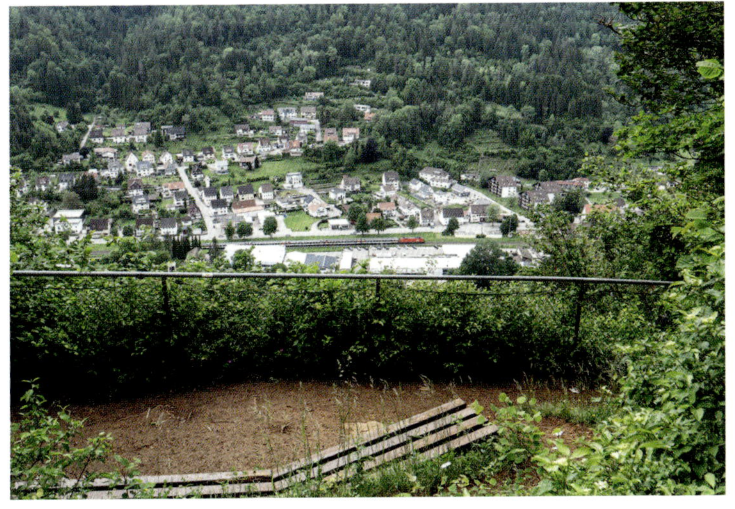

„Da droben auf dem Hügel
da steht ein kleines Haus.
Man sieht von einer Schwelle
ins schöne Land hinaus.
Dort sitzt ein freier Bauer
am Abend auf der Bank,
er dengelt seine Sense
und singt dem Himmel Dank.

Da drunten in dem Grunde
da dämmert längst der Teich.
Es liegt in ihm versunken
eine Krone stolz und reich.
Sie läßt zu Nacht wohl spielen
Karfunkel und Saphir,
sie liegt seit grauen Jahren
und niemand sucht nach ihr."

Gemütlich und gut erholt geht es von hier aus auf einem Höhenweg mit vielen Blicken hinunter zum Neckar weiter Richtung Oberndorf. Unterwegs treffe ich auf die Überreste eines Freizeitheims für Offiziere. Da es nach dem Ende des Zweiten Weltkriegs abgetragen wurde, sind nur noch die Grundmauern zu erkennen. Weiter geht es zu meinem letzten Highlight auf der heutigen Etappe, dem Aussichtspunkt Schillerhöhe. Mittlerweile sind Gewitterwolken aufgezogen, mal sehen, wie sich das Wetter entwickeln wird.

## Tipp

Einkehrmöglichkeit im Biergarten Bogeneck in der Schulstraße in Aistaig. Schöne Sitzgelegenheiten im Freien, Kuchen ist sehr zu empfehlen. Schulstraße 24, 78727 Oberndorf, Telefon 07423/8752664 (eventuell vorher anrufen wegen Öffnungszeiten).

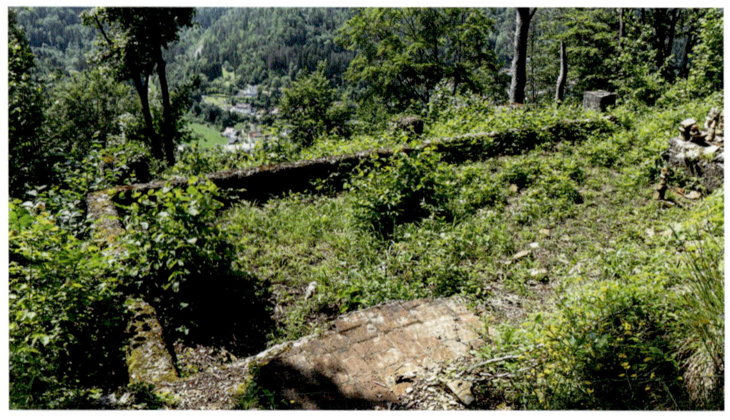

# OBERNDORFER FLIEGERSPERRE, OBERNDORF

31

## Ein Ort der Geschichte

**Hinkommen:**
48° 17'53.7"N 8°34'56.5"E

**Mit dem Auto:**
A81, Ausfahrt 33, Oberndorf a. N.

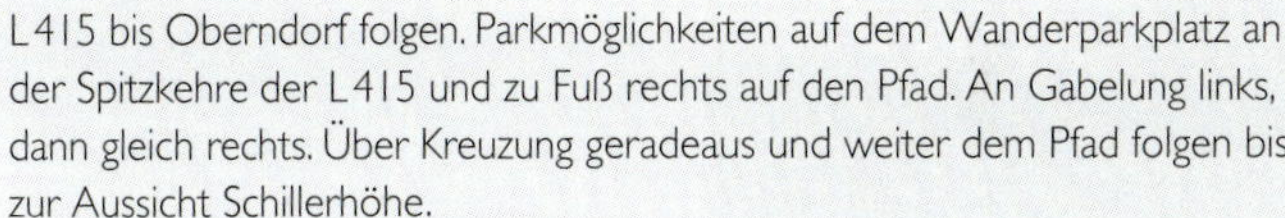

L415 bis Oberndorf folgen. Parkmöglichkeiten auf dem Wanderparkplatz an der Spitzkehre der L415 und zu Fuß rechts auf den Pfad. An Gabelung links, dann gleich rechts. Über Kreuzung geradeaus und weiter dem Pfad folgen bis zur Aussicht Schillerhöhe.
**Ab Wanderparkplatz bis zur Schillerhöhe sind es etwa 450 Meter.**

**Mit dem ÖPNV:**
Mit der Bahn nach Oberndorf. Richtung Norden am Neckar entlang auf Neckarstraße, dann den Neckar überqueren. Links auf Hölderlinstraße und rechts auf Hölderlinstraße bleiben. Dann rechts auf der Treppe hoch und wieder rechts auf Eichendorffstraße. Der Straße bis zum Wanderparkplatz folgen. Ab dem Wanderparkplatz weiter wie oben.
**Ab Bahnhof bis zur Schillerhöhe sind es rund 1,8 Kilometer.**

**Tourbeschreibung:**
Hanglage im Wald, knapp 90 Meter Höhendifferenz. Vor allem an und nach Regentagen rutschig. Festes Schuhwerk. Sehr schöne Aussichten auf Oberndorf und das Neckartal.

Das letztes Highlight meiner heutigen Tour ist eigentlich ein Doppeltes: die Oberndorfer Fliegersperre und die Schillerhöhe, die nur wenige Schritte voneinander entfernt liegen. Eine Tafel erklärt, was genau eine Fliegersperre ist. In den 1940er-Jahren spannte man von dieser Stelle ein Seil hinüber auf die andere Seite des Neckartals. Vom gespannten Seil hingen dann wiederum senkrecht Seile hinab. Sie sollten Oberndorf und vor allem die Mauserwerke, Deutschlands ältester und international bekanntester Waffenhersteller, vor Fliegerangriffen schützen. Obwohl man von der Fliegersperre wusste, sind trotzdem drei Piloten darin verunglückt. Passiert ist es allerdings

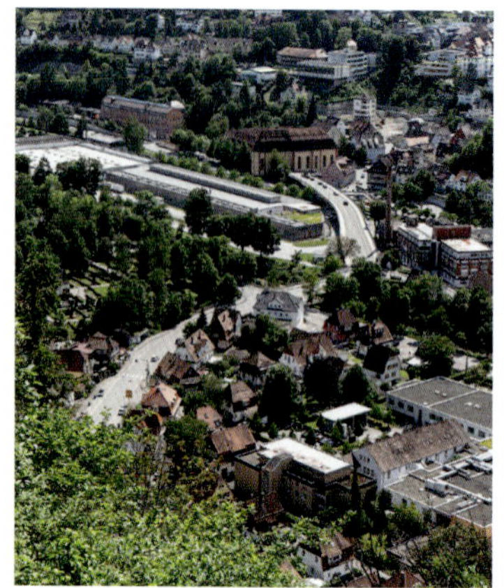

nicht bei Kampfhandlungen, sondern weil die Piloten ihre Flugfähigkeiten unter Beweis stellen wollten. Ein abgerissenes Stück Seil in einer Betonverankerung erinnert an dieses traurige Unglück.

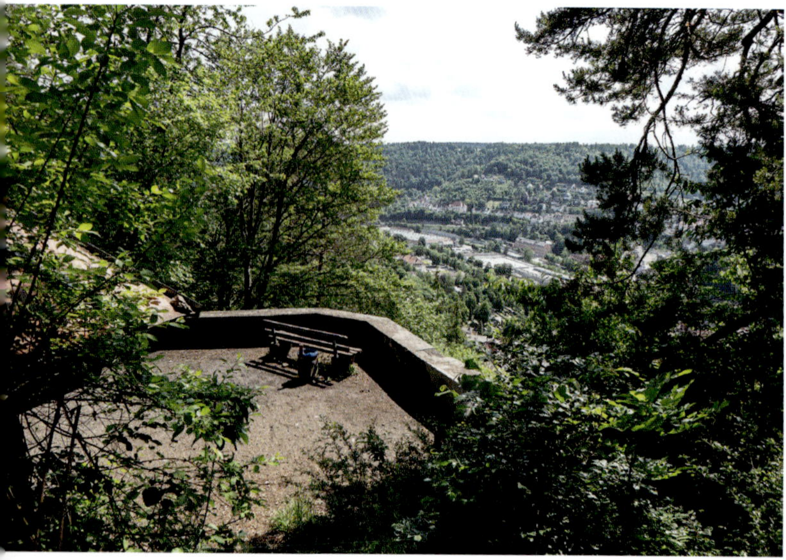

Auf einer Aussichtsbank genieße ich die heute friedliche Sicht hinunter nach Oberndorf. Wenige Schritte weiter unten befindet sich die Aussichtsplattform Schillerhöhe, die sogar eine richtige Schutzhütte bietet. Mein letztes Abenteuer der heutigen Etappe ist der Abstieg von der Schillerhöhe hinunter nach Oberndorf. Ein vertrauenswürdiger Pfad geht nach rechts, doch ich folge meiner Wanderkarte nach links auf einem etwas schmaleren Pfad, welcher der etwas kürzere Weg zu sein scheint. Jedoch

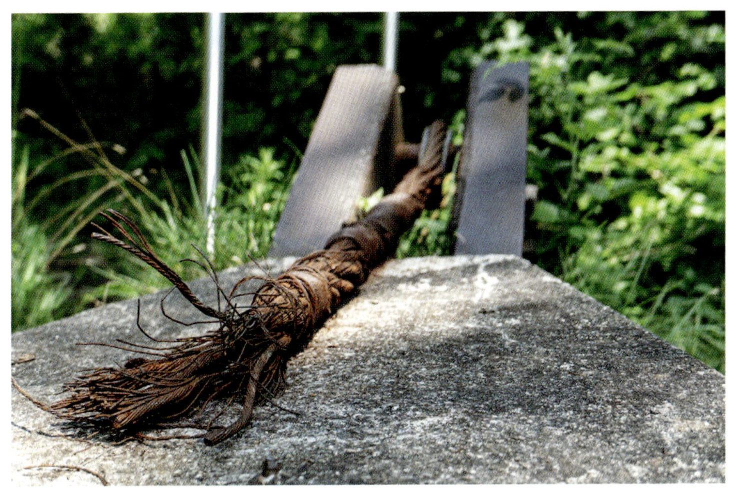

wächst dieser immer mehr zu, sodass ich kaum noch vorankomme. Dann stehe ich plötzlich an der L415 und es gibt keine Möglichkeit, die stark befahrene Straße zu überqueren. Mir bleibt nichts anderes übrig, als mich zurück zur Schillerhöhe hoch zu „kämpfen". Das Unangenehme dabei: Ich wandere auch noch einem Gewitter entgegen, das sich mir nähert. Den ersten Donner höre ich bereits. Notfalls werde ich die Schutzhütte auf der Schillerhöhe nutzen. Zurück an der Schillerhöhe ist es aber immer noch trocken und ich nehme von hier den nun viel vertrauenswürdigeren Weg hinunter ins Tal. Ich bin ja auch gleich in Oberndorf. Ein spannender Tag neigt sich dem Ende zu.

## Tipp

Der rund 23 Kilometer lange Scheffelweg lädt auf insgesamt 13 Waldsofas an den schönsten und spektakulärsten Aussichtspunkten die Wanderer zum Verweilen und zum entspannten Genießen der Natur ein. Ein besonderes Natur- und Kulturerlebnis bieten die Gedichte schwäbischer Dichter mit Bezug zur herrlichen Landschaft beziehungsweise zur Geschichte Oberndorfs. Der Panoramaweg rund um Oberndorf besteht aus drei Teilstrecken und ist nach dem Dichter Joseph Victor von Scheffel benannt. Parkmöglichkeiten und gleichzeitig dann auch Einstiegsmöglichkeiten sind am Lindenhof, Stockbrunnen oder Schützenhaus. Weitere Informationen unter: www.oberndorf.de.

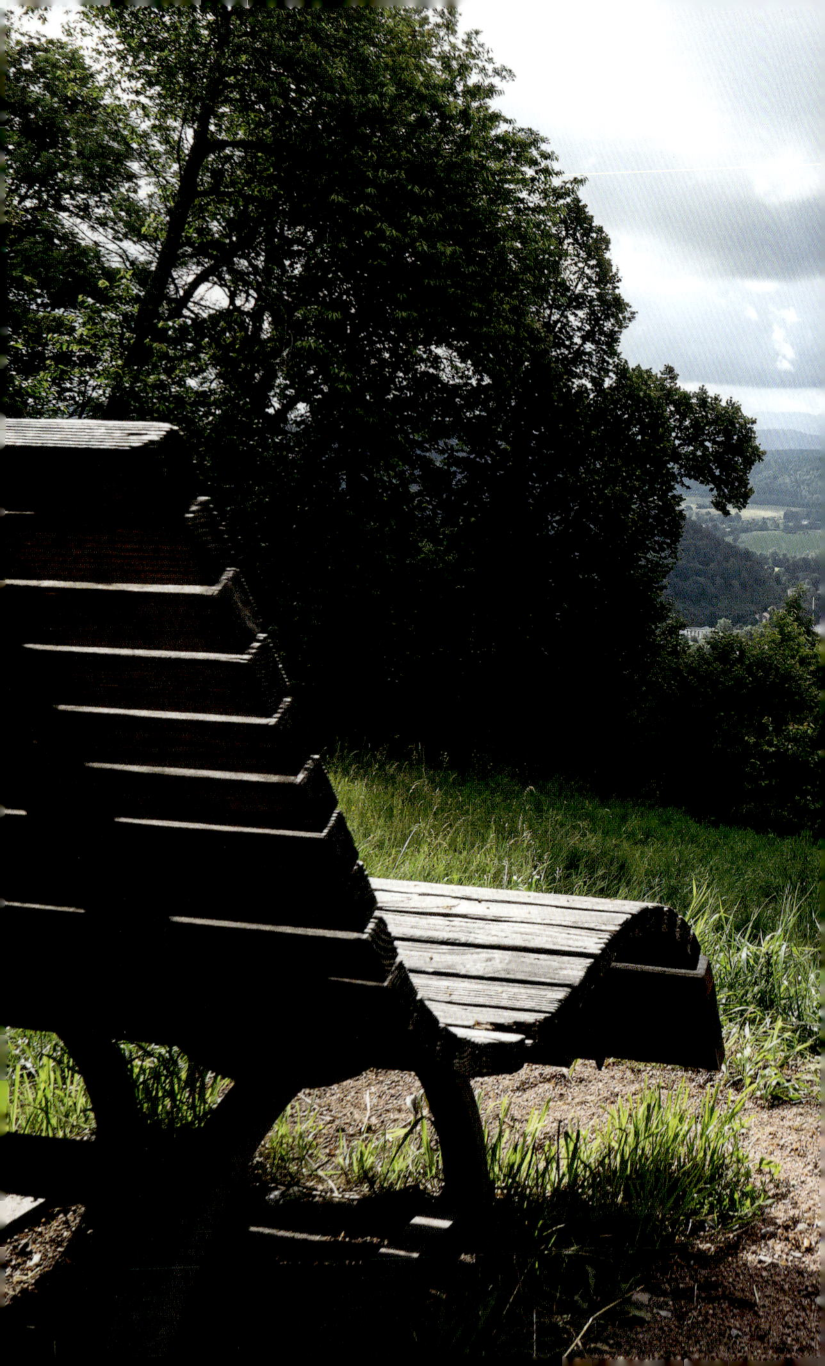

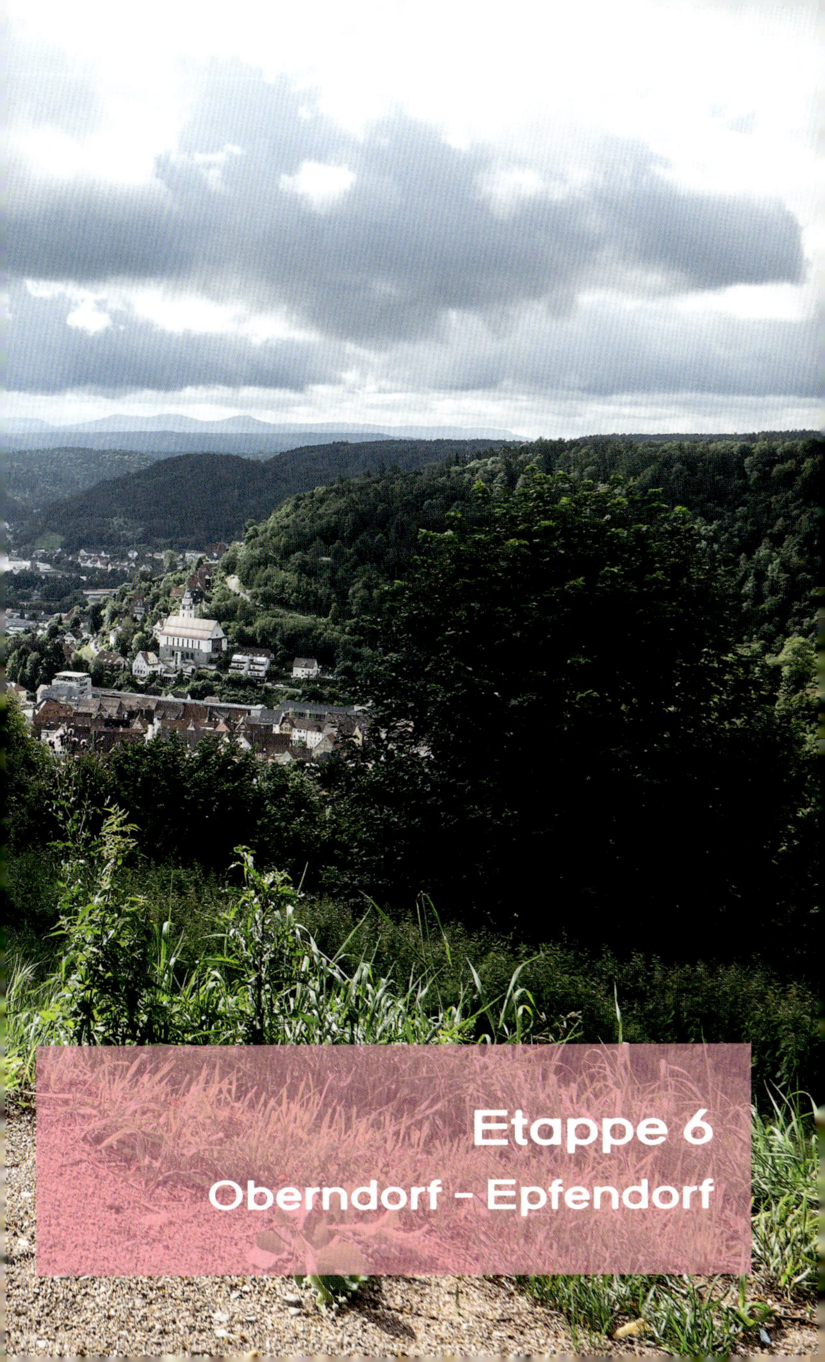

# Etappe 6

## Oberndorf – Epfendorf

# 32 KAPFHÜTTE, OBERNDORF
## Idylle am Stadtrand

**Hinkommen:**
48°17'37.5"N 8°34'25.3"E

**Mit dem Auto:**
A81, Ausfahrt 33, Oberndorf a. N.
Auf L415 nach Oberndorf und dort zum Bahnhof. Dort gibt es Parkmöglichkeiten.
Zu Fuß weiter auf Bahnhofstraße Richtung Süden. Rechts auf Klosterstraße und wieder rechts auf Talstraße. Erste Möglichkeit rechts, dann weiter auf Talstraße. In der Sulzbachstraße erste Möglichkeit links auf Treppe hinauf. Nach der Treppe zuerst noch wenige Meter auf einem Pfad weiter, dann wieder rechts.
**Vom Parkplatz bis zur Kapfhütte sind es etwa 900 Meter.**

**Mit dem ÖPNV:**
Mit der Bahn nach Oberndorf. Zu Fuß weiter wie oben.

**Tourbeschreibung:**
Zuerst geht es durch den Ort Oberndorf, dann bergan im Wald. Gute Aussicht auf Oberndorf und das Neckartal. Besonders an und nach Regentagen können die Wege rutschig sein. Festes Schuhwerk.

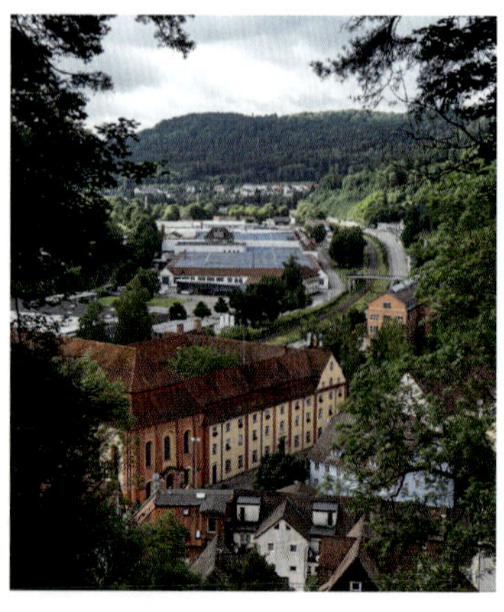

Die heutige Etappe von Oberndorf nach Epfendorf fällt auf einen Sonntag und wird deshalb zum Ende hin besonders spannend. Denn mittlerweile ist die nächste größere Stadt mit einem Bahnhof schon Rottweil. Die Fußstrecke zwischen Oberndorf und Rottweil, die ich mir ausgesucht habe, ist mit rund 55 Kilometern aber viel zu weit, um sie an einem Tag bewältigen zu können. Deswegen mache ich daraus drei kürzere Etappen mit den Zielen Epfendorf und Villingen-

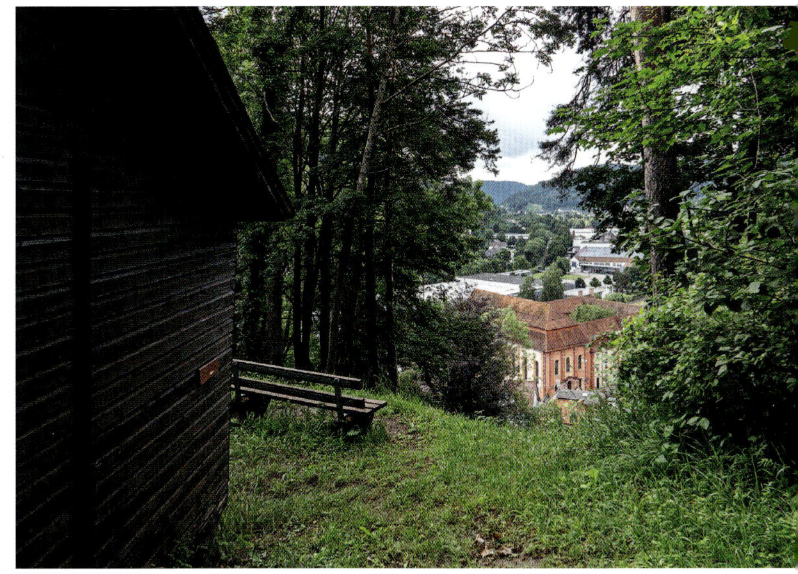

dorf. Die Orte sind jedoch so klein, dass am Wochenende kein reguläre Bus zurück zur Bahn fährt. Es gibt nur einen Rufbus, den ich am Vortag über eine Auskunft auf der Deutschen Bahn-App bestelle. Mir wird versprochen, dass um die gewünschte Zeit ein Taxi an meiner Wunschhaltestelle in Epfendorf sein werde. Ich bin sehr gespannt, ob das klappt. So gilt es jetzt erst einmal mit positiven Gedanken in den Tag zu starten. Die Vorfreude auf den bevorstehenden Tag und die geplante Wegstrecke treiben mich munter an.

Der Einstieg in meine Etappe in Oberndorf ist ein wenig schwierig zu finden, da eine Treppe an der Ecke Sulzbachstraße/Talstraße zunächst einen eher privaten Eindruck macht. Letztendlich ist sie aber der richtige Abzweig. Nur wenige Schritte später ist sie so zugewachsen, dass ich mich recht unvermittelt wieder mitten in der Natur befinde.

Zwischen einzelnen Bäumen kann ich auf Oberndorf und das Neckartal zurückblicken, biege ab in den Wald und verlasse kurz danach meine Wanderstrecke in Richtung Kapfhütte, meinem ersten Ziel für heute, das ich bereits nach nur wenigen Minuten erreiche. Dort angekommen, lasse ich die Aussicht auf

das im Tal liegende Oberndorf auf mich wirken und freue mich, nach nur wenigen Schritten in solch einer Naturidylle gelandet zu sein.
Ich folge gedanklich der Bahnstrecke, die mich nach Singen zu meinem Fernziel führen wird.
Ein schöner Start in meine heutige Etappe, die ich nach einem kurzen Aufenthalt an der Hütte fortsetze. Zurück auf dem Hauptweg, geht es weiter den Berg hinauf durch schönen Mischwald zur Lindenhofkapelle.

## Tipp

Museum im Schwedenbau: Kultur und Geschichte der Stadt Oberndorf und der umliegenden Region, dazu ein Waffenmuseum, das einen internationalen Ruf genießt. Klosterstraße 14, Öffnungszeiten Dienstag, Mittwoch und Freitag von 14–17 Uhr, Samstag und Sonntag 11–17 Uhr, Telefon 07423/771175.

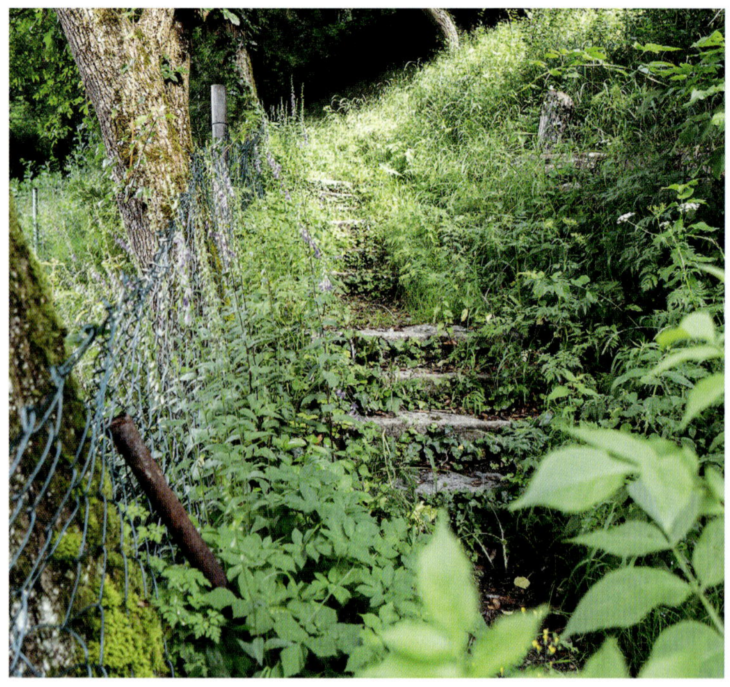

# LINDENHOF KAPELLE, OBERNDORF

33

## Außergewöhnliche Kapelle mit Panoramablick

**Hinkommen:**
48°17'45.4"N 8°33'46.8"E

**Mit dem Auto:**
A81, Ausfahrt 33, Oberndorf a. N.

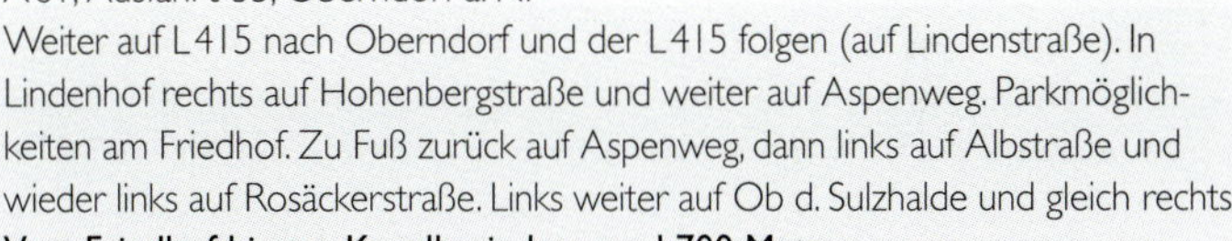

Weiter auf L415 nach Oberndorf und der L415 folgen (auf Lindenstraße). In Lindenhof rechts auf Hohenbergstraße und weiter auf Aspenweg. Parkmöglichkeiten am Friedhof. Zu Fuß zurück auf Aspenweg, dann links auf Albstraße und wieder links auf Rosäckerstraße. Links weiter auf Ob d. Sulzhalde und gleich rechts.
**Vom Friedhof bis zur Kapelle sind es rund 700 Meter.**

**Mit dem ÖPNV:**
Mit der Bahn nach Oberndorf a. N.
Zu Fuß weiter auf Bahnhofstraße Richtung Süden. Rechts auf Klosterstraße und rechts auf Talstraße. Erste Möglichkeit rechts weiter auf Talstraße. Wieder rechts auf Sulzbachstraße und erste Möglichkeit links auf eine schmale Treppe, die mit einem Wanderschild gekennzeichnet ist. Der Treppe folgen und dann immer geradeaus auf einem Pfad. An der nächsten Wegkreuzung geradeaus und nächste Möglichkeit scharf rechts den Berg hinauf, dann links.
**Vom Bahnhof bis zur Kapelle sind es 1,8 Kilometer.**

**Tourbeschreibung:**
Zu Fuß vom Bahnhof kommend zwar recht steil, aber abwechslungsreich bergauf im Wald. An und nach Regentagen kann es rutschig sein, festes Schuhwerk. Weitblicke auf Oberndorf und Schwäbische Alb.

Von der Kapfhütte geht es wieder zurück auf meinen Hauptweg und weiter hinein in den Wald. Ein weicher Pfad führt mich stetig bergauf. Wie wohltuend, die frische, morgendliche Luft zu spüren. Langsam lichtet sich der Wald, und nach einem durchaus anstrengenden Anstieg schlendere ich wieder auf guten, breiten Wegen entlang des Waldrands oberhalb von Oberndorf Richtung Lindenhof. Die ersten Häuser des Oberndorfer Stadtteils befinden sich schon vor mir, ebenso mein nächstes Highlight, die Lindenhof Bergkapelle.

Leider ist die außergewöhnliche, klassizistische Rundkapelle geschlossen. Dennoch ist ihr äußerer Eindruck, eingerahmt von den Bäumen ringsherum, so anmutend, dass ich einige Minuten vor ihr stehe und den 1910 von Baumeister Wilhelm Rohr errichteten Bau bewundere. Bis 1934 stand die Kapelle noch alleine am Waldrand, ehe nach und nach der Stadtteil Lindenhof gebaut wurde.

Vor der Kapelle ist eine Lichtung und ich blicke hinab auf Oberndorf und hinüber zu den höheren Gipfeln der Schwäbischen Alb. Sitzbänke stehen hier und fordern mich geradezu auf, Platz zu nehmen. Ich bleibe jedoch stehen und mache ein paar Bilder von diesem absolut schönen Panorama.

Obwohl es noch bewölkt ist, sagt der Wetterbericht für heute einen doch recht sonnigen Tag voraus – schön zu wissen und ein gutes Gefühl. So durchbricht jetzt für einen Moment auch die Sonne den bedeckten Himmel, das Licht ist dramatisch. Aber dann verschwindet sie auch schon wieder. Ein Zeichen für mich, diesen wundervollen Ort zu verlassen und am Ortsrand von Lindenhof weiter Richtung Süden zu gehen.

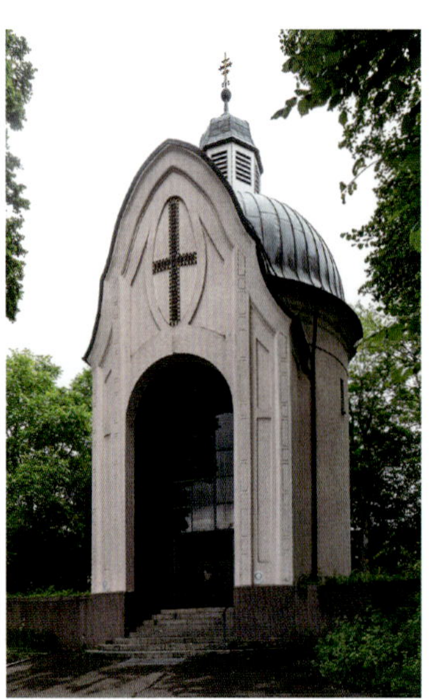

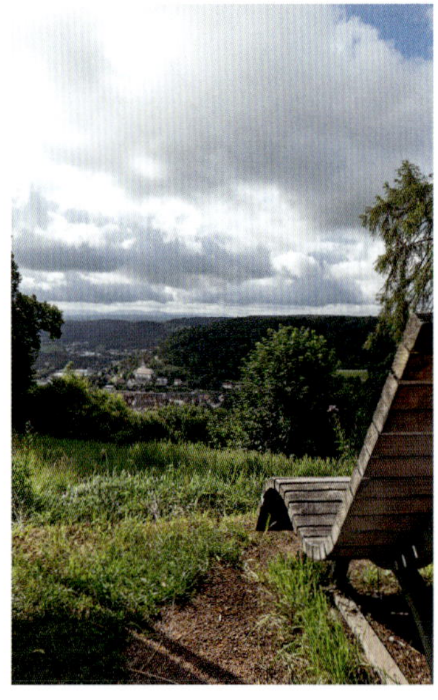

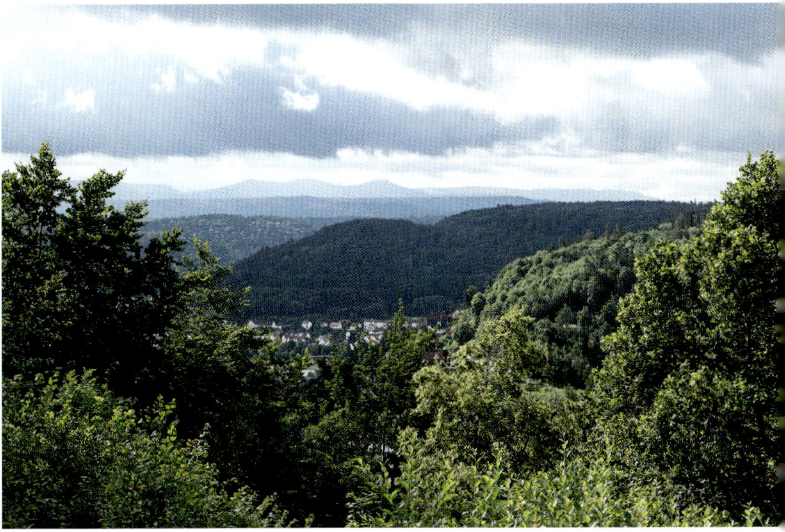

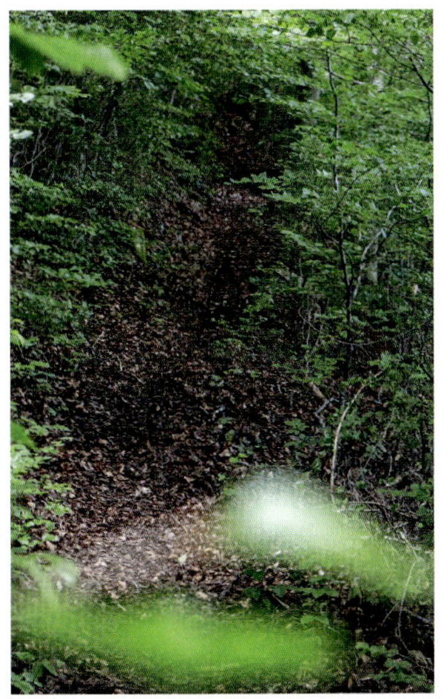

## Tipp

Der aussichtsreiche Kapellenweg – ein beschilderter und abwechslungsreicher Rundweg mit mäßigen Steigungen, Gehzeit etwa zwei Stunden. Herrliche Blicke auf die historische Altstadt, über das Neckartal bis hinüber zur Schwäbischen Alb, unterwegs trifft man auf ein Biotop, das Johannes-Brünnle und originelle „Waldsofas".
www.oberndorf.de

# 34 AM LINDENHOF, OBERNDORF
## Spektakuläre Aussichten

**Hinkommen:**
48° 17'27.5"N 8°33'45.0"E

**Mit dem Auto:**
A 81, Ausfahrt 33, Oberndorf a. N.
Auf der L 415 nach Oberndorf und weiter zum Ortsteil Lindenhof.
In Lindenhof rechts auf Von-Gunzert-Straße und wieder rechts auf Ringstraße. Parkmöglichkeiten am Kreisverkehr. Zu Fuß geradeaus auf Alte Steige und links auf Ob d. Steinhalde.
**Vom Parkplatz am Kreisverkehr bis zum gesicherten Aussichtspunkt sind es rund 700 Meter.**

**Mit dem ÖPNV:**
Mit der Bahn nach Oberndorf.
Zu Fuß weiter auf Bahnhofstraße Richtung Süden. Rechts auf Klosterstraße und wieder rechts auf Talstraße. Links auf Langer Weg, rechts weiter auf Graubenstraße und links auf Hauptstraße. Rechts auf Schützensteige. Nach Brücke zweite Möglichkeit links.
**Vom Bahnhof bis zum gesicherten Aussichtspunkt sind es 2 Kilometer.**

**Tourbeschreibung:**
Zu Fuß vom Bahnhof kommend durch Oberndorf, dann bergauf im Wald. Trittsicherheit am Aussichtsfelsen erforderlich. An und nach Regentagen kann es rutschig sein, festes Schuhwerk. Tolle Blicke auf Oberndorf und Schwäbische Alb.

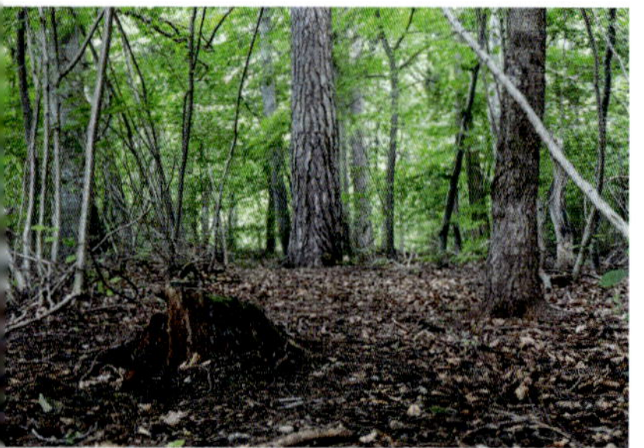

Oberhalb von Oberndorf geht es auf einem breiten, flachen Weg zwischen dem hanglagigen Wald auf der linken Seite und dem Ort Lindenhof auf der rechten Seite weiter. Mein Hauptweg verläuft wenig später nach rechts weiter am Ortsrand entlang. Ich gehe aber erst einmal geradeaus hinein in den Wald. Wenig später soll ich nämlich

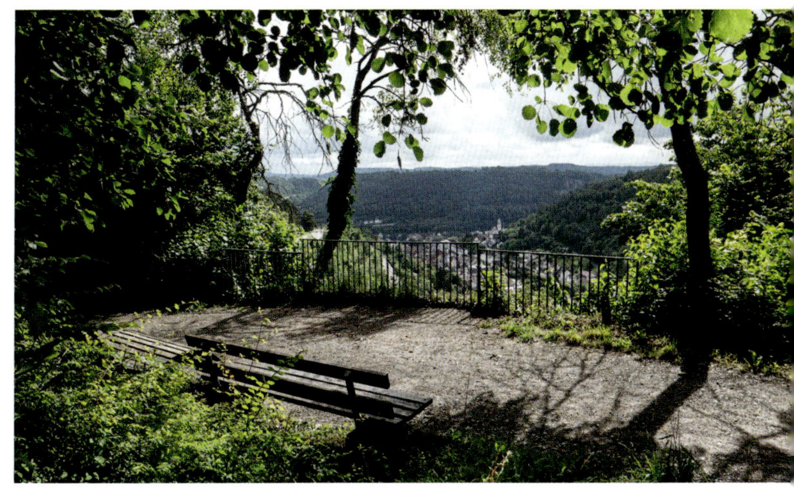

an einem namenlosen Aussichtsfelsen eine schöne Sicht auf Oberndorf bekommen. Diese Möglichkeit hatte ich in meiner Planung auf einer Karte entdeckt. Er liegt direkt oberhalb der Lindenstraße, der Hauptstraße von Oberndorf hoch nach Lindenhof.

Den Felsen zu erreichen, ist leider etwas mühsam, da er nicht ausgeschildert und alles auch recht stark zugewachsen ist. So gehe ich einigermaßen nahe, aber mit sicherem Abstand zum Abhang an einem Gebüsch entlang, bis ich eine unauffällige Nische finde, durch die ich direkt zum Aussichtsfelsen gelange. Schritt für Schritt traue ich mich weiter nach vorne, bis ich kurz vor der Felskante stehe. Das Gefühl, ungesichert auf dem Felsen gut dreißig Meter oberhalb der Lindenstraße zu stehen, ist atemberaubend. Ich schaue nach Oberndorf bis hin zum Trauf der Schwäbischen Alb und beobachte einen Autofahrer, der direkt unter mir an einem Parkplatz eine Pause einlegt.

Wieder kommt die Sonne zum richtigen Zeitpunkt heraus! Mein Hauptmotiv, ein weiterer Felsen rechts von mir, wird direkt von der Sonne beschienen, während alles andere im Hintergrund im Schatten liegt. Ich bin einfach nur glücklich über diesen Moment. Für ein paar Bilder Richtung Oberndorf ist die Sonne dann leider auch schon wieder weg und ich muss ein wenig Geduld aufbringen, bis sie sich wieder zeigt.

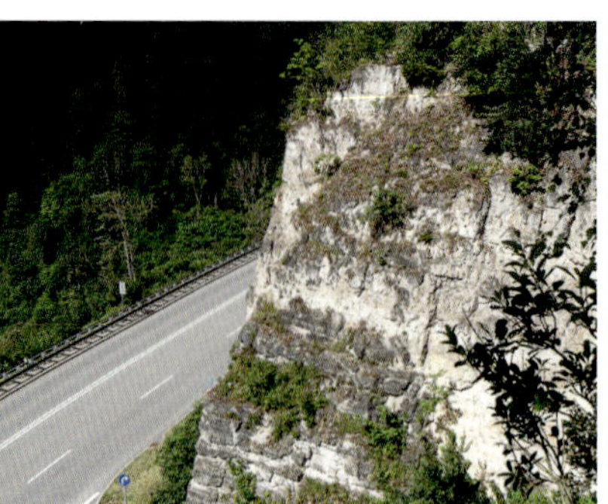

durch ein Geländer gut gesichert – die Aussicht ist auch hier wieder atemberaubend und das Geduldsspiel mit der Sonne geht von vorne los. Auf einem breiten Fußweg geht es gemütlich zwischen dem Ortsrand von Lindenhof und einem Wald weiter. Ich verlasse den Ort und wandere zwischen weiten Feldern Richtung Ruine Waseneck, meinem nächsten Highlight.

Beglückt von diesen Licht- und Schattenspielen, gepaart mit der gigantischen Aussicht und dem Erlebnis, auf so einem Felsvorsprung gestanden zu haben, gehe ich zurück auf meinen Hauptweg und verlasse Lindenhof Richtung Epfendorf. Wenig später erreiche ich noch einen weiteren Aussichtspunkt am südöstlichen Ende von Lindenhof. Er liegt direkt am Hauptweg und ist

## Tipp

Einkehrmöglichkeit im Gasthaus-Hotel Wasserfall, umgeben von Wäldern. Rustikal und gemütlich, mit Gartenterrasse. Besonders zu empfehlen sind die hauseigenen Forellen, ebenso werden Schnitzelpartys angeboten. Lindenstraße 60, 78727 Oberndorf, www.gasthof-hotel-zum-wasserfall.de.

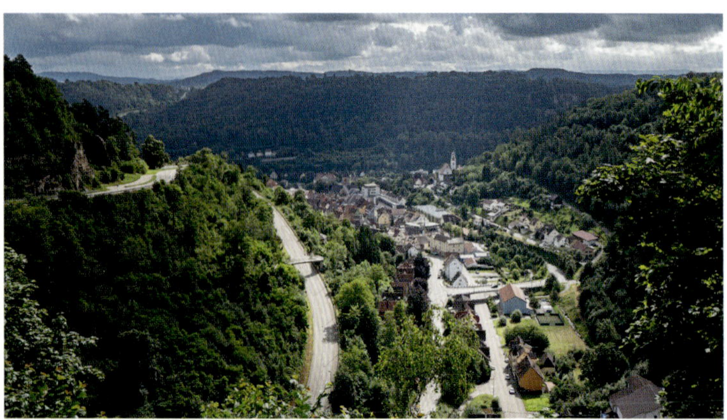

# RUINE WASENECK, OBERNDORF

## Verwinkelte Entdeckungstour

35

**Hinkommen:**
48°16'36.7"N 8°34'49.6"E

**Mit dem Auto:**
A81, Ausfahrt 33, Oberndorf a. N.
Weiter auf L415 nach Oberndorf. Vor dem Neckar links auf Teckstraße, nächste Möglichkeit rechts auf Werkstraße. Geradeaus weiter auf Austraße. Parkmöglichkeiten links nach dem Schwimmbad. Zu Fuß weiter auf Austraße. Bahn und B14 auf Brücke überqueren (Schubertstraße). Dann leicht links auf Webertalstraße. Rechts abbiegen auf Kredererstraße, dann leicht rechts auf Dieselhalde. Links in den Wald hinein. Nächste Möglichkeit wieder links, an Gabelung rechts. Bei der Himmelsliege mit dem Gedicht „Amor der Räuber" Beschilderung folgen.
**Ab dem Parkplatz neben dem Schwimmbad bis zur Ruine Waseneck sind es 1,5 Kilometer.**

**Mit dem ÖPNV:**
Mit der Bahn nach Oberndorf. Zu Fuß weiter und Bahn unterqueren. Dann auf Sägewerkstraße. Links bleiben auf Sägewerkstraße und weiter rechts auf Neckarstraße. Über dem Neckar rechts auf Teckstraße. Geradeaus am Neckar entlang. Am Stadion rechts den Neckar überqueren. Weiter auf Austraße und rechts auf Schubertstraße (Brücke über Bahnlinie und B14). Zu Fuß weiter wie oben.
**Ab Bahnhof sind es etwa 3,1 Kilometer bis zur Ruine Waseneck.**

**Tourbeschreibung:**
Schöne Waldwege am Hang oberhalb des Neckartals. Anstieg ab Oberndorf kann an und nach Regentagen rutschig sein. Festes Schuhwerk empfohlen. Trittsicherheit auf Burggelände.

Auf der Hochebene oberhalb von Oberndorf geht es nun recht eben weiter Richtung Stockbrunnen – ein sehr zu empfehlender Berggasthof mit Übernachtungsmöglichkeiten und einer großen, anliegenden Spielwiese. So schön der Wald war, in dem ich die letzten Etappen gewandert bin, freue ich mich jetzt wieder über die Weite von Feldern und Wiesen.

Das versprochene schöne Wetter ist bis jetzt noch nicht eingetreten. Es ist aber trocken und immer wieder

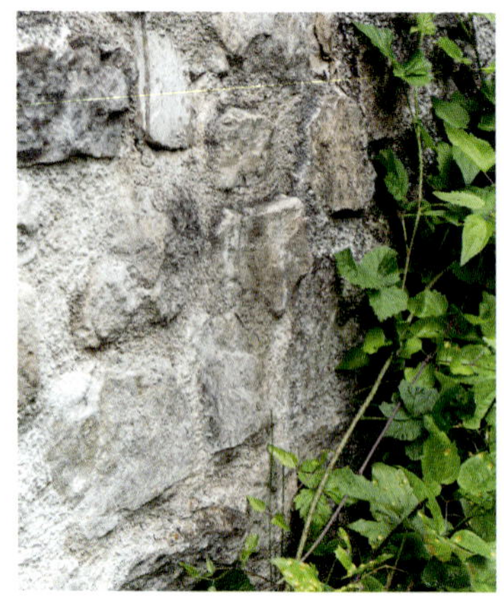

ist ein Stück blauer Himmel zu sehen. Also perfektes Wanderwetter!

Nach der Freude über die Weite geht es jedoch auch schon wieder hinein in einen Waldabschnitt zur Ruine Waseneck. Der Weg dorthin verläuft auf breiten Waldwegen ohne viel Steigung.

Nach den vielen imposanten Highlights gleich zu Beginn der heutigen Etappe, kann ich auf diesem Abschnitt einfach ganz gemütlich vor mich hinlaufen und meinen Gedanken nachhängen.

Ein am Wegesrand stehendes romantisches Gedicht auf einem Stein mit dem Titel „Amor der Räuber" von Wilhelm Hauff und daneben eine Himmelsliege aus Holz lenken mich von meiner Ruhe ab. Ich schaue mich hier um und erkenne einen Wegweiser, der mich auf einem Pfad abseits des Hauptweges leicht ansteigend zur Ruine Waseneck bringt. Dass sich die

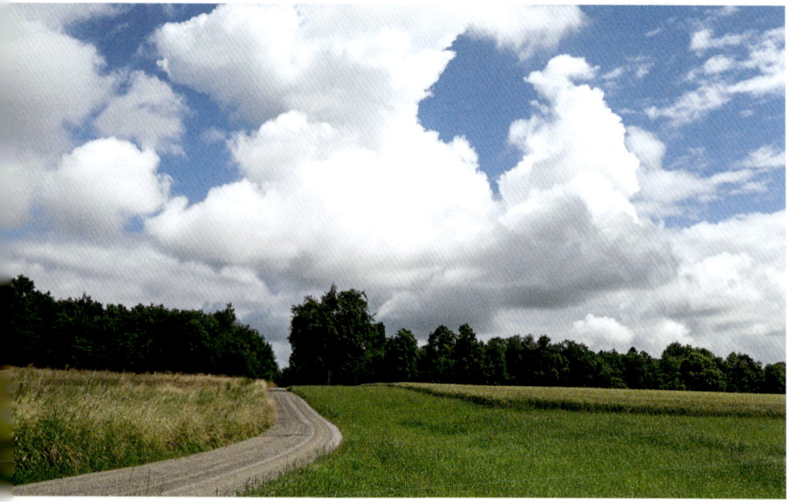

Sonne heute noch nicht so gerne blicken lässt, ist für das Fotografieren an der Ruine sogar von Vorteil. So habe ich ein diffuses, weiches Licht und kann dadurch viel besser die Details der Ruine betonen, die Ende des 20. Jahrhunderts renoviert und ausgegraben wurde.
Sie ist in einem guten Zustand. Mauerreste und Teile der Umfassungsmauer sind noch zu sehen, ebenso entdecke ich den ehemaligen Burgbrunnen und eine Grillstelle. Es macht Spaß, sich hier in diesem verwinkelten Gelände zu bewegen. Trotzdem muss ich aufpassen, wohin ich trete. Durch das hohe Gras ist es schnell möglich, dass ich den einen oder anderen Stein übersehe. Eine Infotafel klärt über die Geschichte der Burg auf, die im Jahre 1220 von den Herzögen von Teck erbaut wurde.
Von der Ruine Waseneck gehe ich zurück auf meinen Hauptweg, der in einen Pfad mündet und bergab nach Altoberndorf führt.

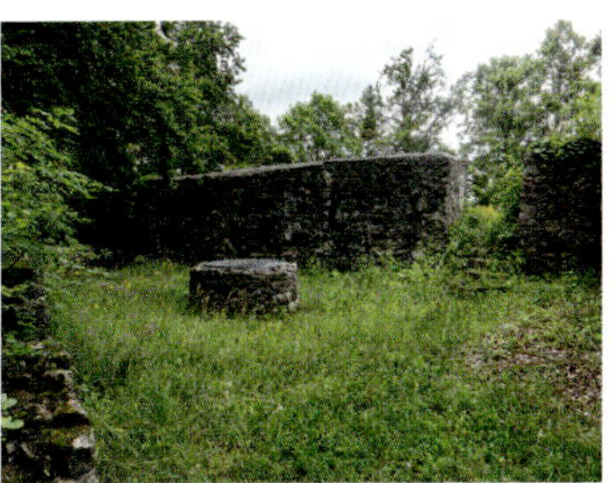

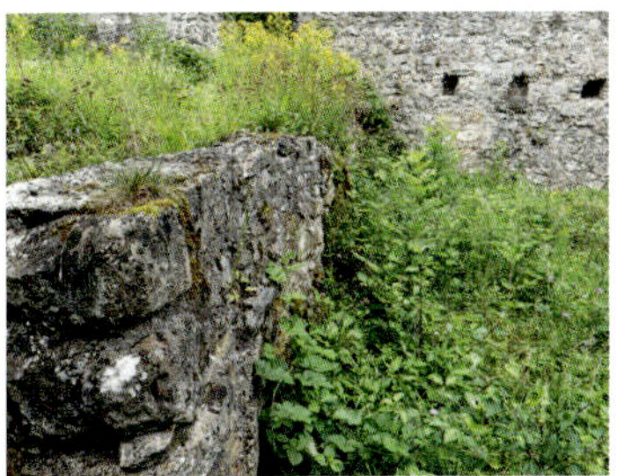

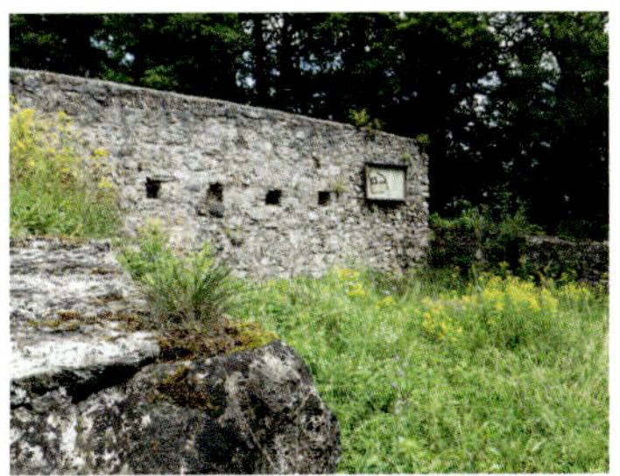

## Tipp

Genügend Proviant für ein Picknick am Grillplatz bei der Ruine mitnehmen.

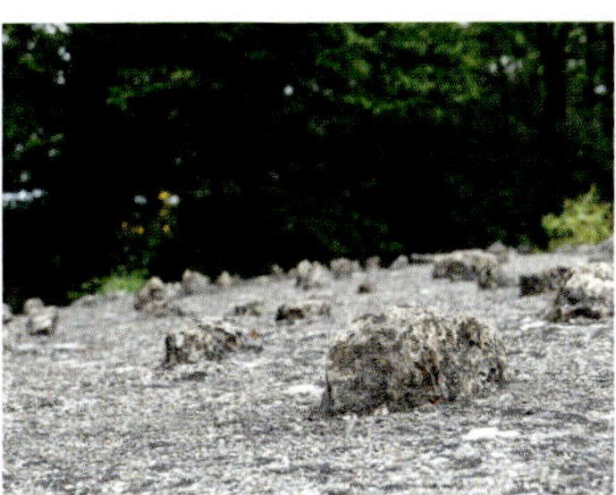

# 36 KREUZBERGKAPELLE, OBERNDORF

## Bewegte Geschichte an einem schönen Ort

**Hinkommen:**
48°16'25.2"N 8°36'13.4"E

**Mit dem Auto:**
A81, Ausfahrt 33, Oberndorf a. N.
Weiter auf L415 Richtung Oberndorf. Am Kreisverkehr dritte Ausfahrt (K5502). Dann rechts auf K5500 nach Altoberndorf. Parkmöglichkeiten in Altoberndorf.
Zu Fuß vom Rathaus weiter auf Untere Straße. Dann rechts auf Riedwiesen. Dritte Möglichkeit rechts auf den Feldweg, nächste rechts und geradeaus in den Wald. Dann rechts und nächste Möglichkeit links auf den Kreuzweg zur Kapelle.
**Ab Altoberndorf sind es etwa 1,4 Kilometer bis zur Wendelinkapelle.**

**Mit dem ÖPNV:**
Mit der Bahn nach Oberndorf. Ab dem Bahnhof zu Fuß weiter und Bahn unterqueren. Dann auf Sägewerkstraße Richtung Süden. Links bleiben auf Sägewerkstraße und den Neckar überqueren. Weiter am Neckar entlang auf Teckstraße bis zur Bushaltestelle Altoberndorf Irslenbach. Dann die K5500 überqueren und geradeaus auf Riedwiesen. Dort links und dann rechts, geradeaus in den Wald. Nächste Möglichkeit rechts und links auf dem Kreuzweg zur Kapelle.
**Ab Bahnhof sind es bis zur Kapelle 4,3 Kilometer.**

**Tourbeschreibung:**
Schöne Hanglage im Wald oberhalb des Neckartals. Von der Kapelle tolle Aussicht auf das Tal. Für den Kreuzweg ist festes Schuhwerk empfohlen.

So ganz alleine mit der Natur in Verbindung zu sein, ist etwas ganz Großartiges. Ich spüre, wie jedes Gras, jeder Ast und jedes Blatt lebt. Wenig später komme ich jedoch auf eine recht breite, allerdings nicht stark befahrene Zufahrtstraße und gehe sie weiter hinab. Auf dem gegenüberliegenden Hang hoch über Altoberndorf liegt schon mein nächstes Ziel vor mir, die Kreuzbergkapelle. Einst trug sie den Namen Wendelinkapelle – eine Viehseuche, ließ 1747 alle Tiere der Bauern sterben. Daraufhin gelobten die Einwohner der Gemeinde

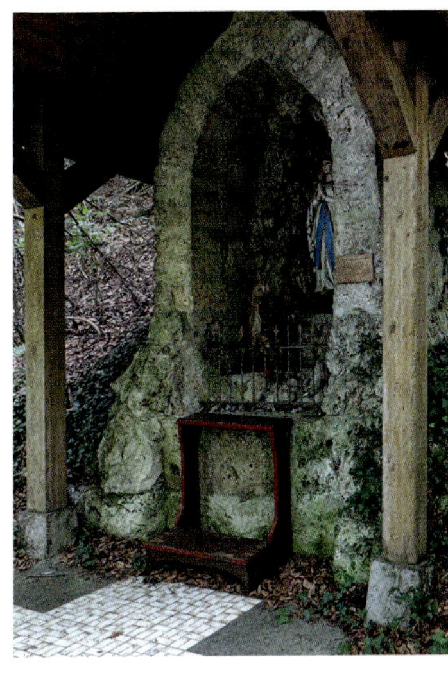

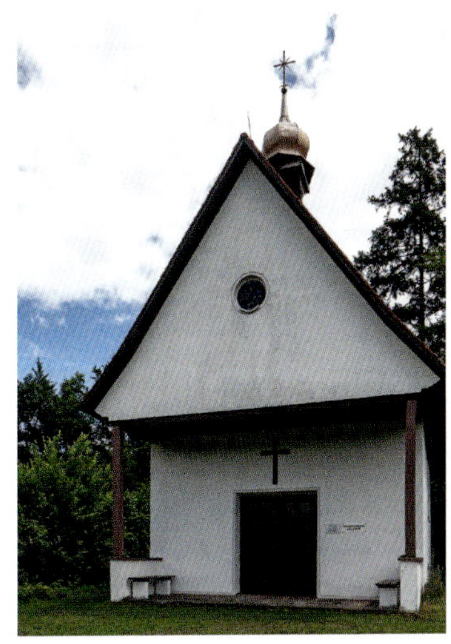

zu Ehren des heiligen Wendelin – dem Heiligen der Hirten, Bauern und Landarbeiter eine Kapelle zu erbauen.

In Altoberndorf überquere ich aber erst einmal die Bahnlinie und den Neckar und marschiere wieder ein Stück im wunderschönen Neckartal. Nach einer weiten Wiese biege ich links auf einen schmalen, ansteigenden Pfad in den Wald hinein. Der Aufstieg hoch zur Kreuzbergkapelle ist sehr abwechslungsreich. Bereits nach wenigen Minuten komme ich an einer kleinen, liebevollen gestalteten Lourdesgrotte vorbei. Links daneben befindet sich ein etwas zerfallen wirkender Altar, versehen mit der Überschrift „Vater Dein Wille geschehe". Darunter liegen ein Haufen Steine und drei Bilder. Zwei davon sind umgedreht, auf dem kleinsten Bild ist eine Mariafigur abgebildet. Davor hängt ein Absperrband. Hat es hier vielleicht Vandalismus gegeben? Die ganze Szene wirkt ein wenig skurril.

Ab hier beginnt der 1797 angelegte Kreuzweg mit 14 Stationen zur Kapelle. Er schlängelt sich in vielen Serpentinen den Berg hinauf. An jeder Kurve und zum Teil auch dazwischen steht eine Kreuzwegstation aus Gusseisen. Oben lichtet sich der Wald, die kleine Kapelle steht im Freien und wirkt durch ihren großen Dachvorbau auffällig. Auch ein Blick hinein ist mir gegönnt. Im Gegensatz zu ihrem äußeren Eindruck wirkt sie innen

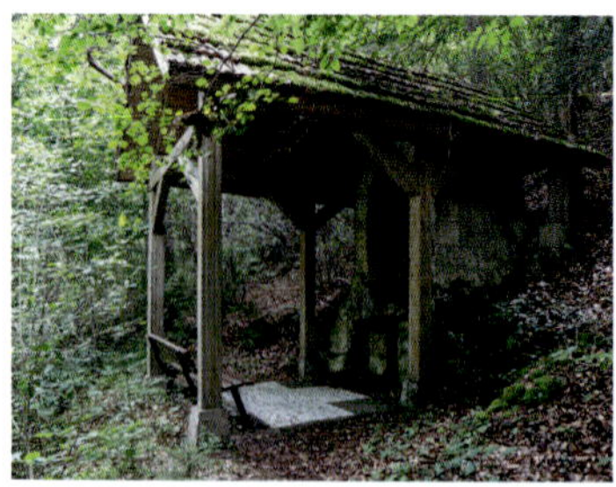

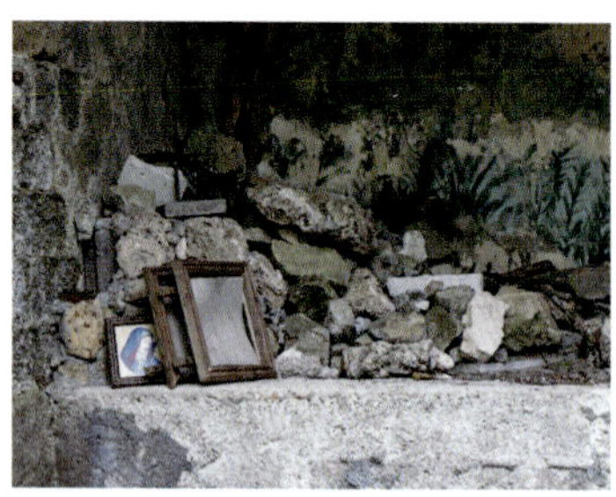

eher schlicht und auf das Nötigste reduziert. Nach ihrem Zerfall Ende des 18. Jahrhunderts wurde sie 1797 erneuert und dann aber wieder vergessen. In den 1950er-Jahren nahm sich die Gemeinde dem Kleinod aufs Neue an, renovierte sie und so gehört s' Käppele heute als Wahrzeichen zum Ort Altoberndorf.

Ich lege ein Päuschen ein und genieße die Aussicht auf Altoberndorf mit seiner herausstechenden Dorfkirche und das Neckartal. Zwei Frauen machen hier auf einer Bank ebenfalls Rast. Ob ich sie wohl als belebendes Element in mein Bild von der Aussicht einbauen darf? Ich frage sie und es wird eine nette Begegnung. Dann packen sie ihre

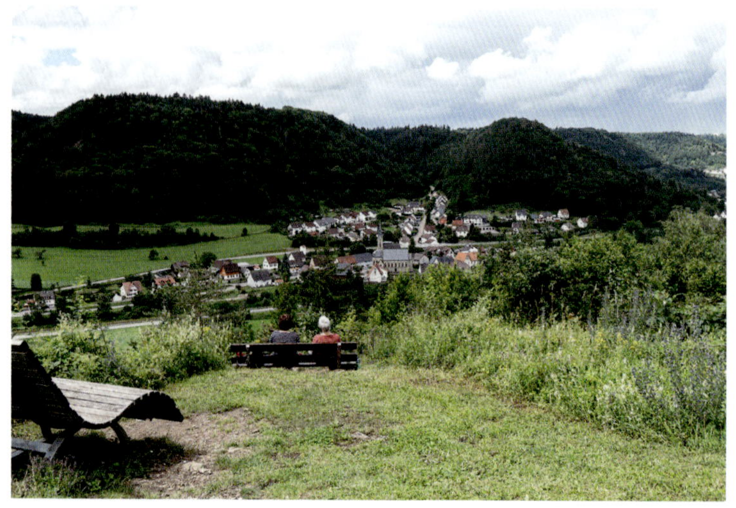

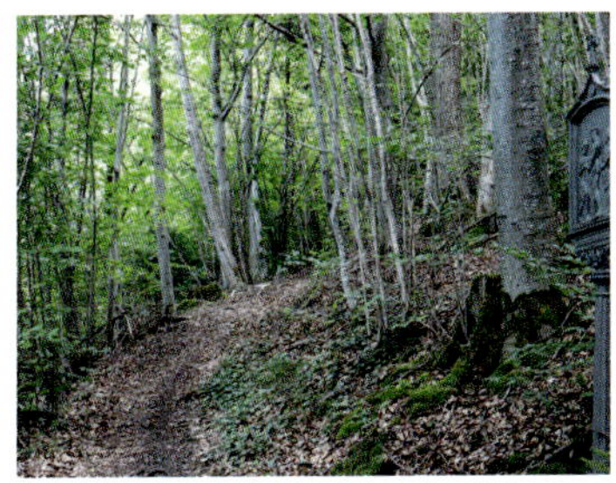

Sachen, wir verabschieden uns und sie setzen ihre Wanderung fort, während ich noch weitere Bilder von hier oben mache. Nachdem jetzt auch noch eine Fahrradgruppe ihre Fahrräder an der Kapelle abstellt, wird es auch für mich Zeit, diesen schönen Ort zu verlassen. Auf dem Weg hinunter nach Altoberndorf überhole ich die zwei Wanderinnen wieder, und wir begrüßen uns noch einmal sehr freundlich und wünschen uns für die weitere Wanderung alles Gute.

## Tipp

Schöner Aussichtspunkt im Naturschutzgebiet an der Kälberhalde mit einer Ruhebank östlich von Altoberndorf. Ab der Flößerhalle Altoberndorf auf Riedwiesen dem Weg circa 1,3 Kilometer folgen bis zur Ruhebank. Im Naturschutzgebiet sollen die seltenen und schönsten Wacholderheiden im Raum Oberndorf geschützt werden.

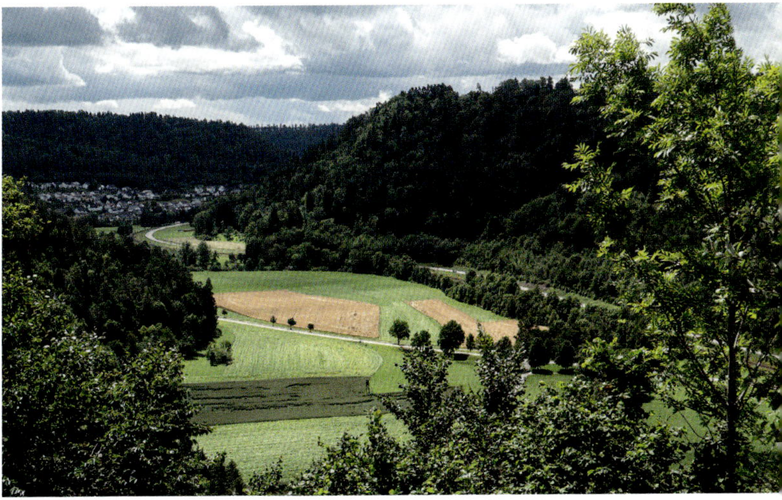

# 37 SCHENKENBACHTAL, EPFENDORF

## Waldidylle mit plätscherndem Bach

**Hinkommen:**
48°16'03.8"N 8°37'16.7"E

**Mit dem Auto:**

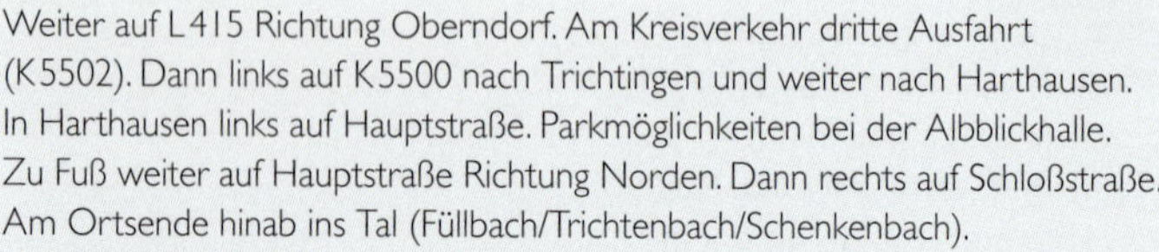

A81, Ausfahrt 33, Oberndorf a. N.
Weiter auf L415 Richtung Oberndorf. Am Kreisverkehr dritte Ausfahrt (K5502). Dann links auf K5500 nach Trichtingen und weiter nach Harthausen. In Harthausen links auf Hauptstraße. Parkmöglichkeiten bei der Albblickhalle. Zu Fuß weiter auf Hauptstraße Richtung Norden. Dann rechts auf Schloßstraße. Am Ortsende hinab ins Tal (Füllbach/Trichtenbach/Schenkenbach).
**Von der Albblickhalle bis zum Eingang ins Schenkenbachtal sind es etwa 1,2 Kilometer.**

**Mit dem ÖPNV:**
Mit der Bahn nach Oberndorf. Dann umsteigen in den Bus 7444 Richtung Rottweil. Ausstieg am Bahnhof Epfendorf (an Wochenenden und Feiertagen Anrufsammeltaxi (AST). Anmeldung unter Telefon 01806/777272 bis eine Stunde vorher).
Zu Fuß weiter auf Adenauerstraße. Dann links auf Neckarstraße, wieder links auf Kilbigswasen und folgen. Kurz vor dem Neckar rechts abbiegen und Neckar überqueren. Nächste Möglichkeit rechts.
**Ab Bahnhof sind es etwa 2,5 Kilometer bis zum Taleingang.**

**Tourbeschreibung:**
Mit der Bahn/dem Bus schöne Anfahrt durch das Neckartal. Im Schenkenbachtal breiter, gut zu gehender Weg, leichte Steigung. Lieblicher, verwunschener Wald.

An der Lourdesgrotte bei der Kreuzbergkapelle geht es wieder vorbei, ehe ich kurz danach links auf einem idyllischen Waldpfad weiter Richtung Epfendorf wandere. Nach den zurückliegenden Höhenmetern bin ich auch wieder froh, einfach nur eben dahin zu wandern. Leicht oberhalb des Neckartals komme ich sehr gut voran und blicke immer wieder hinab, wenn sich der Wald ein wenig öffnet. Schließlich erreiche ich eine Landstraße, die nach Epfendorf führt, mein heutiges Ziel. Die Sonne lugt wieder zwischen den Wolken hervor und der Straßenverlauf wird in ein fast dramatisches Licht getaucht.

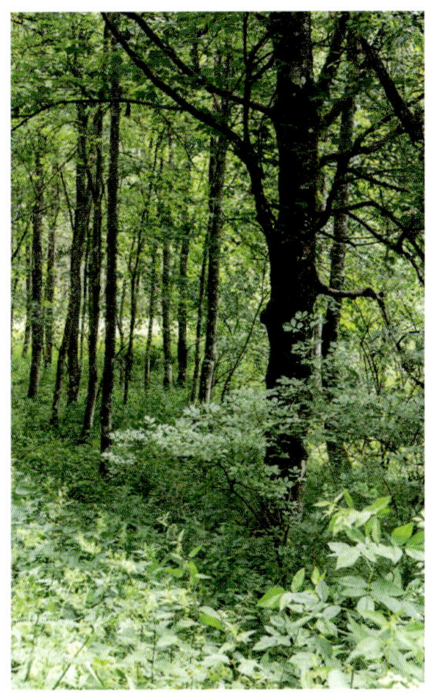

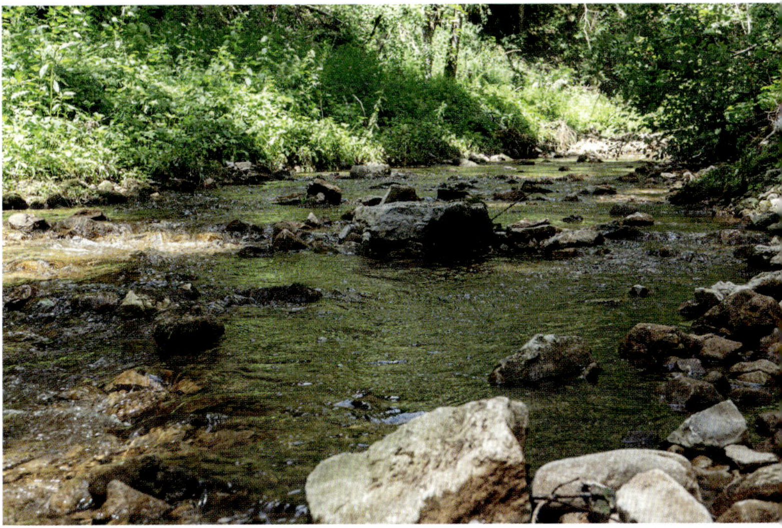

Ich könnte auf kürzestem Weg nach Epfendorf gelangen, würde aber dann das Schenkenbachtal im wahrsten Sinne des Wortes „links liegen lassen“. Mich packt jedoch die Neugier, dieses kleine Seitental zu erkunden. So biege ich kurz vor einer Fischzuchtstation links ab und es geht auf einem breiten, angenehmen Weg leicht bergauf. Immer wieder begegne ich Fahrradfahrern. Das Wandern im dichten Grün ist einfach Genuss pur – der Weg führt stetig am leise plätschernden Schenkenbach ent-

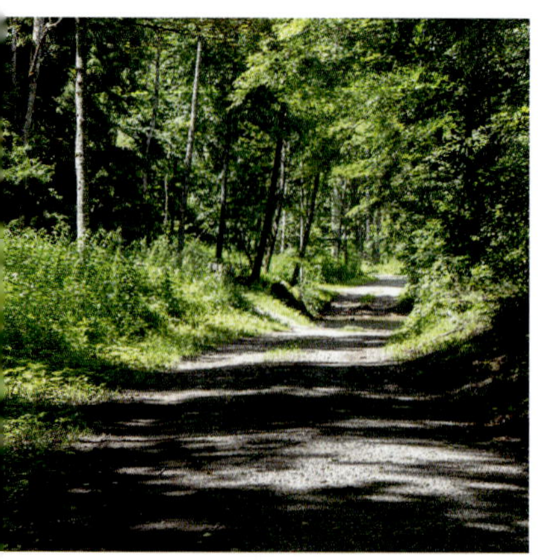

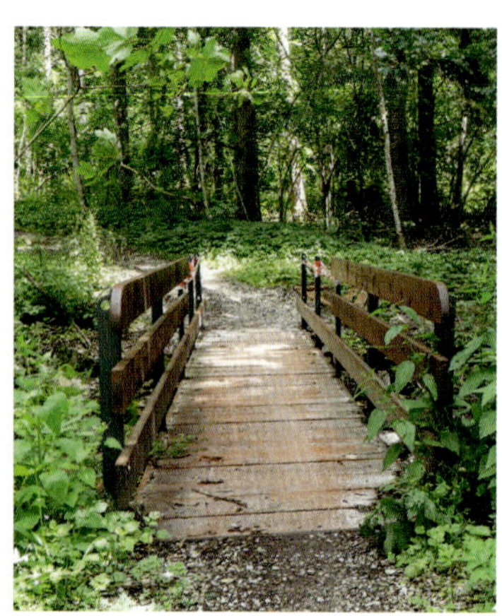

lang. An zwei Stellen kreuzt der Weg den Bach und das Wasser ist so tief, dass ich ihn nicht trockenen Fußes überqueren könnte. Doch zum Glück gibt es an diesen Stellen Holzbrücken neben dem Hauptweg, die über kleinere Pfade sehr gut zu erreichen sind.

Nun scheint sich auch die Sonne durchzusetzen. Es wird merklich wärmer, das Licht setzt sich wunderschön in Szene. Und es ist das erste Mal, dass ich für einen kurzen Moment einen Eisvogel in der freien Natur sehe, ehe er schon wieder verschwunden ist. Was für Augenblicke! Wenig später erscheint oben links am Hang das historische Schloss Lichtenegg. Weil es jedoch in Privatbesitz ist, kann ich es nicht besichtigen und verzichte daher auf einen letzten steilen Aufstieg. Deshalb gehe ich das idyllische Tal auch nicht bis zum Ende, sondern wandere zurück bis kurz hinter die Fischzuchtstation. Die entgegengesetzte Laufrichtung bietet mir noch einmal ganz neue Eindrücke. Kurz vor der Fischzuchtstation biege ich links ab auf den Neckarweg, überquere ein letztes Mal den Schenkenbach und wandere hoch zur Ruine Schenkenburg.

## Tipp

Die kleine, liebliche, unter Denkmalschutz stehende, Antoniuskapelle aus dem Jahre 1836. Die Bürger aus Harthausen bauten diese Kapelle in Erinnerung an die Bauern, die sich ihre Freiheit erst 1836 erkaufen konnten. Sie liegt auf dem Weg von Harthausen ins Schenkenbachtal, nach dem Verlassen der Schloßstraße kurz vor dem Wald.

# RUINE SCHENKENBURG, EPFENDORF

38

## Imposante Mauerreste mit Weitblick

**Hinkommen:**
48°15'39.1"N 8°36'35.5"E

**Mit dem Auto:**
A81, Ausfahrt 33, Oberndorf a. N.
Weiter über Altoberndorf bis Epfendorf. Parkmöglichkeiten an der B14 kurz vor Neckarstraße, am Bahnhof Epfendorf. Zu Fuß wenige Meter weiter auf B14, dann links auf Neckarstraße. Rechts auf Kapfstraße und weiter auf „Am Tischfelsen". Diesem Weg folgen und zweite Möglichkeit links nehmen. K5506 überqueren und geradeaus.

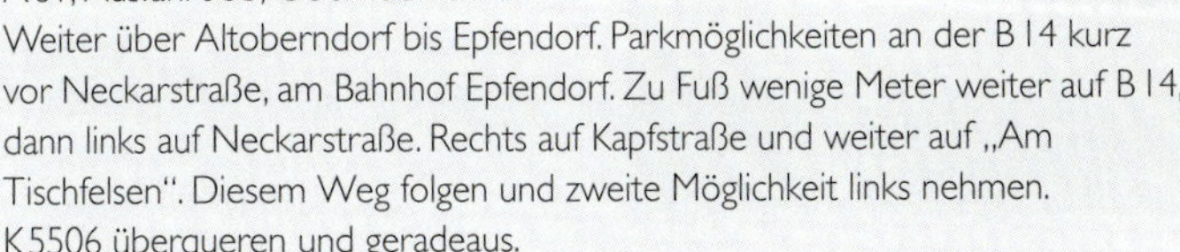

**Vom Parkplatz bis zur Burg etwa 2,5 Kilometer, gegebenenfalls Wanderweg (Zeichen rotes Kreuz) und Beschilderung folgen.**

**Mit dem ÖPNV:**
Mit der Bahn nach Oberndorf. Dann umsteigen in den Bus 7444 Richtung Rottweil. Ausstieg am Bahnhof Epfendorf (an Wochenenden und Feiertagen Anrufsammeltaxi (AST). Anmeldung unter Telefon 01806/777272 bis eine Stunde vorher). Zu Fuß weiter wie oben.

**Tourbeschreibung:**
Mit Bahn/Bus schöne Anfahrt durch das Neckartal. Teilweise gerölliges Gelände, fantastische Aussichten auf das Neckartal. Wege können vor allem an und nach Regentagen rutschig sein. Festes Schuhwerk empfohlen.

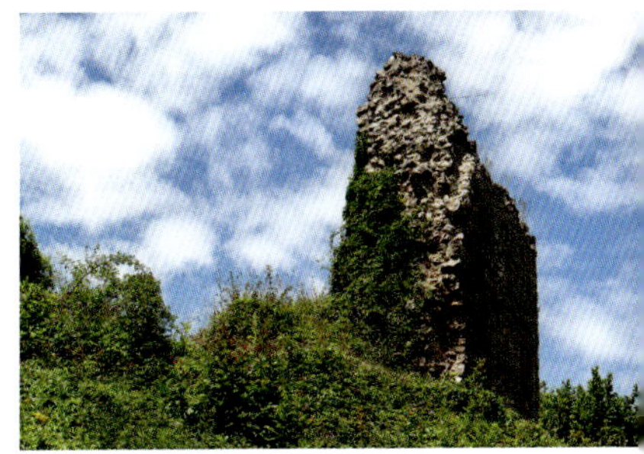

Der bewaldete Anstieg hoch zur Ruine Schenkenburg, die oben auf einem kegeligen Hügel südlich der Mündung des Schenkenbachs in den Neckar steht, ist nur von kurzer Dauer. Schnell erreiche ich etwas unterhalb der Ruine einen Wegweiser, der mich vor eine spannende Frage stellt. Soll ich links noch zu einem Aussichtspunkt leicht unter-

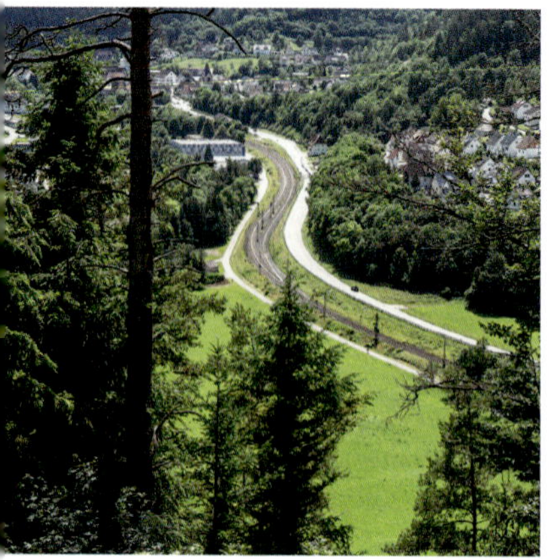

halb der Ruine oder gleich rechts zu ihr hinauf? Schon von hier aus sehe ich die imposanten Mauerreste oben auf dem Hügel und vermute, dass ich von dort oben einen vielversprechenden Blick haben werde, da die Burg relativ im Freien steht. Im Mittelalter war der Hügel sogar ganz unbewaldet, sodass er sich zum Burgenbau absolut anbot. Ich bin allerdings auch neugierig, was ich vom gesondert ausgeschilderten Aussichtspunkt erwarten darf und wähle nun zuerst den Weg nach links. Tatsächlich werde ich aber ein wenig enttäuscht. Ich befinde mich auf Baumhöhe und es ergeben sich kaum lichte Stellen, durch die ich ins Neckartal blicken kann. Vielleicht ist es auch nur ein geplanter Aussichtspunkt?

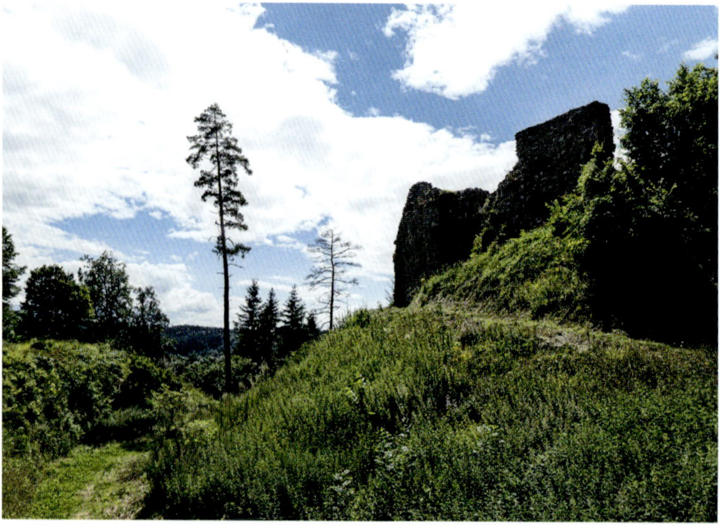

Der Albverein Epfendorf möchte nämlich mit der Burg und dem dazugehörigen Gelände einen weiteren attraktiven Aussichtspunkt in Epfendorf schaffen. So beschließe ich, erst einmal das Gelände der Ruine näher in Augenschein zu nehmen. Es besteht teilweise noch aus einem Wall, einem Graben und einigen wenigen Mauerresten. Die Burg wurde erst im 14. Jahrhundert erwähnt. Wann und von wem sie jedoch genau gebaut wurde, ist nicht bekannt. Burgreste und Grabungen sind Hinweise dafür, dass auf einen gut befestigten Adelssitz ohne Bergfried geschlossen werden kann. 2010 wurde die Wohnturmburg standesgemäß wieder eingeweiht.

Vom Aussichtspunkt gehe ich wieder zurück Richtung Wegweiser und biege kurz davor links ab, da ich am Hang unterhalb der Burg einen recht schönen Grillplatz entdecke. Der Grillplatz ist so groß, dass es hier auf Baumstämmen genügend Sitzplatzmöglichkeiten für eine größere Gruppe gibt. Ich überquere einen bewachsenen, recht breiten Weg, der vermutlich einmal der Wallgraben war und mit ein wenig Kletterspaß habe ich mein Ziel, die Ruine Schenkenburg erreicht.

Die Szenerie ist einfach nur schön. Links unter mir das ganze Burggelände und der Grillplatz, geradeaus vor mir der wunderbare Blick ins Neckartal. Die schlangenförmige Bahnstrecke scheint meinen Blick

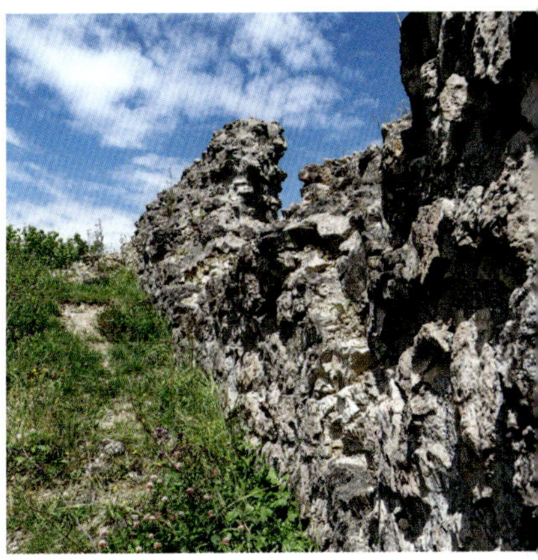

förmlich zum Horizont zu führen. Auch der Wetterbericht hat sich bewahrheitet, denn jetzt ist es schön warm und sonnig mit den Resten der Wolken von heute Morgen und Mittag. Perfekte äußere Bedingungen für dieses Highlight! Nach einer aussichtsreichen Pause geht es stimmungsvoll im Wald weiter zum Aussichtspunkt Kapfkreuz.

## Tipp

Das Wirtshaus Sonne im etwas östlich gelegenen Harthausen bietet eine nette Einkehrmöglichkeit mit gut bürgerlichem Essen. Weitere Informationen wie zum Beispiel über die unterschiedlichen Öffnungszeiten gibt es unter www.wirtshaus-sonne.de, Trichtinger Straße 18, Telefon 07404/914646.

# 39 AUSSICHTSPUNKT KAPFKREUZ, EPFENDORF

## Großartige Ausblicke an markantem Kreuz

**Hinkommen:**
48°14'52.2"N 8°36'15.6"E

**Mit dem Auto:**
A81, Ausfahrt 33, Oberndorf a. N.
Weiter über Altoberndorf bis Epfendorf. Parkmöglichkeiten an der B14 kurz vor der Neckarstraße, am Bahnhof Epfendorf. Zu Fuß wenige Meter weiter auf B14, dann links auf Neckarstraße. Rechts und wieder rechts, um auf Neckarstraße zu bleiben. Wieder links abbiegen, um weiter auf Neckarstraße zu bleiben, dann zweite Möglichkeit leicht rechts. Nächste Möglichkeit links und dann scharf rechts. An allen drei Gabelungen links halten, geradeaus über Kreuzung, nächste Möglichkeit links bis zum Kapfkreuz.
**Ab Bahnhof Epfendorf bis zum Kapfkreuz sind es etwa 2 Kilometer.**

**Mit dem ÖPNV:**
Mit der Bahn nach Oberndorf. Dann umsteigen in den Bus 7444 Richtung Rottweil. Ausstieg am Bahnhof Epfendorf (an Wochenenden und Feiertagen Anrufsammeltaxi (AST), Anmeldung unter Telefon 01806/777272 bis eine Stunde vorher). Zu Fuß weiter wie oben.

**Tourbeschreibung:**
Mit Bahn oder Bus schöne Anfahrt durch das Neckartal. Wegstrecke bietet immer wieder herrliche Ausblicke zum Kapfkreuz und in die nähere Umgebung. Wege können vor allem an und nach Regentagen rutschig sein. Festes Schuhwerk empfohlen.

Stimmungsvoll geht es von der Ruine Schenkenburg weiter Richtung Epfendorf. Zuerst führt mich ein Pfad im Wald einen Hang hinunter, dann überquere ich eine Landstraße und es geht wieder in den Wald hinein und auf einem Pfad den Berg hinauf. Das für heute versprochene Wetter hält an und das Licht setzt malerische Akzente im Wald. Was für schöne Momente! Nach einiger Zeit verläuft der

Weg am Waldrand oberhalb des Neckartals. Hin und wieder laden Sitzbänke für eine kleine Rast mit Blick auf das Tal ein. Nach links bekomme ich über Felder und Wiesen eine schöne Weitsicht. Ein Spiel von Licht und Schatten taucht die Landschaft in ein fast magisches Licht. Ich folge einem Wegweiser, der mich durch den Wald zu meinem nächsten Highlight bringt, dem Kapfkreuz. Am Aussichtspunkt steht tatsächlich ein sehr markantes Kreuz. Daneben nehme ich auf einer Sitzbank Platz und genieße die Aussicht auf Epfendorf und das Neckartal. Eine in einer Art Steinhäuschen eingebaute, geschützte Jesusfigur scheint diesen Ort bewachen zu wollen. Von hier aus

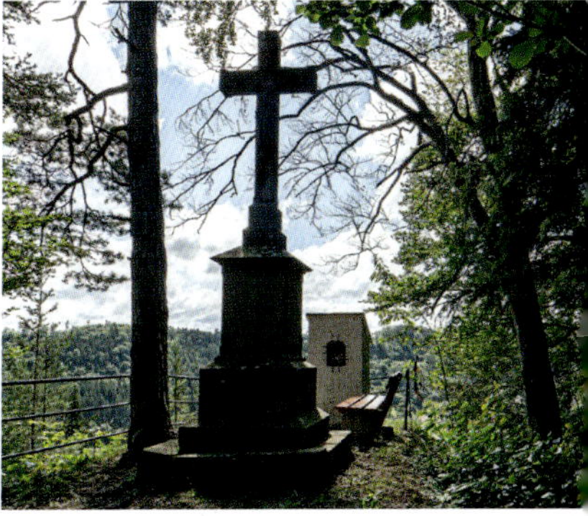

sehe ich das erste Mal auf meiner Wanderung auch den imposanten ThyssenKrupp-Testturm – ein Zeichen, dass es nicht mehr weit nach Rottweil ist. Während ich mit dieser freudigen Erkenntnis auf einem breiten Gehweg hinunter nach

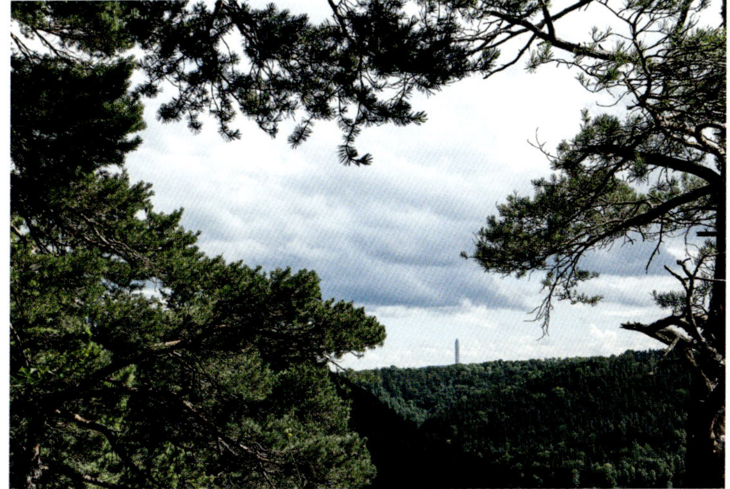

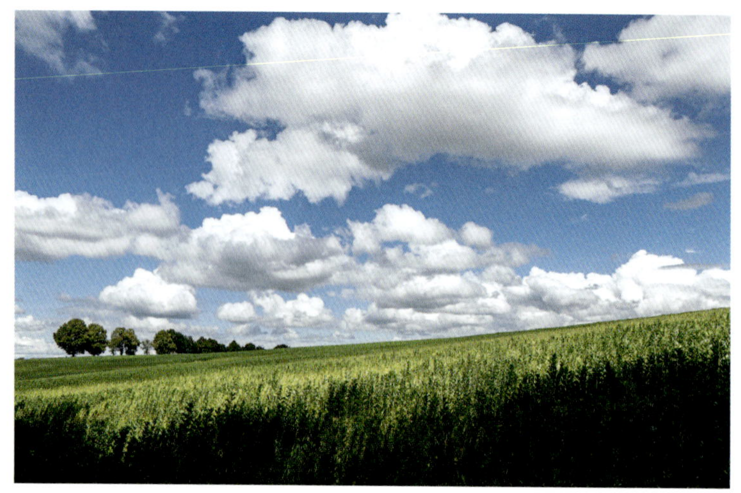

Epfendorf gehe, komme ich an einer weiteren Aussichtsmöglichkeit vorbei. Ich bleibe stehen und mache ein paar Bilder, wie sich der Neckar durch das Tal schlängelt und gehe den Weg noch etwa eine Viertelstunde weiter hinunter nach Epfendorf.

## Tipp

Der 33 Kilometer lange, ausgeschilderte Wanderweg von Tieringen nach Epfendorf bietet mit seinem vielfältigen Verlauf die Möglichkeit, den eindrucksvollen Weg in vier Teilstrecken kennen zu lernen,
www.schlichemwanderweg.de.

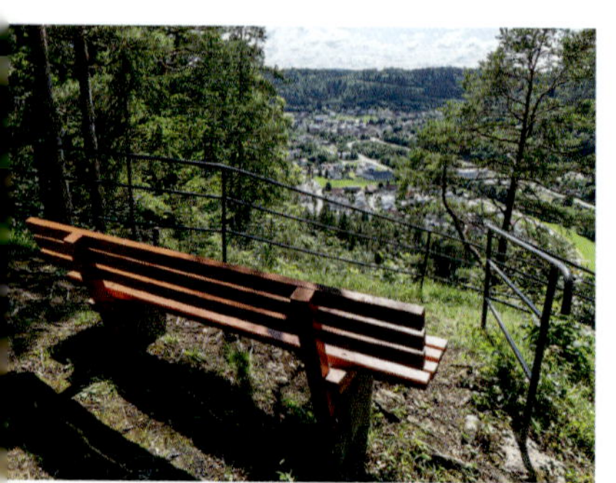

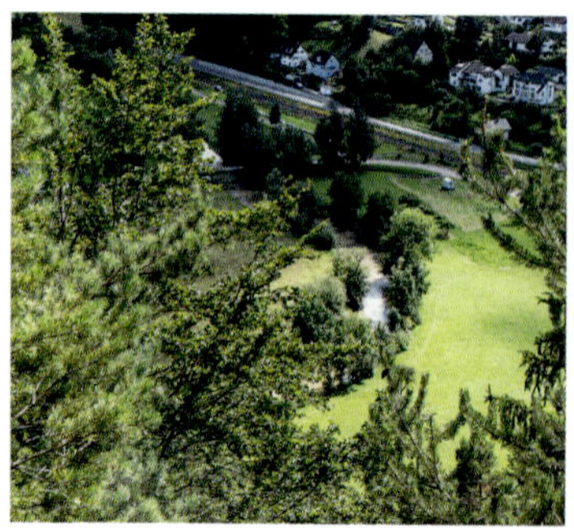

# AUSSICHT HÖHINGER FELSEN, EPFENDORF

40

## Blick auf Epfendorf und TK-Elevator-Testturm, Rottweil

**Hinkommen:**
48°15'20.1"N 8°35'58.2"E

**Mit dem Auto:**
A81, Ausfahrt 33, Oberndorf a. N.

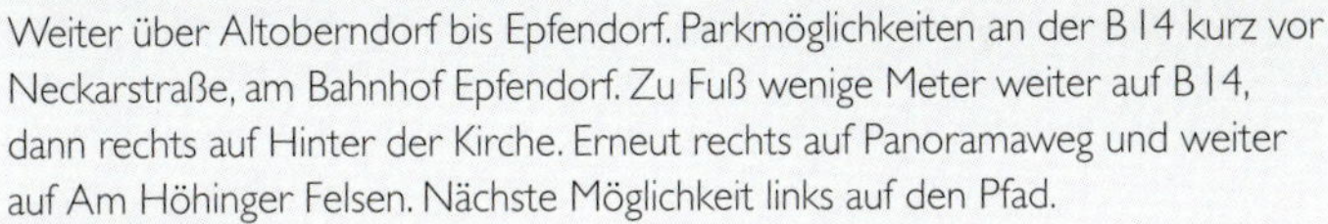

Weiter über Altoberndorf bis Epfendorf. Parkmöglichkeiten an der B14 kurz vor Neckarstraße, am Bahnhof Epfendorf. Zu Fuß wenige Meter weiter auf B14, dann rechts auf Hinter der Kirche. Erneut rechts auf Panoramaweg und weiter auf Am Höhinger Felsen. Nächste Möglichkeit links auf den Pfad.
**Ab Parkplatz bis zum Aussichtspunkt sind es 1,3 Kilometer.**

**Mit dem ÖPNV:**
Mit der Bahn nach Oberndorf. Dann umsteigen in den Bus 7444 Richtung Rottweil. Ausstieg am Bahnhof Epfendorf (an Wochenenden und Feiertagen Anrufsammeltaxi (AST). Anmeldung unter Telefon 01806/777272 bis eine Stunde vorher). Zu Fuß weiter wie oben.

**Tourbeschreibung:**
Fantastische Aussichten auf Epfendorf und das Neckartal bis hinüber zum TK-Elevator-Testturm.

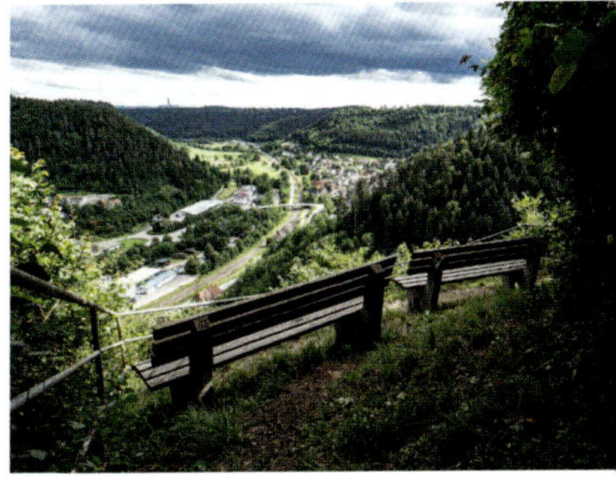

So langsam neigt sich meine heutige Etappe dem Ende zu. Ich nähere mich meinem Zielort Epfendorf. Da ich aber noch genügend Zeit habe, bis mein bestelltes Sammeltaxi kommen wird, beschließe ich, mir einen weiteren Aussichtspunkt anzuschauen, der heute nicht auf meiner Strecke lag. Frei nach dem Motto: „Was du heute kannst besorgen, das verschiebe nicht

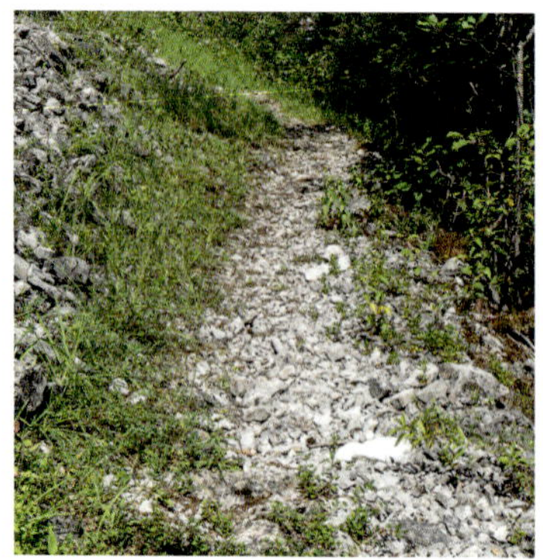

auf morgen!", nehme ich ein Highlight meiner nächsten geplanten Etappe schon mal vorweg. Es gibt nur ein Problem: Mein Handyakku ist so langsam leer und in meiner Powerbank ist auch kein Strom mehr. Deswegen kaufe ich mir lieber gleich ein Zugticket über die Bahn-App und fotografiere es ab. Genauso mache ich auch sicherheitshalber ein Foto von meiner Navigation.

In Epfendorf geht es am Friedhof vorbei und dann steil bergauf, ehe ich rechts auf den Panoramaweg abbiege. Ich wandere nun relativ eben an anliegenden Häusern dahin und blicke immer wieder rechts hinüber zum Gegenhang, auf dem ich vorhin noch gewandert bin. Nach einer Linkskurve erkenne ich bereits vor mir mein Ziel, den Höhinger Felsen, und ich überlege, ob ich mir nicht doch zu viel vorgenommen habe.

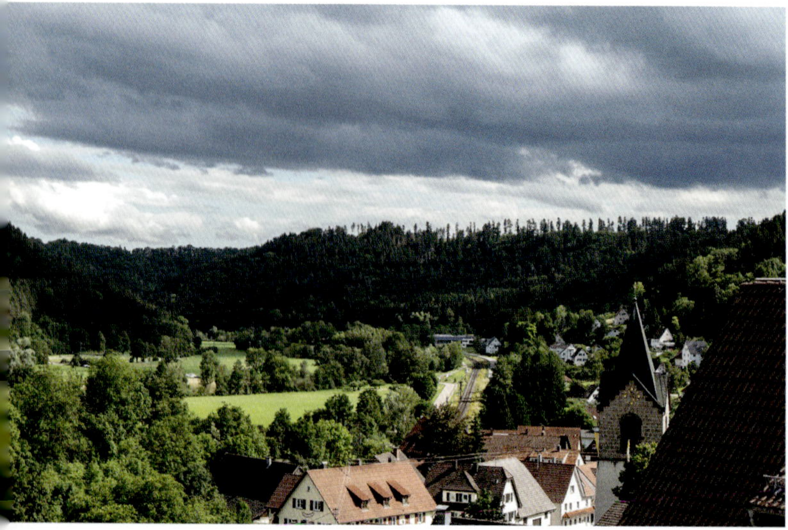

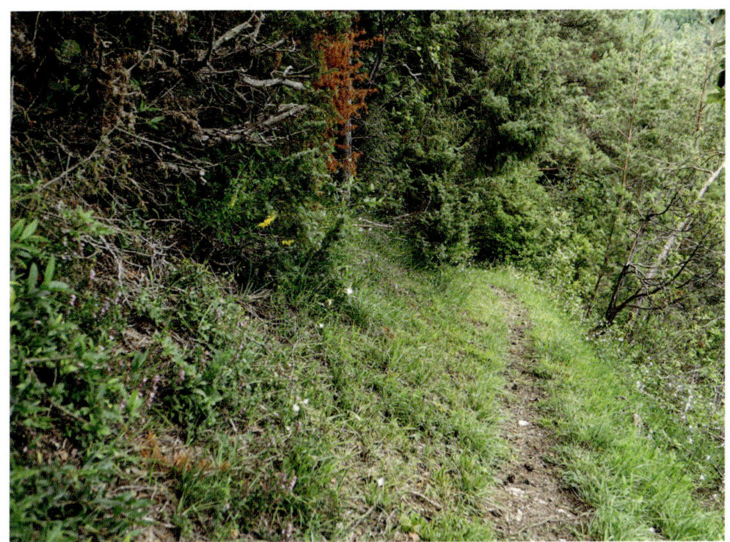

Nachdem ich heute schon gut zwanzig Kilometer zurückgelegt habe, könnte der letzte Anstieg zum Felsen vielleicht zu viel sein. Aber ich habe immer noch ausreichend Zeit. So nehme ich noch einmal all meine Kräfte zusammen und bin neugierig auf den Ausblick. Schon allein nach dem Abzweig eröffnet sich mir ein fast alpiner Anblick. Mein Pfad führt an einem kleinen Geröllfeld vorbei, die Sträucher links und rechts herum sind sehr trocken. Der Anstieg geht doch schnell voran und wird mit einer gigantischen Aussicht auf Epfendorf belohnt! Ein Schild inspiriert mich: „Nimm Dir Zeit zur Ruhe und blick in die Natur, zieh aus mal Deine Schuhe und schau nicht auf die Uhr."

Also verweile ich einen kleinen Moment auf einer der beiden Bänke. Aber die Zeit, mir die Schuhe auszuziehen, habe ich leider doch nicht, sonst könnte ich meinen Bus verpassen. Also genieße ich nur kurz, aber intensiv, und mache mich auf den Rückweg nach Epfendorf.

## Tipp

Auf der Hochebene westlich des Aussichtsfelsen kann man herrlich schöne Spaziergänge mit weiten Blicken bis hin zur Schwäbischen Alb unternehmen.

# 41 AUSSICHTSPLATTFORM, EPFENDORF
## Innere Einkehr mit Weitblick

**Hinkommen:**
48°15'01.1"N 8°35'45.1"E

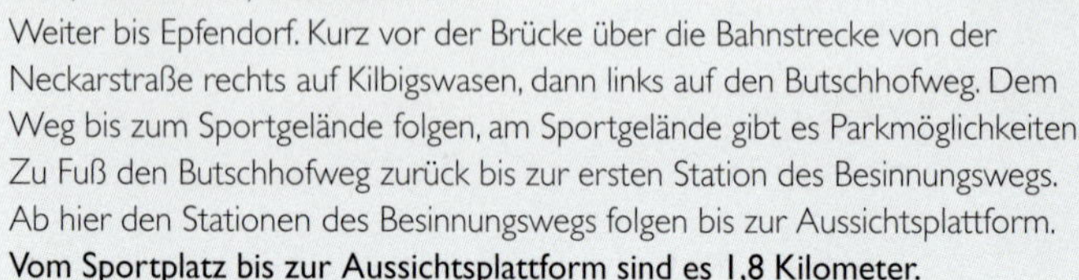

**Mit dem Auto:**
A81, Ausfahrt 33, Oberndorf a. N.
Weiter bis Epfendorf. Kurz vor der Brücke über die Bahnstrecke von der Neckarstraße rechts auf Kilbigswasen, dann links auf den Butschhofweg. Dem Weg bis zum Sportgelände folgen, am Sportgelände gibt es Parkmöglichkeiten. Zu Fuß den Butschhofweg zurück bis zur ersten Station des Besinnungswegs. Ab hier den Stationen des Besinnungswegs folgen bis zur Aussichtsplattform.
**Vom Sportplatz bis zur Aussichtsplattform sind es 1,8 Kilometer.**

**Mit dem ÖPNV:**
Mit der Bahn nach Oberndorf. Dann umsteigen in den Bus 7444 Richtung Rottweil. Ausstieg am Bahnhof Epfendorf (an Wochenenden und Feiertagen Anrufsammeltaxi (AST oder RUF). Anmeldung unter Telefon 01806/777272 bis eine Stunde vorher).
Zu Fuß weiter entlang der B14 nach Epfendorf. Nach dem Friedhof rechts auf Bösinger Straße, dann rechts auf Krumme Steige.
**Ab Bahnhof bis zur Aussichtsplattform sind es 1,8 Kilometer.**

**Tourbeschreibung:**
Im Flyer zum Besinnungsweg steht die Einladung „Einfach mal abbiegen vom Alltag – mit „Gedanken bergauf". Das trifft es sehr gut. Man klinkt sich für Augenblicke aus und lässt sich auf neue Blickwinkel ein. Der Besinnungsweg liegt auf einer Hanglage oberhalb des Neckartals. Wege sind zum Teil nicht barrierefrei.

Ich gehe wieder zurück auf den Panoramaweg nach Epfendorf und stoße auf den Besinnungsweg, der erst im Juli 2020 eingeweiht wurde und einlädt, einfach mal vom Alltag abzubiegen und sich inspirieren zu lassen. An zehn Stationen, die sich mit den Themen Natur, Kultur und Spiritualität befassen, können Besucher einen ganz persönlichen Zugang zu diesem Weg finden. Eine ganz besondere Station ist die Nummer 7 mit dem Titel „Weitblick". Sie ist eine futuristische

Aussichtsplattform mit einem Steg, und ich habe immer noch ein wenig Zeit, mir auch dieses reizvolle Ziel näher anzuschauen.

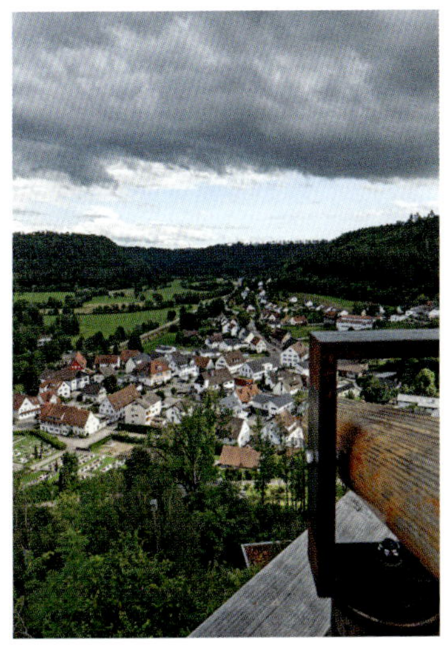

Hauptmerkmale des Stegs sind die Zeichen des Besinnungswegs: Eine menschliche Figur, die aus einer Metallplatte herausgeschnitten ist, sowie die Holzattrappe eines Fernrohrs. Der Titel der Station ist treffend gewählt, ist der Ort doch sehr gut für eine innere Einkehr mit gleichzeitigem Weitblick geeignet.

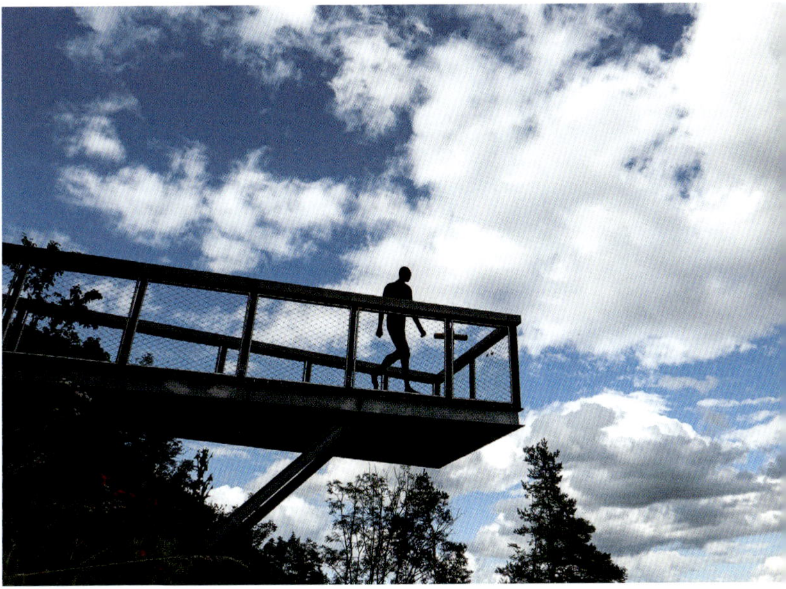

So langsam wird es aber doch Zeit, dass ich mich auf den Weg zur Busstation mache, an der mich mein Anrufsammeltaxi erwartet. Des-

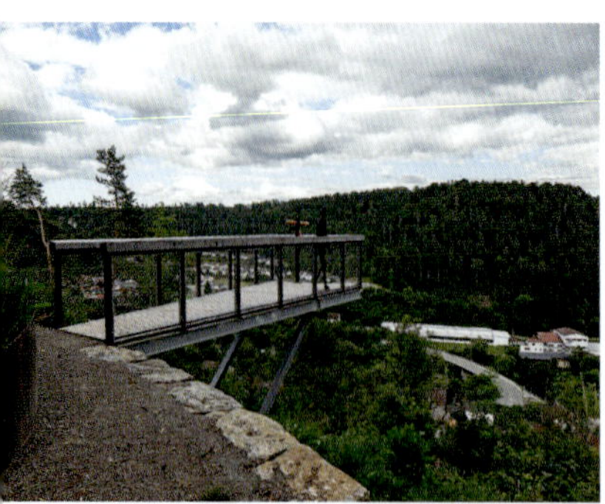

wegen gehe ich auf dem Besinnungsweg wieder hinunter nach Epfendorf. Beim Warten auf das Taxi blicke ich noch einmal zurück zur Aussichtsplattform und traue meinen Augen kaum, als ich weiter oben noch eine weitere Kapelle entdecke – die möglicherweise ein Teil des Besinnungsweges ist?

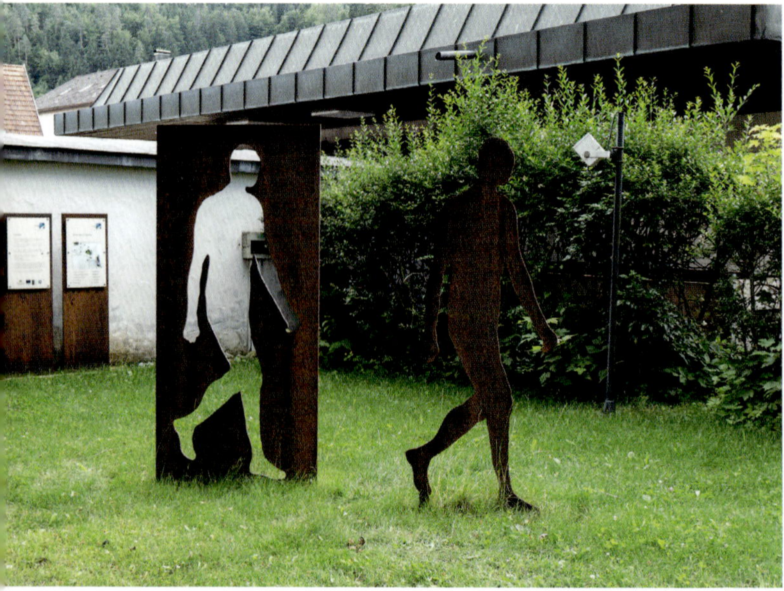

Kommt das Taxi oder kommt es nicht? Mit jeder Minute wird das Warten spannender, da ich noch keine Erfahrung über die Zuverlässigkeit eines Ruftaxis sammeln konnte. Dann kommt tatsächlich ein Kleinbus, aber aus der falschen Richtung. Wenig später kommt er aber zurück und hält vor mir an. Ich freue mich. Jedoch ist der Taxifahrer etwas irritiert. Er meinte, es war eine andere Haltestelle ausgemacht. Wäre er nicht zufällig aus der anderen Richtung gekommen und hätte mich so an der Busstation warten sehen, hätte ich wohl vergeblich auf mein Taxi nach Oberndorf gewartet. Da scheine ich wohl ziemlich viel Glück gehabt zu haben. Und ich darf sogar mein Handy im Taxi ein wenig aufladen.

## Tipp

Auf dem (mit Rückweg) 2,7 Kilometer langen Besinnungsweg mitten im Dorf beschäftigen sich insgesamt zehn Stationen mit den Themen Natur, Kultur und Spiritualität. Führungen können über das Pfarrbüro der katholischen Kirchengemeinde gebucht werden. Telefon 07404/9210830 oder per Mail stremigius.epfendorf@drs.de, www.besinnungsweg-epfendorf.de.

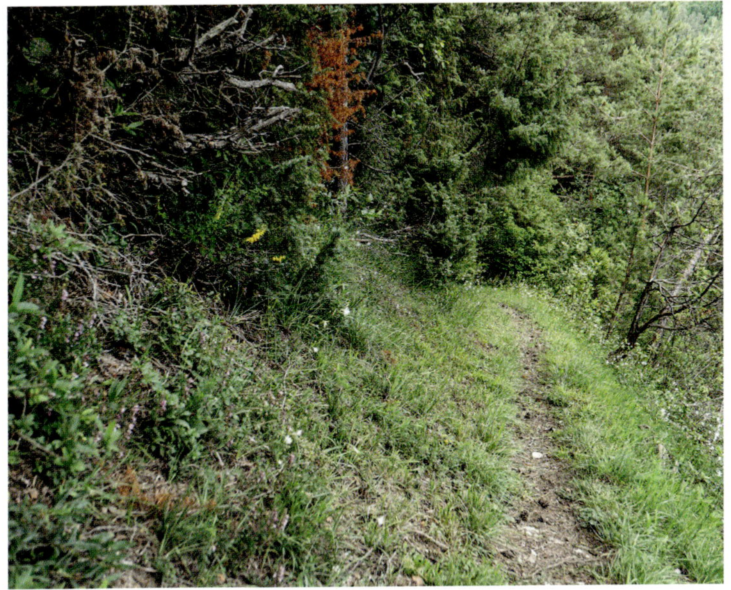

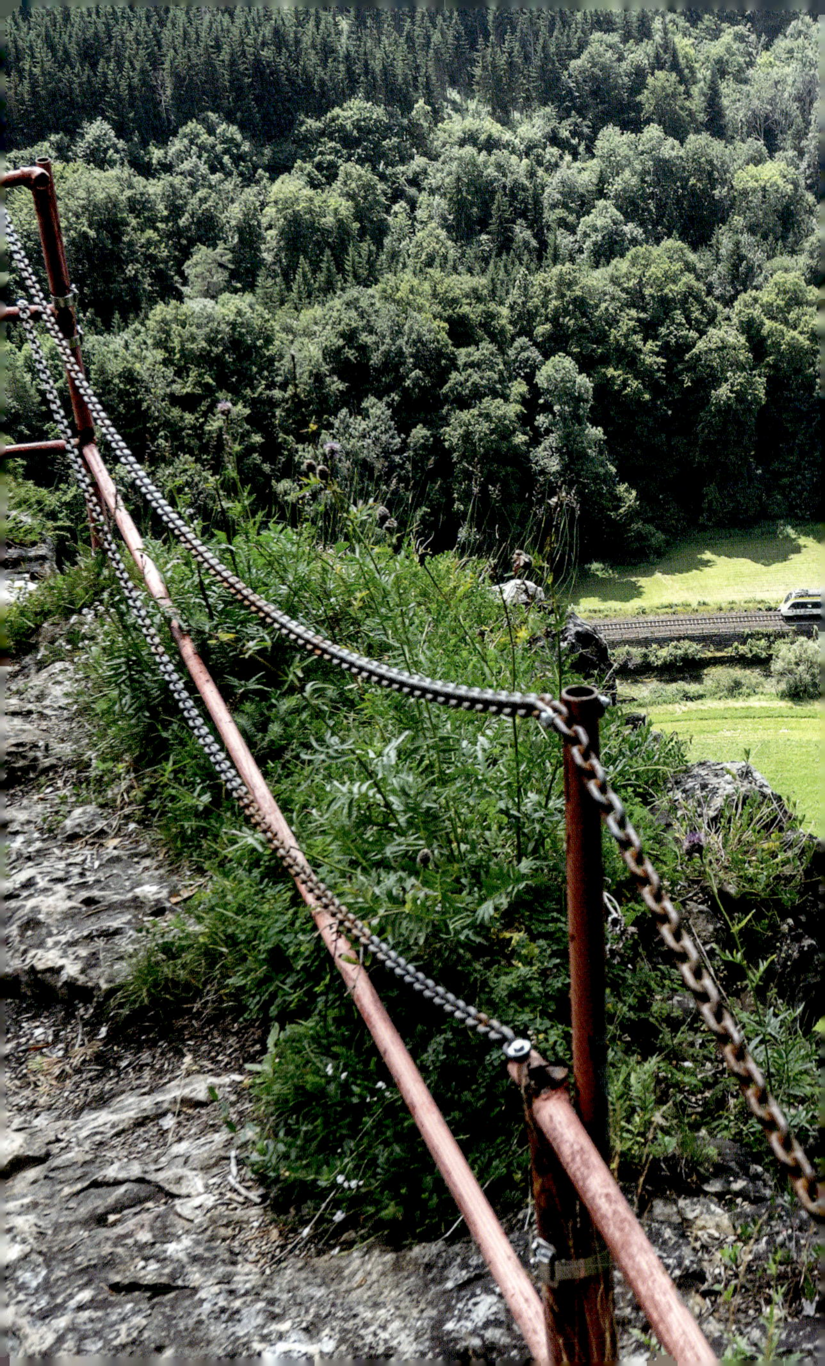

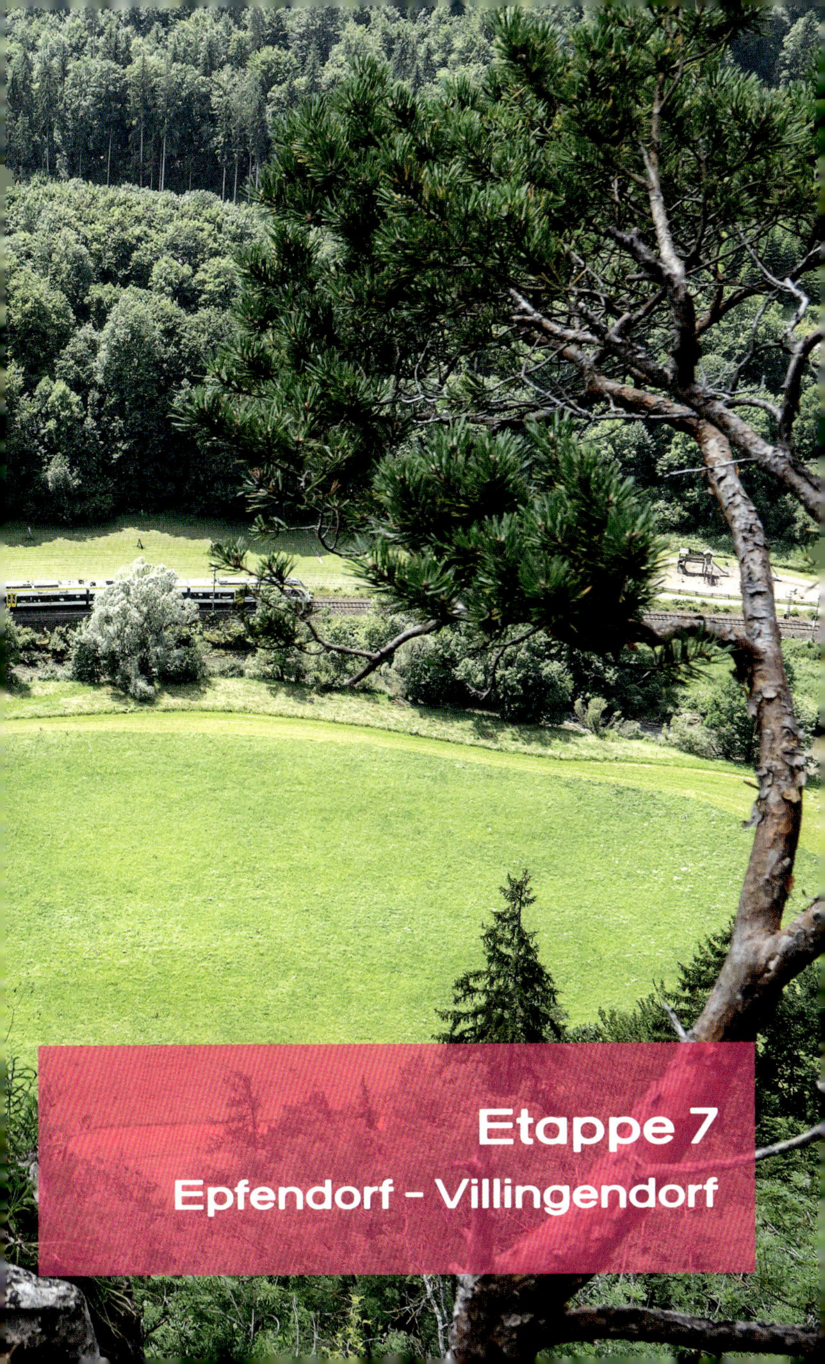

# Etappe 7

## Epfendorf – Villingendorf

# 42 MARIENKAPELLE, EPFENDORF

## Ein besinnlicher und ruhiger Ort

**Hinkommen:**
48°15'02.7"N 8°35'39.5"E

**Mit dem Auto:**
A81, Ausfahrt 33, Oberndorf a. N.
Weiter bis Epfendorf. Parkmöglichkeiten an der B14 kurz vor Neckarstraße, am Bahnhof Epfendorf.
Zu Fuß weiter entlang der B14 und rechts auf „Hinter der Kirche" und Besinnungsweg folgen.
**Von Neckarstraße/Bahnhof bis zur Kapelle ist es etwa 1 Kilometer.**

**Mit dem ÖPNV:**
Mit der Bahn nach Oberndorf. Dann umsteigen in den Bus 7444 Richtung Rottweil. Ausstieg am Bahnhof Epfendorf (an Wochenenden und Feiertagen Anrufsammeltaxi, AST oder RUF). Anmeldung unter Telefon 01806/777272 bis eine Stunde vorher. Zu Fuß weiter wie oben.

**Tourbeschreibung:**
Besinnliche Impressionen. Der letzte Wegabschnitt hoch zur Kapelle geht über einen schmalen, ansteigenden Pfad, der aber mit einer tollen Aussicht auf Epfendorf belohnt wird.

Neun Tage nach meiner letzten Wanderung von Oberndorf nach Epfendorf geht es weiter, heute mit dem Ziel Villingendorf. Ich fahre wieder mit der Bahn von Stuttgart nach Oberndorf. Die Weiterfahrt nach Epfendorf ist unproblematisch. Da heute kein Wochenende ist, fährt ein ganz normaler Linienbus.

Meine Etappe 7 ist mit „nur" 16 Kilometern eine etwas kürzere, sodass ich gleich zu Beginn einen Abstecher hoch zur Marienkapelle mache, die ich von Epfendorf aus beim Warten auf das Anrufsammeltaxi am Ende meiner letzten Etappe noch entdeckt habe. Es stellt sich heraus, dass diese Kapelle die letzte Station des Besinnungswegs ist und den Titel „Ankommen" trägt. Ich freue mich, meine heutige Etappe an so einem friedlichen Ort starten zu können. Ich bin im wahrsten Sinne des Wortes erneut auf meinem Weg angekommen.

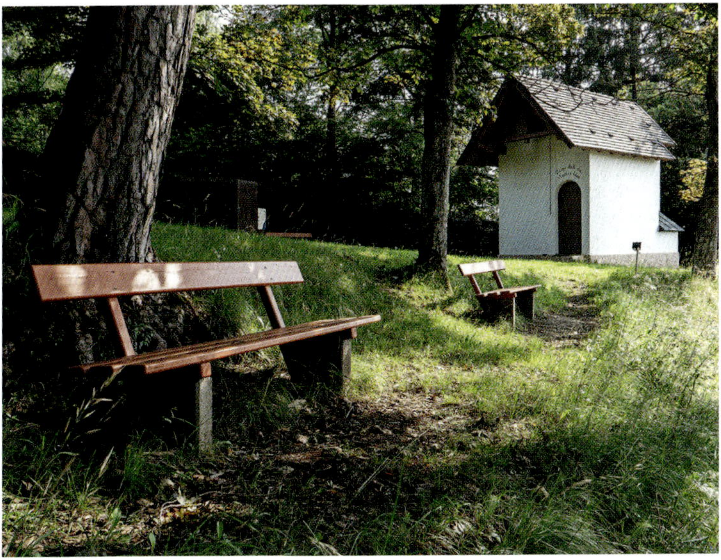

Ab dem Friedhof geht es auf dem beschilderten Besinnungsweg hoch zur Kapelle. Ich mache noch einmal Halt auf der unterhalb gelegenen Aussichtsplattform, schaue hinab auf Epfendorf und lasse die ruhige, verschlafene Morgenstimmung auf mich wirken. Auf einem schmalen Pfad geht es weiter zur Marienkapelle, die jedoch leider verschlossen ist. „Zeige, daß du Mutter bist" steht über dem Eingang des kleinen Gotteshauses, das 1935 von Maria Wenger und ihrem Ehemann gestiftet wurde. Bereits im 15. Jahrhundert soll hier schon eine Kapelle

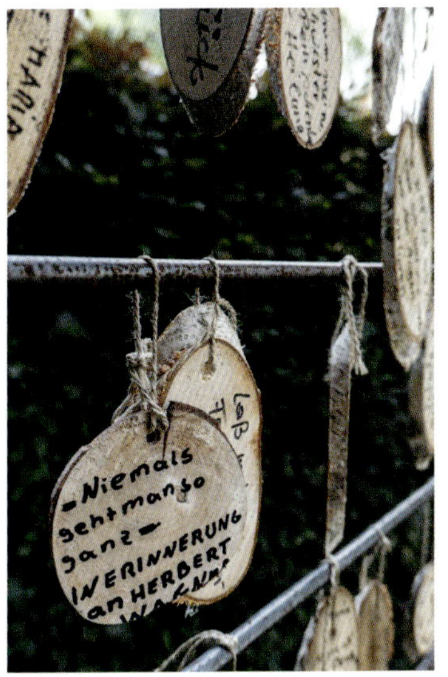

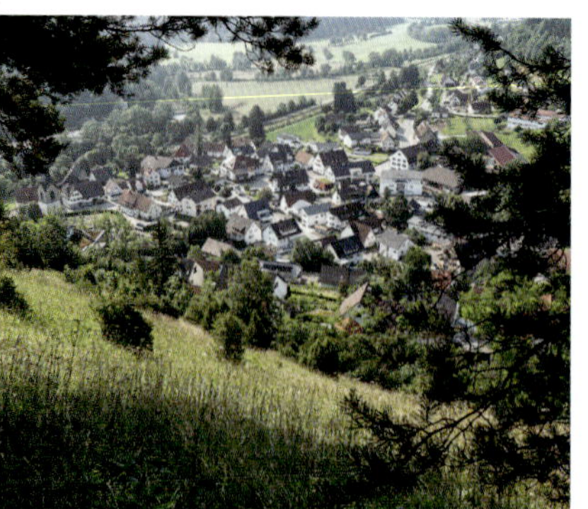

nen. Eine der beiden wird gerade von der frühmorgendlichen Sonne angestrahlt, sodass ich mich setze und den Tag begrüße.

Nach einer positiven Ausrichtung für den Tag gehe ich auf dem Besinnungsweg wieder den Berg hinunter nach Epfendorf, um von dort weiter zu meinem nächsten Highlight zu gelangen, dem Schlichemtal.

gestanden haben. Der beschauliche mit Bäumen gesäumte Platz auf einem Bergrücken mit dem wunderschönen Blick ins Tal strahlt eine ganz besondere Wirkung aus. An einem Gestell hängen Scheiben aus Birkenholz, auf die Menschen ihre Gedanken geschrieben haben. Bänke laden ein, sich Ruhe zu gön-

## Tipp

Eine abwechslungsreiche Wanderung bietet der Bendelbachgraben, der am südlichen Ende von Epfendorf beginnt. Auf verschiedenen Wegen geht es teilweise abenteuerlich hoch zu einem Teich des Fischvereins Bösingen. Unbedingt festes Schuhwerk!

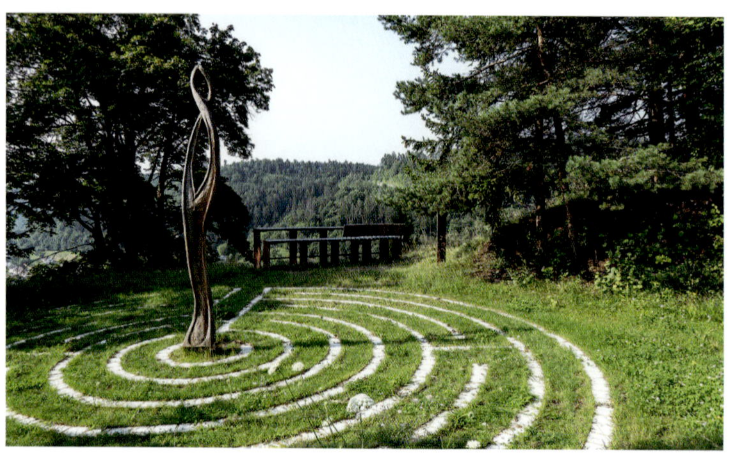

# SCHLICHEMTAL, EPFENDORF

## Ein wahres Naturidyll

43

**Hinkommen:**
48°14'26.8"N 8°38'07.4"E

**Mit dem Auto:**
A81, Ausfahrt 33, Oberndorf a. N.

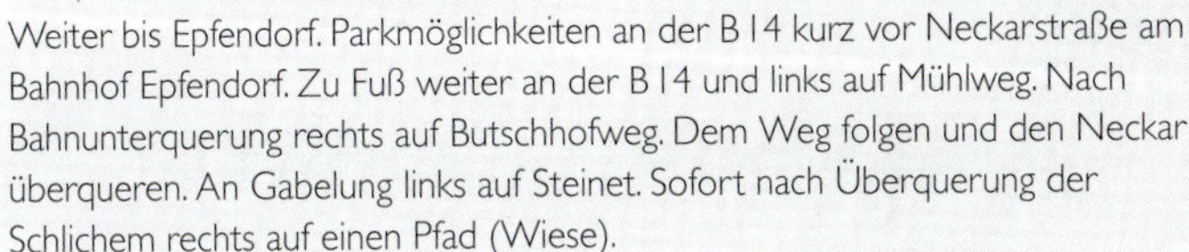

Weiter bis Epfendorf. Parkmöglichkeiten an der B14 kurz vor Neckarstraße am Bahnhof Epfendorf. Zu Fuß weiter an der B14 und links auf Mühlweg. Nach Bahnunterquerung rechts auf Butschhofweg. Dem Weg folgen und den Neckar überqueren. An Gabelung links auf Steinet. Sofort nach Überquerung der Schlichem rechts auf einen Pfad (Wiese).
**Vom Parkplatz bis zum Eingang Schlichemtal sind es 2 Kilometer.**

**Mit dem ÖPNV:**
Mit der Bahn nach Oberndorf. Dann umsteigen in den Bus 7444 Richtung Rottweil. Ausstieg am Bahnhof Epfendorf (an Wochenenden und Feiertagen Anrufsammeltaxi, AST oder RUF). Anmeldung unter Telefon 01806/777272 bis eine Stunde vorher. Zu Fuß weiter wie oben.

**Tourbeschreibung:**
Wildromantische Stimmungen im Vogel- und Naturschutzgebiet Schlichemtal. Wege können vor allem an und nach Regentagen rutschig sein. Festes Schuhwerk.

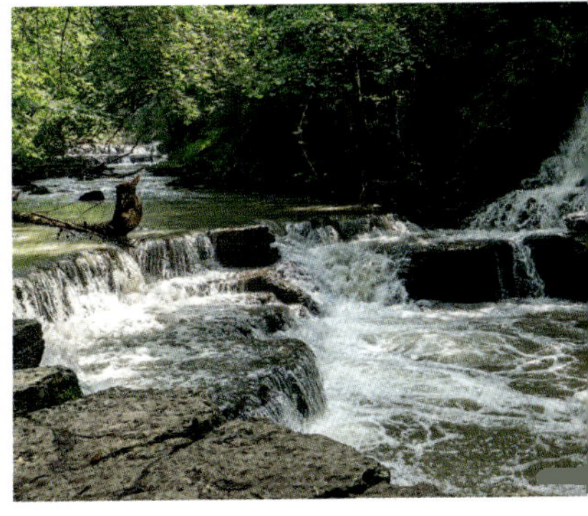

Von der Marienkapelle geht es auf dem Besinnungsweg wieder zurück nach Epfendorf. Dort gehe ich erst einmal ein kleines Stück an der Bahn entlang nach Süden, ehe ich links abbiege, um dann zuerst den Neckar und kurz darauf die Schlichem zu überqueren. Auf einem kleinen Abstecher links von meinem Hauptweg schaue ich von leicht oberhalb am sogenannten Mündungsblick auf die Mündung

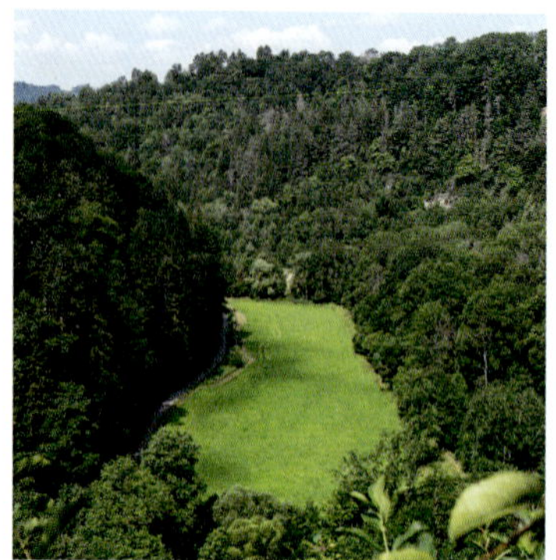

der Schlichem in den Neckar. Zurück auf meinem Hauptweg biege ich nach links auf eine große, breite Wiese. Ich beobachte, wie ein Herrchen mit seinem Hund Gassi geht und der Hund eine wahre Freude hat, in der Schlichem zu baden.

Aufgrund der heute etwas kürzeren Strecke kann ich der Schönheit der Etappe mehr Aufmerksamkeit schenken. Das ist auch angebracht, denn am Ende der Wiese gehe ich in das Schlichemtal hinein, einem ausgewiesenen Natur- und Vogelschutzgebiet, das zu einem der sehenswertesten Naturschauspiele der Region führt. Die Schlichem hat sich hier nämlich im Laufe der Jahrtausende schlangenförmig ihren Weg durch den Muschelkalk gesucht und so das steile Tal geformt, wobei zahlreiche Kaskaden, Katarakte und Gumpen entstanden sind. Das Wasser sprudelt imposant vor der Kulisse steiler Felsen über terrassenartig geschichtete Steinwände.

Das Tal ist in jeder Hinsicht ein wahres Naturidyll und ein bedeutendes Brutgebiet für Wanderfalken. Ich gehe auf einem schmalen Pfad leicht bergauf, die Natur ringsherum ist wild verwachsen. Auf der

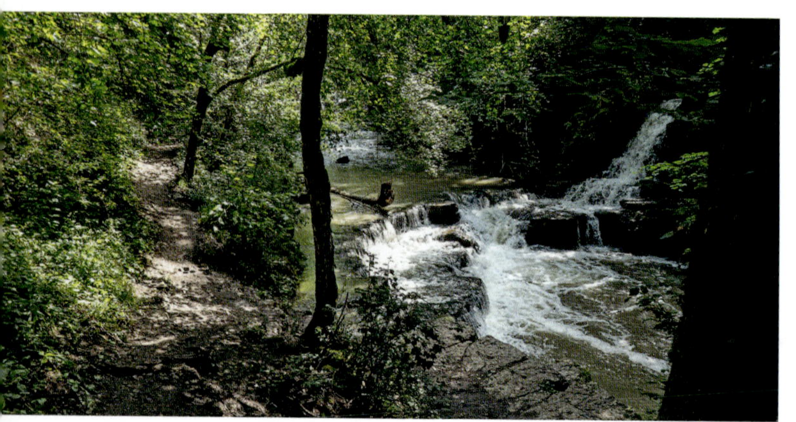

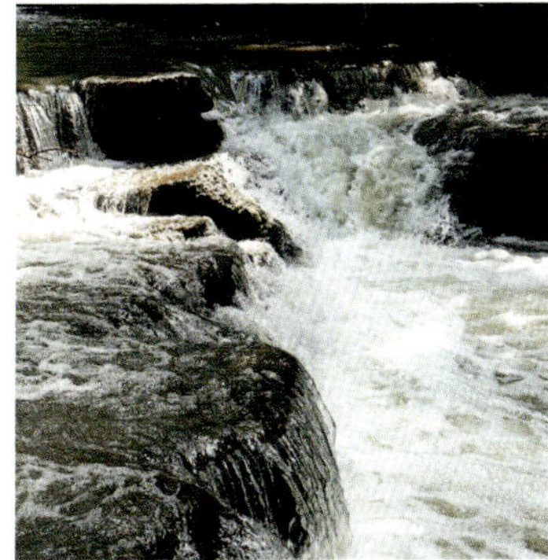

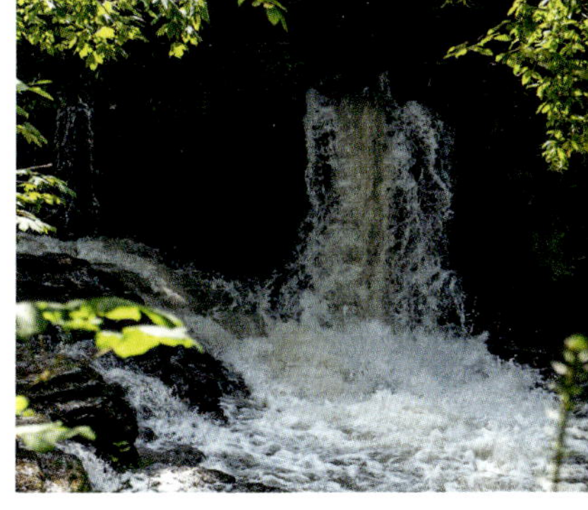

rechten Seite plätschert unten die Schlichem. So geht es zwei Kilometer wildromantisch weiter, ehe ich an einem Aussichtspunkt am Hofgut Ramstein ankomme. Hier schaue ich auf einem ungesicherten Felsvorsprung hinab ins Tal. Unter mir liegt eine kleine Wiese, die umgeben von Hügeln links und rechts ist. Was für ein Anblick! Auf einem sehr steilen und schmalen, teilweise schwer zu begehenden Pfad geht es schon fast abenteuerlich wieder hinab ins Tal. Das Plätschern der Schlichem wird mit jedem Schritt lauter. Kein Wunder: Hier stoße ich auf mehrere kleine Wasserfälle. Ich bleibe stehen und mache ein paar Fotos und genieße einfach nur! Ich bin ganz alleine an diesem verwunschenen Ort und beschließe, das Tal Richtung Westen weiter zu erkunden.

Auf einem weichen Weg geht es angenehm und sanft ansteigend weiter, immer leicht oberhalb der Schlichem. Jetzt begegne ich dann doch ab und zu Wanderern. Kurz vor Ende des Tals kehre ich um und erreiche wieder die kleinen Wasserfallterrassen, die nun doch etwas mehr bevölkert sind und ich bin froh, dass ich hier vorhin ganz alleine dieses Idyll erleben durfte! Ich gehe noch wenige Meter weiter geradeaus, biege am Butschhof links ab und verlasse das Tal dann Richtung Irslingen.

## Tipp

Sehenswerte Ruine der ehemaligen Burg Irslingen (früher Urslingen) am Ende des Schlichemtals. Sie ist über einen kurzen Zugang auf einem Fußpfad vom Butschhof aus zu erreichen. Die Burg wird seit 1533 als Ruine bezeichnet, zu sehen sind aber noch sehr ansehnliche Reste der Ringmauer mit Schießscharten.

# 44 AUSSICHTSFELSEN TIERSTEIN, TALHAUSEN

## Schwindelerregende Aussichten ins Neckartal

**Hinkommen:**
48°13'17.7"N 8°36'09.1"E

**Mit dem Auto:**
A81, Ausfahrt 34, Rottweil.
Auf L462 Richtung Rottweil. Nächste Möglichkeit auf der B14 nach Villingendorf und weiter bis Talhausen (Parkmöglichkeiten). Zu Fuß weiter, den Neckar überqueren, dann rechts und dem Straßenverlauf (wenig befahren) folgen.
Am Ende des Waldes links auf den Feldweg. Dann wieder links und geradeaus in den Wald zum Felsen. **Von Talhausen zum Felsen sind es 3,2 Kilometer.**

**Mit dem ÖPNV:**
Mit der Bahn nach Rottweil. Weiter mit dem Bus 7444 Richtung Oberndorf bis Talhausen Gasthaus Sonne. An Wochenenden oder Feiertagen Anrufsammeltaxi (AST oder RUF, Telefon 018067/777272 bis eine Stunde vorher). Weiter zu Fuß zurück auf Rottweiler Straße, dann links auf Irslinger Straße und Bahnlinie und den Neckar überqueren. Dann rechts und weiter wie oben.
**Ab Gasthaus Sonne in Talhausen bis zum Aussichtsfelsen etwa 3,5 Kilometer.**

**Tourbeschreibung:**
Von Irslingen kommend angenehme, breite Feldwege. Von Herrenzimmern kommend direktester Weg sehr steil bergauf, daher ist ein angenehmerer, nicht so steiler Umweg zu empfehlen (siehe Wegbeschreibung ÖPNV). Schöne Impressionen des Neckartals. Wege können vor allem an und nach Regentagen rutschig sein. Festes Schuhwerk.

Kurz vor dem Butschhof schaue ich noch einmal auf den Felsvorsprung, auf dem ich vorhin noch gestanden bin und von oben herabgeblickt habe, und verlasse dann dieses wildromantische Tal. Auf einer breiten, asphaltierten Straße geht es angenehm und leicht ansteigend in einem Laubwald weiter. Das Plätschern der Schlichem wird mit jedem Schritt leiser, bis ich das Ende des Waldes erreiche und eine Zeit lang auf Feldwegen dahinwandere. Die Weite und die Ruhe, die hier herrschen, könnten kontrastreicher zum schmalen, wilden Schlichemtal, aus dem ich komme, nicht sein.

Der TK-Elevator-Testturm Rottweil ist nun schon wesentlich größer und deutlicher zu erkennen, als ich ihn zum ersten Mal von Epfendorf aus erblickt habe – ein Zeichen, dass ich mich der ältesten Stadt Baden-Württembergs immer mehr nähere. Ich wandere nun wieder an einem Waldstück entlang, folge dem Weg schließlich in den Wald hinein und ich verabschiede mich vorerst wieder von der Weite der Felder.

Kurz darauf geht der Feldweg in einen Pfad über, der mich direkt auf den Aussichtsfelsen Tierstein bringt und ich befinde mich hoch oben über dem kleinen Ort Talhausen. Wieder eröffnen sich mir

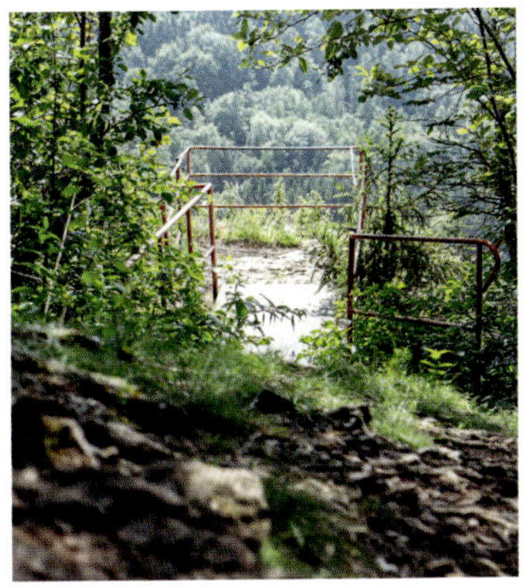

famose Blicke auf das romantische, obere Neckartal, die Bahnstrecke, die nach Singen führt, und den gegenüberliegenden Hang. Der Aussichtsfelsen ist nur durch ein leichtes, recht windig wirkendes Geländer und wenige Ketten gesichert, was keinesfalls den Eindruck erweckt, hier oben sicher zu ste-

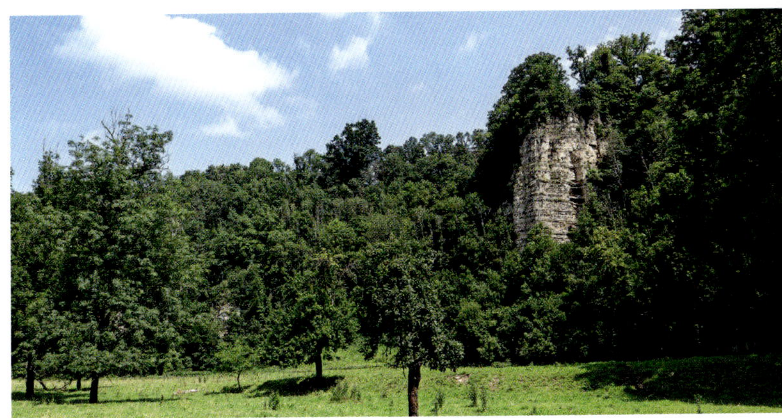

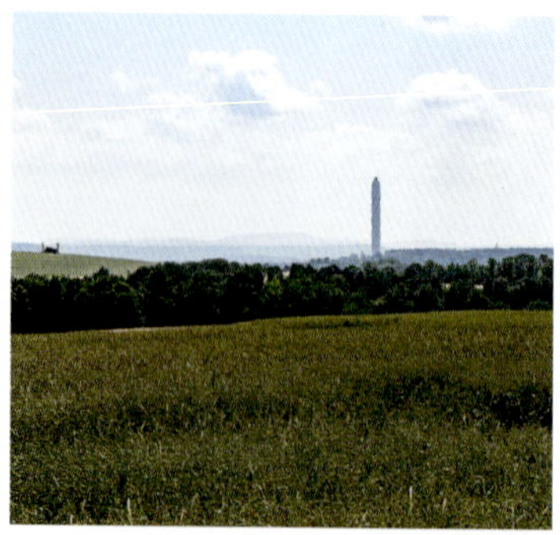

hen. Dahinter geht es schwindelerregend und steil hinab ins Tal. Ich bin immer wieder überrascht, mich fast bis vor zur Kante zu wagen, und meine Höhenangst in solchen Fällen überwunden habe. Dann fährt unten im Tal auch noch der Zug vorbei und im richtigen Moment ist die Sonne draußen. Ich zücke schnell meine Kamera und mache ein Bild von diesem Zufallsmoment.

Für den Weg hinab nach Talhausen wähle ich den direktesten Weg, das jedoch ein spezielles Unterfangen ist. An manchen Stellen ist der Pfad so abenteuerlich steil, dass ich meinen Vortrieb selbst mit Wanderstöcken kaum stoppen kann. So rutsche ich teilweise auf dem Hosenboden den Waldpfad hinunter nach Talhausen, bis ich dort wieder festen Boden unter den Füßen habe. Hier gilt mal wieder, dass es bergab anstrengender ist als bergauf, da es viel mehr auf die Gelenke geht.

Man kann den Aussichtsfelsen aber auch wesentlich angenehmer über einen weniger steilen Umweg erreichen (siehe Wegbeschreibung). Ich überquere die Bahnstrecke, auf der ich nachher wieder zurück nach Stuttgart fahre und den kleinen Ort Talhausen. Von hier habe ich noch einmal die Sicht auf den markanten, schroffen Aussichtsfelsen.

## Tipp

Café und Lebensmittelladen Heimatliebe in Talhausen bietet gemütliches, einladendes Einkaufen und heimeliges Verweilen mit Genuss. Das Obst und Gemüse ist frisch, saisonal und regional. Der Kaffee wird aus fair gehandelten Biokaffee gemahlen.

Adenauerstraße 10, Öffnungszeiten: Montag bis Freitag 9–18 Uhr, Samstag 8–16 Uhr und Sonntag 13.30–17.30 Uhr, Telefon 07404/9209811, www.heimatliebe-epfendorf.de.

45

# BURG HERRENZIMMERN, HERRENZIMMERN

## Stolz thronende Anlage aus dem 11. Jahrhundert

**Hinkommen:**
48°13'27.2"N 8°35'18.7"E

**Mit dem Auto:**
A 81, Ausfahrt 34, Rottweil.
Auf L 462 Richtung Rottweil. Nächste Möglichkeit auf der B 14 nach Villingendorf und weiter bis Herrenzimmern. Am Ende der Rottweiler Straße rechts auf Kirchstraße (Parkmöglichkeiten). Zu Fuß weiter auf Schloßweg. Geradeaus über Wegkreuzung und an der anschließenden Gabelung links.

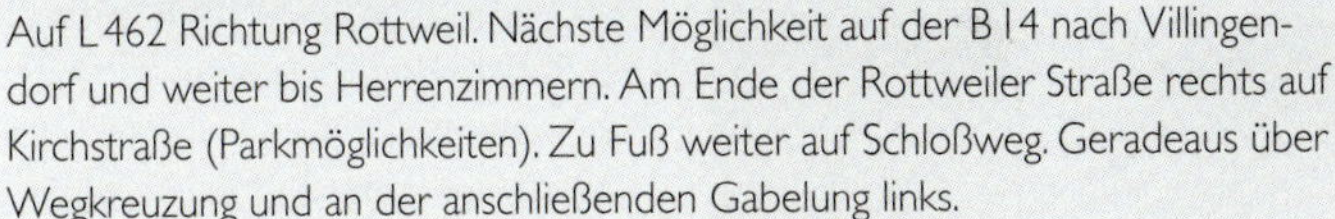

**Ab Kirchstraße sind es etwa 650 Meter bis zur Burg.**

**Mit dem ÖPNV:**
Mit der Bahn nach Rottweil. Umsteigen in den Bus 2021 (Dunningen). Ausstieg in Herrenzimmern Dorfplatz-Bösingen. An Wochenenden oder Feiertagen Anrufsammeltaxi (AST oder RUF, Telefon 018067/777272 bis eine Stunde vorher). Weiter zu Fuß auf der Kirchstraße. Von hier weiter wie oben.

**Tourbeschreibung:**
Angenehme Waldwege und viele reizvolle Aussichtspunkte.

Eine Kapelle, ein wildromantisches Tal, ein kaum gesicherter, imposanter Aussichtsfelsen. Als ob die heutige Etappe nicht schon abwechslungsreich genug ist, setzt die Burg Herrenzimmern noch einen weiteren Höhepunkt.

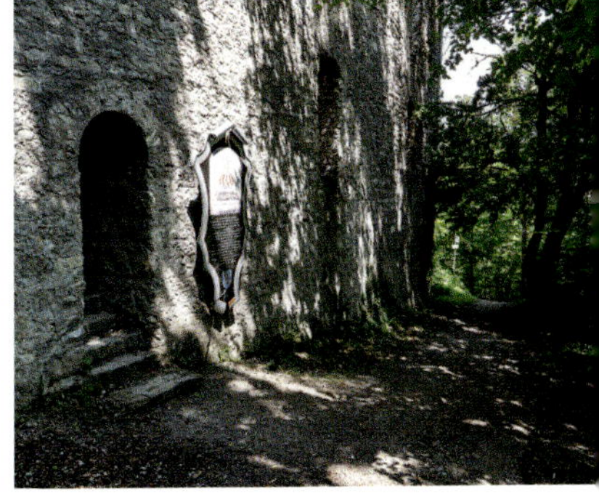

Ich durchquere den kleinen Ort Talhausen im Neckartal und es geht zunächst leicht ansteigend weiter Richtung Herrenzimmern. Sind auch sonst asphaltierte Wege zum

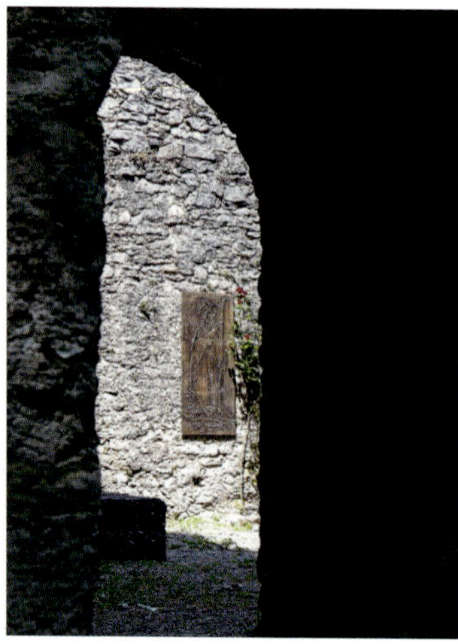

Wandern eher unbeliebt, so kommt mir dieser hier nach dem abenteuerlichen Abgang vom Aussichtsfelsen Tierstein doch äußerst gelegen.

Viel zu schnell erreiche ich die aus dem 11. Jahrhundert stammende Burganlage, die mich direkt am Wegesrand mit einer sehr hohen Umfassungsmauer und einem Torbogen begrüßt. Sie brannte nach der von Froben von Zimmern verfassten Chronik nach einer „selbstverschuldeten Unachtsamkeit von Heinrich beim Bade" im Jahre 1504 ab und wurde anschließend von Wilhelm Werner zu Beginn des 16. Jahrhunderts wieder aufgebaut. Ich gehe durch den Torbogen in die ehemalige Burgkapelle, in der 2007 ein Besinnungsort mit einem bronzenem Jakobus-Relief des Rottweiler Künstlers Tobias Kammerer eingerichtet wurde. Weiter geht es auf einer Wendeltreppe innerhalb der Burganlage nach oben und es

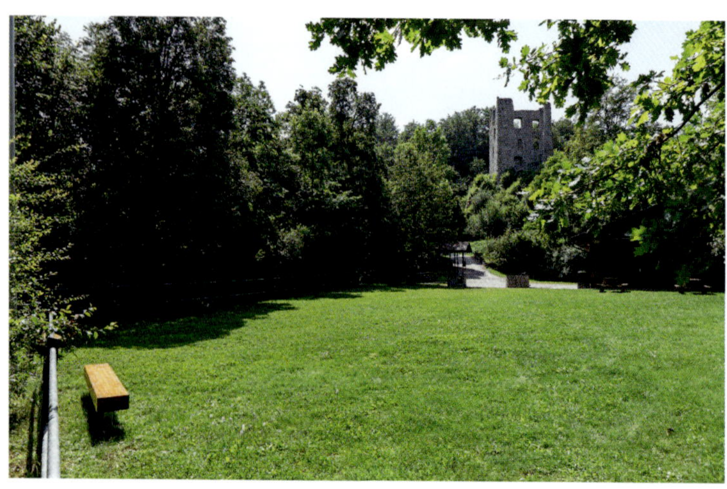

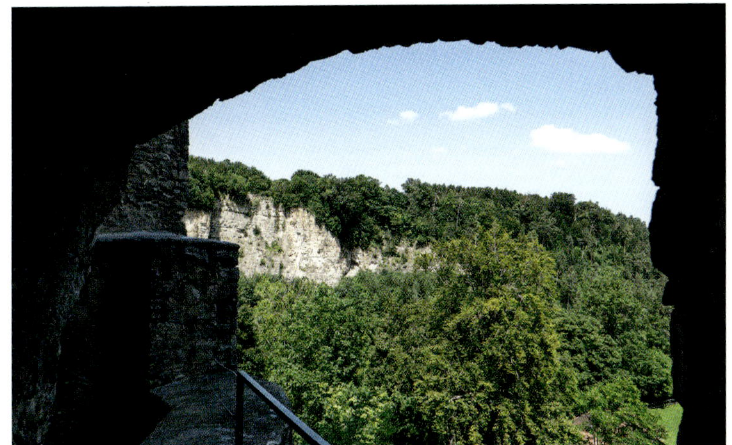

öffnet sich nach vorne der Blick ins Neckartal. Nach hinten breitet sich eine große Spielwiese mit einem Grillplatz aus, dahinter ragt der eigentliche Burgturm hervor. Vor allem die Aussicht auf das Tal und links und rechts die grünen Hänge sind eine Augenweide.

Hier oben muss ich einfach eine kleine Rast machen, ehe ich den Wald in Richtung Villingendorf verlasse, parallel zu einer Landstraße wandere und die Fernsicht genieße. Nach kurzer Wartezeit kommt auch schon mein Bus, der mich nach Rottweil bringt. Noch eine Wanderetappe, und ich habe mein Zwischenziel Rottweil erreicht!

## Tipp

Ausreichend Proviant für ein Picknick am Grillplatz auf dem romantischen Burggelände einpacken.

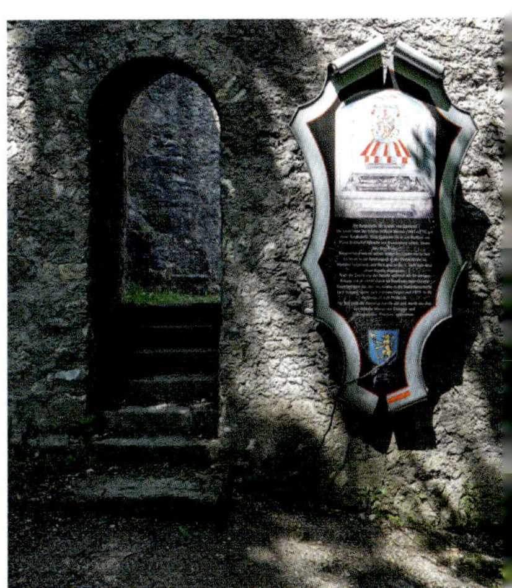

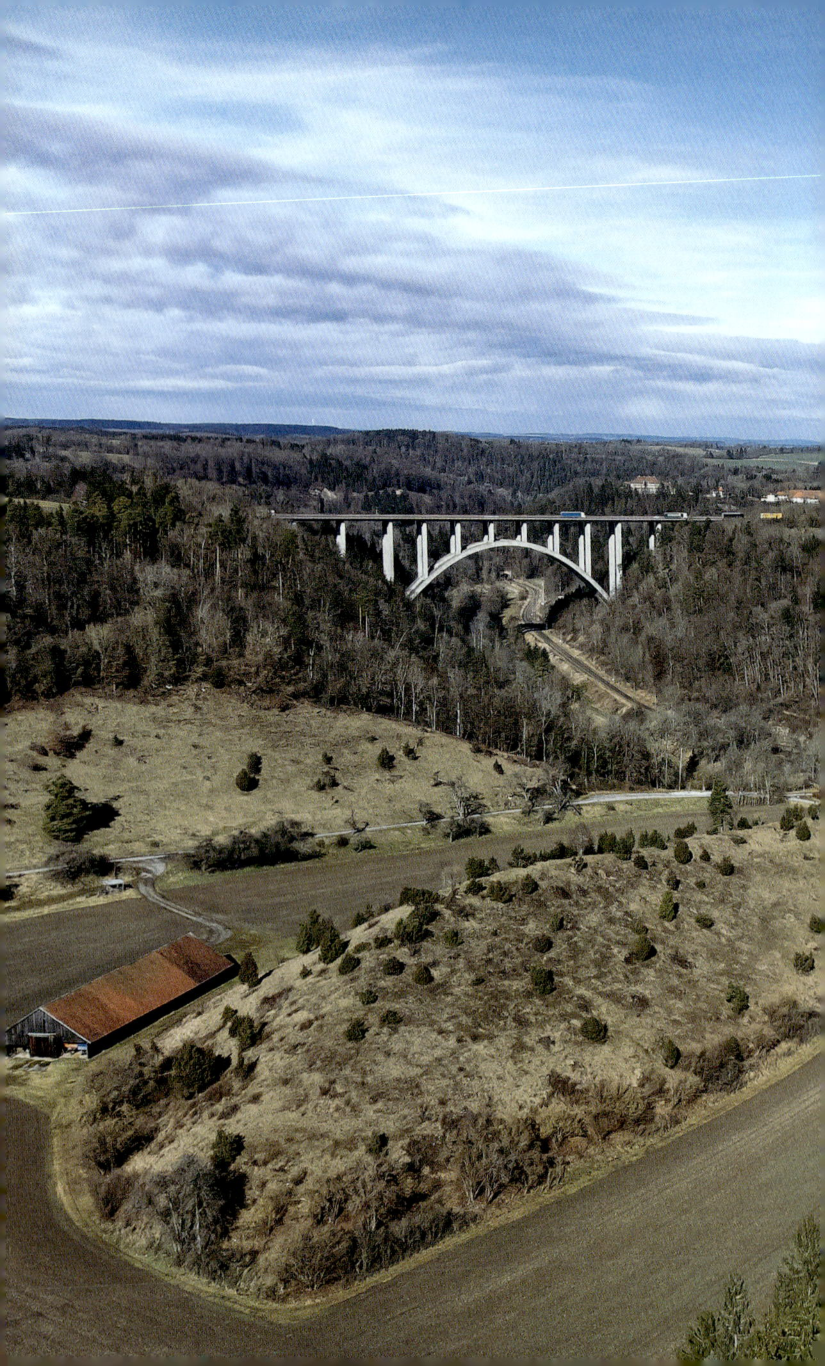

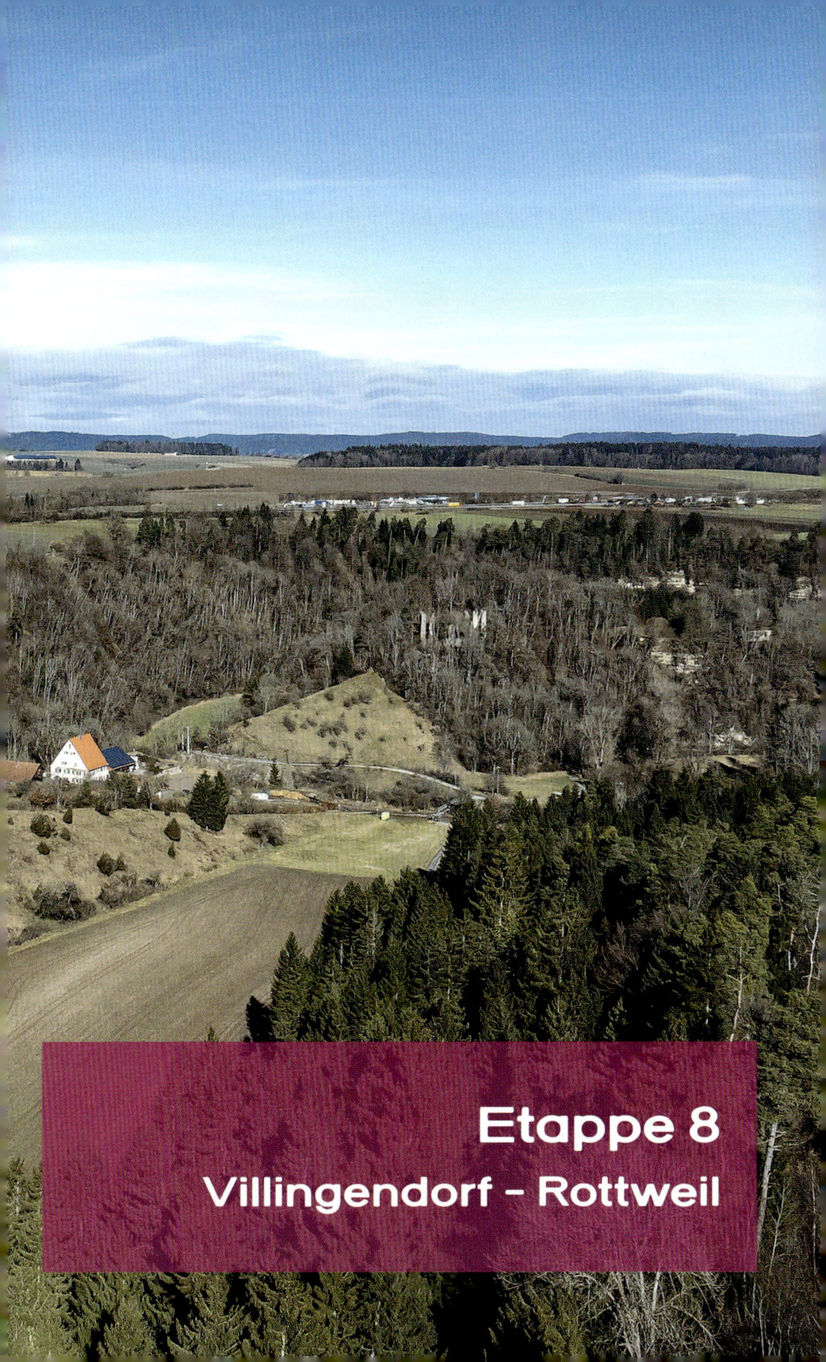

# Etappe 8

## Villingendorf - Rottweil

# 46 SOLDATENWEGLE, VILLINGENDORF
## Ein abenteuerlicher Weg

**Hinkommen:**
48°12'15.0"N 8°36'09.5"E

**Mit dem Auto:**
A81, Ausfahrt 34, Rottweil.

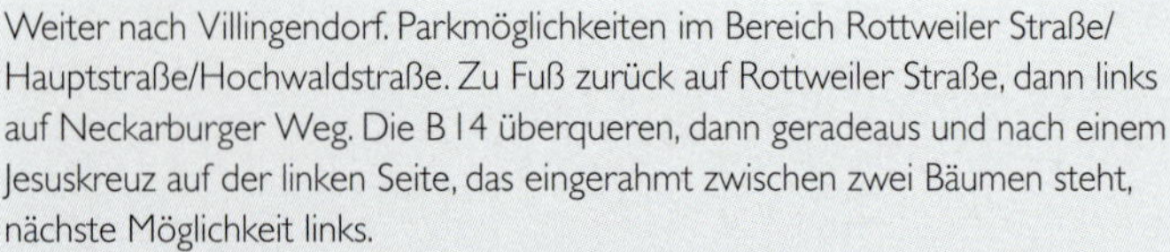

Weiter nach Villingendorf. Parkmöglichkeiten im Bereich Rottweiler Straße/Hauptstraße/Hochwaldstraße. Zu Fuß zurück auf Rottweiler Straße, dann links auf Neckarburger Weg. Die B14 überqueren, dann geradeaus und nach einem Jesuskreuz auf der linken Seite, das eingerahmt zwischen zwei Bäumen steht, nächste Möglichkeit links.
**Ab Ortsmitte bis zum Anfang des Soldatenwegles sind es 1,2 Kilometer.**

**Mit dem ÖPNV:**
Mit der Bahn nach Rottweil. Umsteigen in den Bus 2021 (Dorfplatz, Bösingen). Aussteigen in Linde – Villingendorf. Zu Fuß zurück auf Rottweiler Straße und weiter wie oben.
Am Wochenende oder Feiertag Anrufsammeltaxi (AST oder RUF, Telefon 018067/777272 bis eine Stunde vorher).

**Tourbeschreibung:**
Zuerst auf Feldern parallel zur A81, dann wird es immer ruhiger im Mischwald. Idyllischer, steiler Pfad. Das Soldatenwegle kann an und nach Regentagen rutschig sein. Festes Schuhwerk empfohlen.

Heute ist ein besonderer Tag, denn ich befinde mich auf der achten Etappe und werde Rottweil, die älteste Stadt in Baden-Württemberg erreichen. Die historische Stadt am Neckar ist für mich ungefähr auf der Hälfte der Strecke und nach knapp fünfzig Highlights ein wichtiges Zwischenziel. Rottweil ist von Stuttgart aus mit dem Zug noch sehr gut zu erreichen. Ab hier verlasse ich allerdings die Hauptstrecke der Bahn nach Singen und erreiche den Beginn des eigentlichen Neckartals. Meine nächsten Ziele liegen deutlich weiter westlich, sodass mir ein zeitraubendes Umsteigen nicht erspart bleibt. Wie ich ab jetzt mit den Zugverbindungen weiter plane, ist mir noch nicht ganz klar. Das soll für heute aber nicht meine Sorge sein. Ich werde mich erst darum kümmern, wenn es an der Zeit ist. Um 7.16 Uhr geht es mit dem frühen Zug wieder von Stuttgart nach Oberndorf und mit dem Bus von dort weiter nach Villingendorf. Der Umstieg klappt hervorragend, und ich starte meine Wanderung. Schnell habe ich den kleinen Ort verlassen und wandere auf einem Hang leicht oberhalb parallel zur A81.

Die frühmorgendliche Stimmung empfinde ich immer aufs Neue als so wohltuend. Der Tau liegt noch auf den Gräsern, während ich nach rechts zur Autobahn und zum ThyssenKrupp-Testturm blicke. Nach vorne schaue ich hinüber zur Schwäbischen Alb. Was für unterschiedliche und kontrastreiche Motive! Nach einem Jesuskreuz, das einsam unter zwei Schatten spendenden Bäumen steht, biege ich links ab und gehe wenig später auf einem Pfad in den Wald. Der Name Soldatenwegle, den dieser Pfad trägt, lässt mich stutzen, steht aber offiziell auf einem Hinweisschild, das gleichzeitig warnt, den Weg nur auf eigene Gefahr zu benutzen.

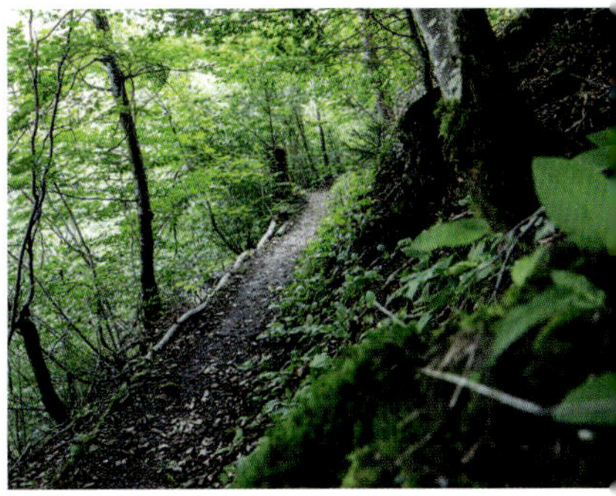

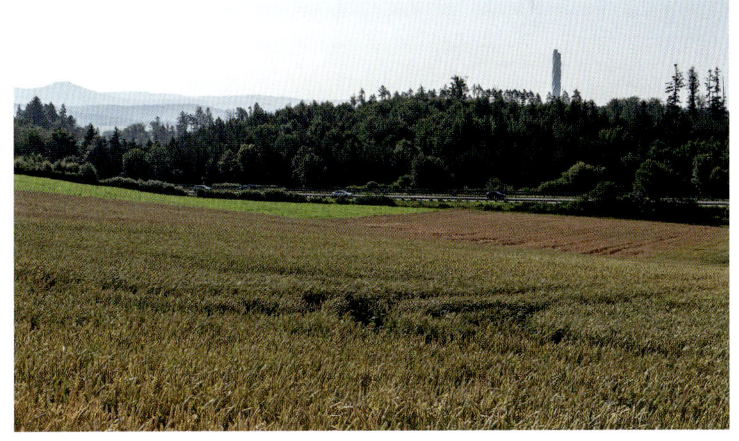

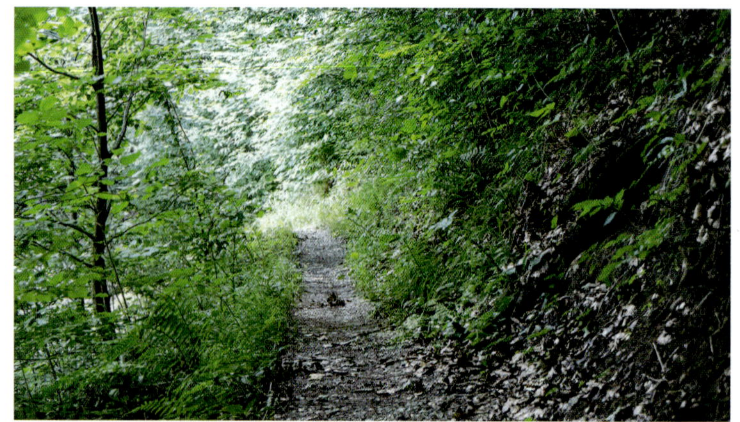

Aus der Ortschronik „Im Ersten Weltkrieg" in Kapitel 13 ist zu erfahren, dass dieser Weg von Mai bis August 1916 in der Tat von Soldaten benutzt wurde. 45 Mann wurden im „Ballo Abwehr Kommando 26" einquartiert, um vor allem die Gewehrfabrik in Oberndorf gegen Fliegerangriffe zu schützen. Sie legten eine Geschützstellung oberhalb des heutigen Gasthaus Hubertushof an und nutzten einen Zufahrtsweg vom Gasthaus zu einem unterkellertem Häusschen als Aufenthalt. Mit dem Zug fuhren sie von Oberndorf zum Bahnhof Talhausen und gingen zu Fuß ab den Fischweihern, die am Fuße des Soldatenwegles liegen, den Weg hoch zur Stellung. Deshalb bekam der Fußweg den Namen „Soldatenwegle".

Der Weg ist entgegen der Geschichte sehr romantisch, wenn auch teilweise recht steil. Es geht nicht nur steil bergab, auch der Abhang nach links ist an manchen Stellen doch beachtlich. Ich wähle mit Bedacht und sehr vorsichtig meine Schritte, ehe ich unten an den gesagten Weihern ankomme, die ich mir nun genauer anschaue.

## Tipp

Eine gute Einkehrmöglichkeit mit gutbürgerlicher Küche und herzlich ungezwungener Atmosphäre gibt es im Gasthaus Krone in Villingendorf.
Öffnungszeiten sind Dienstag bis Samstag von 16 Uhr, Sonntag und Feiertag von 9.30–14 Uhr und ab 17 Uhr, Montag Ruhetag. Weitere Informationen unter www.schmeck-den-sueden.de, Rottweiler Straße 2, 78667 Villingendorf, Telefon 0741/34859-92.

47

# FISCHWEIHER AM LICHTGRABEN, VILLINGENDORF

## Historisches Gewässer

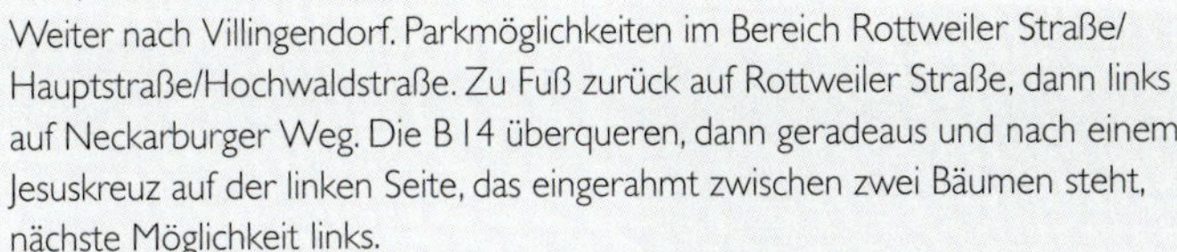

**Hinkommen:**
48°12'23.0"N 8°36'22.5"E

**Mit dem Auto:**
A81, Ausfahrt 34, Rottweil.
Weiter nach Villingendorf. Parkmöglichkeiten im Bereich Rottweiler Straße/Hauptstraße/Hochwaldstraße. Zu Fuß zurück auf Rottweiler Straße, dann links auf Neckarburger Weg. Die B14 überqueren, dann geradeaus und nach einem Jesuskreuz auf der linken Seite, das eingerahmt zwischen zwei Bäumen steht, nächste Möglichkeit links.
**Ab Ortsmitte bis zum Anfang des Soldatenwegles sind es 1,2 Kilometer.**

**Mit dem ÖPNV:**
Mit der Bahn nach Rottweil. Umsteigen in den Bus 2021 (Dorfplatz, Bösingen). Aussteigen in Linde – Villingendorf. Zu Fuß zurück auf Rottweiler Straße und weiter wie oben.
An Wochenenden oder Feiertagen Anrufsammeltaxi (AST oder RUF, Telefon 01806/7777272 bis eine Stunde vorher).

**Tourbeschreibung:**
Idyllisch gelegener Weiher direkt am Neckar mit Blick zur Neckarburgbrücke. Der Zugang über das Soldatenwegle kann vor allem an und nach Regentagen rutschig sein. Der Weiher ist aber auch angenehm durch das Neckartal von Herrenzimmern über Talhausen kommend zu erreichen.

Der romantische und zugleich abenteuerliche Abgang auf dem Soldatenwegle bringt mich direkt an mein nächstes Wander-Highlight. Am Ende des Weges stoße ich auf eine kleine, idyllische Weiheranlage im Neckartal, dahinter erblicke ich schon die wegen ihrer Silhouette bekannte Neckarburgbrücke mit ihrem markanten Bogen.

Jedoch stoße ich erst einmal auf ein Warnschild direkt am Seeufer, das darauf hinweist, dass das Betreten des Grundstücks verboten ist. Mir erschließt sich der Sinn nicht so ganz, gibt es hier doch einen gepflegten, nicht abgesperr-

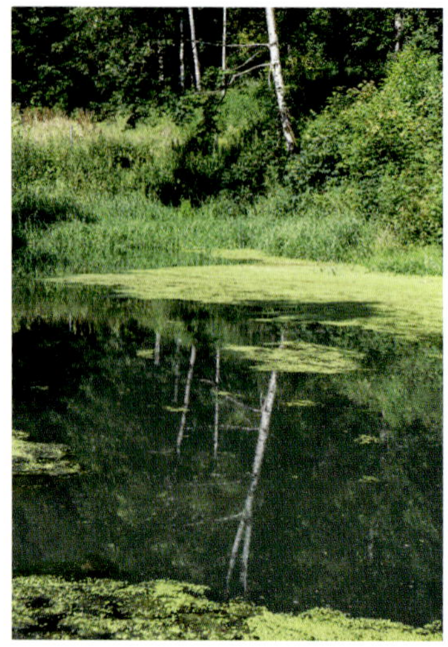

ten Weg. Vielleicht könnte es sein, dass es abseits des Weges einfach zu gefährlich ist, da der Boden aufgeweicht ist. Ich denke mir, solange ich auf dem sicheren Weg unterwegs bin, kann mir ja nichts passieren. So beschließe ich, mir auf eigene Gefahr dieses geheimnisvolle Stück Natur näher anzuschauen.

Die Anlage wirkt zwar bis auf einen gepflegten Weg, der scheinbar um den Weiher herum führt, vernachlässigt, ist aber dennoch ein wahrhaft schönes Plätzchen. Klein und übersichtlich, direkt am jungen Neckar.

Ich nehme mir viel Zeit für den kleinen Rundgang um den Hauptweiher, der über und über mit einer grünen Schicht aus einer Art Blütenstaub bedeckt ist. Das schwindende Morgenlicht wirft immer noch lange Schatten auf den Weiher.

Nach meinem genussvollen Rundgang erfahre ich auf der Infotafel

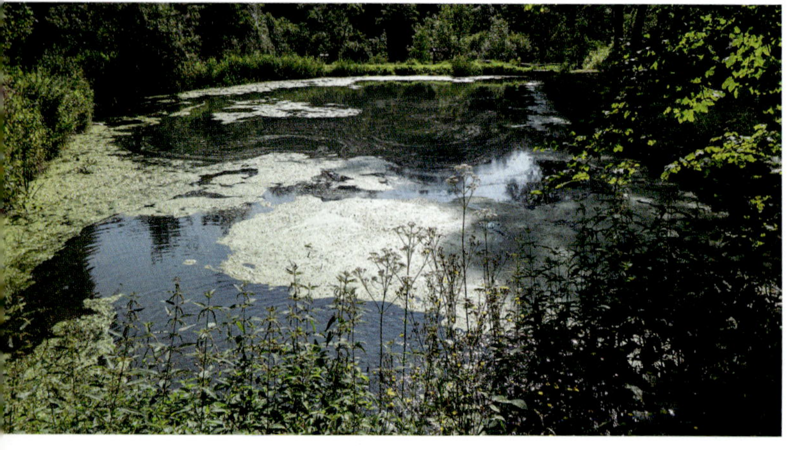

vor dem Weiher, dass hier einmal eine Flößerei war. Zu Zeiten vor der Bahnstrecke war dies hier ein wichtiger Verkehrsknotenpunkt, da überwiegend auf Flüssen transportiert wurde. Es ist spannend zu erfahren, wie wichtig damals Flöße waren und auch, worauf es bei einem Floßbau ankam. So bestand ein Floß zum Beispiel aus 18 bis 23 zusammengebundenen Baumstämmen, die eine Länge von 8 bis 28 Metern haben können. Stämme mit mehr als drei Kubikmetern werden Holländer genannt. Ein Floß bestand aus etwa 200 Kubikmeter Holz und durfte nicht breiter als 3,9 Meter sein. Überwiegend wurden Handwerkerholz und Holzkohle transportiert. Ende des 19. Jahrhunderts wurde die Flößerei an diesem Standort eingestellt und Kommerzienrat Max von Duttenhofer eröffnete hier eine Fischzuchtanstalt, die sich im Laufe der Zeit wegen zunehmend verunreinigtem Quellwasser aber nicht mehr lohnte. Die Anlage verwaiste, die langsam verlandeten Weiher verwandelten sich mit der Zeit zu einem eigenständigen Naturidyll. Nach den zwei Highlights, die unmittelbar aufeinanderfolgten, gehe ich nun zuerst entlang des Neckars, den ich wenig später auf einer imposanten Holzbrücke überquere und wandere weiter zur Neckarburgbrücke.

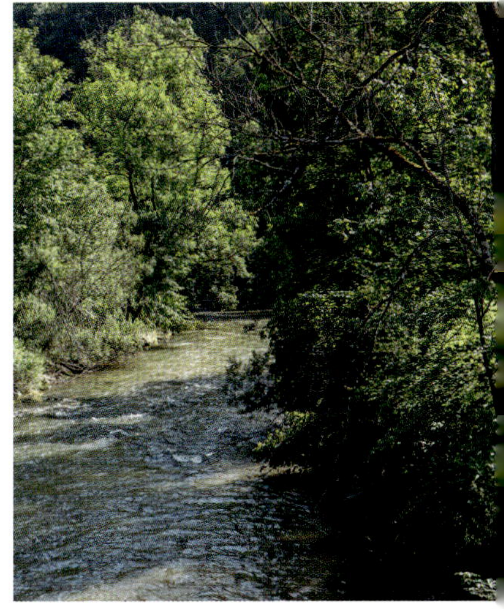

## Tipp

Burg Hohenstein, eine der ältesten Burganlagen am oberen Neckar aus dem 11. Jahrhundert, ist unbedingt einen Abstecher wert. Allerdings ist sie recht schwer zu finden, da sie nicht ausgeschildert ist. Nach der Zerstörung durch die Reichsstadt Rottweil sind noch ein Wandstück und etliche Grundmauern zu erkennen. Vom Weiher kommend die nächste Möglichkeit rechts abbiegen und auf der Holzbrücke den Neckar überqueren. Dann rechts und dem Wegverlauf folgen. Nach dem lang gezogenen Linksbogen an der Gabelung links abbiegen und nach wenigen Metern wieder links auf einen Pfad. Dem Pfad geradeaus folgen bis zur Burg.

# 48 NECKARBURGBRÜCKE, VILLINGENDORF
## Imposantes Viadukt

**Hinkommen:**
48°12'11.5"N 8°36'53.0"E

**Mit dem Auto:**
A81, Rastplatz Neckarburg. Ab dem Autobahnparkplatz bis vor unter die Brücke sind es etwa 750 Meter, von dort bis zum Hofgut Hohenstein noch einmal knapp 1 Kilometer zusätzlich. Vom Parkplatz auf der Nordseite gibt es eine Abkürzung direkt zum Hofgut. Hierfür vom Parkplatz links auf den Feldweg und diesem im Rechtsknick folgen.
**Ab Parkplatz bis zum Hofgut sind es 600 Meter.**

**Mit dem ÖPNV:**
Mit der Bahn nach Rottweil. Umsteigen in den Bus 2021 (Dorfplatz, Bösingen). Aussteigen in Linde-Villingendorf. Zu Fuß zurück auf Rottweiler Straße. Dann links auf Neckarburger Weg. Die B14 überqueren, dann geradeaus und nach einem Jesuskreuz auf der linken Seite, das eingerahmt zwischen zwei Bäumen steht, nächste Möglichkeit links und weiter auf dem Soldatenwegle. Am Weiher links, dann rechts auf der Holzbrücke den Neckar überqueren. Geradeaus den Pfad hoch und links auf asphaltierten Weg bis zum Hofgut Hohenstein. Am Wochenende oder Feiertag Anrufsammeltaxi (AST oder RUF, Telefon 018067/777272 bis eine Stunde vorher).
**Von Villingendorf bis Hofgut sind es 3,8 Kilometer.**

**Tourbeschreibung:**
**Mit dem Auto:** Vom Rastplatz aus breite, gut asphaltierte Wege mit Blick auf das Neckartal und zur Neckarburgbrücke.
**Mit dem ÖPNV:** Zuerst auf Feldern parallel zur A81, dann idyllischer, steiler Pfad. Vor allem das Soldatenwegle kann an und nach Regentagen rutschig sein. Später schöne Impressionen des Neckartals mit Blick zur Neckarburgbrücke.

Auf einer imposanten Holzbrücke beobachte ich den Neckar, wie er sich romantisch durch das Tal schlängelt. Ein Pfad führt mich in einigen Serpentinen direkt auf einen asphaltierten Weg, der mich in einem lang gezogenen Rechtsbogen aus dem Neckartal hinausführt. Ich blicke hinab ins Tal und beobachte einen Zug, der nach Sin-

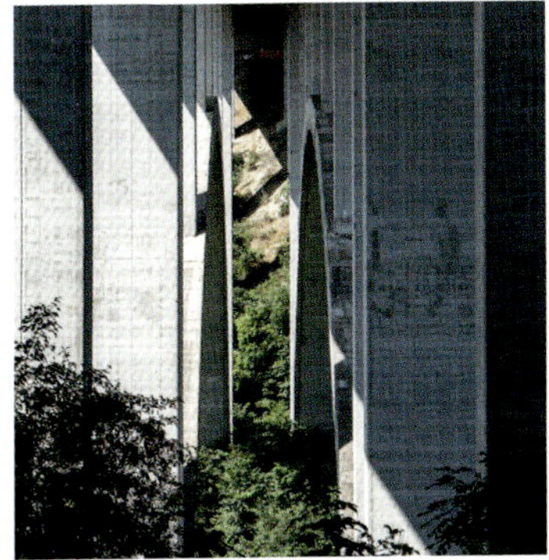

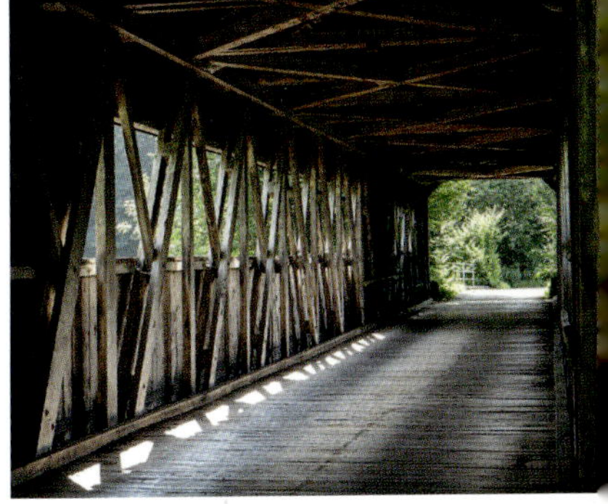

gen fährt. Am späten Nachmittag werde ich in diesem Zug zurück nach Stuttgart sitzen und sehnsuchtsvoll an die wieder schöne Wanderung denken. Wenig später lädt mich eine, von zwei Birken malerisch eingerahmte Bank am Hofgut Hohenstein, mit Blick auf das Neckartal und die Neckarburgbrücke, zum Pausieren ein.

Weiter geht es danach fast eben auf dem breiten, asphaltierten Weg und ich bekomme freie Sicht auf diese beeindruckende Autobahnbrücke. Mit ihrem markanten Bogen fügt sich die Spannbetonkonstruktion

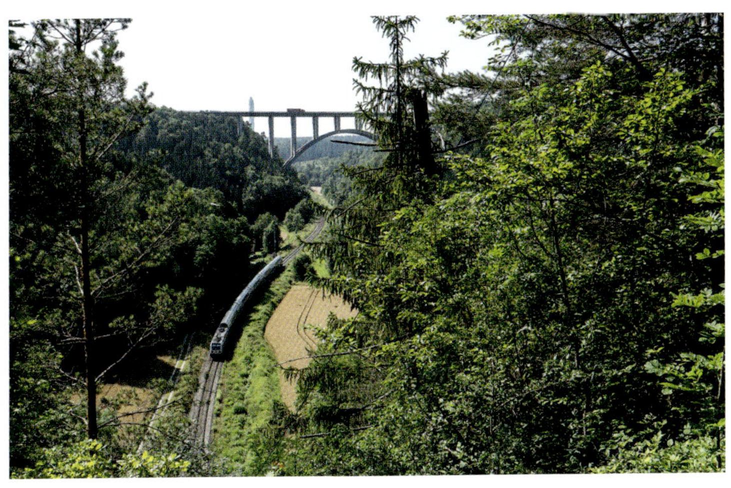

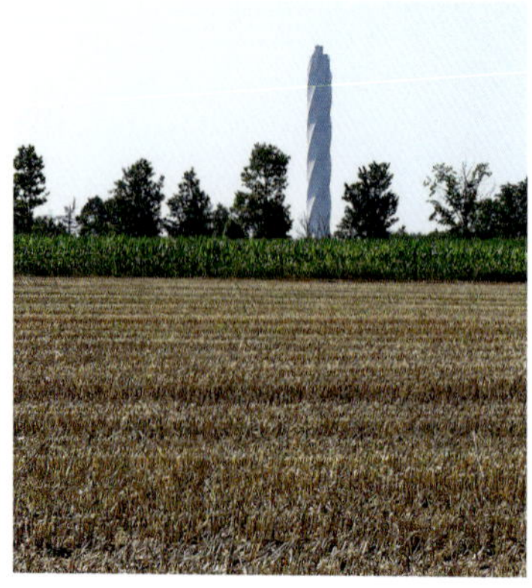

ziemlich harmonisch in die Landschaft ein. Ich unterquere die Neckarburgbrücke schließlich direkt unterhalb der Fahrbahn und schaue mir die insgesamt 365 Meter lange und 95 Meter hohe, imposante Konstruktion genauer an. Erbaut wurde die Stahlbetonbrücke in den Jahren 1975 bis 1978. Durch den Bogen strahlt die Brücke eine gewisse dynamische Leichtigkeit aus.

Auf einem breiten, schottrigen Feldweg gehe ich weiter Richtung Naturschutzgebiet Neckarburg und lasse die Brücke mit jedem Schritt weiter hinter mir.

## Tipp

Leicht nördlich der Autobahnraststelle Neckarburg-West gibt es einen lohnenden Rast- und Aussichtspunkt mit toller Sicht auf Rottweil und den TK-Elevator-Turm. Um zu ihm zu gelangen, führt ein Weg vom Hofgut Hohenstein zuerst nach Norden (Richtung Felder), der dann einen Rechtsknick macht. Dann geht es nur noch geradeaus bis zum Rastpunkt, der durch ein schattiges Bänkchen auffällt. Circa 1 Kilometer vom Hofgut entfernt.

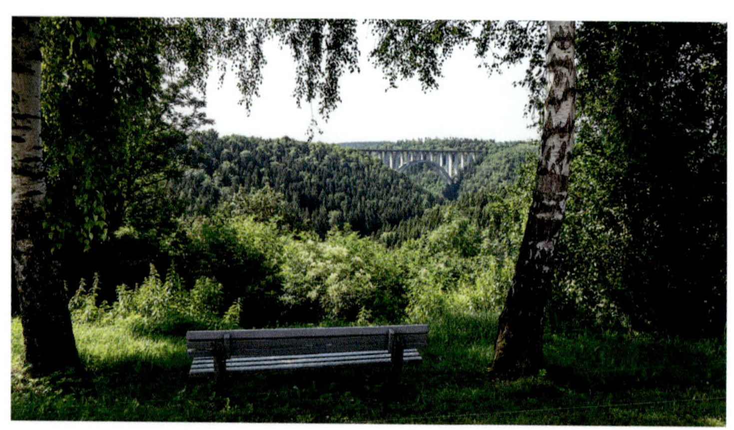

# AUSSICHTSPUNKT KÄNZELE, DIETINGEN

49

## Am Rande der A81

**Hinkommen:**
48°12'01.5"N 8°37'34.4"E

**Mit dem Auto:**
A81, Rastplatz Neckarburg.
Zu Fuß bis vor zur Neckarburgbrücke. Dann links am Waldrand entlang. Weg am Linksknick folgen und an Kreuzung rechts. An nächster Linkskurve der Beschilderung folgen.
**Ab dem Rastplatz bis zum Aussichtspunkt sind es circa 1,5 Kilometer zu Fuß.**

**Mit dem ÖPNV:**
Mit der Bahn nach Rottweil. Umsteigen in den Bus 2021 (Dorfplatz, Bösingen). Aussteigen in Linde-Villingendorf. Zu Fuß zurück auf Rottweiler Straße. Dann links auf Neckarburger Weg. Nach Überquerung der B14 zweite Möglichkeit links und weiter auf dem Soldatenwegle. Am Weiher links, dann rechts auf der Holzbrücke den Neckar überqueren. Geradeaus den Pfad hoch und links auf asphaltierten Weg bis zum Hofgut Hohenstein. Ab der Neckarburgbrücke weiter wie oben. Am Wochenende oder Feiertag Anrufsammeltaxi (AST oder RUF, Telefon 018067/777272 bis eine Stunde vorher).
**Ab Villingendorf sind es 5 Kilometer zu Fuß.**

**Tourbeschreibung:**
Breite, gut asphaltierte Wege mit weiter Fernsicht, reizvolle Blicke auf die A81. Am Aussichtspunkt Trittsicherheit erforderlich. Belohnung mit famosem Blick ins Neckartal.

Nach der Unterquerung der Neckarburgbrücke gehe ich geradeaus am Waldrand weiter, während ich nach links über einige Felder die große Weite genieße. Mein Hauptweg führt mich nun wieder in einen Wald hinein, ich biege jedoch vor diesem nach links ab, bleibe oben auf der Höhe und mache ei-

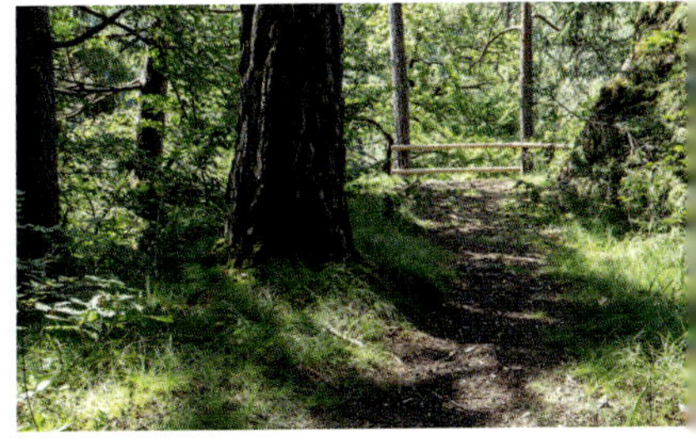

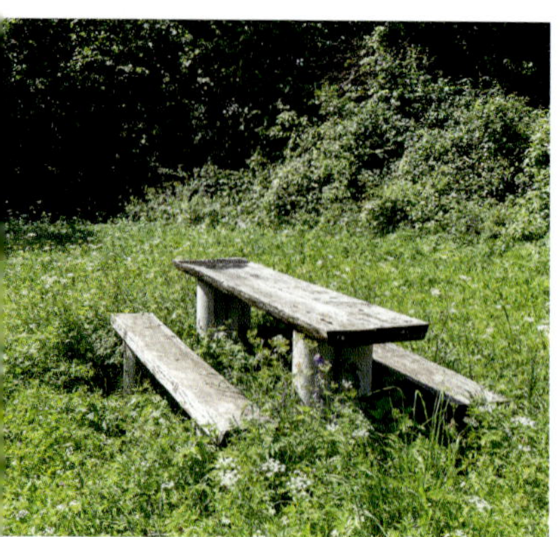

nen Abstecher zum Känzele, einem weiteren Aussichtspunkt auf meiner Route. Es geht schön am Waldrand entlang, der Geräuschpegel der Autobahn ist schon noch hörbar, stört mich aber nicht.

Ein Wegweiser zum Känzele führt mich über eine kleine, am Waldrand idyllisch gelegene Wiese mit schönem Picknickplatz. Diesmal verzichte ich jedoch auf eine Pause, da ich viel mehr darauf gespannt bin, was mich am Aussichtspunkt erwartet, der sich nur noch ein paar Meter weiter dahinter befindet.

Meine Neugier wird belohnt! Ein mit Wurzeln verwachsener Pfad bringt mich zu einem teilweise gesicherten Aussichtsfelsen. Ich traue mich so weit vor wie möglich und genieße einfach nur die Sicht auf das Neckartal, das hier eine bizarre Schleife formt. Unten im Tal befinden sich die Neckarburgkapelle sowie die Burgruine Neckarburg, mein nächstes Highlight. Lei-

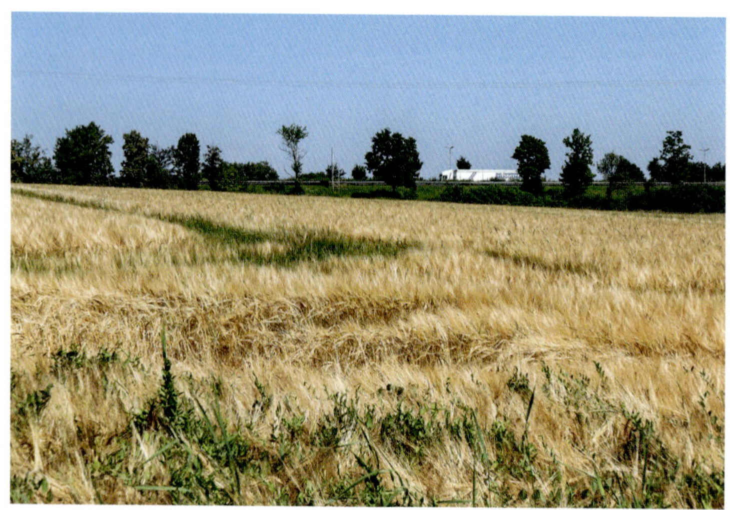

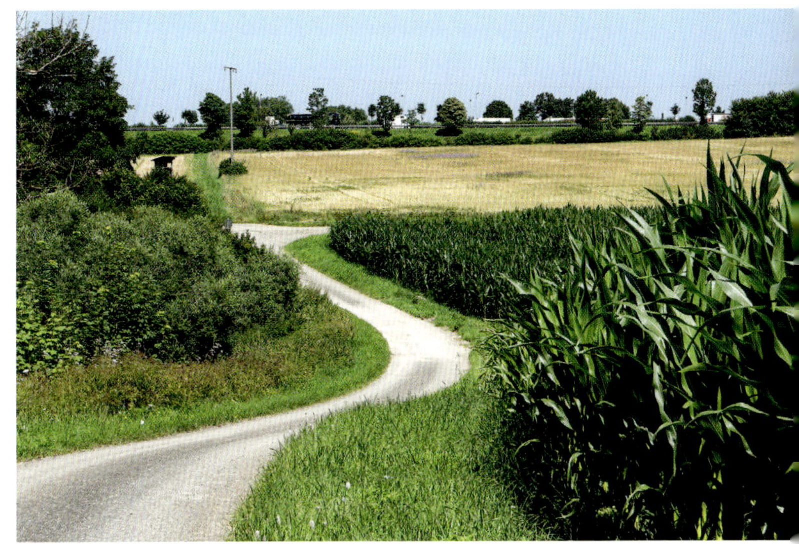

der kann ich sie aber von hier oben nicht erkennen. Auf dem Felsen zu stehen und dabei die Aussicht auf das Tal zu bewundern, ist dennoch einfach unbeschreiblich und aufregend.

Nach ein paar intensiven Eindrücken mache ich kehrt, gehe am Waldrand zurück auf meinen Hauptweg und schaue dabei immer wieder auf das Treiben auf der A81 zurück. An der Stelle, an der ich vorhin vor dem Wald links abgebogen bin, führt mich nun ein schmaler, idyllischer Pfad steil den Hang hinunter in das Naturschutzgebiet Neckarburg.

## Tipp

In der Welt der Kristalle können funkelnde Edelsteine und bis über 3000 Kilogramm schwere meterhohe Riesenkristalle bestaunt und befühlt werden. Zu entdecken gibt es aber auch Saurierskelette, gigantische Fischeversteinerungen und Urkrebse.

Fronstraße 9, 78661 Dietingen. Busverbindung Bahnhof Rottweil – Dietingen, Haltestelle Kreuz oder Wasen, Taxi Hafa Rottweil (0741/23444), AAA Taxi Rottweil (0741/2709120) oder Anrufsammeltaxi eine Stunde vorher (01806/777272). Der Bus hält auf Wunsch auch direkt am Museum.
https://welt-der-kristalle.de/

# 50 BURGRUINE NECKARBURG, DIETINGEN
## Eine der ältesten Burgen in Baden-Württemberg

**Hinkommen:**
48°11'53.6"N 8°37'07.1"E

**Mit dem Auto:**
A81, Ausfahrt 34, Rottweil.

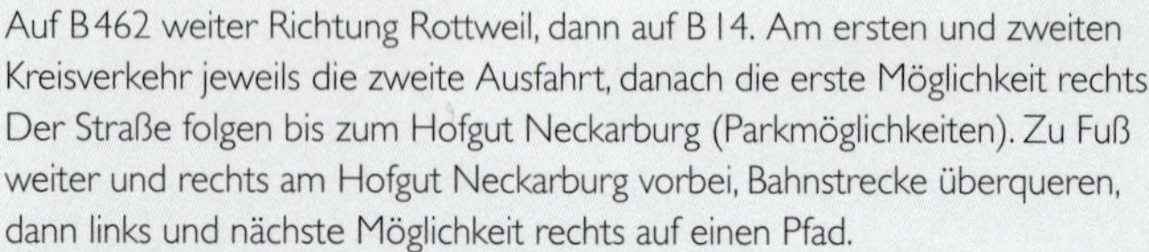

Auf B462 weiter Richtung Rottweil, dann auf B14. Am ersten und zweiten Kreisverkehr jeweils die zweite Ausfahrt, danach die erste Möglichkeit rechts. Der Straße folgen bis zum Hofgut Neckarburg (Parkmöglichkeiten). Zu Fuß weiter und rechts am Hofgut Neckarburg vorbei, Bahnstrecke überqueren, dann links und nächste Möglichkeit rechts auf einen Pfad.
**Ab Hofgut Neckarburg bis zur Burg sind es etwa 600 Meter.**

**Mit dem ÖPNV:**
Mit der Bahn nach Rottweil. Umsteigen in den Bus 2021 (Dorfplatz, Bösingen). Aussteigen in Linde-Villingendorf. Zu Fuß zurück auf Rottweiler Straße. Dann links auf Neckarburger Weg. Nach Überquerung der B14 zweite Möglichkeit links und weiter auf dem Soldatenwegle. Am Weiher rechts, Neckarburgbrücke und später Bahnlinie unterqueren. Nach der Wasserversorgungsstation scharf rechts, dann links auf Pfad. Am Wochenende oder Feiertag Anrufsammeltaxi (AST oder RUF, Telefon 018067/777272 bis eine Stunde vorher).
**Ab Linde-Villingendorf bis zur Burg sind es 4,5 Kilometer.**

**Tourbeschreibung:**
Auf einer wunderschönen Wiese unterhalb der Burg kommt man in den Genuss einer lohnenden Aussicht auf das Neckartal, die Bahnstrecke, bis hinüber zum TK-Elevator-Testturm. Die Burg an sich bietet viele versteckte Winkel zum Entdecken, sehr hohe Mauerreste. Die Kapelle wiederum befindet sich am Rande einer großen Lichtung im Wald.

Nach dem Abstieg auf dem schmalen, idyllischen und steilen Pfad im Wald, komme ich unten im Tal an einer Lichtung heraus und überquere den Neckar. Auf der Brücke bleibe ich einen Moment stehen und verfolge den Fluss, wie er sich seinen Weg durch das dichte, grüne Tal sucht. Da es heute recht drückend und schwül ist, kommt

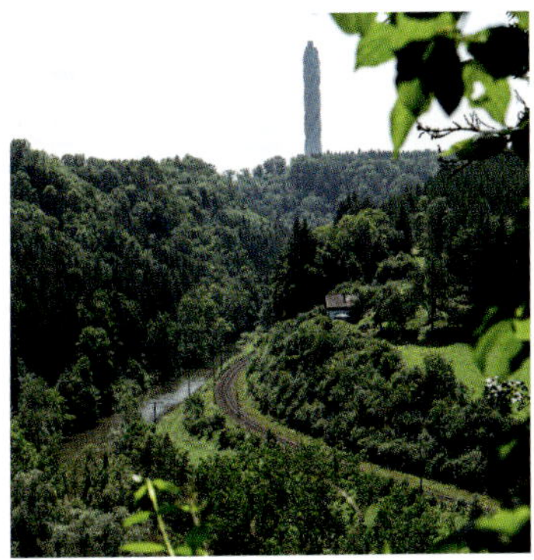

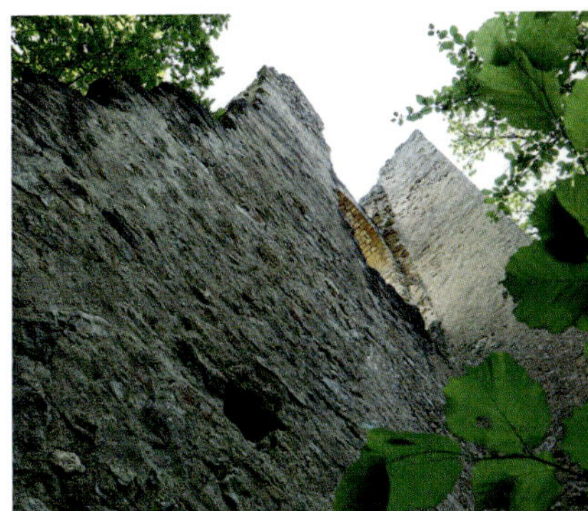

mir eine Wasserversorgungsstation an meinem Weg gerade recht. Es gibt sogar einen Brunnen aus dem Trinkwasser fließt. Während ich meine Trinkflaschen auffülle, komme ich mit einer netten Frau ins Gespräch, die gerade ihren Hund Gassi führt und sich hier auch erfrischt. Ich erzähle ihr von meinem Weg und dass mein heutiges Ziel Rottweil ist. Als Einheimische kennt sie die Stadt gut und wir reden über den TK-Elevator-Testturm, den ich später noch besuchen werde. Ich frage sie, wie der Turm von den Rottweilern angenommen wird. Nach einem Bürgerentscheid ist der Turm mittlerweile selbstverständlicher Bestandteil der Stadt geworden.

Von meinem nächsten Highlight, der Neckarburgruine, erzähle ich ihr auch. Sie ist ihr ein Begriff, von einer benachbarten Kapelle jedoch weiß sie nichts. Ich muss immer leicht schmunzeln, wenn Einheimische weniger „wissen“ als Fremde, bin aber selber erst einmal unsicher, ob nicht ich mich vertan habe. Wir verabschieden uns, und ich mache mich auf zur Burgruine. An einem Warnschild, das auf möglichen Steinschlag hinweist, biege ich auf einen schmalen Wiesenpfad. Nach einem kurzen Anstieg habe ich auf einer saftigen, blühenden Sommerwiese eine grandiose Aussicht auf das Naturschutzgebiet Neckarburg, die Bahnstrecke nach Singen und den Testturm, der an dieser Stelle auf mich allerdings wie ein Fremdkörper in der Landschaft wirkt.

Im 1988 ausgewiesenen und rund 64 Hektar großen Naturschutzgebiet zählen die Wacholderheiden dank einer über Jahrhunderte währenden Schafbeweidung zu den schönsten und wertvollsten außerhalb der Schwäbischen Alb. Für einen kurzen Moment lege ich mich

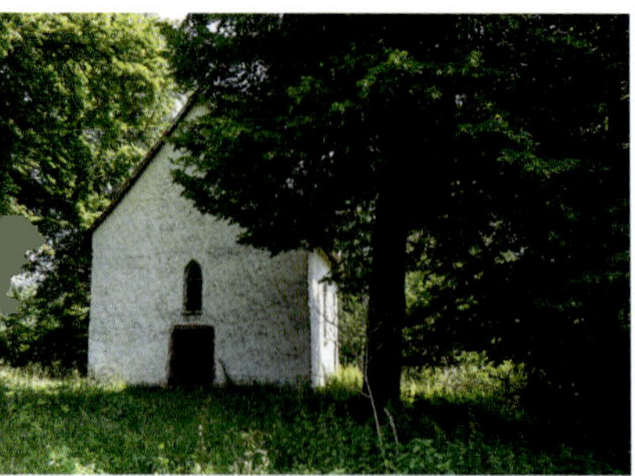

hier hin und genieße. Dann gehe ich auf dem Pfad weiter, der mich direkt zur Burgruine Neckarburg führt.
Die 793 erstmals erwähnte Burg liegt malerisch auf einem lang gestreckten Umlaufberg in einer Neckarschleife kurz vor Rottweil und besticht durch ihre hoch aufragenden Mauerteile mit ihren teilweise noch erhaltenen Rundbogenfenster, die aus einem schlossartigen Neubau aus der Renaissancezeit stammen. Von der ursprünglichen Burg, die möglicherweise als Fluchtburg gebaut wurde, sind bis auf Teile des Burggrabens und der umlaufenden Wehranlage heute leider nichts mehr zu sehen. Nach einem Streit zwischen den Herren von Neuneck und den Wildensteinern im Jahre 1379 wurde die Burg so stark zerstört, dass sie als unbewohnbar galt. Im Jahre 1580 kaufte die Rottweiler Familie Spreter von Kreudenstein die Burg, die Hinterburg wurde gänzlich abgerissen und die Vorderburg als repräsentatives Schloss ausgebaut. Im Dreißigjährigen Krieg war das Schloss wiederum unbewohnt, sodass es ab dem 17. Jahrhundert nicht mehr bewohnbar war.
Ich gehe noch etwas weiter bergauf, wo sich an einem schattigen, lauschigen Plätzchen neben einer großen Wiese die Neckarburgkapelle befindet, deren Ursprünge sich bis in das Jahr 1275 zurückverfolgen lassen. Sie besitzt ein Michaels-Patronizium, welches auf ein hohes Alter der Kapelle schließen lässt. Die Kapelle wurde Ende des 18. Jahrhunderts renoviert und war vermutlich die Pfarrkirche für die Orte Villingendorf, Dietingen und Herrenzimmern. Schade, um diese Kapelle hat man sich wohl nie recht gekümmert, obwohl zahlreiche Kapellen in der näheren Umgebung restauriert wurden. Leider ist die Kapelle geschlossen, sodass ich sie mir nur von außen anschauen kann. So lege ich hier ein gemütliches Päuschen ein, mache kehrt und gehe noch einmal an der Neckarburg vorbei, ehe ich wieder auf meinem Hauptweg ankomme und weiter im Naturschutzgebiet Richtung TK-Elevator-Testturm wandere.

## Tipp

Ausgeschilderte Känzele-Runde oberhalb des Naturschutzgebiets Neckarburg, Wegstrecke 8 Kilometer.

# TK-ELEVATOR-TESTTURM, ROTTWEIL

51

## Deutschlands höchste Aussichtsplattform

**Hinkommen:**
48°10'49.6"N 8°37'40.4"E

**Mit dem Auto:**
A81, Ausfahrt 34, Rottweil.
Weiter auf der B462 Richtung Rottweil, dann auf der B27 Richtung Balingen. Nach Überquerung des Neckars rechts. Parkmöglichkeiten direkt am Turm.

**Mit dem ÖPNV:**
Mit der Bahn nach Rottweil. Umsteigen in den Bus 5015 Richtung TK-Elevator-Testturm oder Anrufsammeltaxi (AST oder RUF, Telefon 018067/777272 bis eine Stunde vorher).

**Tourbeschreibung:**
Hoch interessante Eindrücke in eine zukunftsorientierte Technologie und der Genuss eines grandiosen Panoramas.

Ich verabschiede mich von der Kapelle bei der Neckarburg, drehe um, gehe nochmals an der Burgruine vorbei und erreiche die Ufer des Neckars. Ein Weg auf der anderen Flussseite scheint sehr idyllisch zu verlaufen und wäre die direkteste Strecke zum Testturm – Rottweils von weit her zu erkennende Sehenswürdigkeit. Leider ist die Brücke über den Neckar gesperrt und es gibt keine Möglichkeit einer trockenen Überquerung. So gehe ich an der Infotafel über das Naturschutzgebiet Neckarburg geradeaus weiter, überquere die Bahnstrecke von Herrenberg nach Singen

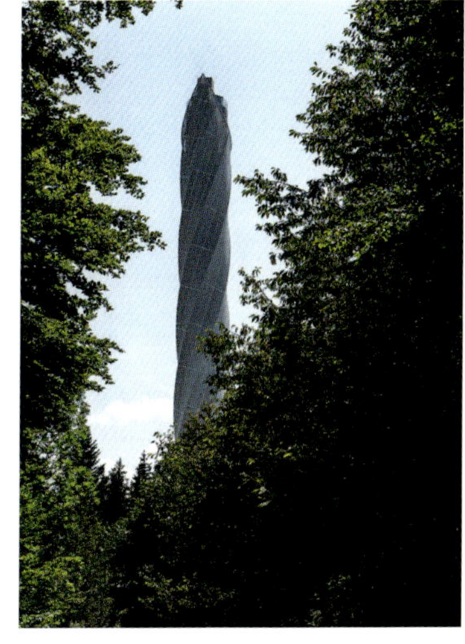

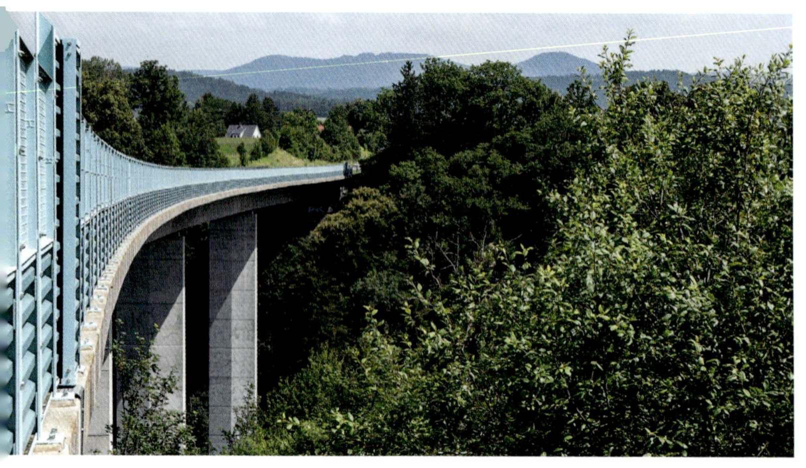

und mache einen etwas größeren Umweg über das Hofgut Neckarburg und folge einem gut befestigten, breiten Weg. In einem weiten Linksbogen gehe ich am Rande der Neckarschleife weiter, zwischen Feldern hindurch, ehe es links in den Wald hineingeht.

Von hier aus sehe ich den sich windenden Turm, der sich mir immer mal wieder durch kleine Öffnungen im Wald zeigt und nun zum Greifen nah ist. Wieder aus dem Wald, wandere ich auf einem Gehweg neben der B 27 über die Brücke Richtung Balingen, was mir einen erneuten Abstieg ins Neckartal erspart. Von hier habe ich freie Sicht auf den Testturm. Eine spannende Ansicht, wie sich Natur und Technik hier ergänzen, ja geradezu miteinander korrespondieren. Hier gilt mal wieder der Satz „Gegensätze ziehen sich an".

Nach der Brücke biege ich rechts ab und gehe mit großer Neugier über einen Parkplatz, bis ich schließlich direkt vor dem in den Himmel sich streckenden Turm stehe und mir die äußere Verschalung näher anschauen kann. Das Besondere an ihr ist, dass sie aus einer Stoffhülle aus Glasfasergewebe besteht. Ist sie am Fuß noch engmaschig, wird sie nach oben hin immer lockerer, sodass das darauf fallende Licht zu unterschiedlichen Tages- und Jahreszeiten verschieden reflektiert wird. So erscheint der Turm je nach Wetterlage und Zeit in einer anderen Anmutung.

Im Innern des Turms werden Aufzüge mit einer neuen zukunftsorientierten Technologie getestet. Anstatt mit Seilen gezogen zu werden, werden die Aufzüge von Magneten angetrieben. So können sie sich auch horizontal bewegen, wodurch mit einer Geschwindigkeit von bis zu 18 m/s viel mehr Menschen in einer viel kürzeren Zeit bewegt werden können.

Mit seinen 246 Metern ist er Europas höchster Testturm für Aufzüge und besitzt zudem mit 232 Meter die höchste Aussichtsplattform Deutschlands. Die Sicht von dort oben ist einfach absolut grandios – bei guter Sicht bis zu den Schweizer Alpen. Nach diesen Eindrücken der Superlative gehe ich weiter nach Rottweil.

## Tipp

Sehr informativ sind die angebotenen Führungen für Einzelpersonen und Familien, in denen die Hintergründe, die Geschichte des Turmes, technische Details und vieles mehr erläutert werden. Für Einzelpersonen gibt es ohne Besuch der Aussichtsplattform jeden Sonntag um 14 Uhr eine Führung mit einer Dauer von einer Stunde. Sie kostet 6 Euro, eine Voranmeldung ist erforderlich (www.rottweil.regionodo.de). Treffpunkt ist gegenüber Einfahrt P1, Berner Feld. Die Öffnungszeiten des Turms sind Fr, So und Feiertag von 10–18 Uhr sowie Sa von 10–20 Uhr.

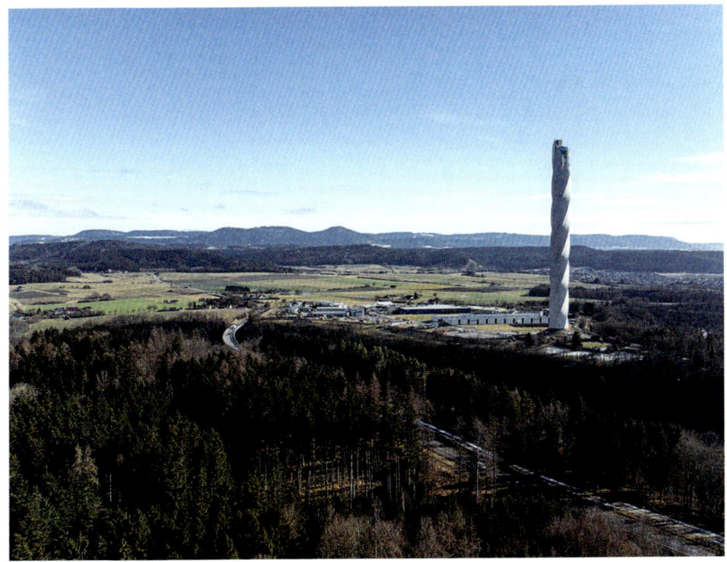

# 52 HÖLLSTEINQUELLE, ROTTWEIL

## Quelle am nahen Stadtrand

**Hinkommen:**
48°10'25.6"N 8°38'10.1"E

**Mit dem Auto:**
A81, Ausfahrt 34, Rottweil.

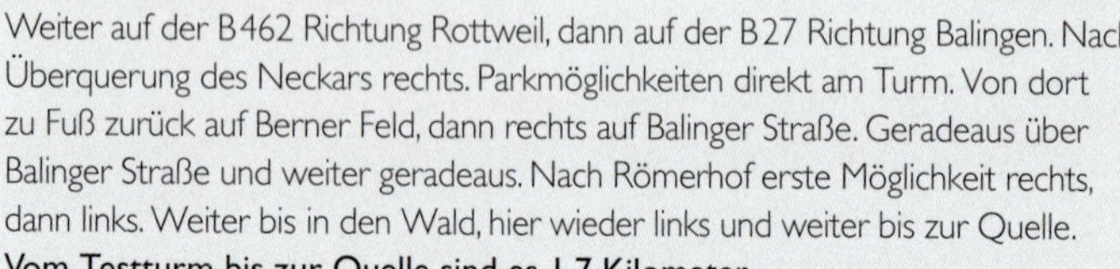

Weiter auf der B462 Richtung Rottweil, dann auf der B27 Richtung Balingen. Nach Überquerung des Neckars rechts. Parkmöglichkeiten direkt am Turm. Von dort zu Fuß zurück auf Berner Feld, dann rechts auf Balinger Straße. Geradeaus über Balinger Straße und weiter geradeaus. Nach Römerhof erste Möglichkeit rechts, dann links. Weiter bis in den Wald, hier wieder links und weiter bis zur Quelle.
**Vom Testturm bis zur Quelle sind es 1,7 Kilometer.**

**Mit dem ÖPNV:**
Mit der Bahn nach Rottweil. Zu Fuß auf Bahnhofstraße, nächste Möglichkeit rechts und die Bahngleise unterqueren. Nach dem Neckar links, dann wieder links auf In der Au. Rechts weiter auf In der Au bis zum Wald. Wenige Meter später im Wald nach links und dem Weg folgen bis zur Quelle.
**Vom Bahnhof bis zur Quelle sind es 1,9 Kilometer.**

**Tourbeschreibung:**
Nach Bahnhofstraße überwiegend Pfade im Wald. Diese können an und nach Regentagen rutschig sein, festes Schuhwerk. Immer wieder tolle Ausblicke auf das historische Rottweil.

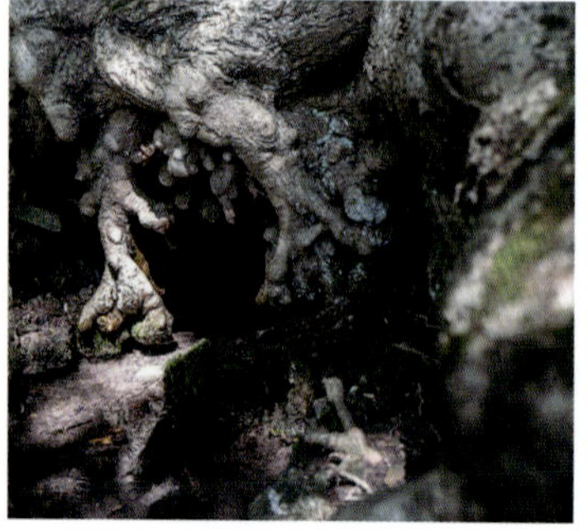

Das Ende meiner Etappe naht, aber noch habe ich zwei Highlights vor mir, die beide auf dem Höllensteinsaumpfad liegen, einem Panoramaweg oberhalb von Rottweil mit fantastischen Blicken auf die historische Stadt. Ein Highlight davon ist die Höllsteinquelle, die in einem Wald leicht oberhalb von Rottweil liegt. Um zu ihr zu kommen, gehe ich vom TK-Elevator-Testturm zwischen dem Industriegebiet Berner Feld auf der linken Seite und einem Waldabschnitt rechts davon Richtung Rottweil. Unterhalb von mir liegen rechts die Bahnstrecke sowie der junge Neckar. Ich gehe immer am Wald entlang, stoße auf die Balinger Straße und folge ihr weiter am Waldrand entlang, bis die Straße einen Linksbogen macht. Hier gehe ich in den Wald hinein und stoße oberhalb einer Kläranlage auf die Höllsteinquelle.

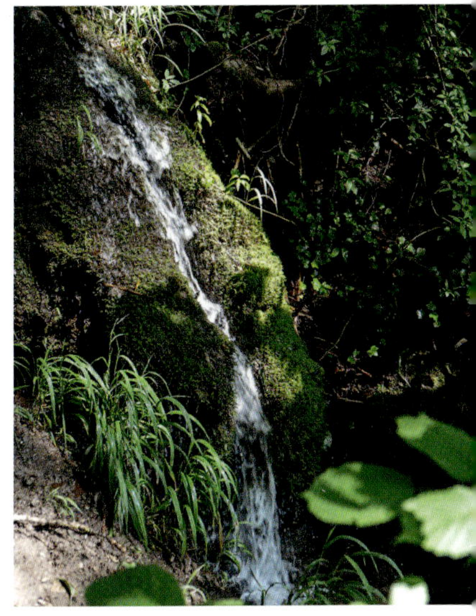

Quellen sind für mich immer etwas Besonderes, stehen sie doch für den Anfang von etwas. Und auch diese hier hat ihren ganz besonderen Charme. Sie sprudelt unter

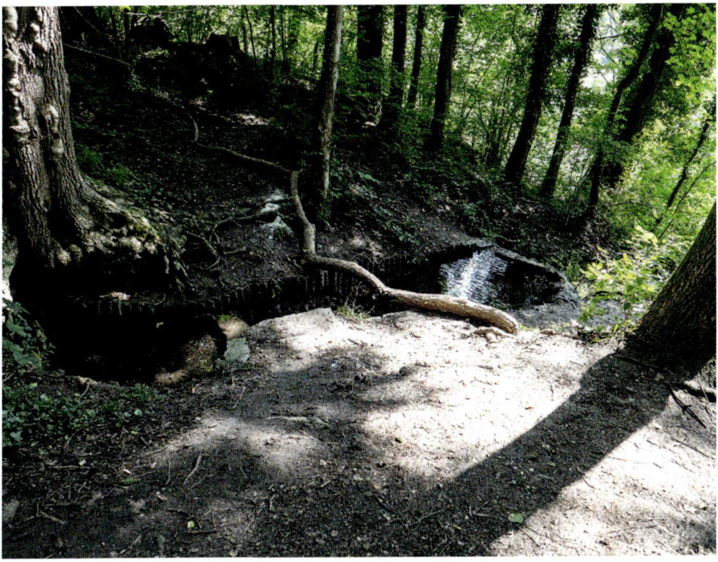

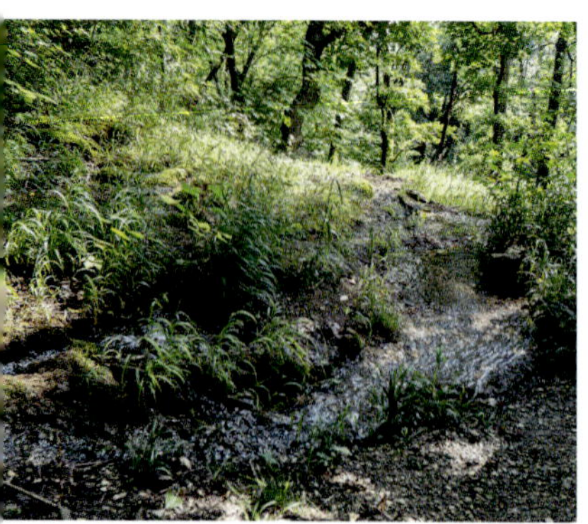

Das durch einzelne Stellen fallende Licht im dichten Laubwald tut sein Übriges, um diesen geheimnisvollen Ort zu bereichern. Für einen Moment bleibe ich stehen und vergesse meine Absicht, rechtzeitig am Bahnhof in Rottweil zu sein.

einer Baumwurzel hervor, das Wasser sammelt sich in einem kleinen Auffangbecken und fließt von dort als kleiner Wasserfall den Hang hinab. Dann sucht sich das Wasser auf dem steil abfallenden Waldboden seinen Weg und ist nicht mehr verfolgbar.

## Tipp

Der circa 1,5 bis 2 Stunden dauernde Höllensteinsaumpfad bietet wunderbare Ausblicke auf die Stadt Rottweil – die knapp zweistündige Tour beginnt in der Balinger Straße stadtauswärts rechts neben dem Wohnhaus der ehemaligen Gärtnerei. Einen Flyer zur Tour gibt es in der Rottweiler Tourist-Info oder in den Städtischen Museen, www.rottweil.de

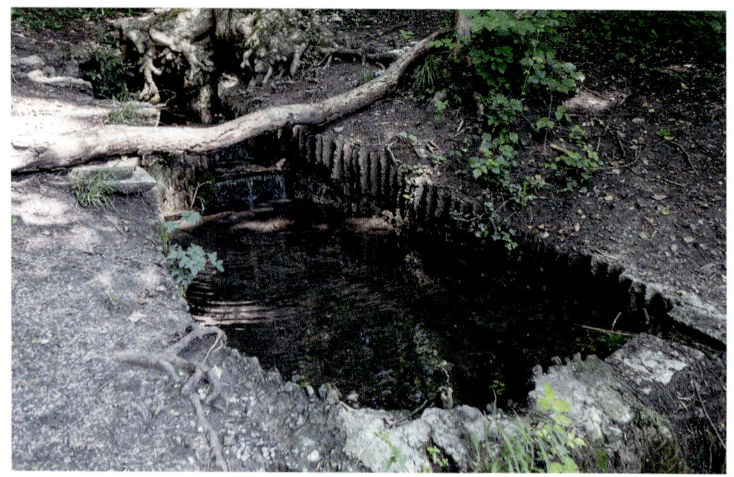

# AUF DEM HÖLLENSTEIN, ROTTWEIL

53

## Fantastischer Blick auf die historische Altstadt

**Hinkommen:**
48°10'08.3"N 8°38'13.3"E

**Mit dem Auto:**
A81, Ausfahrt 34, Rottweil.
Weiter nach Rottweil. Parkmöglichkeiten am Bahnhof.
Zu Fuß auf Bahnhofstraße, nächste Möglichkeit rechts und die Bahngleise unterqueren. Nach Neckar links, dann rechts auf Tafelgasse. Nach Gabelung links in den Wald auf Pfad bis zum Aussichtspunkt.
**Ab Bahnhof bis zum Aussichtspunkt sind es 1,4 Kilometer.**

**Mit dem ÖPNV:**
Mit der Bahn nach Rottweil. Zu Fuß weiter wie oben.

**Tourbeschreibung:**
Schöner, idyllischer Panoramaweg mit vielen Aussichten auf Rottweil, der teilweise auf dem Höllensteinsaumpfad verläuft. Der gesamte Höllensteinsaumpfad hat eine Dauer von 1,5 bis 2 Stunden.

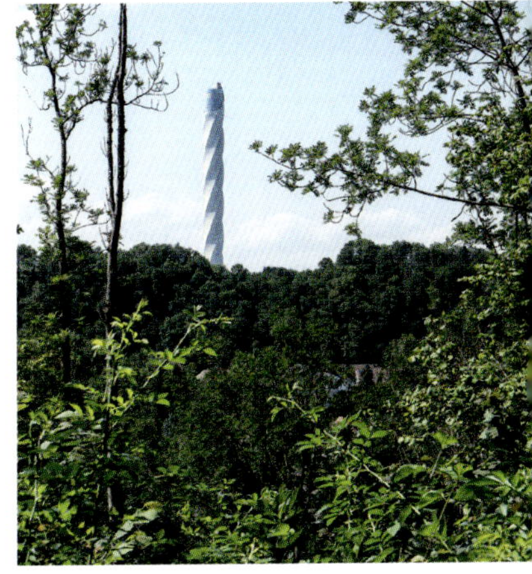

Das zweite Highlight auf dem Höllensteinsaumpfad ist ein wunderschöner, jedoch namenloser Aussichtspunkt. Ich gehe von der Höllsteinquelle auf dem Höllensteinsaumpfad in einem idyllischen Waldabschnitt immer geradeaus weiter. Schon auf dem Weg dorthin öffnet sich an manchen Stellen der Wald und ich bekomme immer wieder Aussichten auf die historische Altstadt. An einer dieser Öffnungen steht eine Stele, auf der nach einer Lithografie von Jakob Kammerer eine Stadtansicht aus dem

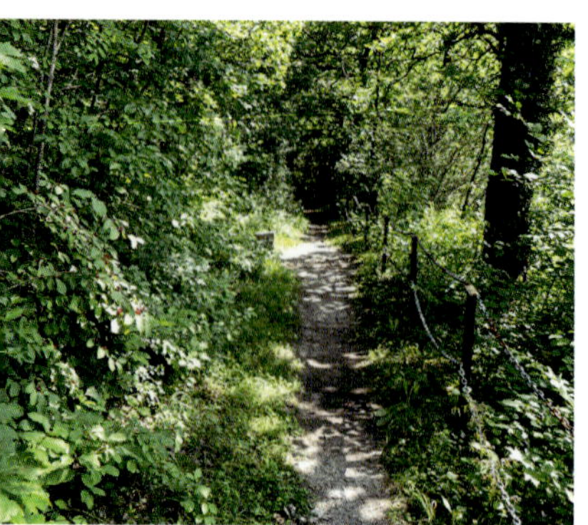

19. Jahrhundert zu erkennen ist mit der Beschreibung: „Die einst wehrhafte Reichsstadt in freier Höhenlage, auf beiden Seiten durch tiefe Schluchten geschützt". Treffender kann diese Beschreibung nicht sein.

Ich gehe auf dem Panoramaweg weiter und erreiche nach wenigen Minuten den eigentlichen Aussichtspunkt.

Mir bietet sich das klassische Postkartenmotiv mit der Stadtansicht von Osten. Kein Wunder, dass hier eine weitere, modern gestaltete Stele mit einem eingebauten Rahmen steht, der eindrucksvoll mit dem Blick auf die Stadt korrespondiert. Unterhalb des Rahmens ist eine Federzeichnung des Malers und Kunsthistorikers Max Bach von 1870 aus der Beschreibung der „Kunst- und Altertumsdenkmale im

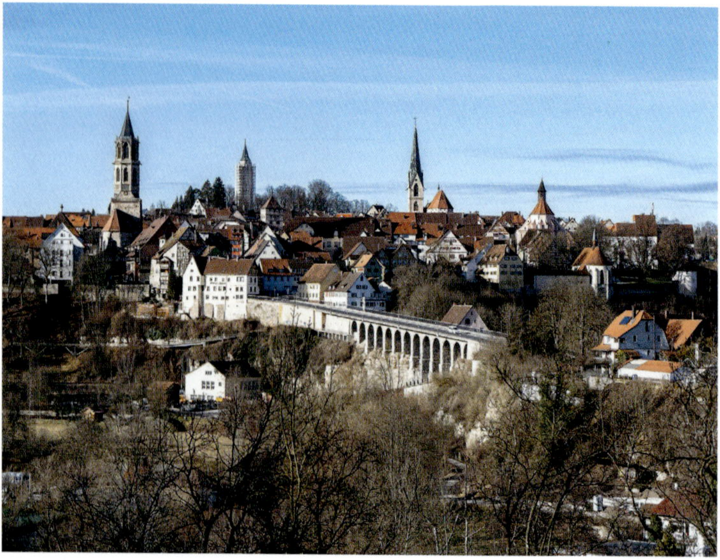

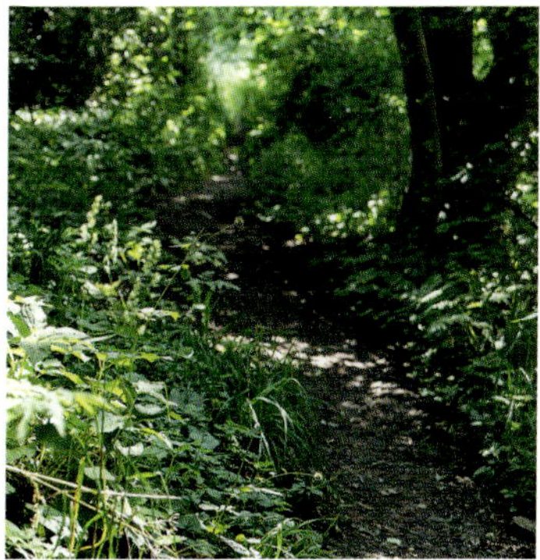

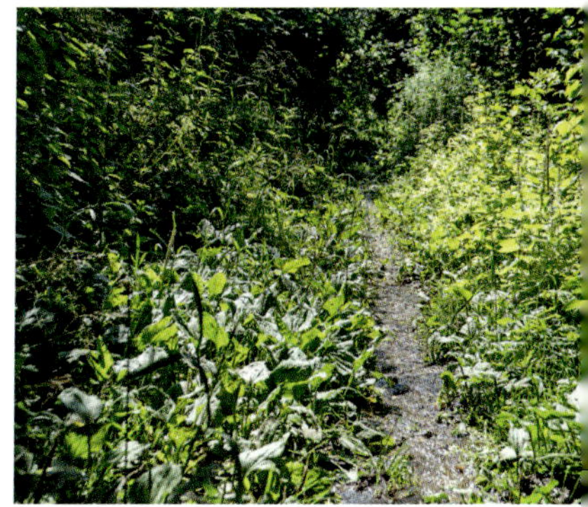

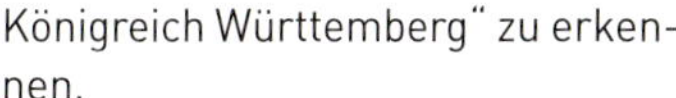

Königreich Württemberg" zu erkennen.

Neben der Stele lässt sich auf einer Ruhebank, die Sicht auf Rottweil für einen längeren Moment wunderbar genießen. Von hier geht es auch wieder hinunter zum Bahnhof, und ich schaue immer wieder hinüber zur besonderen Silhouette der Stadt und zum Testturm.

In Rottweil geht es durch ein Wohngebiet am Neckar entlang zum Bahnhof. Auf meinem Heimweg mache ich die Erfahrung, dass auf der Strecke von Rottweil nach Stuttgart auch die Schweizerische Bundesbahn verkehrt. Das habe ich nicht gewusst, sodass ich den Zug passieren ließ, was sich als Fehler herausstellt. Positiv gesehen, habe ich dadurch genügend Zeit, meine Erlebnisse von heute und der gesamten Strecke bis zu meinem Zwischenziel Rottweil auf mich wirken zu lassen.

## Tipp

Die seit dem 15. Jahrhundert alte Rottweiler Fasnet ist überregional bekannt und zählt zu den prächtigsten Straßenfastnachten des schwäbisch-alemannischen Raums. Mit dem Abstauben der Narrenkleider beginnt die Fasnet am 6. Januar und endet mit dem Narrentreiben am Aschermittwoch im März. Im Stadtmuseum im Herderschen Haus ist natürlich auch die Rottweiler Fastnacht ein Themenschwerpunkt.

Die Narrenzunft Rottweil hat seit Kurzem im Haus in der Hauptstraße 1 sogar ihr eigenes Museum.

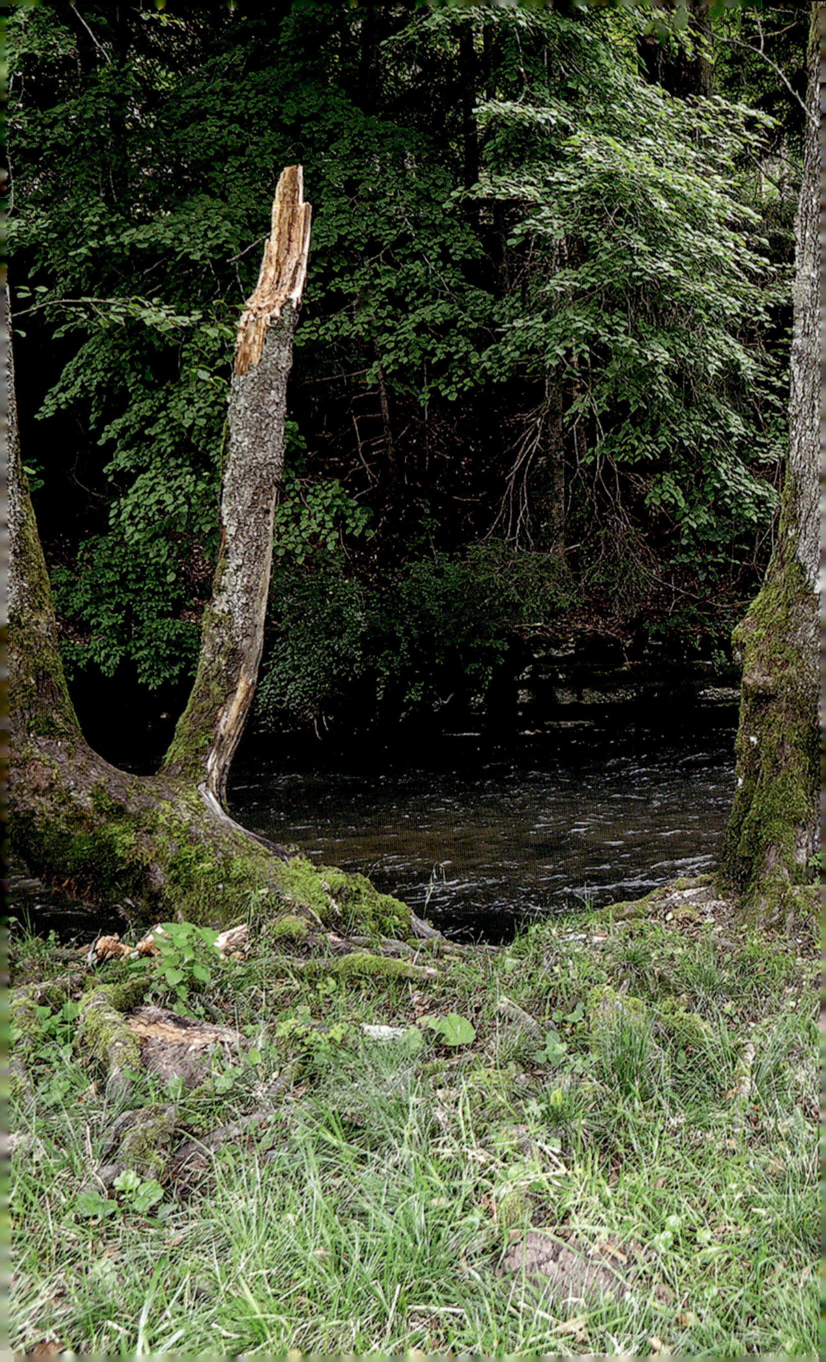

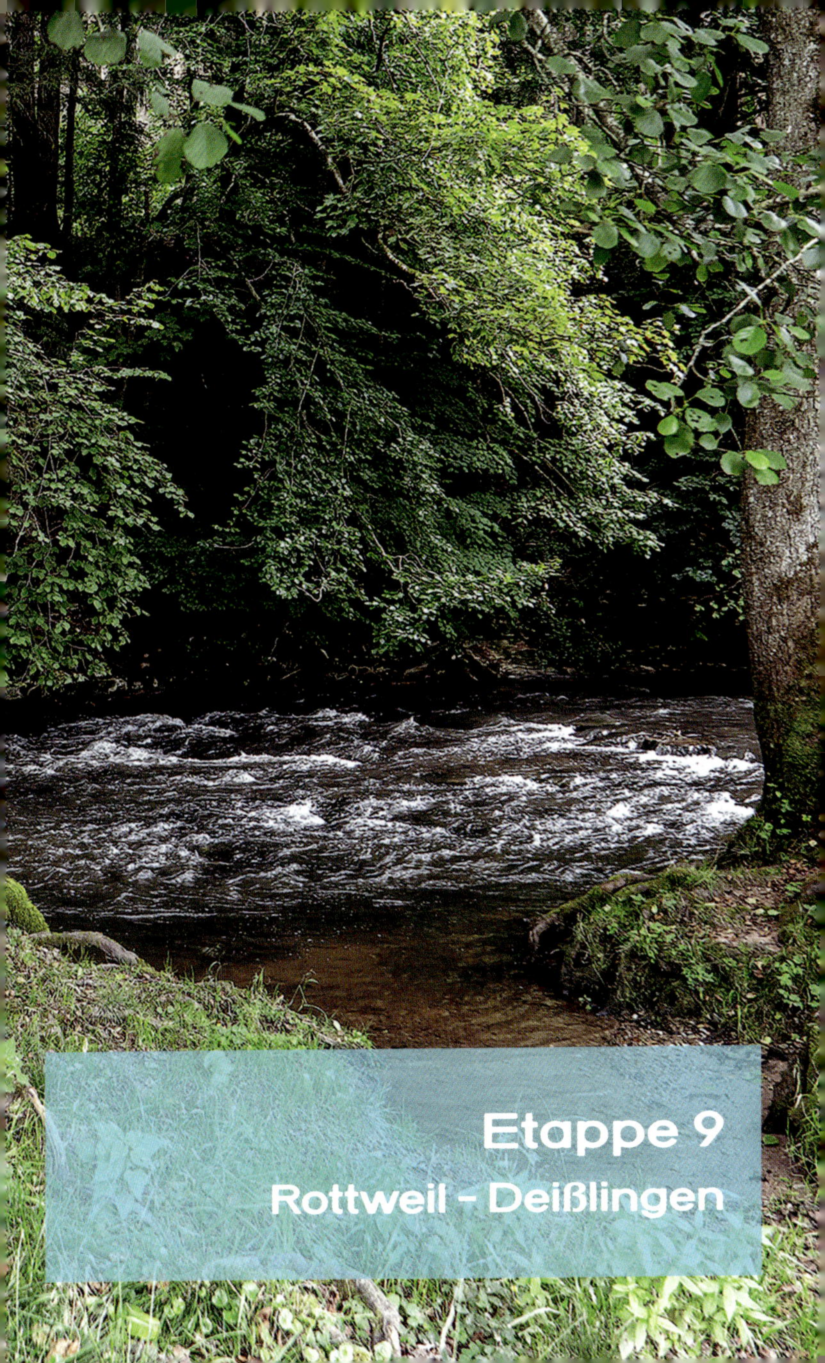
Etappe 9
Rottweil - Deißlingen

# 54 RÖMISCHES LEGIONSBAD, ROTTWEIL

## Bedeutendstes Baudenkmal aus römischer Vergangenheit

**Hinkommen:**
48°09'42.1"N 8°38'19.9"E

**Mit dem Auto:**
A 81, Ausfahrt 34, Rottweil.
Weiter nach Rottweil. In Rottweil auf die Königstraße. Parkmöglichkeiten vor der Friedhofkapelle.

**Mit dem ÖPNV:**
Mit der Bahn nach Rottweil. Zu Fuß weiter auf Bahnhofstraße Richtung Rottweil. Am Ende des Bahnhofs links auf einen Weg und weiter auf Eisenbahnstraße. Dann links auf Königstraße.
**Vom Bahnhof zum Römerbad ist es etwa 1 Kilometer.**

**Tourbeschreibung:**
Vom Bahnhof bis zum Römerbad geht es abseits der historischen Innenstadt Rottweils leicht ansteigend den Berg hoch. Die Innenstadt ist jedoch nicht weit weg, ein Besuch ist auf jeden Fall sehr lohnenswert.

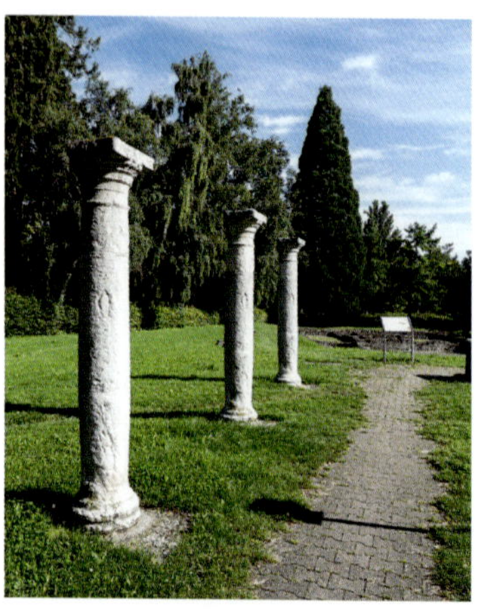

Die Sommerferien starten in Baden-Württemberg, das Wetter soll für eine längere Zeit stabil und sonnig sein, und ich habe auch gerade nicht viel zu tun – also Zeit. So beschließe ich, die restlichen acht Etappen von Rottweil nach Singen am Stück zu machen. Wegen Streckenarbeiten auf der Stammstrecke der Bahnverbindung Stuttgart – Singen und der Tatsache, dass die Fahrten immer länger werden, beschließe ich, in Rottweil zu übernachten und von dort aus meine täglichen Touren zu starten. Ich

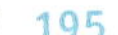

suche mir ein günstiges, nahe am Bahnhof liegendes Hotel aus. Bei der Ankunft werde ich erst einmal überrascht, denn das Restaurant des Hotels wird gerade renoviert und scheint geschlossen zu sein. Auch sonst erreiche ich niemanden. Muss ich mich nach einer anderen Übernachtungsmöglichkeit umschauen? So stelle ich erst einmal meinen Koffer dankenswerterweise bei einer benachbarten Apotheke ab und starte mit meinem Wanderrucksack meine heutige Etappe nach Deißlingen. Um meine Unterkunft kümmere ich mich notfalls dann heute Abend, wenn ich wieder zurück bin.

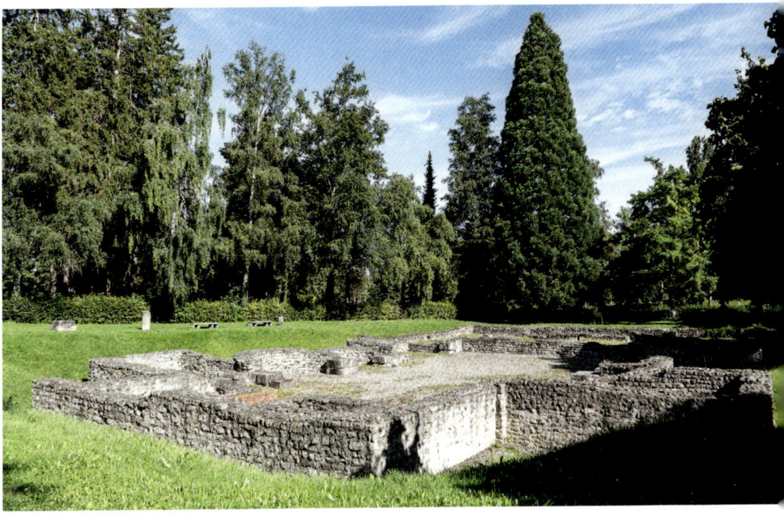

Ich gehe auf der Königstraße hinaus aus Rottweil. Am Stadtrand, direkt neben dem Friedhof, befindet sich mein erstes Highlight, das römische Legionsbad von Rottweil. Die 45 x 42 Meter große Badeanlage wurde erst im Rahmen der Friedhofserweiterung 1967 entdeckt – auf dem Gelände des ehemaligen Legionskastells. Die Anlage stammt vermutlich aus dem Jahre 74 n. Chr. und zählt zu den bedeutendsten ihrer Art in ganz Baden-Württemberg. Informationstafeln erklären die verschiedenen Bauphasen und die Funktion der unterschiedlichen Räume des Bades. Beeindruckt bleibe ich davor stehen und schaue mir dann das Gelände näher an. Es ist sehr verwinkelt, und ich nehme jede einzelne Ecke genau unter die Lupe. Es

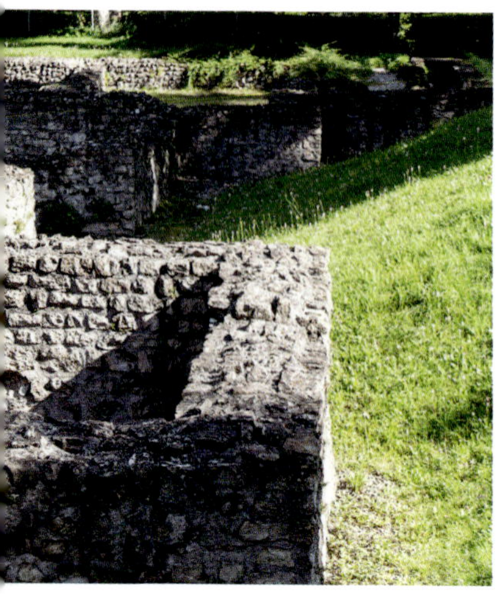

macht Spaß, fast wie ein Kleinkind über jede Mauer zu hüpfen. Die Anlage ist immer geöffnet, der Eintritt ist frei.

Ich setze meine Wanderung fort und verlasse Rottweil nun Schritt für Schritt Richtung Deißlingen.

## Tipp

Die seit dem 18. Jahrhundert durch Ausgrabungen zum Vorschein gebrachten Überreste vom Leben, Arbeiten und Sterben vor knapp 2000 Jahren sind überirdisch kaum zu sehen. Deswegen gibt es einen Rundweg, der an wichtigen Punkten der ehemaligen römischen Stadt vorbeiführt. Er beginnt an der Pelagiuskirche in der Rottweiler Altstadt. Ein Spaziergang dauert eine Stunde und kann selbstständig oder mit Führung begangen werden, Telefon 0741/494-280, www.rottweil.de.

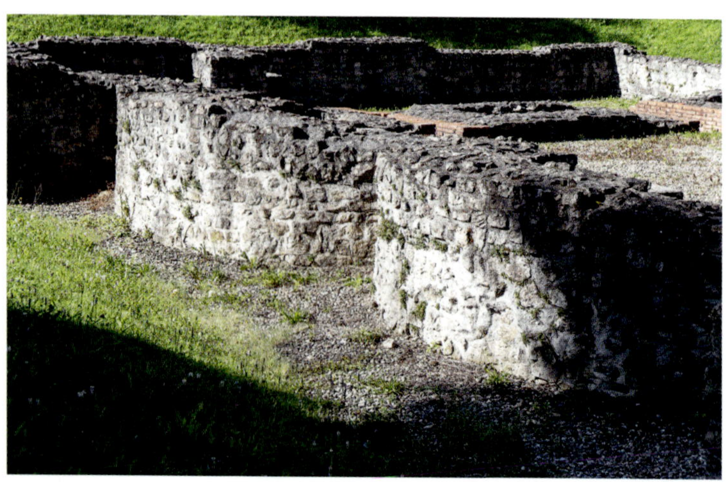

# HÖHENWEG ÜBER DEM ESCHACHTAL, DEISSLINGEN

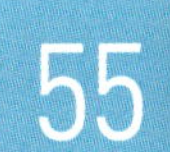

## Imposante Natur

**Hinkommen:**
48°07'57.1"N 8°36'15.9"E

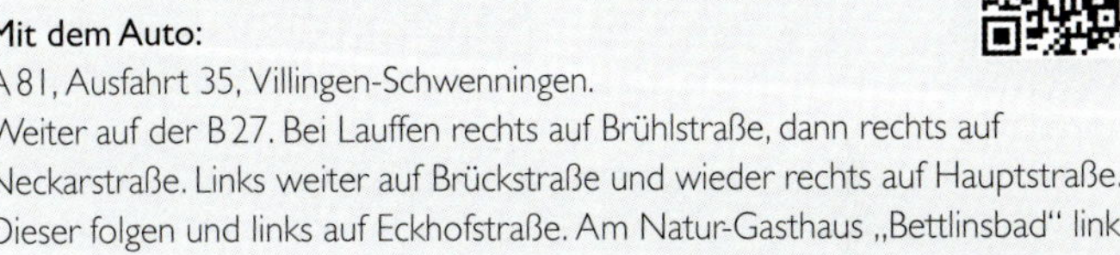

**Mit dem Auto:**
A81, Ausfahrt 35, Villingen-Schwenningen.
Weiter auf der B27. Bei Lauffen rechts auf Brühlstraße, dann rechts auf Neckarstraße. Links weiter auf Brückstraße und wieder rechts auf Hauptstraße. Dieser folgen und links auf Eckhofstraße. Am Natur-Gasthaus „Bettlinsbad" links. Parkmöglichkeiten am Parkplatz Trimm-dich-Pfad. Vom Parkplatz den links abzweigenden Pfad nehmen. An der nächsten Kreuzung geradeaus, dann nächste Gabelung links abbiegen. Dem Weg folgen bis kurz vor dem Landgasthof Eckhof. Leicht oberhalb des Landgasthofs links abbiegen auf den Höhenweg.
**Vom Parkplatz bis zum Beginn des Höhenwegs sind es circa 900 Meter.**

**Mit dem ÖPNV:**
Mit der Bahn nach Rottweil. Umsteigen in HZL, RB oder RE Richtung Villingen-Schwenningen oder Donaueschingen. Aussteigen in Deißlingen Mitte. Zu Fuß rechts auf Albstraße und geradeaus weiter auf Bahnhofstraße. Rechts auf Stauffenbergstraße und nochmals rechts auf Rottweiler Straße. Dann links auf Bitzerstraße und weiter auf Buchwaldstraße. Weiter auf dem Feldweg an den Sportplätzen vorbei. Geradeaus und in den Wald. Erste Gabelung links, geradeaus über die Kreuzung bis zum Landgasthof Eckhof.
**Vom Bahnhof Deißlingen Mitte bis zum Landgasthof Eckhof sind es 2,8 Kilometer.**

**Tourbeschreibung:**
Herrlich weiche Waldpfade und wunderschöne Aussichten auf das Eschachtal. Wege können an und nach Regentagen rutschig sein. Festes Schuhwerk.

Vom Römerbad geht es weiter hinaus aus Rottweil, und ich versuche noch einmal mein Glück, jemanden im Hotel zu erreichen. Mit Erfolg. Es hat mich doch ein wenig unsicher gemacht, nun kann ich beruhigt weiter wandern.
Mein Weg führt mich an den letzten Häusern Rottweils vorbei und ich biege am Rande des Stadt-

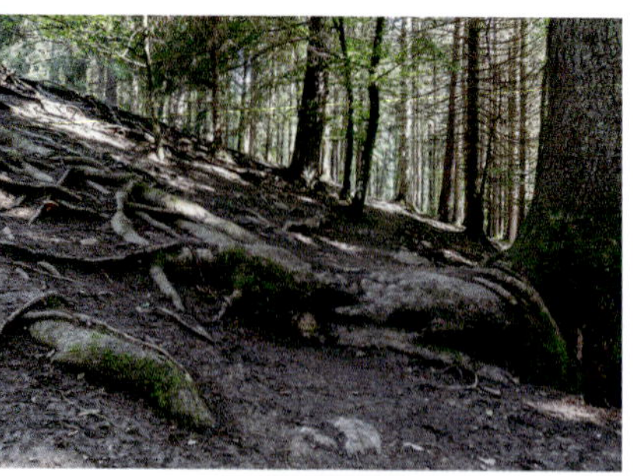

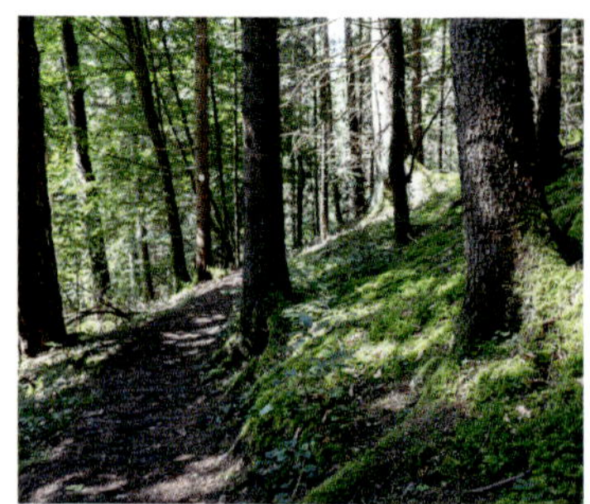

teils Bühlingen rechts ab Richtung Eschachtal. Weiter geht es auf einem Feldweg, der zu einem von Dickicht gesäumten Pfad wird und etwas später in einen Waldabschnitt mündet. Ich begegne einer ziemlich großen Blindschleiche und schaue ihr bei ihren schnellen Bewegungen fasziniert zu. Oberhalb der Eschach, die mit 38 Kilometern der wichtigste Zufluss des Neckars nach seiner Quelle ist, wandere ich gemütlich weiter und werde vom Plätschern des Wassers begleitet. Es wird immer idyllischer, teilweise muss ich über große Wurzeln steigen, die den Weg kreuzen. Das Licht strahlt an manchen Stellen im dichten Wald auf den Boden. Genuss pur! An manchen Stellen ist

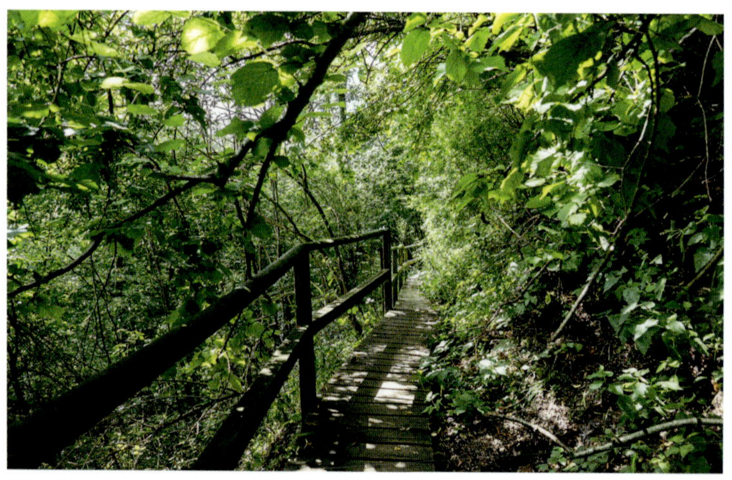

der Abhang nach links doch ein wenig steiler, sodass hier sogar Ketten als Geländer angebracht sind. So lässt es sich ganz entspannt und sicher wandern.

Dann führt der Pfad hinaus aus dem Wald und geht an einem recht steil abschüssigen Hang weiter. Hier ist der Weg nur noch wenige Zentimeter breit. Die Aussicht hinunter ins Tal ist einfach nur traumhaft. Die Licht- und Schattenspiele der Sonne und der aufziehenden Wolken tun ihr übriges. Noch einmal geht es für einen kurzen Moment in den Wald. Der Hang ist nun so steil, dass hier sogar ein Behelfssteg in den Hang eingebaut wurde. Kurz vor dem Gasthof Eckhof biege ich rechts Richtung Skulpturenpark Oberrotenstein ab.

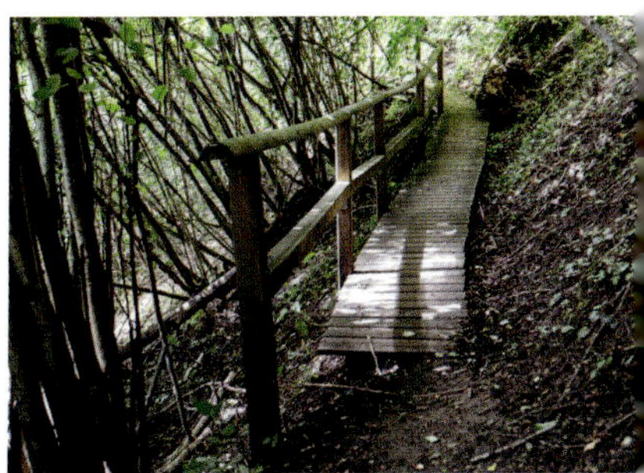

## Tipp

Einkehrmöglichkeit im Gasthaus Bettlinsbad mit regionalen und saisonalen Speisen und Getränken. Das Natur-Gasthaus ist auch regelmäßiger Veranstaltungsort für Workshops und Vorträge zu verschiedenen Themen aus den Bereichen Räuchern, Natur, Erholung und Gärtnern. Bettlinsbad 1, 78628 Rottweil, Telefon 0741/348 933 93, https://bettlinsbad.de/natur-gasthaus-bettlinsbad.

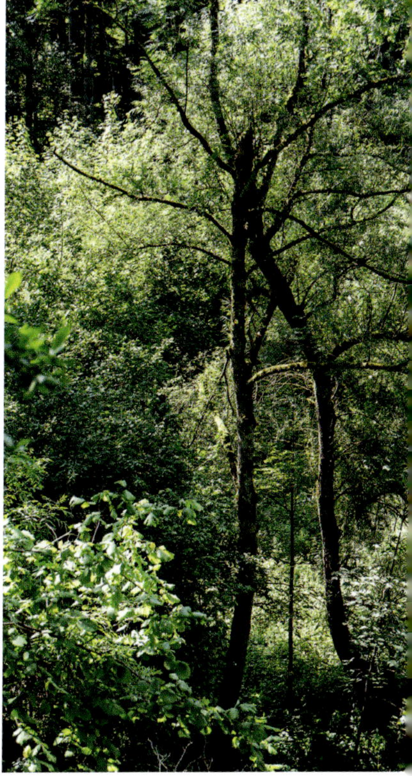

# 56 SKULPTURENPARK OBERROTENSTEIN

## Einzigartige Lichtspiele

**Hinkommen:**
48°08'13.6"N 8°35'07.7"E

**Mit dem Auto:**
A81, Ausfahrt 34, Rottweil.

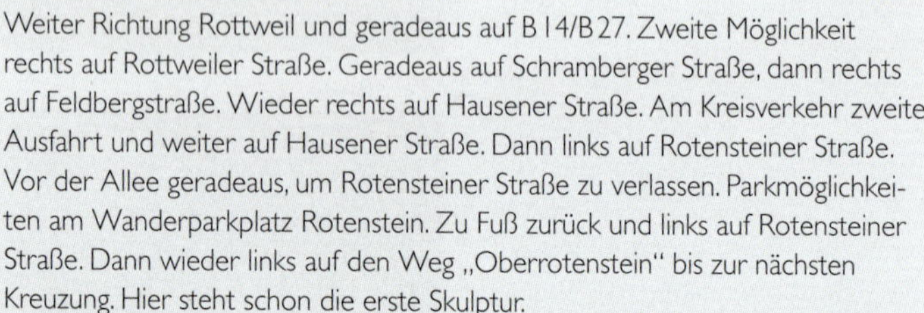

Weiter Richtung Rottweil und geradeaus auf B14/B27. Zweite Möglichkeit rechts auf Rottweiler Straße. Geradeaus auf Schramberger Straße, dann rechts auf Feldbergstraße. Wieder rechts auf Hausener Straße. Am Kreisverkehr zweite Ausfahrt und weiter auf Hausener Straße. Dann links auf Rotensteiner Straße. Vor der Allee geradeaus, um Rotensteiner Straße zu verlassen. Parkmöglichkeiten am Wanderparkplatz Rotenstein. Zu Fuß zurück und links auf Rotensteiner Straße. Dann wieder links auf den Weg „Oberrotenstein" bis zur nächsten Kreuzung. Hier steht schon die erste Skulptur.
**Vom Wanderparkplatz Rotenstein bis zum Skulpturenpark sind es 700 Meter.**

**Mit dem ÖPNV:**
Mit der Bahn nach Rottweil. Umsteigen in HZL, RB oder RE Richtung Villingen-Schwenningen oder Donaueschingen. Aussteigen in Deißlingen Mitte. Zu Fuß rechts auf Kirchbergstraße. Geradeaus weiter auf Stauffenbergstraße, rechts auf Rottweiler Straße und links auf Bitzestraße. Dann leicht rechts auf Buchwaldstraße bis vor zu den Sportplätzen. Hier links und Weg folgen bis in den Wald.
An der Gabelung links und geradeaus über die Kreuzung. Am Landgasthof Eckhof zweite Möglichkeit rechts auf einen Pfad und gleich scharf links. An Kreuzung links und geradeaus weiter, bis sich der Wald wieder öffnet. Dann links am Waldrand entlang bis zur nächsten Kreuzung. Hier steht schon die erste Skulptur.
**Vom Bahnhof Deißlingen Mitte bis zum Skulpturenpark sind es 4,5 Kilometer.**

**Tourbeschreibung:**
Weite Fernsicht bis zur Alb, dann schöner Mischwald. Tolle Impressionen im Eschachtal. Überwiegend breite und gut zu begehende Wege.

Die heutige etwas kürzere Etappe von Rottweil zu meinem Zielort Deißlingen bietet einen Abstecher zum Skulpturenpark Oberrotenstein, der nicht weit weg vom Landgasthof Eckhof ist. Also biege ich kurz vor dem Landgasthof scharf rechts ab und gehe den Hang wei-

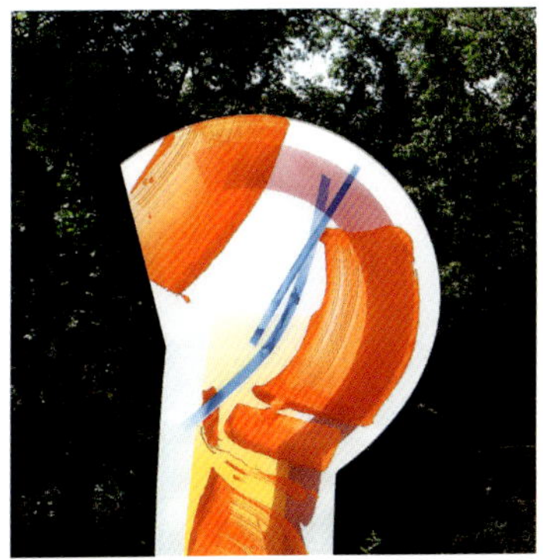

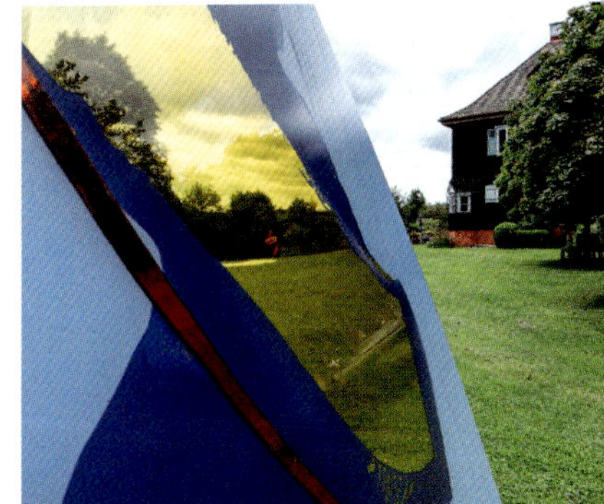

ter hinauf durch den Wald Richtung Wanderparkplatz Hausen Kugelwald. Am Wanderparkplatz befindet sich eine Tafel, auf der ich erkenne, dass meine ausgesuchte Wanderstrecke für ein langes Stück auf dem gut acht Kilometer langen Rundweg Wildenstein (Nr. 8) verläuft, der zudem auch Teil des Neckar-Baar-Jakobuswegs ist.

Kurz nach dem Wanderparkplatz biege ich links ab und gehe eine idyllische Allee mit traumhaften Eichen entlang. Hinter mir liegt der TK-Elevator-Testturm und ich blicke ein letztes Mal zu ihm hinüber.

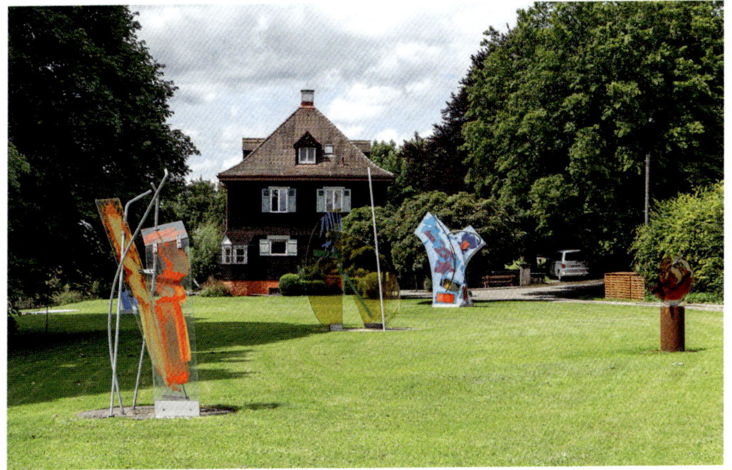

Wenige Schritte später begrüßt mich schon die erste Skulptur des Skulpturenparks Oberrotenstein. Zwei Platten aus Glas stehen senkrecht empor, die eine mit blauen, die andere mit roten abstrakten Bemalungen. Ich schaue sie mir näher an. Es macht Spaß, durch die Transparenz mit dem Sonnenlicht zu spielen und Fotos zu machen. Schon hier könnte ich mich Minuten lang aufhalten. Der eigentliche Skulpturenpark geht aber erst in einigen Metern los, direkt am Weg, den ich hier weitergehe.

Die zahlreichen bemalten Glasskulpturen entstanden über einen Zeitraum von 18 Jahren. Der Rottweiler Künstler Tobias Kammerer lässt die transparenten Figuren auf wunderbare Weise mit dem einfallenden Sonnenlicht miteinander tanzen. Das 5200 Quadratmeter große Gelände ist öffentlich zugänglich. Der Künstler versteht es, die Skulpturen harmonisch in ein Natur- und Vogelschutzgebiet zu platzieren. Wegen der Transparenz der Skulpturen lohnt es sich, den Park zu verschiedenen Jahres- und sogar Tageszeiten zu besuchen. Immer wieder entstehen durch das wechselnde Licht neue Eindrücke und Lichterlebnisse. Phänomenal!

## Tipp

Unvergessliches Erlebnis: Tobias Kammerer führt persönlich durch seinen Skulpturengarten. Dauer 30 Minuten, Termin vereinbaren unter Telefon 0741/2646 oder per E-Mail info@tobias-kammerer.de.

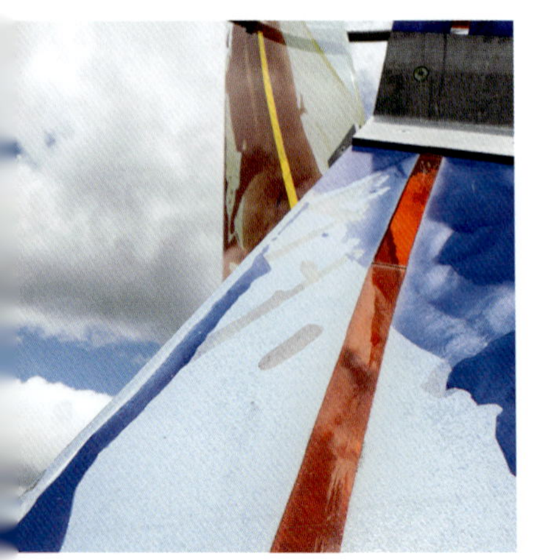

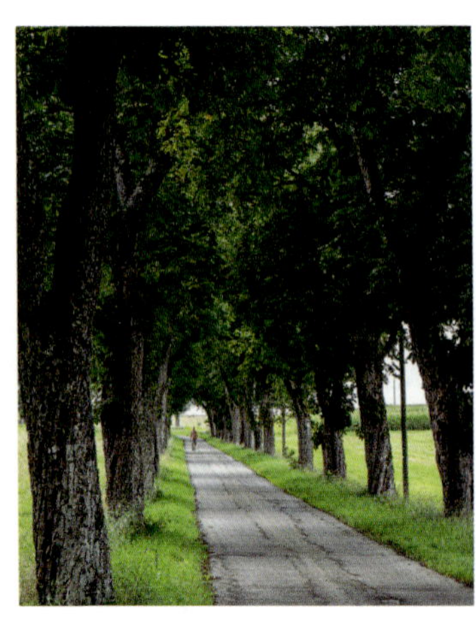

# EHEMALIGE BURG ROTENSTEIN, ROTTWEIL

57

## Ein Modell erinnert an die Vergangenheit

**Hinkommen:**
48°08'00.7"N 8°34'59.2"E

**Mit dem Auto:**
A 81, Ausfahrt 34, Rottweil.
Weiter Richtung Rottweil und geradeaus auf B 14/B 27. Zweite Möglichkeit rechts auf Rottweiler Straße. Geradeaus auf Schramberger Straße, dann rechts auf Feldbergstraße. Wieder rechts auf Hausener Straße. Am Kreisverkehr zweite Ausfahrt und weiter auf Hausener Straße. Dann links auf Rotensteiner Straße. Vor der Allee geradeaus, um Rotensteiner Straße zu verlassen. Parkmöglichkeiten am Wanderparkplatz Rotenstein. Zu Fuß zurück und links auf Rotensteiner Straße. Dann wieder links auf den Weg „Oberrotenstein". Am Skulpturengarten geradeaus und in den Wald. Beschilderung folgen.
**Vom Wanderparkplatz Rotenstein zur ehemaligen Burg Rotenstein sind es 1,6 Kilometer.**

**Mit dem ÖPNV:**
Mit der Bahn nach Rottweil. Umsteigen in HZL, RB oder RE Richtung Villingen-Schwenningen oder Donaueschingen. Aussteigen in Deißlingen Mitte. Zu Fuß rechts auf Kirchbergstraße. Geradeaus weiter auf Stauffenbergstraße, rechts auf Rottweiler Straße und links auf Bitzestraße. Dann leicht rechts auf Buchwaldstraße bis vor zu den Sportplätzen. Hier links und Weg folgen bis in den Wald. An Gabelung links und geradeaus über Kreuzung. Am Landgasthof Eckhof zweite Möglichkeit rechts auf einen Pfad und gleich scharf links. An der Kreuzung links und geradeaus weiter. Links am Waldrand weiter bis zum Skulpturenpark Oberrotenstein. Hier links abbiegen und der Beschilderung folgen bis Burg Rotenstein.
**Vom Bahnhof Deißlingen Mitte bis zur ehemaligen Burg Rotenstein sind es 5,2 Kilometer.**

**Tourbeschreibung:**
Weite Fernsicht bis zur Alb, dann schöner Mischwald. Tolle Impressionen im Eschachtal. Überwiegend breite und gut zu begehende Wege.

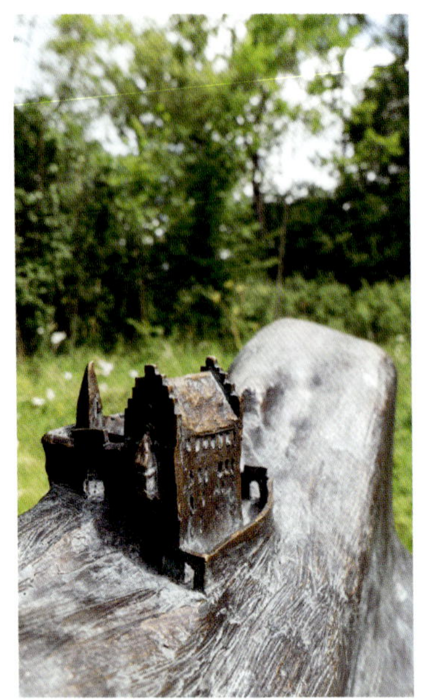

Vom Skulpturengarten geht es zurück auf den Weg, den ich gekommen bin. Ich biege an der Skulptur rechts ab, die mich als erste begrüßt hat. Ich freue mich über einen kleinen Wegabschnitt an Feldern entlang, ehe es angenehm und leicht bergab wieder in einen schönen Mischwald hineingeht. Mein Weg verläuft auf dem ausgeschilderten, gut acht Kilometer langen Rundweg Wildenstein, der auch auf dem Jakobsweg liegt. Kurz vor der Burg Rotenstein zweigt ein Pfad vom Hauptweg ab und ich folge der Beschilderung zur ehemaligen Burg Rotenstein. Wild verwachsen führt der Weg direkt zur Burg – oder vielmehr zum ehemaligen Burggelände.

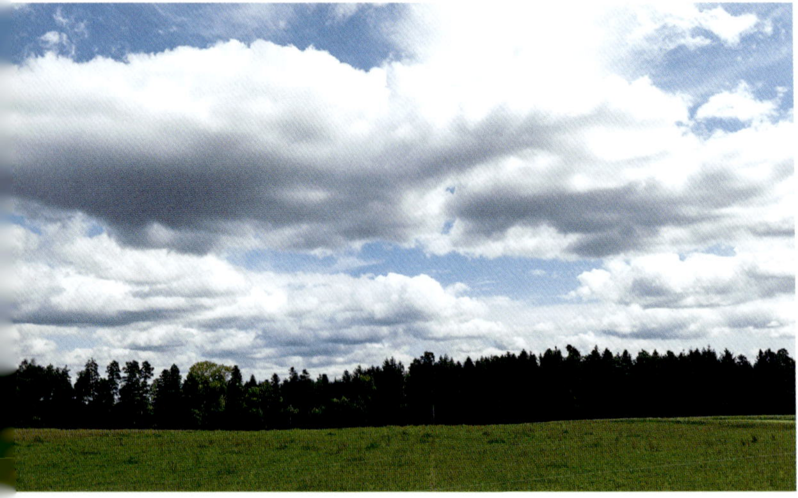

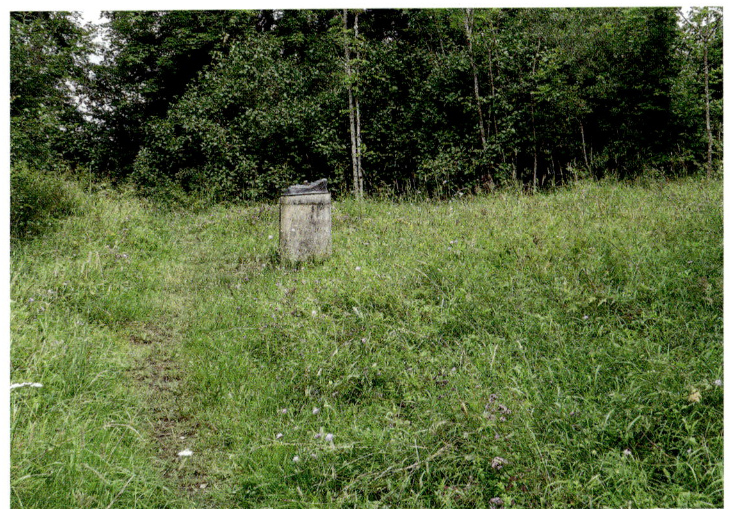

Auf einer kleinen Lichtung steht ein Bronzemodell im Maßstab 1:100, das hilft, sich vorzustellen, wie die einstige Burg aus dem Jahr 1267 wohl ausgesehen hat. Es sind nur noch spärliche Mauerreste und Burggräben erhalten. Wie gut, dass ich bei meinem letzten Highlight am Skulpturengarten war, denn jetzt sagt mir der Name Tobias Kammerer etwas. Dieser Künstler hat nicht nur dieses Bronzemodell angefertigt, sondern auch eine Jakobsstempelstelle errichtet.

Ich finde es sehr besonders, dass hier oben eine Plastik steht, anhand derer ich mich genauso auf eine Zeitreise begeben kann, wie wenn ich einige Mauerreste vor mir habe. Neben dem Modell informiert eine Tafel über die Geschichte der Burg, die eine Dienstmannen-Burg der Grafen von Hohenberg war und als Kontrollpunkt der Straße und des Flussübergangs im Eschachtal diente. Ich gehe auf dem Pfad weiter, der mich leicht bergab in das wunderschöne Eschachtal führt.

## Tipp

Leckere und regionale Produkte gibt es im Wildensteiner Hofladen zu erwerben. Wildensteiner Höfe 2, 78652 Deißlingen. Di, Do und Fr von 9–18 Uhr, Sa 9–13 Uhr, Sommerpause beachten. Über die Winterzeit nur bis 17 Uhr offen. Telefon 07420/1338, www.wildensteiner-hofladen.de.

# 58 ESCHACHTAL, ROTTWEIL
## Traumwege

**Hinkommen:**
48°08'22.3"N 8°34'43.2"E

**Mit dem Auto:**
A 81, Ausfahrt 34, Rottweil.

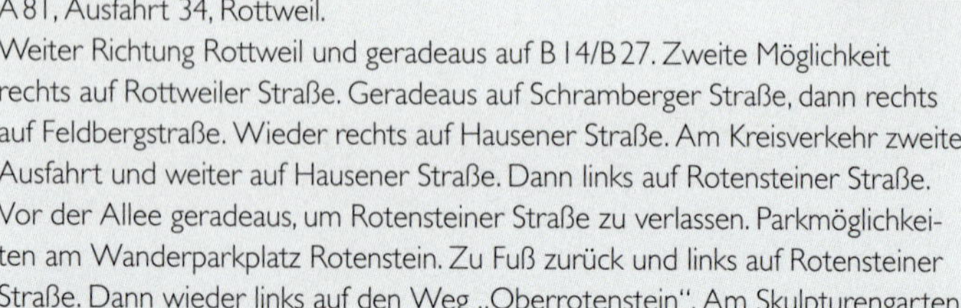

Weiter Richtung Rottweil und geradeaus auf B 14/B 27. Zweite Möglichkeit rechts auf Rottweiler Straße. Geradeaus auf Schramberger Straße, dann rechts auf Feldbergstraße. Wieder rechts auf Hausener Straße. Am Kreisverkehr zweite Ausfahrt und weiter auf Hausener Straße. Dann links auf Rotensteiner Straße. Vor der Allee geradeaus, um Rotensteiner Straße zu verlassen. Parkmöglichkeiten am Wanderparkplatz Rotenstein. Zu Fuß zurück und links auf Rotensteiner Straße. Dann wieder links auf den Weg „Oberrotenstein". Am Skulpturengarten geradeaus und in den Wald und dem Hauptweg hinunter ins Eschachtal folgen.
**Vom Wanderparkplatz Rotenstein bis ins Eschachtal sind es 1,7 Kilometer.**
Alternative Rastplatz Eschachtal an der A 81, der direkt an das Eschachtal grenzt.

**Mit dem ÖPNV:**
Von Rottweil kommend mit der HZL-Bahn Richtung Bräunlingen, von Donaueschingen oder Villingen-Schwenningen kommend mit der HZL-Bahn Richtung Rottweil. Aussteigen in Deißlingen Mitte. Zu Fuß rechts auf Kirchbergstraße. Geradeaus weiter auf Stauffenbergstraße, rechts auf Rottweiler Straße und zweite Möglichkeit links auf Schwärzenstraße. Weg folgen bis in den Wald. An Gabelung links und geradeaus über Kreuzung. Weiter bis zum Am Landgasthof Eckhof. Ab hier gibt es verschiedene Wanderwege sowohl nach links und nach rechts im Eschachtal.
**Vom Bahnhof Deißlingen Mitte bis ins Eschachtal sind es circa 2,9 Kilometer.**

**Tourbeschreibung:**
Das Eschachtal bietet Idylle pur, einige Wegabschnitte verlaufen direkt am Fluss. Teils schmale, aber überwiegend ebene Pfade, die an und nach Regentagen rutschig sein können.

Ich passiere die Burg Rotenstein, gehe auf einem Pfad hinab ins Eschachtal und wandere neben dem kleinen Fluss Eschach auf einem wildromantischen Pfad weiter. Das Plätschern des Wassers begleitet meinen Laufrhythmus. Die Sträucher links und rechts des

Pfades bilden einen fast natürlichen Tunnel. Schon jetzt bin ich von diesem Tal einfach nur begeistert. Nach einer Weile lichtet sich der Tunnel und ich schaue über die Eschach und das Tal hinüber zur Eschachtalbrücke. Der Kontrast der stark befahrenen Brücke zum ruhigen Tal ist sowohl ein widersprüchlicher als auch faszinierender Anblick. Ich habe den Eindruck, dass der Architekt der Brücke die Anzahl der Stützen bewusst auf das Minimum reduziert hat, um die Brücke bestmöglich in die Landschaft zu integrieren und denke, das ist ihm gelungen. Aber nicht nur das. Die 1977 fertig gestellte Brücke diente sogar als Vorbild für die noch größere Kochertalbrücke.

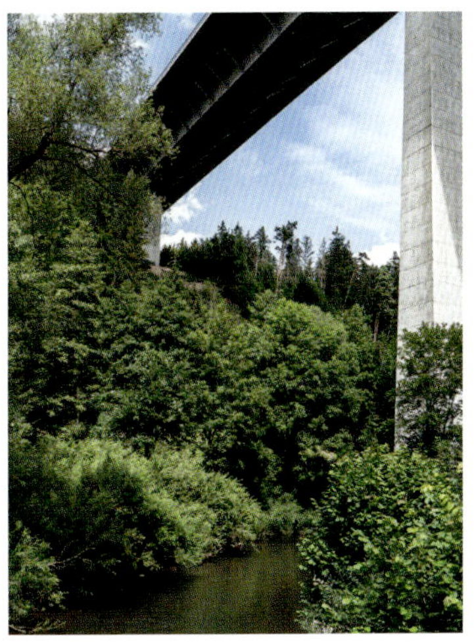

Schon einige Male bin ich hier über das Eschachtal gefahren und habe mich immer gefragt, was es wohl in diesem Tal zu entdecken und zu erleben gibt. Nun habe ich die Antwort: Idylle pur! So brauche ich mich nur einmal kurz umschauen

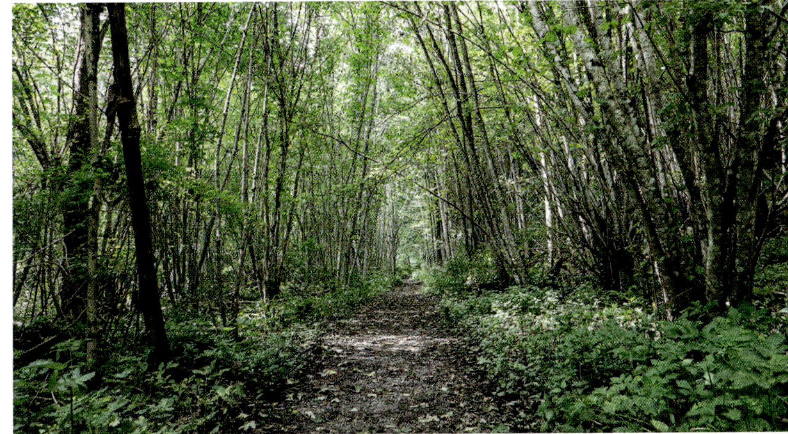

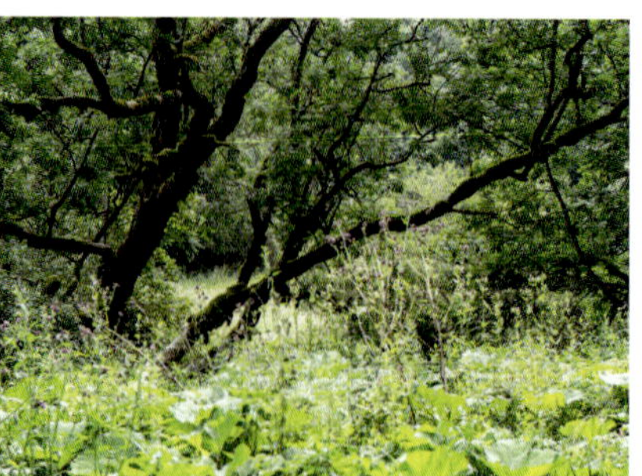

und blicke auf dicht bewachsene Sträucher und Bäume in allen Grüntönen. Schon habe ich die Autobahn wieder vergessen.
Natürlich reizt es mich aber auch, die Autobahnbrücke zu unterqueren und sie aus nächster Nähe zu betrachten. Wie praktisch, dass mein Weg direkt dorthin führt. Auch hier bin ich wie schon bei der Neckartalbrücke vor allem von der Höhe der Betonstützen beeindruckt, obwohl sie mit ihren 89 Metern nicht ganz so hoch ist. Ich gehe noch ein paar Meter weiter, um mir von der anderen Seite der Brücke ein Bild davon zu machen, wie sie das Tal umspannt. Ein reizvoller Anblick und ich beobachte vor allem das Treiben der Lastwagen, die ich von hier unten erkenne. So verbringe ich hier ein wenig Zeit, ehe ich mich auf der anderen Seite der Eschach auf den Weg zurück aus dem Eschachtal mache.

## Tipp

Das Wildgehege beim Landgasthof Eckhof verspricht garantierten Pirscherfolg für große und kleine Kinder. Der Landgasthof Eckhof bietet dabei eine gute Gelegenheit, sich kulinarisch zu stärken. Eckhof 3, 78628 Rottweil, Telefon 0741/15405.

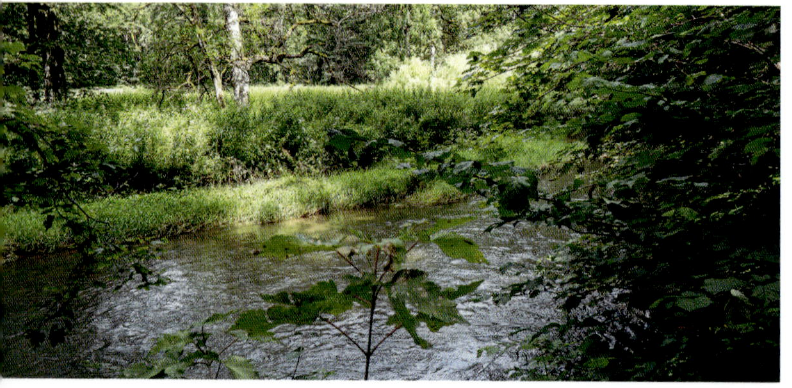

# RUINE WILDENSTEIN, ROTTWEIL

## Malerisch über dem Eschachtal

59

Hinkommen:
48°08'07.8"N 8°34'51.3"E

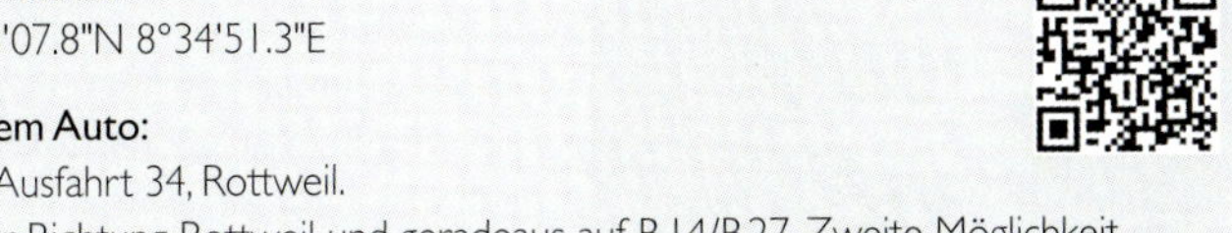

Mit dem Auto:
A81, Ausfahrt 34, Rottweil.
Weiter Richtung Rottweil und geradeaus auf B14/B27. Zweite Möglichkeit rechts auf Rottweiler Straße. Geradeaus auf Schramberger Straße, dann rechts auf Feldbergstraße. Wieder rechts auf Hausener Straße. Am Kreisverkehr zweite Ausfahrt und weiter auf Hausener Straße. Dann links auf Rotensteiner Straße. Vor der Allee geradeaus, um Rotensteiner Straße zu verlassen. Parkmöglichkeiten am Wanderparkplatz Rotenstein. Zu Fuß zurück und links auf Rotensteiner Straße. Dann wieder links auf den Weg „Oberrotenstein". Am Skulpturengarten geradeaus und in den Wald und dem Hauptweg hinunter ins Eschachtal folgen. Über die Eschach und rechts abbiegen. Dem Wanderweg folgen.
**Vom Wanderparkplatz Rotenstein bis zur Ruine sind es 2,6 Kilometer.**
Alternative von Rastplatz Eschachtal an der A81.
Vom Rastplatz West in Richtung Eschachtalbrücke, dann links abbiegen. Geradeaus weiter, dem Weg immer bergab folgen. Nach einer scharfen Rechtskehre nächste Möglichkeit links, dann wieder rechts auf die Brücke über den Neckar und immer geradeaus. **Vom Rastplatz West zur Ruine sind es 2 Kilometer, vom Rastplatz Ost etwa 1,7 Kilometer.**

Mit dem ÖPNV:
Mit der Bahn nach Rottweil. Umsteigen in HZL, RB oder RE Richtung Bräunlingen. Aussteigen in Deißlingen Mitte. Zu Fuß rechts auf Kirchbergstraße. Geradeaus weiter auf Stauffenbergstraße, rechts auf Rottweiler Straße und links auf Bitzestraße. Dann leicht rechts auf Buchwaldstraße. Nach den Sportplätzen links und dem Weg folgen bis in den Wald. An Gabelung links und geradeaus über die Kreuzung. Sofort nach Überquerung der Eschach links und immer der Eschach entlang. Beschilderung zur Ruine Wildenstein folgen. **Vom Bahnhof Deißlingen Mitte bis zur Ruine Wildenstein sind es 6,4 Kilometer.**

Tourbeschreibung:
Wunderschöne Impressionen im Eschachtal, längere Wegabschnitte direkt am Fluss. Teils schmale, aber überwiegend ebene Pfade, die an und nach Regentagen rutschig sein können. Festes Schuhwerk empfohlen.

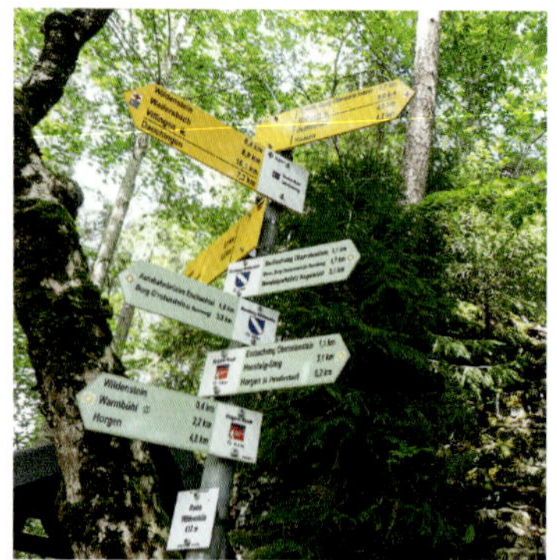


Auf dem gut acht Kilometer langen, ausgeschilderten Rundweg Wildenstein gehe ich von der Eschachtalbrücke zurück aus dem Tal. Ich wähle die andere Flussseite, da ich mir so eine weitere Ruine im Eschachtal anschauen kann. Durch einen schönen Mischwald geht es auf einem angenehm zu gehenden Weg oberhalb der Eschach hinauf zur Ruine Wildenstein.

Die ehemalige Burg ist auch die Namensgeberin des Weges, den ich die letzten Stunden gewandert bin und auf dem ich schon so viel Schönes erlebt und gesehen habe. Sie befindet sich auf einem schmalen, lang gestreckten Bergvorsprung oberhalb der Eschach.

Überreste von der Burg sind recht hohe mit Efeu bewachsene Mauerreste der ehemaligen Ringmauer direkt am breiten Wanderweg. Weitere Mauerreste, die vom einst großen Wohnturm übrig geblieben sind, liegen auf einem für mich nicht zu begehbaren Hang weiter oben. Eine Infotafel klärt über die Geschichte der Ruine auf.

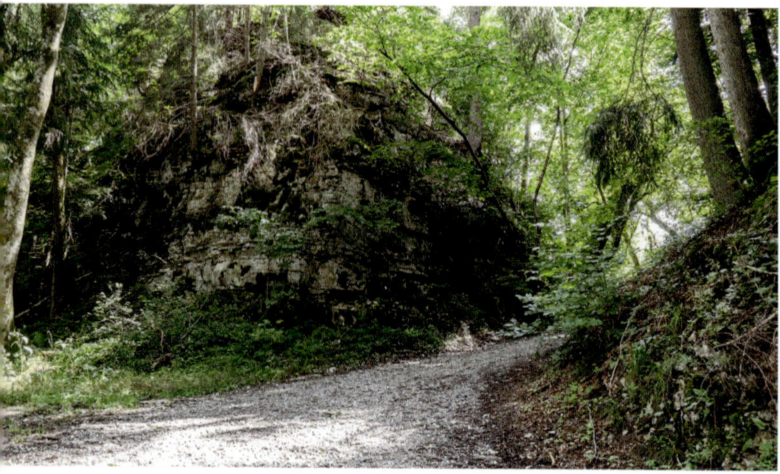

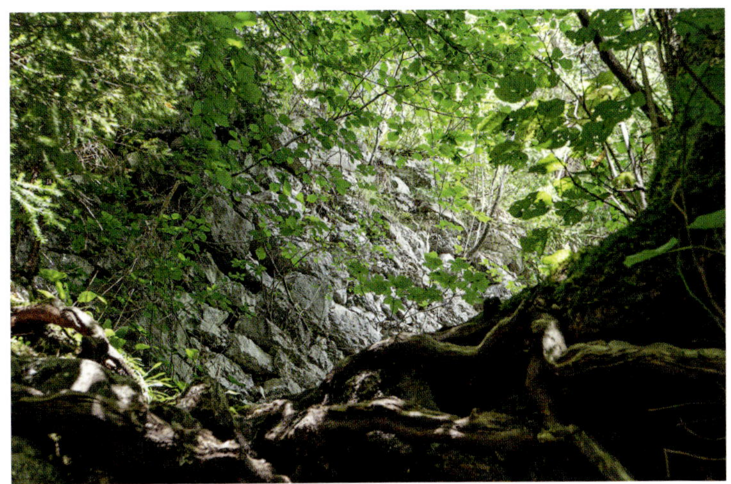

Spannend finde ich vor allem, dass die Burg in einem Zusammenhang mit der Burg Rotenstein erwähnt wird, weil wohl beide den Eschachübergang der wichtigen Straßenverbindung von Rottweil nach Villingen bewachten. Die Burg Wildenstein wurde erstmals im 13. Jahrhundert erwähnt und war damals vermutlich im Besitz der Herren von Falkenstein. Mitte des 14. Jahrhunderts wurde sie dann durch ein Erdbeben zerstört und wieder neu aufgebaut. 1466 verkauften Melchior und Kaspar von Kirneck den „Burgstall (Ruine) und Hof zu Wildenstein, auf der Eschach bei Rottenstain gelegen" an das Kloster St. Georgen.

Viele Wegweiser direkt an der Ruine lassen erkennen, dass das Wandergebiet ringsherum sehr beliebt ist. So bieten sich zum Beispiel Wanderungen ins angrenzende Eschachtal von hier aus sehr gut an.

## Tipp

Im Wildensteiner Hofladen gibt es leckere, regionale Spezialitäten wie frische Backwaren, Edelbrände und Liköre, Eier, Teigwaren, Marmelade und Gelee, Fleisch aus eigener Schlachtung, Geschenkkörbe, Geschenkgutscheine sowie Vesperplatten zu erwerben. Die Öffnungszeiten sind auf www.wildensteiner-hofladen.de zu finden. Ansprechpartner ist Familie Maier, Wildensteiner Höfe 2, 78652 Deißlingen, Telefon 07420/1338.

# 60 VERFALLENE WIRTSCHAFT, ROTTWEIL
## Ein geheimnisvoller Ort

**Hinkommen:**
48°07'35.8"N 8°35'08.5"E

**Mit dem Auto:**
A 81, Ausfahrt 34, Rottweil.

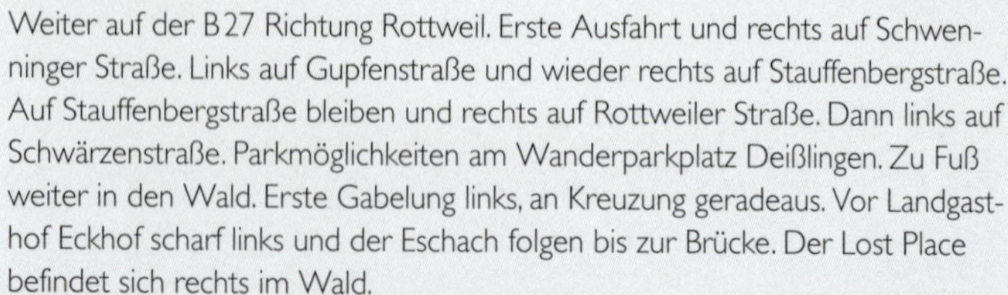

Weiter auf der B 27 Richtung Rottweil. Erste Ausfahrt und rechts auf Schwenninger Straße. Links auf Gupfenstraße und wieder rechts auf Stauffenbergstraße. Auf Stauffenbergstraße bleiben und rechts auf Rottweiler Straße. Dann links auf Schwärzenstraße. Parkmöglichkeiten am Wanderparkplatz Deißlingen. Zu Fuß weiter in den Wald. Erste Gabelung links, an Kreuzung geradeaus. Vor Landgasthof Eckhof scharf links und der Eschach folgen bis zur Brücke. Der Lost Place befindet sich rechts im Wald.
**Ab dem Wanderparkplatz bis zur verfallenen Wirtschaft sind es 2,2 Kilometer.**

**Mit dem ÖPNV:**
Mit der Bahn nach Rottweil. Umsteigen in HZL, RB oder RE Richtung Villingen-Schwenningen oder Donaueschingen. Aussteigen in Deißlingen Mitte. Zu Fuß rechts auf Kirchbergstraße. Geradeaus weiter auf Stauffenbergstraße, rechts weiter auf Rottweiler Straße und dann links auf Bitzestraße. Leicht rechts auf Buchwaldstraße bis vor zu den Sportplätzen. Hier links und dem Weg folgen bis in den Wald. Ab hier weiter wie oben.
**Ab dem Bahnhof Deißlingen Mitte bis zur verfallenen Wirtschaft sind es 4,2 Kilometer.**

**Tourbeschreibung:**
Teils schmale, aber überwiegend idyllische, ebene Pfade direkt am Fluss Eschach, die an und nach Regentagen rutschig sein können. Festes Schuhwerk empfohlen. Die Wirtschaft liegt leicht abseits der Eschach in einem Waldabschnitt neben einer Wiese, die an die Eschach grenzt.

An der Ruine Wildenstein folge ich den Wegweisern Richtung Bettlinsbad und Hausen und gehe wieder hinunter zur Eschach. Weiter geht es dort auf einem schmalen Pfad direkt am Fluss, und ich genieße wieder das dicht bewachsene, wildromantische, eng verschlungene Tal. Für einen Moment verlasse ich das Ufer und kreuze einen

Hof. Wenig später überquere ich die Eschach über eine kleine Holzbrücke und durchquere eine Wiese. Unmittelbar hinter ihr befindet sich im Wald eine verlassene Wirtschaft, die sogar in Google Maps eingetragen ist und die ich mir genauer anschauen möchte.

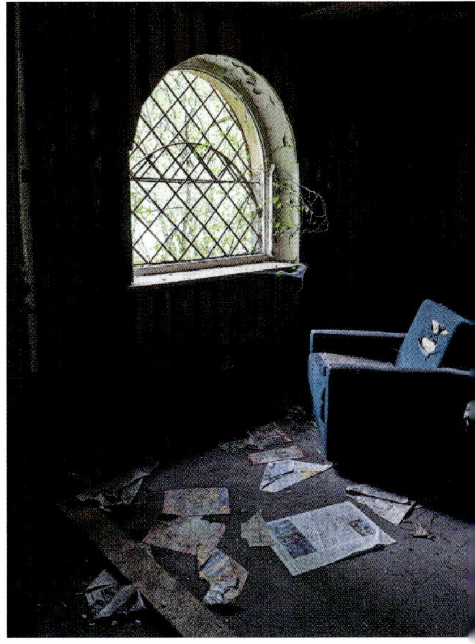

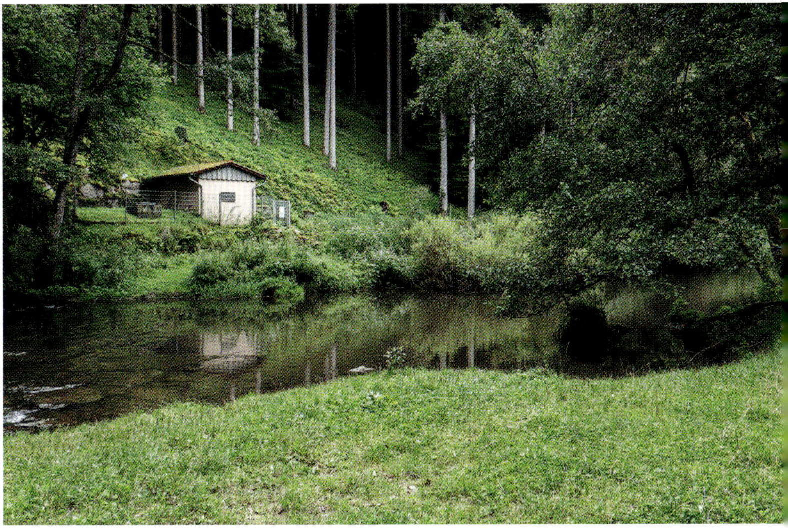

Sogenannte Lost Places sind immer interessant. Leider gibt es über diese Wirtschaft keine weiteren Informationen. Vor dem Gebäude ist auch kein Hinweis zu finden, dass das Betreten verboten ist. Türen und Fenster sind eingeschlagen und eine Vortreppe ist über und über verschüttet mit Steinen und Ziegeln. An die nicht von Pflanzen überwucherten Wände

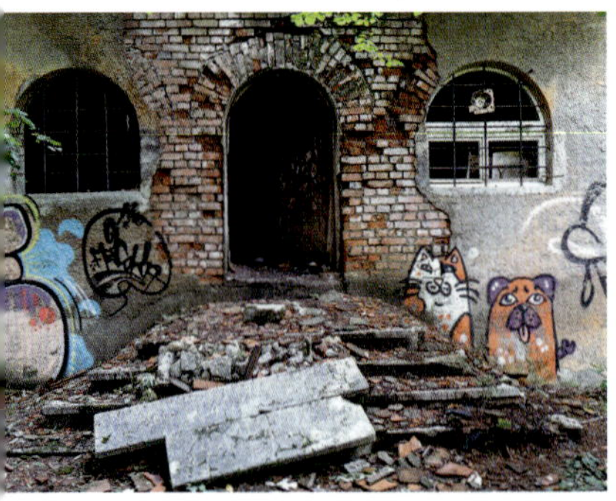

wurden Graffiti gesprüht. So „heruntergekommen" und dem Verfall ausgesetzt, wirkt dieses ehemalige Gasthaus schon von außen sehr geheimnisvoll. Leicht eingeschüchtert mache ich erst von außen ein paar Bilder, um dann das Innere dieses doch etwas unheimlichen Ortes zu erkunden. Schon von der Türschwelle aus bekomme ich erste Eindrücke von innen. Möbel stehen kreuz und quer, Holzlatten liegen auf dem Boden und drinnen wirkt es sehr düster, obwohl das Gebäude Fenster hat.

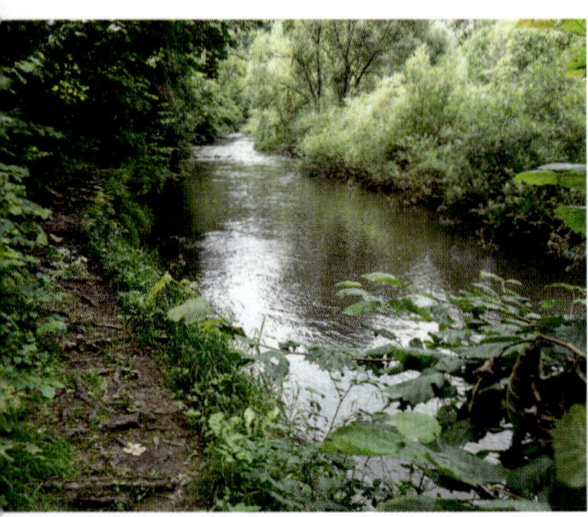

Ich gehe tiefer hinein in das Gebäude und schaue mir weitere Räume an. Regelmäßig blicke ich auch auf den Boden, um nicht zu stolpern. Und bin überrascht, als plötzlich kurz vor mir eine Luke auftaucht, in die ich fast hineingefallen wäre. Was für ein Glück, dass ich sie noch rechtzeitig entdeckt habe. Solche Orte sollte man eigentlich niemals alleine besuchen. Die Neugier treibt mich jedoch immer weiter hinein in das Gebäude, ich schaue mir jedes einzelne Zimmer genau an. Am liebsten würde ich hier noch viel länger erkunden, mache mich nach einiger Zeit aber dennoch auf den Rückweg, um meine heutige Etappe rechtzeitig zu beenden. Ich habe ja noch meinen Koffer in der Apotheke neben meinem Hotel stehen, den ich vor Ladenschließung abholen sollte. So gehe ich nun zu meinem heutigen Zielort Deißlingen, um von dort mit der Bahn zurück nach Rottweil zu fahren.

## Tipp

Die Wirtschaft unbedingt mindestens zu zweit erkunden! Es empfiehlt sich, eine Taschenlampe mitzunehmen! Es gibt keinen Hinweis, dass der Zutritt verboten ist.

61

# WANDERPARKPLATZ BEI DEISSLINGEN, ROTTWEIL

## Wunderbar vielfältiger Wanderausgangspunkt

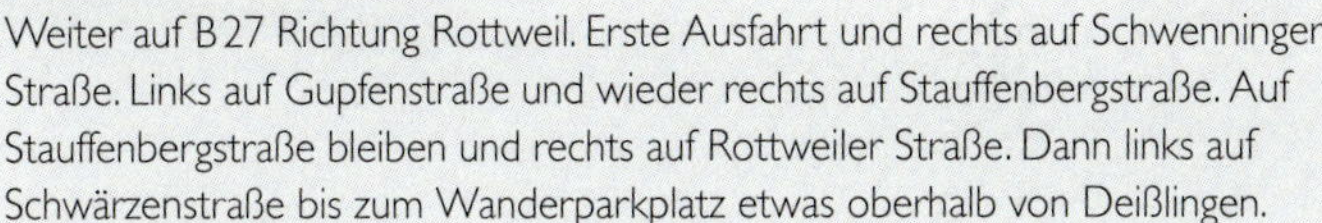

**Hinkommen:**
48°07'20.5"N 8°36'01.0"E

**Mit dem Auto:**
A 81, Ausfahrt 34, Rottweil.
Weiter auf B 27 Richtung Rottweil. Erste Ausfahrt und rechts auf Schwenninger Straße. Links auf Gupfenstraße und wieder rechts auf Stauffenbergstraße. Auf Stauffenbergstraße bleiben und rechts auf Rottweiler Straße. Dann links auf Schwärzenstraße bis zum Wanderparkplatz etwas oberhalb von Deißlingen.

**Mit dem ÖPNV:**
Mit der Bahn nach Rottweil. Umsteigen in HZL, RB oder RE Richtung Villingen-Schwenningen oder Donaueschingen. Aussteigen in Deißlingen Mitte. Zu Fuß rechts auf Kirchbergstraße. Geradeaus weiter auf Stauffenbergstraße, rechts auf Rottweiler Straße und links auf Bitzestraße. Dann leicht rechts auf Buchwaldstraße und vorbei an den Sportplätzen bis zum Wanderparkplatz leicht oberhalb von Deißlingen. **Vom Bahnhof Deißlingen Mitte bis zum Wanderparkplatz sind es etwa 2 Kilometer.**

**Tourbeschreibung:**
Schöne Aussicht auf die nähere Umgebung bis hin zur Schwäbischen Alb. Wunderschöne Impressionen im Eschachtal, Weg läuft direkt am Fluss Eschach. Teils schmale, aber überwiegend ebene Pfade, die an und nach Regentagen rutschig sein könnten. Festes Schuhwerk empfohlen.

Von der verfallenen Wirtschaft gehe ich nun weiter bis zu meinem heutigen Zielort Deißlingen und verlasse dabei langsam das Eschachtal, bevor es durch einen kleinen Waldabschnitt geht. Kurz darauf lichtet sich der Wald aber schon wieder und ich befinde mich an einem wahrhaft schönen Aussichtspunkt. Vor mir breitet sich eine schier unendlich weite Wiese leicht abschüssig aus, und ich bekomme eine grandiose Weitsicht über Deißlingen bis weit in die Baar.

Kein Wunder, dass es hier einen Wanderparkplatz mit einer Wan-

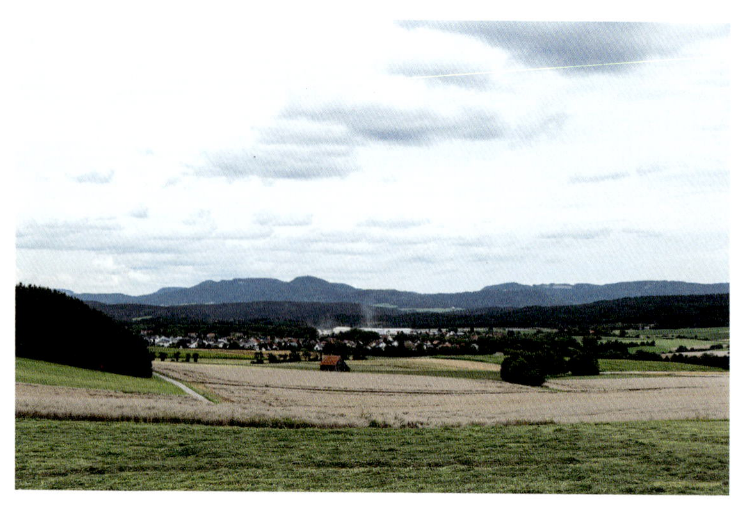

dertafel gibt, den ich unweigerlich in meine Highlightliste aufnehmen muss. Nicht nur die Aussicht von

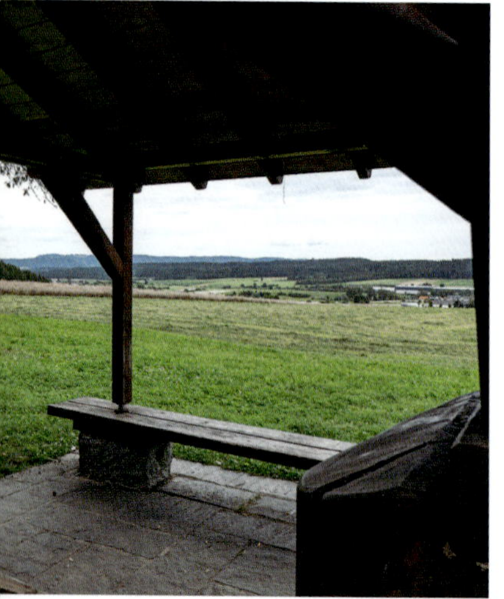

hier ist lohnenswert, auch viele beschilderte Ausflugsziele von hier ins Eschachtal mit dem Skulpturenpark Oberrotenstein, der ehemaligen Burg Oberrotenstein, der Ruine Wildenstein, der Autobahnbrücke Eschachtal, der Eschachsteg Oberrotenstein, der Heusteig-Steg oder der Aussichtspunkt Warmbühl bieten sich zum Entdecken an. Eine Hütte und mehrere Sitzgelegenheiten bieten Möglichkeiten, hier ein längeres Päuschen zu machen und einfach die Aussicht zu genießen.

Mein Weg führt mich geradeaus nach Deißlingen und ich fahre mit der Hohenzollernbahn zurück nach Rottweil. Rechtzeitig komme ich vor Ladenschluss bei der Apotheke an, hole meinen Koffer ab und melde mich im Hotel an, das nun auch geöffnet ist. So geht der erste Tag meiner achttägigen Wanderung glücklich und erfolgreich zu Ende. Ich bin sehr gespannt, was ich die nächsten Tage noch erleben werde und gehe zeitig und erschöpft ins Bett, damit ich morgen rechtzeitig aufstehen und meine bereits zehnte Etappe in Angriff nehmen kann.

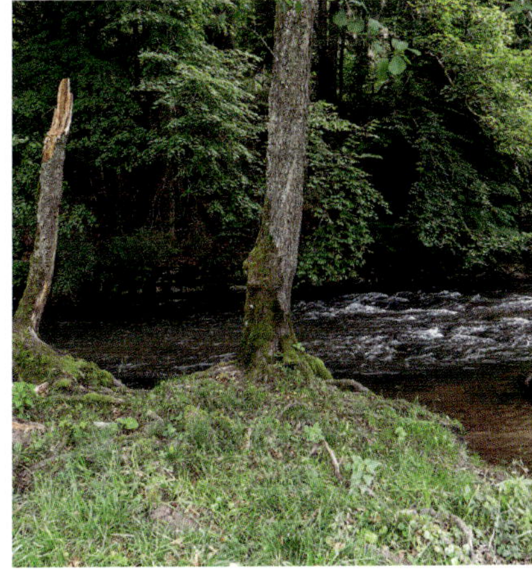

## Tipp

Der mittelschwere, knapp 11 Kilometer lange Rundweg „Eschachtal Horgen“ verläuft überwiegend durch das idyllische und landschaftlich äußerst abwechslungsreiche Tal mit einer besonderen Tier- und Pflanzenwelt. Eine Minigolfanlage, ein Wildgehege und eine Wassertretanlage bieten am Start- und Zielpunkt Horgen schöne Kombinationsmöglichkeiten.

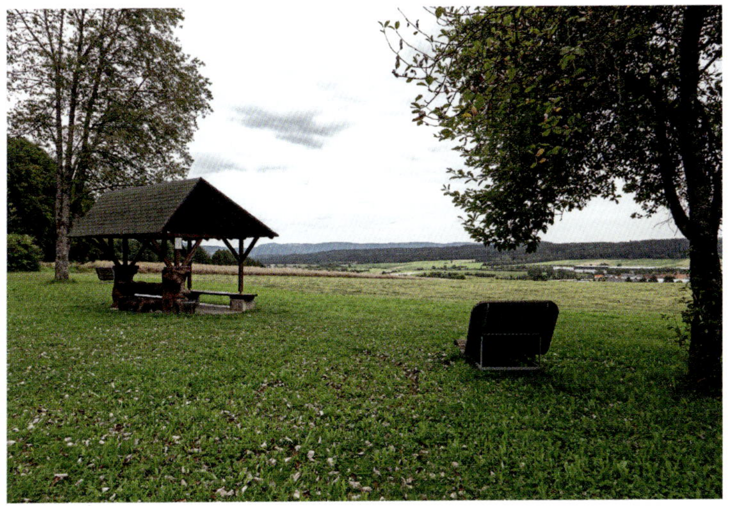

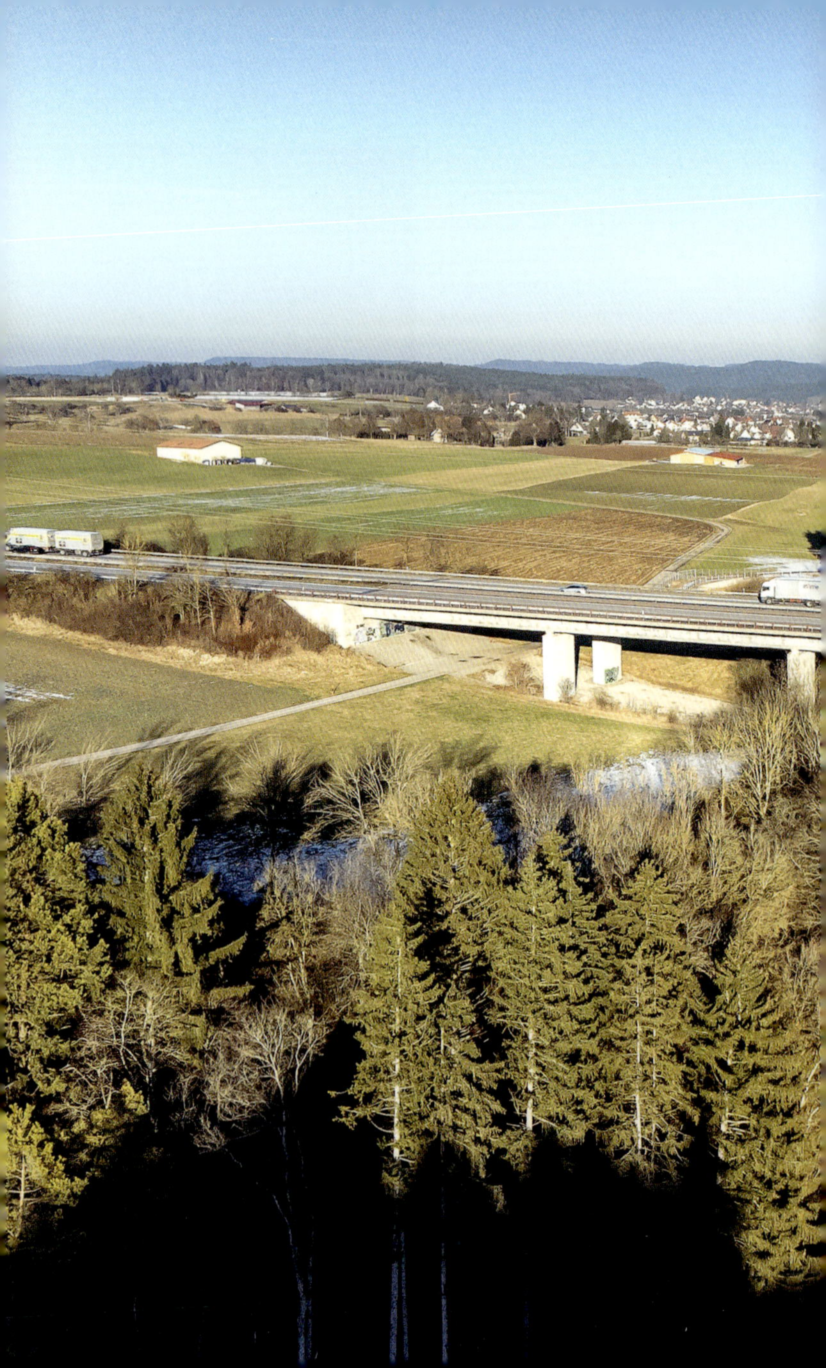

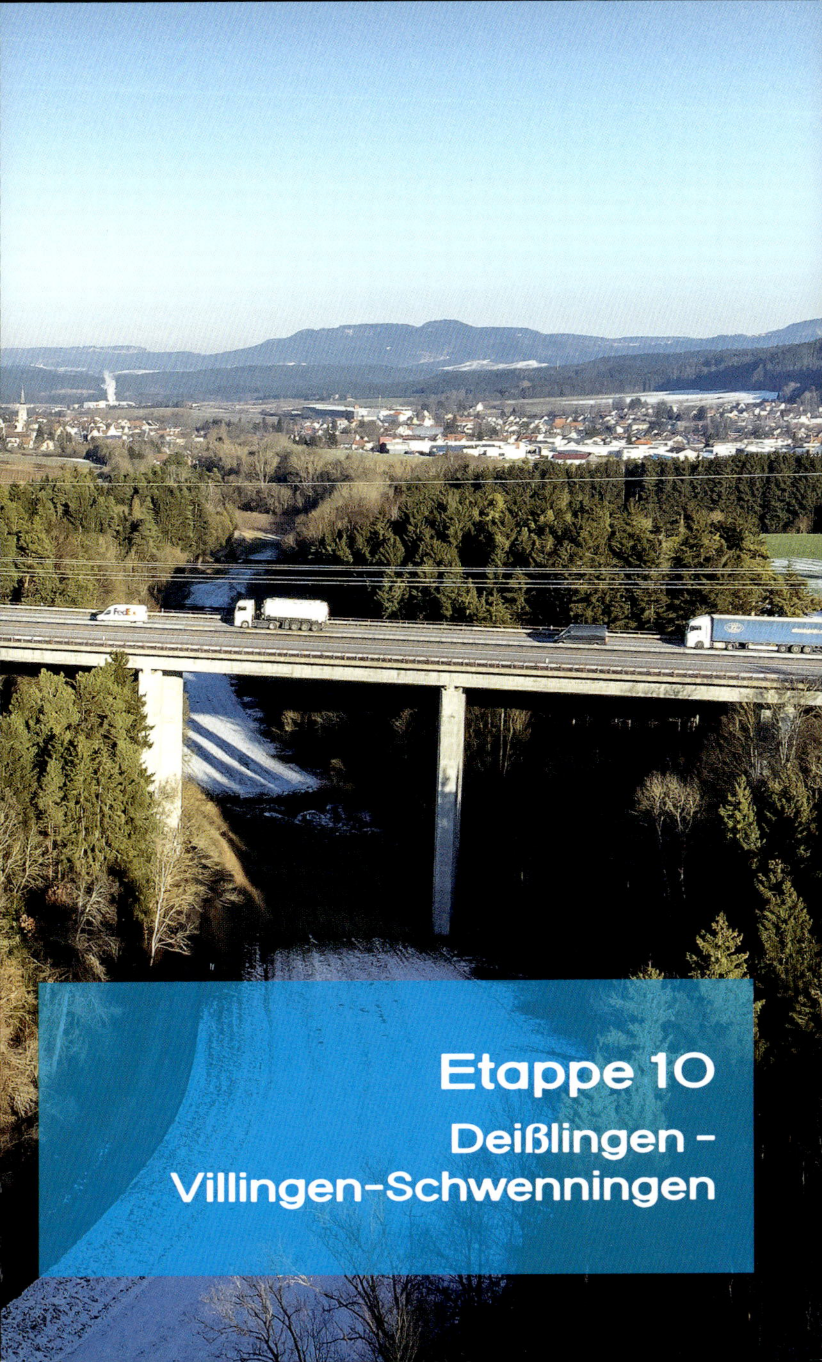

# Etappe 10

## Deißlingen - Villingen-Schwenningen

# 62 LANDSCHAFTSSCHUTZGEBIET NECKARTÄLE, DAUCHINGEN

## Das erste Tal des jungen Neckars

**Hinkommen:**
48°06'16.5"N 8°35'11.0"E

**Mit dem Auto:**
A81, Ausfahrt 35, Villingen-Schwenningen.

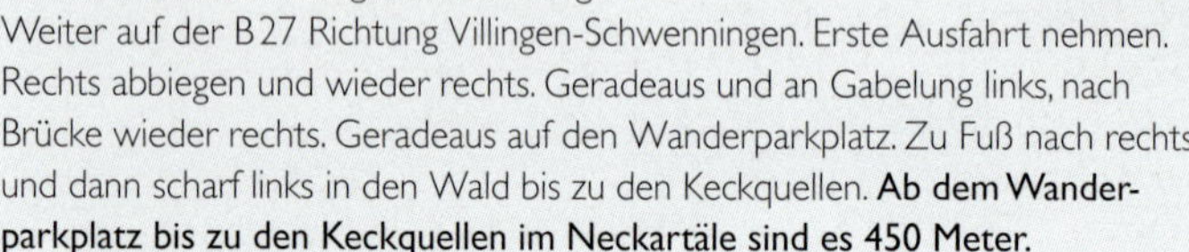

Weiter auf der B27 Richtung Villingen-Schwenningen. Erste Ausfahrt nehmen. Rechts abbiegen und wieder rechts. Geradeaus und an Gabelung links, nach Brücke wieder rechts. Geradeaus auf den Wanderparkplatz. Zu Fuß nach rechts und dann scharf links in den Wald bis zu den Keckquellen. **Ab dem Wanderparkplatz bis zu den Keckquellen im Neckartäle sind es 450 Meter.**

**Mit dem ÖPNV:**
Mit der Bahn nach Rottweil. Umsteigen in HZL, RB oder RE Richtung Villingen-Schwenningen oder Donaueschingen. Aussteigen in Trossingen Bahnhof. Zu Fuß zurück an der Bahnstrecke entlang und auf Brücke überqueren. Dann rechts und Weg folgen, immer geradeaus bis Wanderparkplatz. Dann rechts und links in den Wald bis Keckquellen. **Ab dem Bahnhof Trossingen bis zu den Keckquellen im Neckartäle sind es 2,2 Kilometer.**

**Tourbeschreibung:**
Wunderschöne, vielfältige Impressionen im Neckartäle, direkt am jungen Neckar. Das schattige Tal ist optimal für warme Sommertage. Überwiegend breite, gut zu begehende Wege.

Meine erste Nacht im Hotel in Rottweil habe ich gut verbracht. Um möglichst lange etwas von der morgendlichen Stimmung zu haben, stehe ich recht früh auf. Das Gefühl, gleich am nächsten Tag weiterwandern zu können, ist ein richtig gutes. Ich bin schon um kurz nach halb sieben am Bahnhof in Rottweil. Da zusätzlich zur frühen Uhrzeit Sommerferien in Baden-Württemberg sind, bin ich nahezu alleine unterwegs. Mit der Hohenzollernbahn fahre ich Richtung Villingen-Schwenningen und steige in Deißlingen aus.

Das noch sehr stille Deißlingen lasse ich rasch hinter mir und freue mich, wieder in die Natur einzutauchen. Leider ist es ein wenig bedeckt, die Sonne steht noch sehr tief. Aber gerade dieses diffuse Licht hat auf mich eine sehr besinnliche Wirkung. Mit jedem Schritt gehe ich auf dem ausgeschilderten Faulenzerweg weiter hinein ins Neckartäle.

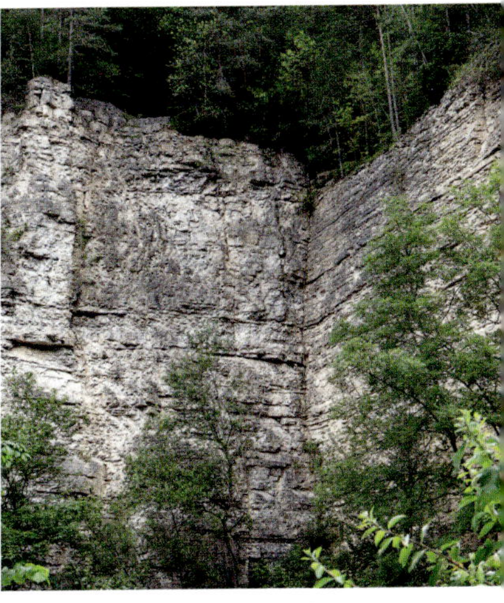

Ich wundere mich über den Namen Täle, der so auf meiner Wanderkarte steht. Auf einem Wanderschild steht ebenfalls die Bezeichnung Täle. Wahrscheinlich ist damit das erste Tal gemeint, durch welches der junge Neckar fließt und somit eine Art Vorstufe zum Neckartal bedeuten soll, deshalb wohl auch die schwäbische Verkleinerung. In der Tat wirkt hier alles ein wenig jungfräulicher als im großen Neckartal, das ich bereits ausgiebig kennengelernt habe. Der Neckar selbst ist hier noch ein kleiner Bach. Das Tal ist zwar

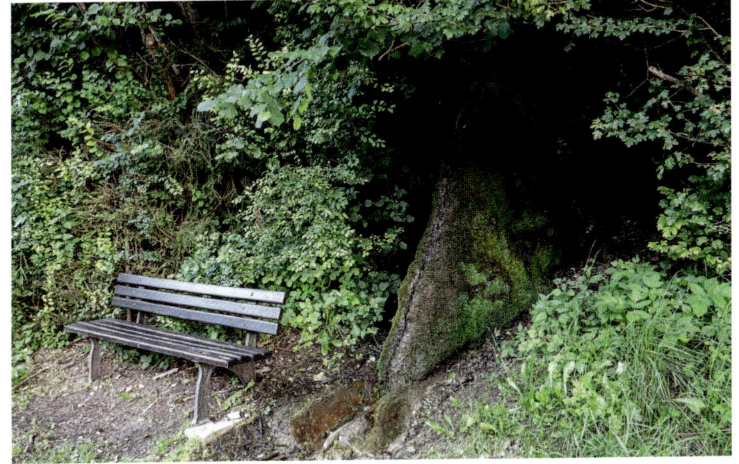

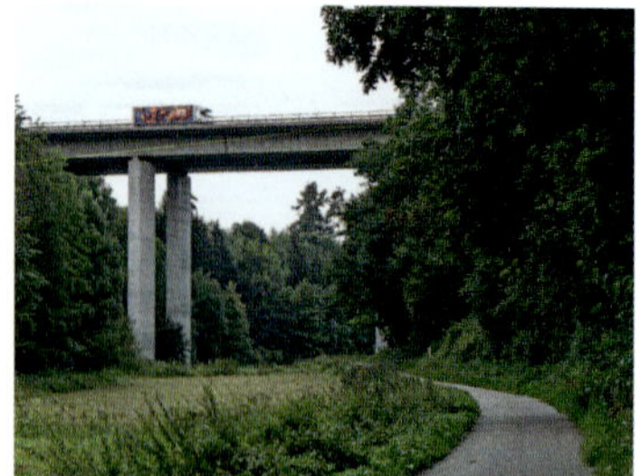

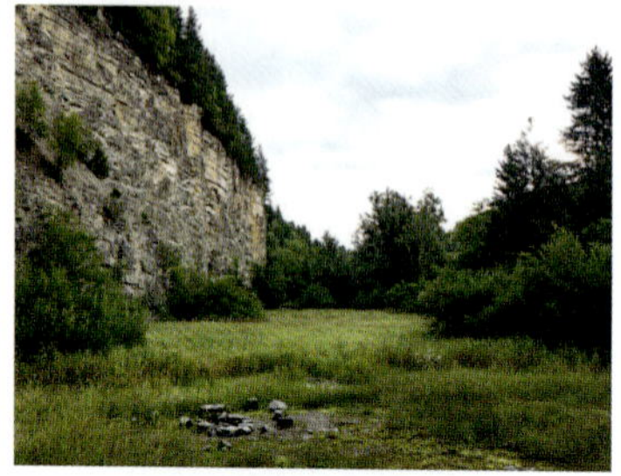

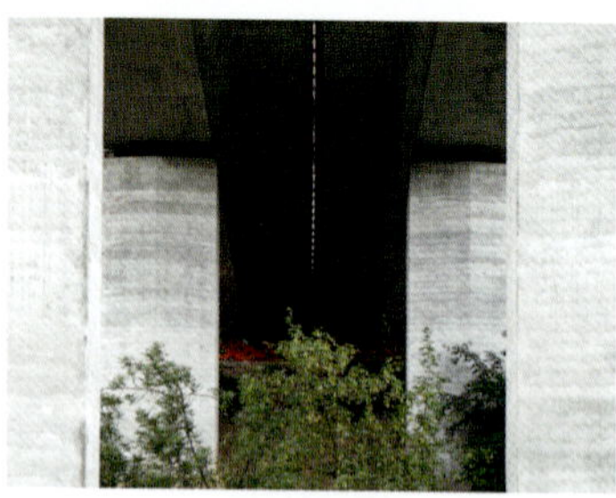

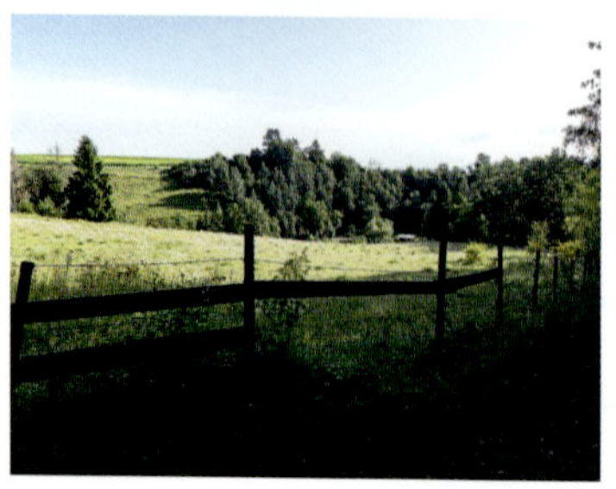

schmal, aber längst nicht so tief eingeschnitten wie das Neckartal, die Hänge sind bewaldet. Sogar ein Wasserlauf auf einem Steinrücken wirkt schüchtern. Und die Brücke der A81, die hier über das Tal gespannt ist, wirkt zur großen Neckartalbrücke ebenfalls recht klein. Das Große muss nicht immer das Beeindruckendste sein. Hier hat das Kleine seinen lieblichen Reiz. Und ein wenig ist es hier auch wie im wildromantischen Eschachtal, das mich gestern so fasziniert hat.
Doch kurz nach den Keckquellen, einer kleinen Wasseraufbereitungsstation, bei denen ich mich mit frischem Trinkwasser versorgen kann, passiere ich einen großen, imposanten ehemaligen Steinbruch, der abseits des Hauptweges liegt. Ich betrete das frei zugängliche Gelände und schaue mir den Steinbruch näher an. Viele einzelne große und kleine Steine, die sicher von der imposanten Felswand direkt vor mir abgebrochen sind, liegen auf einer freien Fläche und ich muss aufpassen, wohin ich trete. Ich wundere mich, dass es hier kein Warnhinweisschild zum Betreten des Geländes sowie eine Infotafel über den Steinbruch gibt. An einigen Stellen wächst Moos und es ist teilweise recht rutschig. Aber es macht unheimlich Spaß, das weitläufige Gelände unter die Lupe zu nehmen.

Nachdem ich genug gesehen habe, gehe ich wieder auf meinen Hauptweg, mache kehrt, kehre zurück zu den Keckquellen und verlasse hier das Tal, um weiter Richtung Dauchingen zu gehen.

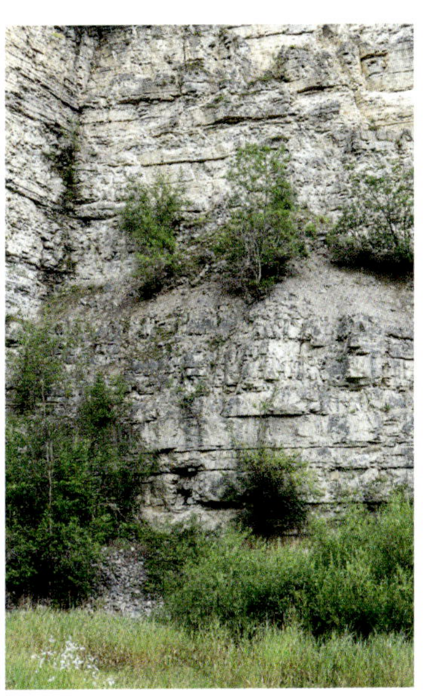

## Tipp

Die teilweise bewirtete „Hütte im Neckartäle“ direkt am Steinbruch zwischen Deißlingen und Dauchingen lädt zu einer Rast ein. Öffnungszeiten: 1. Mai ab 10 Uhr, Handwerkerferien (die ersten drei Sommerferienwochen) jeweils am Sonntag und Mittwochnachmittag ab 13 Uhr, www.heubergbaar-grau.albverein.eu/region-gau/deisslingen.

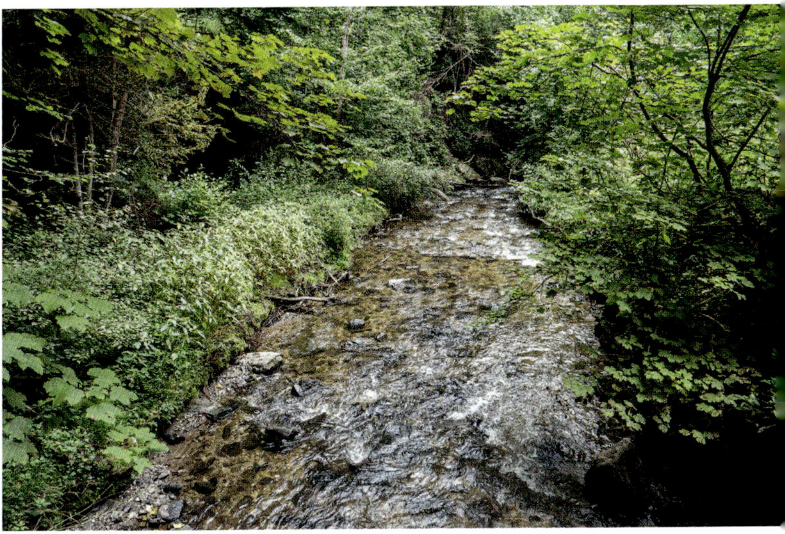

# 63 BIOTOP TIEFENZELL, VILLINGEN-SCHWENNINGEN

## Artenvielfalt auf weiter Wiesenlandschaft

**Hinkommen:**
48°05'12.3"N 8°34'09.6"E

**Mit dem Auto:**
A81, Ausfahrt 35, Villingen-Schwenningen.

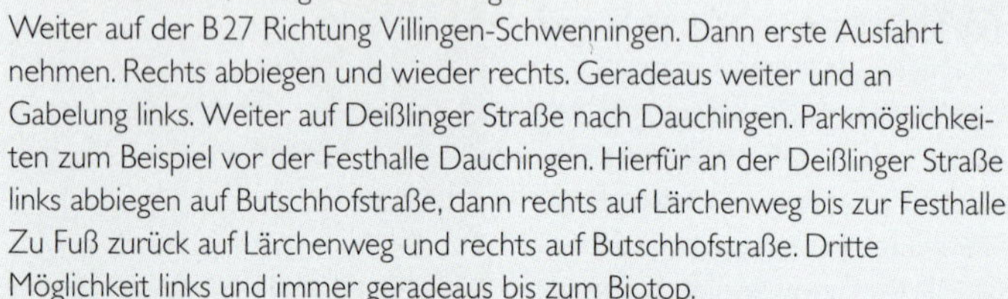

Weiter auf der B27 Richtung Villingen-Schwenningen. Dann erste Ausfahrt nehmen. Rechts abbiegen und wieder rechts. Geradeaus weiter und an Gabelung links. Weiter auf Deißlinger Straße nach Dauchingen. Parkmöglichkeiten zum Beispiel vor der Festhalle Dauchingen. Hierfür an der Deißlinger Straße links abbiegen auf Butschhofstraße, dann rechts auf Lärchenweg bis zur Festhalle. Zu Fuß zurück auf Lärchenweg und rechts auf Butschhofstraße. Dritte Möglichkeit links und immer geradeaus bis zum Biotop.
**Ab der Festhalle bis zum Biotop sind es 1,3 Kilometer.**

**Mit dem ÖPNV:**
Mit der Bahn nach Rottweil. Umsteigen in HZL, RB oder RE Richtung Villingen-Schwenningen oder Donaueschingen. Aussteigen in Trossingen Bahnhof. Zu Fuß zurück an der Bahnstrecke entlang und die Gleise auf Brücke überqueren. Dann der Deißlinger Straße folgen, dritte Möglichkeit (am Ende des Waldes auf der rechten Seite) links auf den Wiesenpfad.
**Ab dem Bahnhof Trossingen bis zum Biotop sind es 1,9 Kilometer.**

**Tourbeschreibung:**
Weite und teils feuchte Wiesenlandschaft mit schöner Artenvielfalt und guter Fernsicht in die nähere Umgebung, teilweise bis hin zur Schwäbischen Alb.

An den Keckquellen verlasse ich das Neckartäle und gehe nach rechts durch den bewaldeten Hang hinauf, bis ich weite, offene Felder erreiche. Hier biege ich erneut rechts ab, dann am Wanderparkplatz links und genieße die mich begleitende Weite, bis ich die Deißlinger Straße erreiche. Ich folge ihr nach rechts Richtung Dauchingen. Während ich links an einem Waldstück vorbei wandere, erblicke ich auf meiner linken Seite eine kleine Baumgruppe, die in völliger Ver-

lassenheit alleine auf einer weiten Wiesenlandschaft steht. Ein tolles Bild. Ich biege bei nächster Gelegenheit links ab, um auf einem Wiesenpfad über die Wiese zur Baumgruppe zu gelangen.
Hier klären Infotafeln auf, dass dies ein Biotop ist, welches durch gezielte Eingriffe wieder reaktiviert und erlebbar gemacht wurde. Überall ist der Boden feucht, ich setze mich auf eine Bank und lasse diese besondere Kulturlandschaftsform auf mich wirken. Das besondere an der weitläufigen Wiese ist, dass sie mit einem geringen Aufwand betrieben und gepflegt wird. Die Artenvielfalt soll sowohl durch einmalige Mahd und Verzicht auf Düngung als auch durch eine schonende Nutzung erhöht werden. Durch diese Art der Bewirtschaftung kann

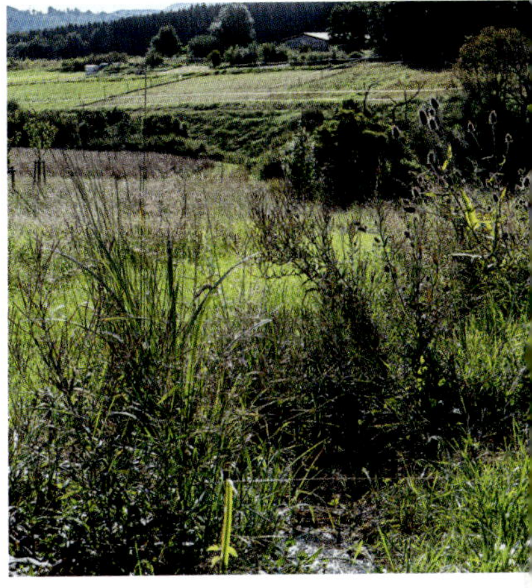

ein vielfältigerer Lebensraum für Flora und Fauna entstehen. Die hier vermehrt wachsenden Wildkräuter bieten nicht nur Käfern, Bienen und Schmetterlingen, sondern auch Vögeln, Grasfröschen, Heuschre-

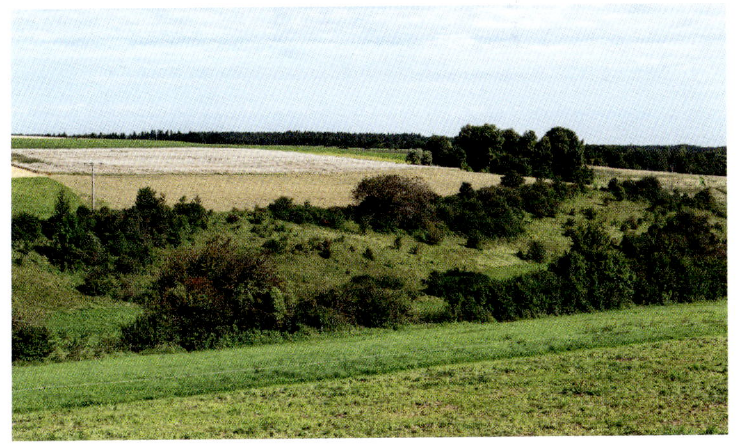

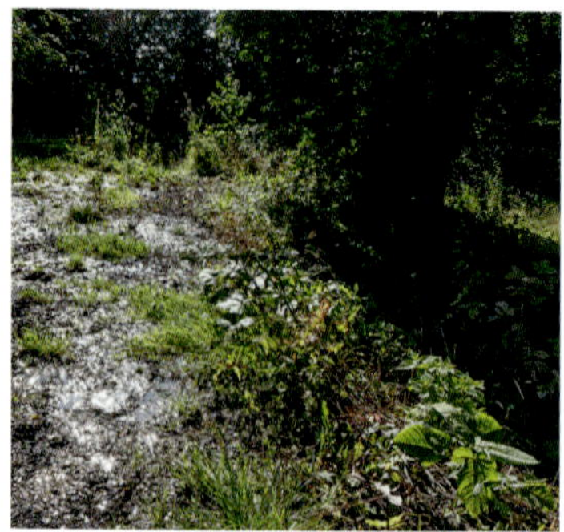

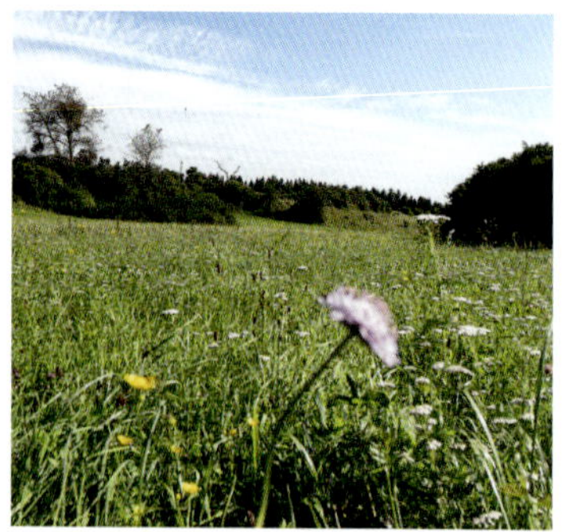

cken und Spinnen einen wichtigen Lebensraum.

Ich nehme den Hauptweg, der vom Biotop Richtung Dauchingen führt und genieße auf einem breiten Feldweg wiederum die weite Feld- und Wiesenlandschaft um mich herum. Am Ende des Weges biege ich links auf den Butschhofweg und gehe weiter Richtung Villingen-Schwenningen.

## Tipp

Einkehrmöglichkeit in der Gaststätte Germania in Dauchingen mit regionaler, deutscher Küche. Vordere Straße 28, 78083 Dauchingen, Telefon 07720/63107, Montag und Dienstag geschlossen.

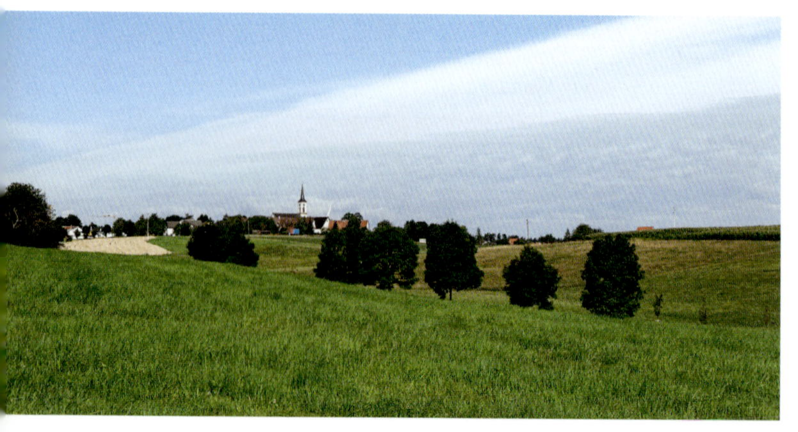

# NECKARQUELLE, VILLINGEN-SCHWENNINGEN

64

## Häufig verlegte Quelle

**Hinkommen:**
48°03'19.3"N 8°31'52.2"E

**Mit dem Auto:**
**Von Norden:** A81, Ausfahrt 35, Villingen-Schwenningen, Richtung Villingen-Schwenningen.
**Von Süden:** A81, Ausfahrt 36, Tuningen, Richtung Villingen-Schwenningen.
Weiter zum Bahnhof und auf Erzbergerstraße Richtung Süden. Links auf Möglingstraße.
Parkmöglichkeiten auf Möglingstraße im Stadtpark Möglingshöhe.
Von hier aus ist der Möglingsee schon zu erkennen.

**Mit dem ÖPNV:**
Mit der Bahn nach Villingen-Schwenningen (Eisstadion). **Der Bahnstrecke nach Rottweil auf der rechten Seite etwa 350 Meter bis zur Quelle folgen.**

**Tourbeschreibung:**
Städtisches Flair, schöner Stadtpark mit großem Teich und anliegenden Spielplätzen.

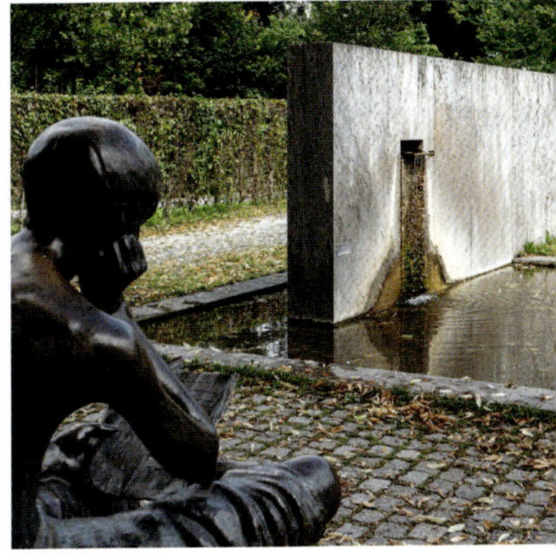

Kurz vor Villingen-Schwenningen kommt mir eine Sitzbank gerade recht. Da ich von der Wanderung gestern und durch das frühe Aufstehen heute nun doch ein wenig müde bin, setze ich mich, mache meine Schuhe auf und lasse meine Füße an der Luft ein wenig trocknen, da sie von einer kleinen Abkürzung querfeldein über eine hohe, feuchte Wiese leicht feucht geworden sind. Nach einer kurzen Pause, bei der mich neugierig ein kleines Kätzchen beschnuppert,

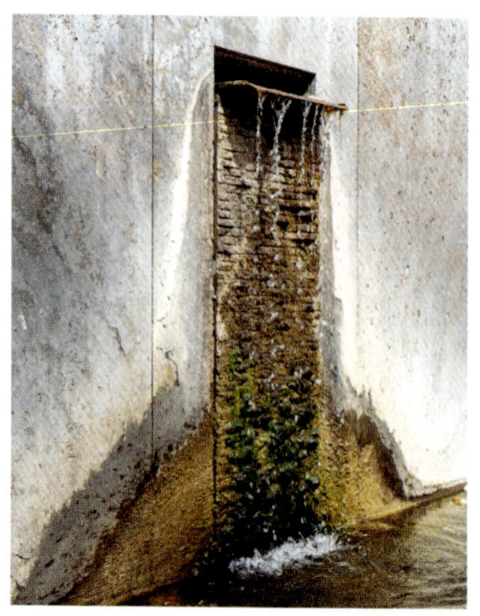

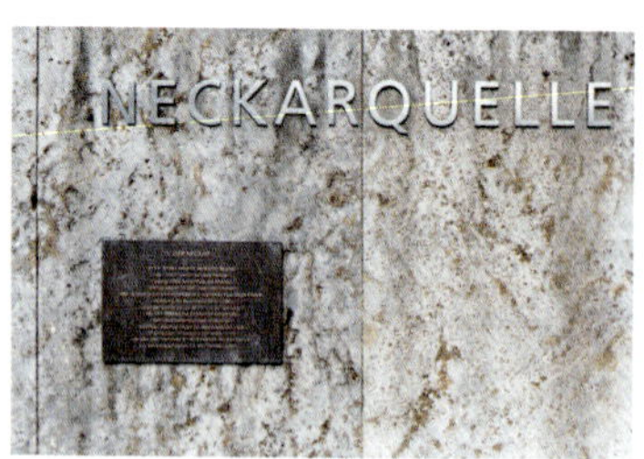


gehe ich weiter und erreiche Villingen-Schwenningen. Es fühlt sich etwas unwirklich an, wieder durch so eine größere Stadt zu wandern. Noch unwirklicher wird es, als ich an einer Imbissbude vorbeikomme und ich tatsächlich zu einer Currywurst greife.

Frisch gestärkt gehe ich nun weiter durch die Stadt Schwenningen und erreiche den Bahnhof, den ich unterquere. Durch das ehemalige Landesgartenschaugelände von 2010 erreiche ich schließlich den Möglingsee, in den der Neckar von einem symbolischen Brunnen aus sprudelt. Am Brunnen erfahre ich

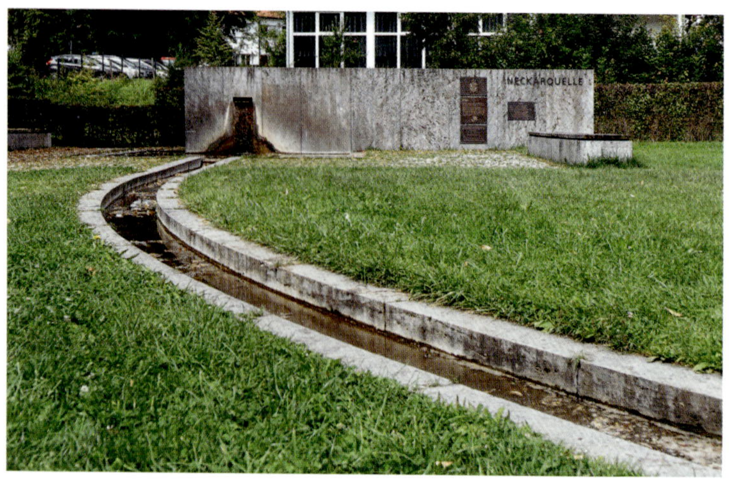

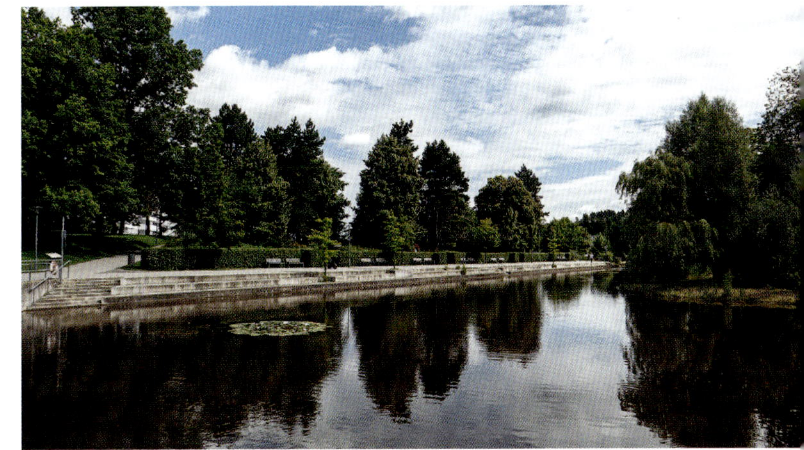

von einer Infotafel, dass hier Herzog Ludwig von Württemberg 1581 einen Stein mit der Inschrift „Da ist des Neccars Ursprung" errichtete, den 1733 Herzog Eberhard Ludwig erneuerte. Das benachbarte Schwenninger Moos, durch das auch die Europäische Wasserscheide verläuft, wurde 1934 willkürlich als Neckarursprung bestimmt. 1981 jedoch wurde die Quelle wieder an ihrem historischen Ort zum Fließen gebracht. Der eigentliche Ursprung des Neckars liegt jedoch tatsächlich in einem geschützten, nicht zu begehendem Gebiet im Schwenninger Moos. Die Quelle wurde durch den Jahre langen Torfabbau und die damit einhergehende Trockenlegung im Schwenninger Moos vielfach „verlegt". Im Heimatmuseum ist eine Nachbildung des Quellsteins zu sehen, der im Rahmen der Landesgartenschau eingeweiht wurde. Mit seinen 367 Kilometern Länge ist der Neckar der viertgrößte Nebenfluss des Rheins und mit einer Durchschnittstemperatur von 16 Grad der wärmste in Deutschland. Er mündet bei Mannheim in den Rhein. Bereichert durch diese spannende Geschichte gehe ich durch das ehemalige Landesgartenschaugelände weiter zum Schwenninger Moos.

## Tipp

Café Biwakschachtel direkt neben der Quelle, am Möglingssee. Möglingstraße 30, 78056 Villingen-Schwenningen.

# 65 SCHWENNINGER MOOS, VILLINGEN-SCHWENNINGEN

## Ohne Moos nix los

**Hinkommen:**
48°02'28.4"N 8°31'38.7"E

**Mit dem Auto:**
A 81, Ausfahrt 36, Tuningen.
Weiter nach Villingen-Schwenningen. Am Kreisverkehr zweite Ausfahrt auf Salinenstraße, dann links auf Zum Mooswäldle. Parkmöglichkeiten gibt es bereits hier am Eisstadion oder weiter vorne direkt am Moos neben den Sportplätzen.

**Mit dem ÖPNV:**
Mit der Bahn nach Villingen-Schwenningen (Eisstadion). Zu Fuß weiter auf „Zum Mooswäldle" und rechts am Eisstadion vorbei. Am Wanderparkplatz links.
**Vom Bahnhof Eisstadion bis zum Schwenninger Moos sind es 1,1 Kilometer.**

**Tourbeschreibung:**
Geheimnisvolle Mooslandschaft auf gut befestigten Stegen oder recht breiten Waldwegen.

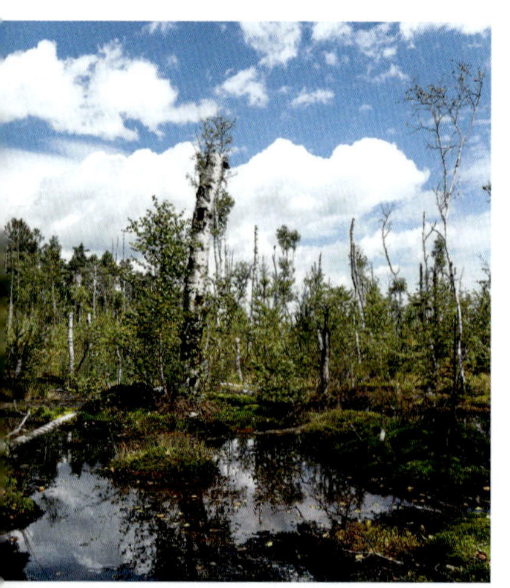

Über das Gelände der ehemaligen Landesgartenschau, die hier 2010 stattgefunden hat, gelange ich zum Bauchenbergweiher, einem kleinen See südlich der Schwenninger Innenstadt, wunderschön gelegen im Landschaftsschutzgebiet unterhalb des Schwenninger Eisstadions. Er gehört zum Naherholungsgebiet Schwenninger Moos und dient als Regenrückhaltebecken. Idyllisch gehe ich am Seeufer entlang und erreiche kurz danach das Schwenninger Moos.

An einem Pavillon mit mehreren Infotafeln ist es interessant zu erfahren, wie das in Stadtnähe zu Schwenningen liegende Hochmoor entstanden ist. Vor über 4000 Jahren fand in der Nacheiszeit 200 Jahre lang ein Torfabbau im Moor statt. Das Moor wurde hierzu entwässert und stark geschädigt. Zu Beginn des 20. Jahrhunderts entschied man sich für die Erhaltung des Moors. Es wurde zur Naherholung genutzt und steht seit 1939 mit dem Namen „Schwenninger Moos" unter Naturschutz.

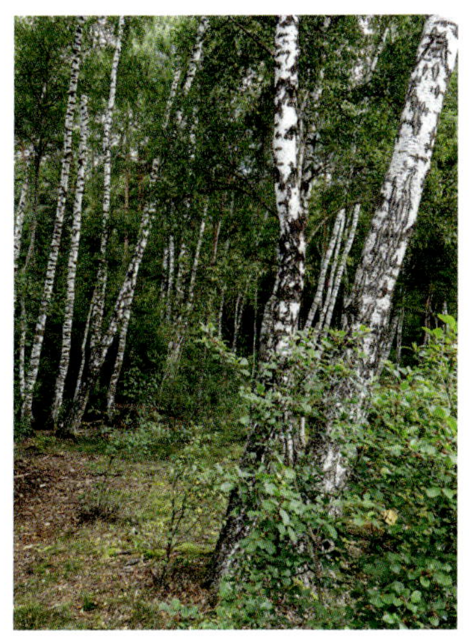

Auf einem Rundweg geht es teilweise auf einem Holzsteg beeindruckend über dem Moos weiter und ich erfahre an weiteren Infotafeln, was Moosmannen sind, warum hier im Hochmoor ohne Moos nix los ist und was Nixen mit dem Neckar gemeinsam haben. Der Steg verläuft am Rande des Schwenninger Moos. Während auf meiner linken Seite die geheimnisvolle Seelandschaft liegt, befindet sich rechts ein nicht

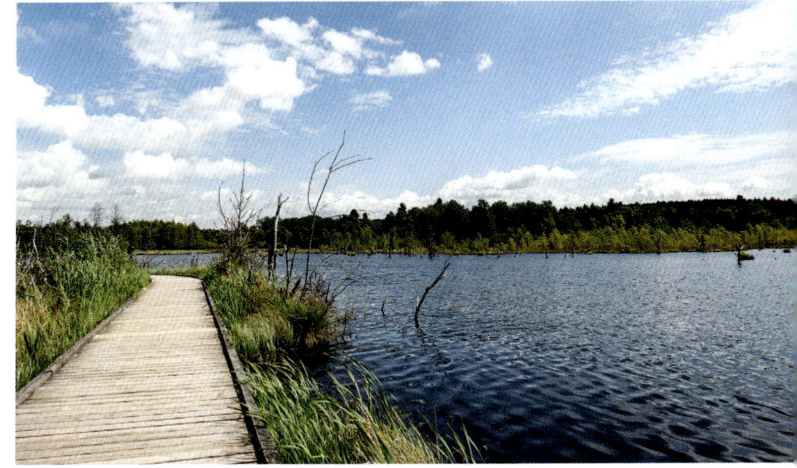

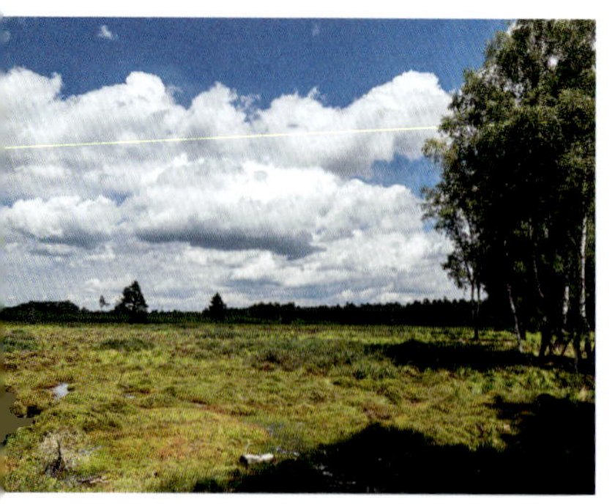

weniger imposantes, wildromantisches Dickicht. Am Ende des Mooses geht mein Hauptweg auf einem befestigten Pfad am Rande des Moors eigentlich rechts weiter, ich biege aber nach links ab, Richtung Aussichtsplattform – ein weiterer Holzsteg, der mich nochmals ins Moor hineinführt. Hier bekomme ich zum Abschluss eine wunderbare Aussicht auf die weite Mooslandschaft.

Nach den imposanten Weitblicken auf das Moos wende ich mich von der Aussichtsplattform um und gehe auf dem gleichen Pfad wieder zurück, um wenig später weiter Richtung Villingen zu wandern.

## Tipp

In der Nähe des Moores bietet sich ein Besuch im Umweltzentrum Schwarzwald-Baar-Neckar an. Angeboten werden zum Beispiel Moos- und Vogelführungen, eine spannende Dauerausstellung, tolle Naturprojekte und Naturgeburtstage für Kinder. Telefon 07720/9968274, Di 10–12 Uhr, 14–16 Uhr, Mi 14–16 Uhr, Fr 10–12 Uhr, 14–16 Uhr, http://umweltzentrum-sbn.org/.

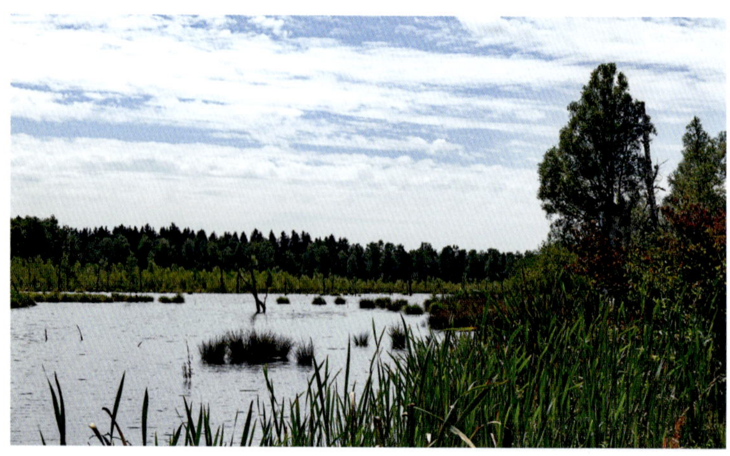

# WILDGEHEGE NATZENTAL, VILLINGEN-SCHWENNINGEN

66

## Jede Menge Platz für Wild

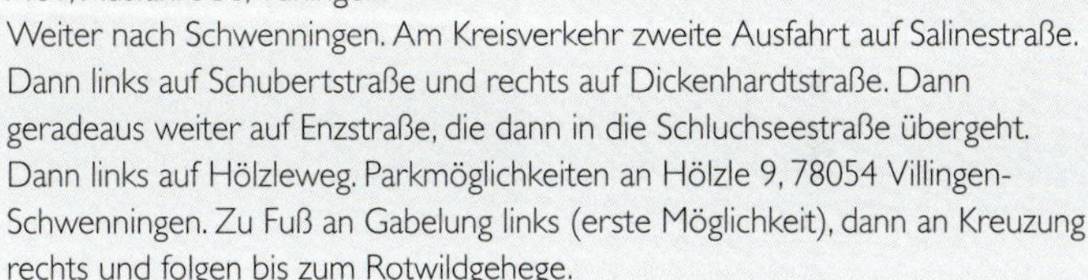

**Hinkommen:**
48°03'06.5"N 8°30'08.1"E

**Mit dem Auto:**
A81, Ausfahrt 36, Tuningen.
Weiter nach Schwenningen. Am Kreisverkehr zweite Ausfahrt auf Salinestraße. Dann links auf Schubertstraße und rechts auf Dickenhardtstraße. Dann geradeaus weiter auf Enzstraße, die dann in die Schluchseestraße übergeht. Dann links auf Hölzleweg. Parkmöglichkeiten an Hölzle 9, 78054 Villingen-Schwenningen. Zu Fuß an Gabelung links (erste Möglichkeit), dann an Kreuzung rechts und folgen bis zum Rotwildgehege.
**Vom Parkplatz bis zum Rotwildgehege sind es 500 Meter.**

**Mit dem ÖPNV:**
Mit der Bahn nach Schwenningen (Neckar). Umsteigen in den Bus 12 Richtung Schwenningen, Schonacher Straße. Aussteigen an Schwenningen, Schluchseestraße, (an Wochenenden und Feiertagen AST. Anmeldung unter Telefon 01806/777272 bis eine Stunde vorher). Zu Fuß weiter wie oben.

**Tourbeschreibung:**
Liebliche Waldimpressionen, gut zu begehende Wanderwege, überwiegend eben.

Ich gehe am Rande des Schwenninger Moos zurück auf meinen Hauptweg, lasse Schwenningen hinter mir und wandere weiter Richtung Villingen. Durch einen lieblichen Mischwald geht es auf einem Stück Straße entlang, die jedoch nicht von Autos befahren ist. Ein Tunnelportal ist so flach, dass ich meinen Kopf einziehen muss, um die Bahnstrecke zwischen Villingen und Schwenningen zu unterqueren. Hier im Grenzgebiet zwischen Baden und Württemberg gelange ich an eine Erinnerungstafel, die an ein Zollhaus aus dem Jahre 1736 erinnert. Am Waldrand gehe ich weiter und stoße direkt auf mein nächstes Ziel, das Rotwildgehege Natzental. Ich gehe auf einem breiten Waldweg am weitläufigen Gehege vorbei und sehe leider erst einmal kein Rotwild. An der mit schönem Blick ins Tal gelegenen Natzental-Hütte

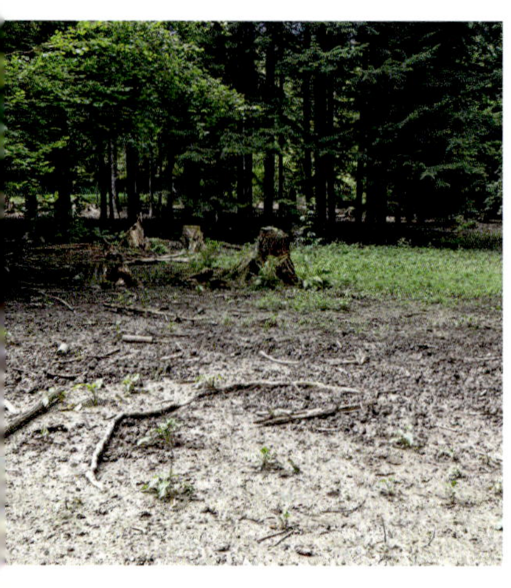

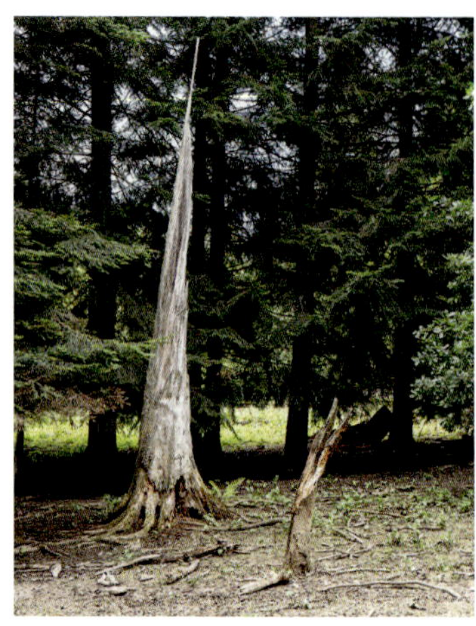

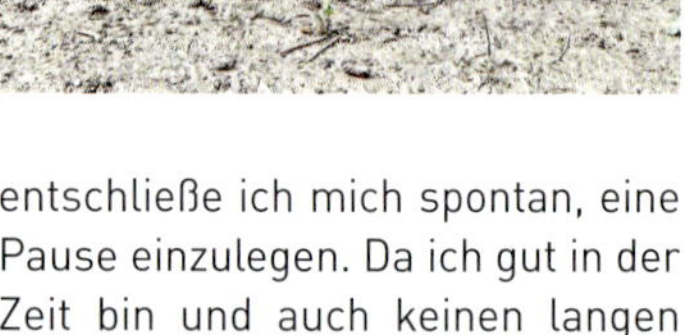

entschließe ich mich spontan, eine Pause einzulegen. Da ich gut in der Zeit bin und auch keinen langen Heimweg von Villingen nach Rottweil habe, gönne ich mir sogar auf einer der unterdachten Bänke ein

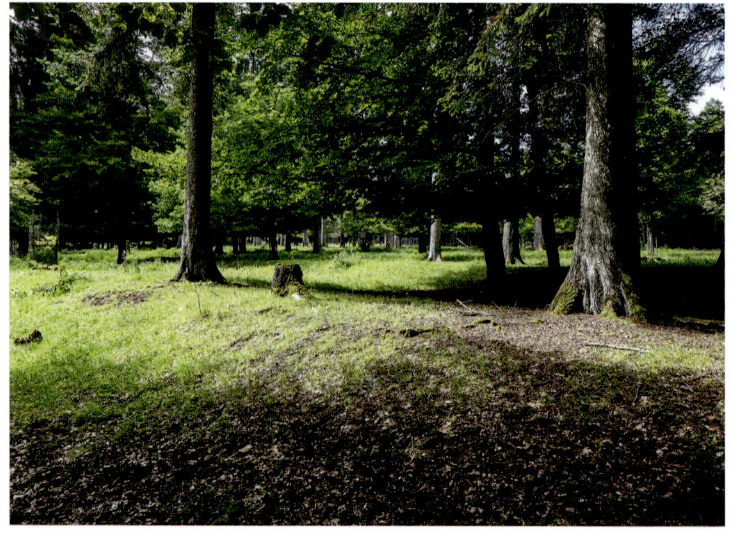

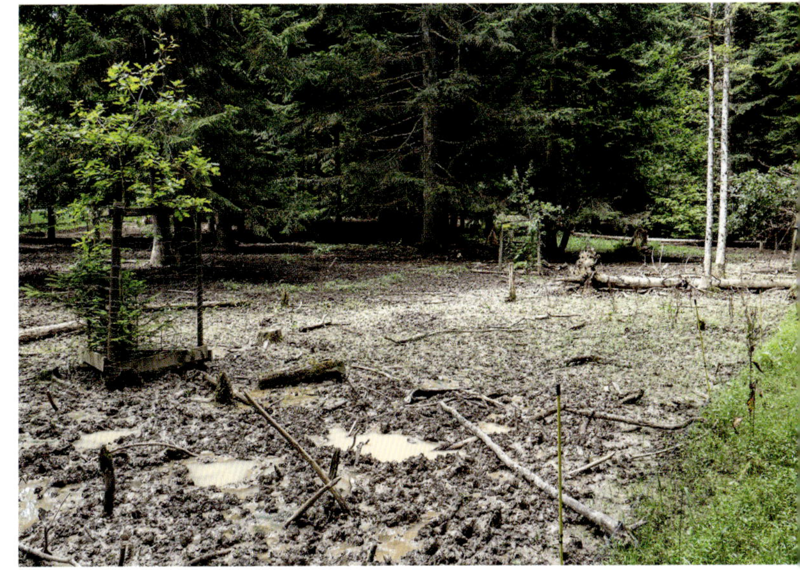

kleines Nickerchen. Frisch erholt gehe ich weiter am Gehege entlang und entdecke nun doch noch weiter im Wald mehrere scheue und zurückhaltende Rehe. Jetzt bin ich sehr gespannt, ob ich im nahe gelegenen Wildschweingehege auch noch Tiere sehen werde. Entlang der Gehege gibt es immer wieder Sitzbänke als „Beobachtungsposten". Zahlreiche Infotafeln entlang des Waldweges informieren über das heimische Wild. Leider habe ich beim Schwarzwild kein Glück. Das aufgewühlte und tiefe Gelände ist aber auch ohne Wildschweine sehr beeindruckend und zeigt mir, dass es hier ordentlich Leben gibt. Die Tiere scheinen hier einen idealen Platz zum Leben zu haben. Mit ein wenig Wehmut, keine Wildschweine gesehen zu haben, lasse ich das Wildgehege hinter mir und gehe weiter im Wald Richtung Hölzlekönig, Deutschlands ehemalige höchste Weißtanne.

## Tipp

Wildpark – Wirtshaus nach bayerischer Art mit schönem Biergarten am Waldrand gelegen, Wildpark, Hölzle 9, 78054 Villingen-Schwenningen, www.wildpark-wirtshaus.de.

# 67 WALTERSHÖHLE, VILLINGEN-SCHWENNINGEN

## Ein Ort, um den sich viele Fantasien bilden

**Hinkommen:**
48°03'22.1"N 8°30'21.0"E

**Mit dem Auto:**
A81, Ausfahrt 36, Tuningen.

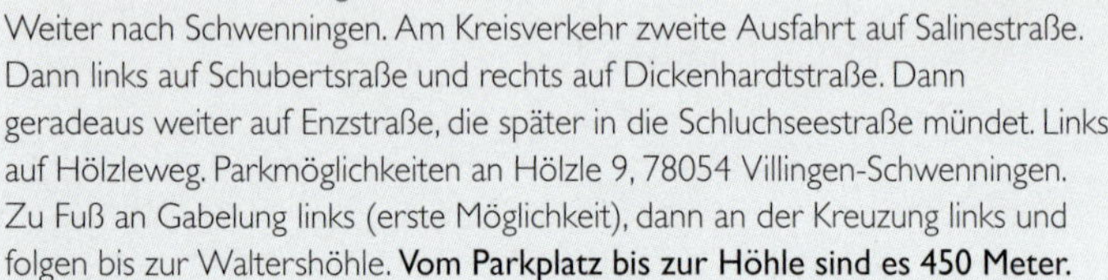

Weiter nach Schwenningen. Am Kreisverkehr zweite Ausfahrt auf Salinestraße. Dann links auf Schubertsraße und rechts auf Dickenhardtstraße. Dann geradeaus weiter auf Enzstraße, die später in die Schluchseestraße mündet. Links auf Hölzleweg. Parkmöglichkeiten an Hölzle 9, 78054 Villingen-Schwenningen. Zu Fuß an Gabelung links (erste Möglichkeit), dann an der Kreuzung links und folgen bis zur Waltershöhle. **Vom Parkplatz bis zur Höhle sind es 450 Meter.**

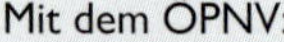

**Mit dem ÖPNV:**
Mit der Bahn nach Schwenningen (Neckar). Umsteigen in den Bus 12 Richtung Schwenningen, Schonacher Straße. Aussteigen an Schwenningen Schluchseestraße. (An Wochenenden und Feiertagen AST. Anmeldung unter Telefon 01806/777272 bis eine Stunde vorher). Zu Fuß weiter wie oben.

**Tourbeschreibung:**
Auf gut zu begehenden Wanderwegen geht es überwiegend eben im Laubmischwald zur Höhle.

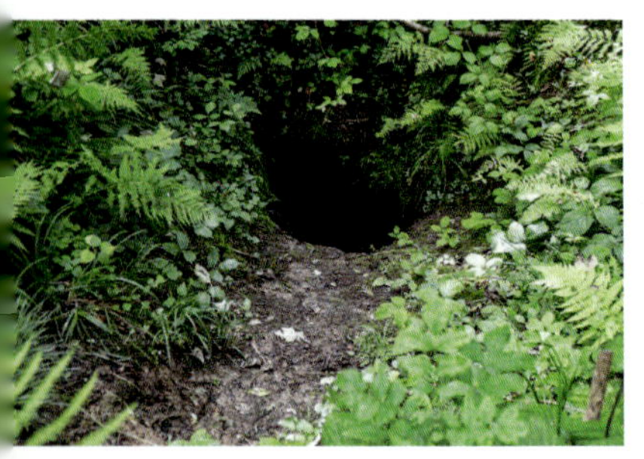

Weiter geht es im Wald zu meinem nächsten Highlight, was eigentlich der Hölzlekönig sein sollte, Deutschlands ehemalige höchste Weißtanne. Ich stoße aber auf dem Weg unverhofft auf die Waltershöhle, auf die am Wegrand ein Schild hinweist. Sie befindet sich in einer sogenannten Doline, einer trichterförmigen Einsenkung im Boden, wobei

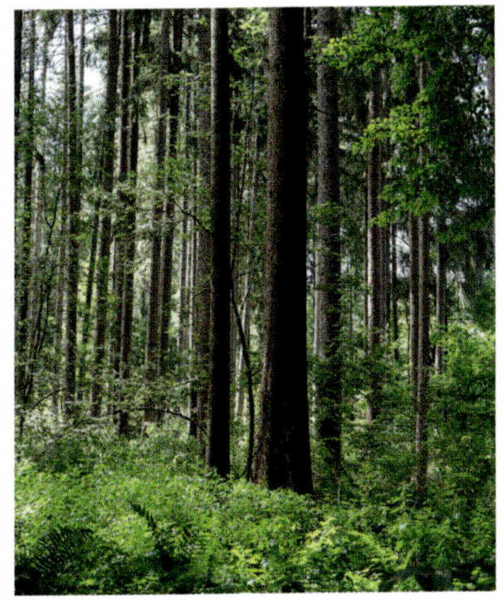

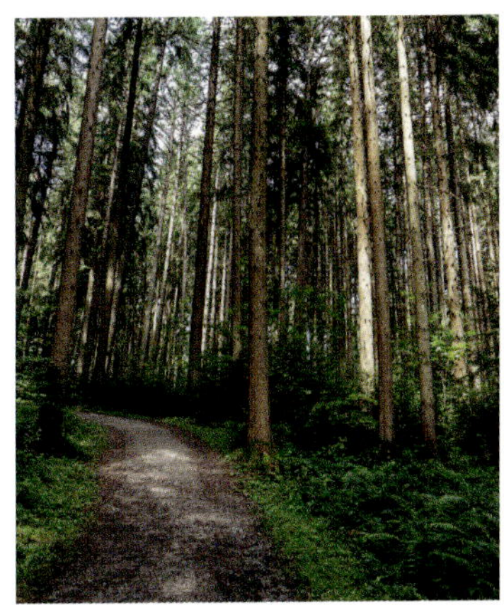

die Bodendecke auf einen unterirdischen Hohlraum bricht.

Es ranken sich einige Geschichten um diese geologische Besonderheit. Die eine aus dem Jahr 1919, nimmt an, dass es sich um einen Naturschacht handele, der sich bis nach Rottweil zieht. Eine andere erzählt von einem Notausgang der früheren Burgbewohner vom Türmleberg. In einer anderen Geschichte wird vermutet, dass ein mutiger Bürger die Höhle erkunden wollte und nur 1,5 Meter vorangekommen ist.

Ich folge einem Pfad leicht abseits des Hauptweges, um mir selber ein Bild der Höhle zu machen und entdecke sie nach wenigen Metern neben dem Weg. Ein Loch am Grunde der Doline ist gerade einmal so klein, dass ich nicht hineingehen würde. Es ist ungefähr so breit wie ich und die Gefahr, darin stecken zu bleiben, ist sehr groß. Zumindest die Geschichte mit dem mutigen Bürger kann ich mir bei diesem Anblick sehr gut vorstellen.

Diese Zufallsentdeckung zeigt mir auch wieder, dass es gar nicht immer die großen Dinge im Leben sind, die beeindrucken. Hier sind es gerade diese kleinen Geschichten über die Höhle, die diesen Ort irgendwie „lebendig" machen. Ich freue mich, ein nicht eingeplantes Highlight entdeckt zu haben.

## Tipp

Gasthaus Öschle, nettes Vereinsheim mit Gartenwirtschaft der Hundefreunde, Im Kleinen Eschle 5, 78054 Villingen-Schwenningen, www.kleines-oeschle.de.

# 68 HÖLZLEKÖNIG, VILLINGEN-SCHWENNINGEN

## Einst Deutschlands größte Weißtanne und Mahnmal zur Toleranz

**Hinkommen:**
48°03'32.7"N 8°30'13.6"E

**Mit dem Auto:**
A81, Ausfahrt 36, Tuningen.

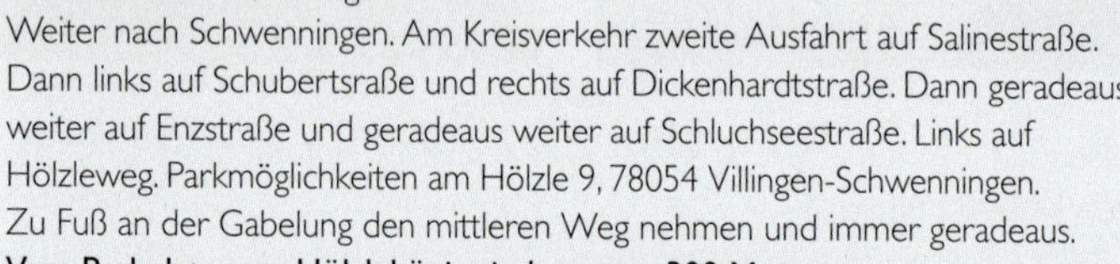

Weiter nach Schwenningen. Am Kreisverkehr zweite Ausfahrt auf Salinestraße. Dann links auf Schubertsraße und rechts auf Dickenhardtstraße. Dann geradeaus weiter auf Enzstraße und geradeaus weiter auf Schluchseestraße. Links auf Hölzleweg. Parkmöglichkeiten am Hölzle 9, 78054 Villingen-Schwenningen. Zu Fuß an der Gabelung den mittleren Weg nehmen und immer geradeaus. **Vom Parkplatz zum Hölzlekönig sind es etwa 300 Meter.**

**Mit dem ÖPNV:**
Mit der Bahn nach Schwenningen (Neckar). Umsteigen in den Bus 12 Richtung Schwenningen, Schonacher Straße. Aussteigen an Schwenningen, Schluchseestraße II, (An Wochenenden und Feiertagen AST. Anmeldung unter Telefon 01806/777272 bis eine Stunde vorher). Zu Fuß weiter wie oben.

**Tourbeschreibung:**
Lieblicher Mischwald und überwiegend flache, gut zu begehende Waldwege.

Der Pfad führt von der Waltershöhle wieder zurück auf den breiten Hauptweg, der sich angenehm durch den schönen Laubmischwald schlängelt. Nur wenige Schritte weiter gelange ich an den Standort der einst mit über 50 Metern Höhe größten Weißtanne Deutschlands: Der Hölzlekönig wurde rund 400 Jahre alt. An einer Wegkreuzung befindet sich in einem Holzring eingezäunt eine Infotafel, die über die Geschichte dieser bedeutenden Tanne aufklärt und an sie und die Erzählung, die um sie herum entstanden ist, erinnert.

Nach einem Sturm im Jahre 1876 wurden beide Hauptgipfel abgerissen. Oberförster Junginger maß aber danach immer noch die beachtliche Höhe von 42 Metern. 1915 knickte den Gipfel ein Hagelsturm, erneut gekürzt, hatte sie nur noch eine Höhe von circa 20 Metern, ehe dann 1941 der morsche Stamm in sich zusammenbrach.

Nach dem Hölzlekönig ist eine Fasnachtsfigur der Schwenninger Fasnacht benannt. Das Kostüm ist blau-weiß (Stadtfarben Schwenningens) mit einem braunen Umhang. Die starre, ernste Scheme mit der Haube und einer Tanne auf dem Kopf vervollständigen die groß gewachsene Figur. Die linke Hand trägt ein Buch mit einer Sage über den Hölzlekönig. Laut ihr soll die Tanne auf dem Grab des jungen Zigeuners Janos von seiner Groß-

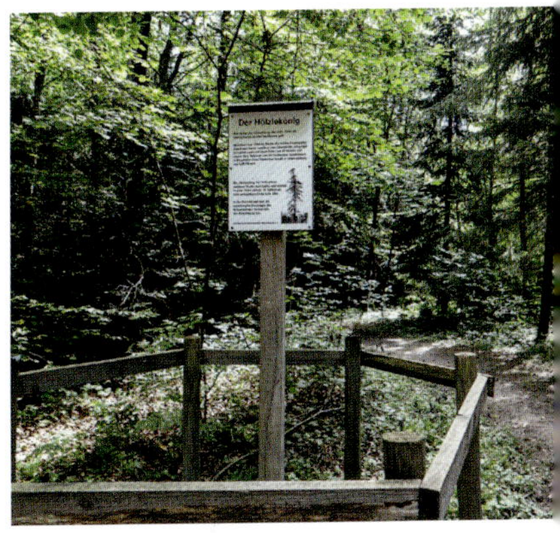


mutter gepflanzt worden sein, der 1543 von den Schwenninger Bürgern gelyncht wurde, da er der Brandstiftung verdächtigt wurde. Als Waisenkind wuchs Janos unter

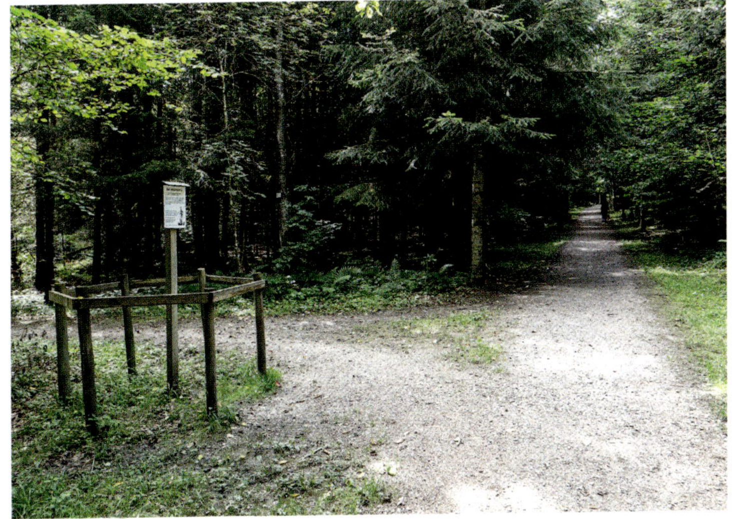

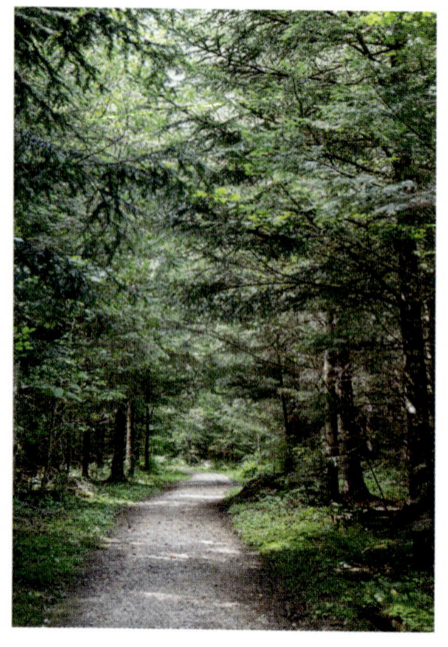

dem Namen Michael auf und wurde sein kurzes Leben lang von den Schwenningern immer als „Zigeuner" beschimpft. Erst später stellte sich heraus, dass er unschuldig war. Somit dient der Hölzlekönig als Mahnmal zur Toleranz und als Aufforderung, immer den Menschen im Menschen zu suchen und sich nicht von Vorurteilen leiten zu lassen. Es ist spannend zu erfahren, was es mit eigentlich unscheinbaren Highlights so auf sich hat. Mit dieser bereichernden Geschichte gehe ich nun weiter zum Aussichtsturm Wanne, meinem letzten Highlight für heute.

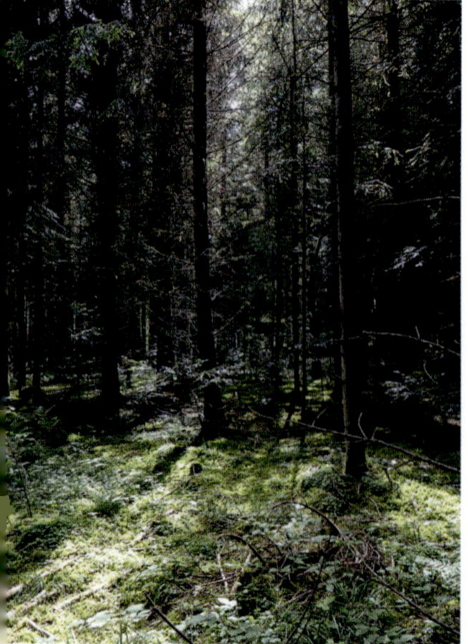

## Tipp

Der Tanne zu Ehren gibt es die nahe gelegene Gaststätte Hölzlekönig mit Außenplätzen in der Schwenninger Straße 19, 78052 Villingen-Schwenningen. Leider ist die Zukunft ungewiss, daher wäre ein Anruf kurz vorher ratsam. Telefon 07721/6809903. Parkmöglichkeiten gibt es vor Ort.

# AUSSICHTSTURM WANNE, VILLINGEN-SCHWENNINGEN

69

## Einer der ältesten seiner Art

**Hinkommen:**
48°03'29.4"N 8°28'41.9"E

**Mit dem Auto:**
An 81, Ausfahrt 36, Tuningen.
Weiter über L523, B27 und B 33 nach Villingen (Schwenningen). An Gabelung auf B33 bleiben, dann rechts auf Schwenninger Straße. Wider rechts auf Auf der Steig, hier Parkmöglichkeiten. Zu Fuß rechts in den Wald zum Turm.
**Ab dem Parkplatz bis zum Turm sind es 500 Meter.**

**Mit dem ÖPNV:**
Mit der Bahn nach Villingen. Zu Fuß rechts auf den Steg und Bahnhof überqueren. Dann geradeaus auf Schwenninger Straße. Rechts auf Auf der Steig, dann links und gleich wieder rechts. Rechts am Waldrand entlang, dann in den Wald bis zum Turm. **Ab dem Bahnhof bis zum Aussichtsturm sind es 2,5 Kilometer.**

**Tourbeschreibung:**
Östlich des Turms weite Sichten über einige Felder. Westlich des Turms geht es auf Hanglage durch Mischwald und Stadtgebiet. Auf dem Turm selber von der obersten Plattform weite Sichten bis zur Schwäbischen Alb und in den Schwarzwald hinein.

Über den breiten Weg verlasse ich den Wald, gehe angenehm eben an Feldern entlang und weiter auf einem asphaltierten Weg links parallel zur Schwenninger Straße nach Villingen. Kurz vor Villingen gelange ich wieder in einen kleinen Waldabschnitt, in dessen Anschluss sich eine Lichtung öffnet, auf der sich der Aussichtsturm Wanne hinter einer großen Picknickhütte befindet. Ich befinde mich hier auf der

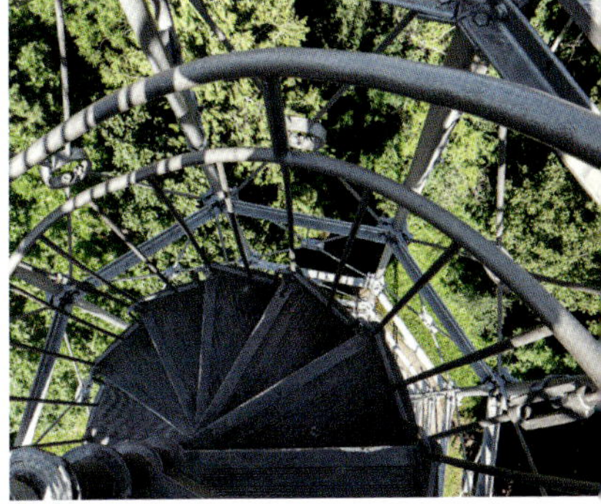

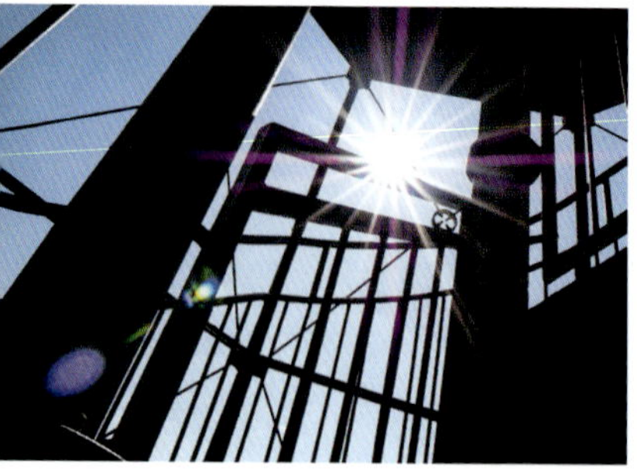

Wanne, einer rund 776 Meter hohen Erhebung östlich von Villingen.

Mit seinen drei achteckigen Plattformen erinnert mich der Turm ein wenig an den Turm in Büchenbronn im Schwarzwald, an dem ich vor einigen Jahren war. Die hier beauftragte Villinger Großglocknerei Grüninger hat sich, wie ich dann erfahre, tatsächlich vom Büchenbronner Aussichtsturm inspirieren lassen.

Der Aussichtsturm Wanne wurde 1888 erbaut und gehört zu den ältesten Stahlfachwerktürmen Europas.

150 Stufen sind es bis zur Aussichtsplattform, die ich Schritt für Schritt auf den recht schmalen Treppen hinauf gehe, nach obenhin werden diese immer noch schmaler. Dreißig Meter ist der Turm hoch, oben angelangt, bin ich über den umliegenden Bäumen und habe eine fantastische Rundsicht. Östlich sehe ich, woher ich gewandert kam, erkenne den Hohenzollern und die Schwäbische Alb. Nach Westen blicke ich auf Villingen und

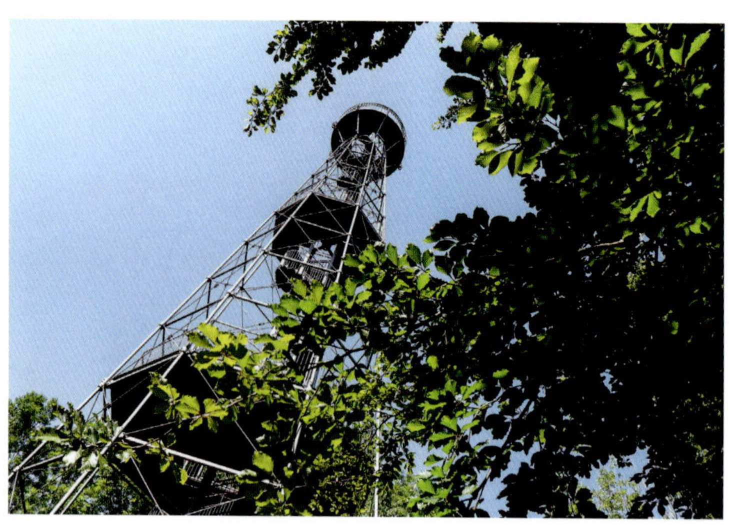

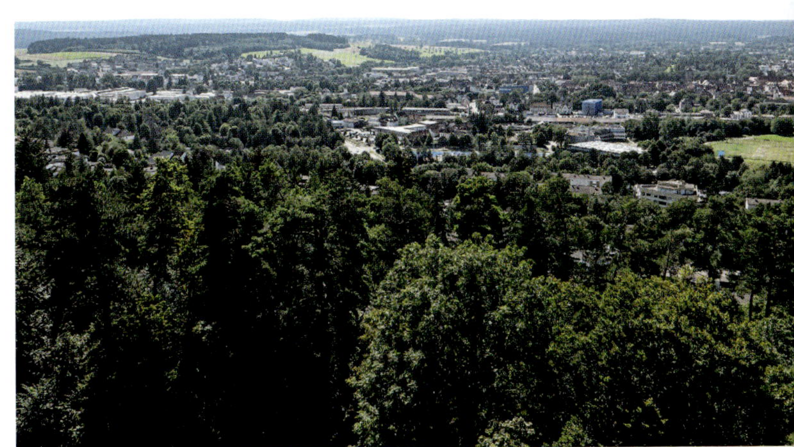

zum Schwarzwald mit dem Feldberg. Mit Glück an besonders klaren Tagen, kann man hier oben Alpensicht genießen. Ich bleibe noch ein Weilchen auf der schmalen und auch leicht wackeligen Aussichtsplattform stehen und genieße, ehe ich mich wieder auf den Weg nach unten aufmache.

Ich beende meine heutige Tagesetappe, in dem ich zuerst durch einen Mischwald und später durch das Randgebiet von Villingen hinunter bis zum Bahnhof gehe, um mit dem Zug wieder zurück nach Rottweil zu fahren.

## Tipp

Besuch der historischen Altstadt von Villingen. Die Stadt bietet mit ihren wunderschönen Fachwerkhäusern, romantischen Gässchen und plätschernden Bächlein einen besonderen Charme. Die nahezu intakte Stadtmauer ist mit ihren mächtigen Wehr- und Tortürmen mehr als einen Blick wert. Zahlreiche Restaurants oder Cafés laden zum genüsslichen Pausieren ein.

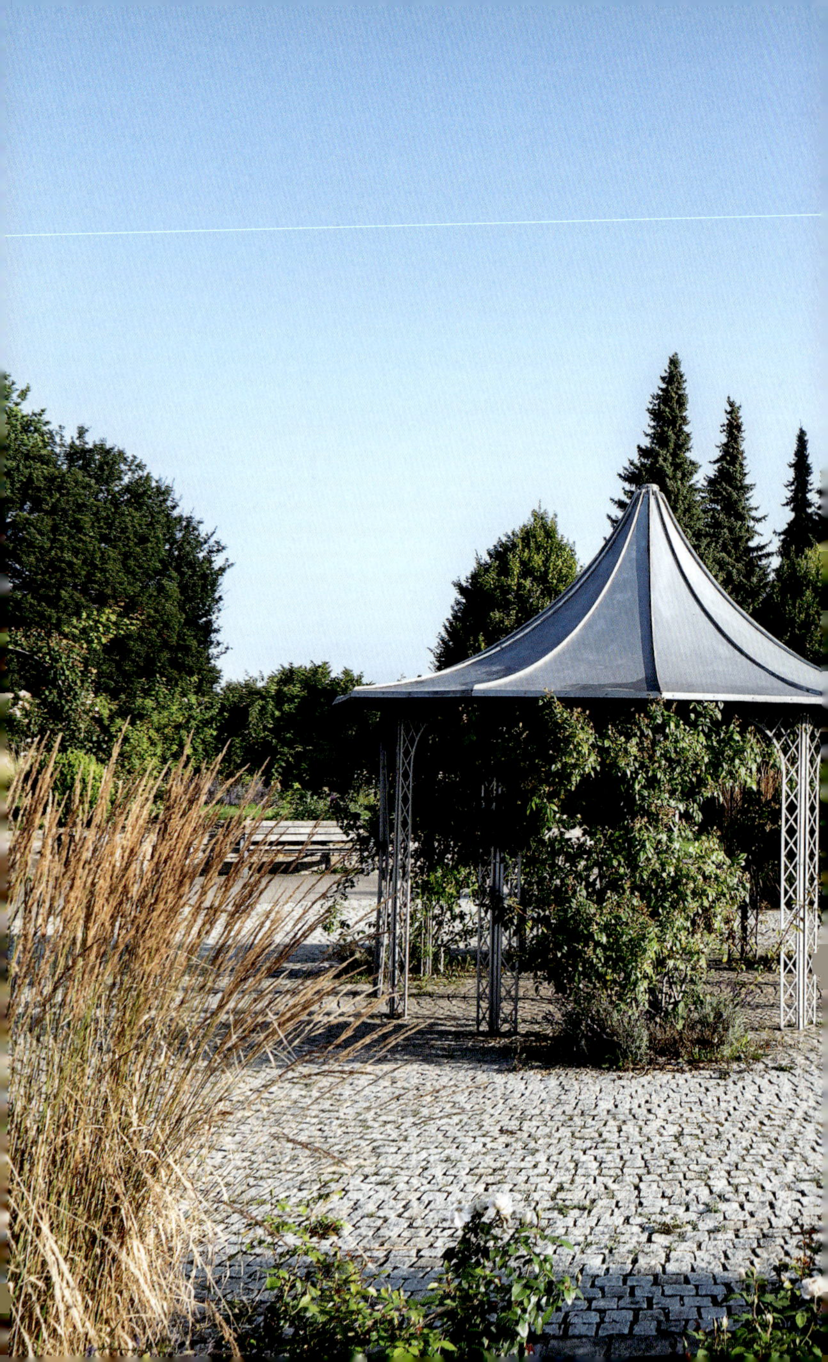

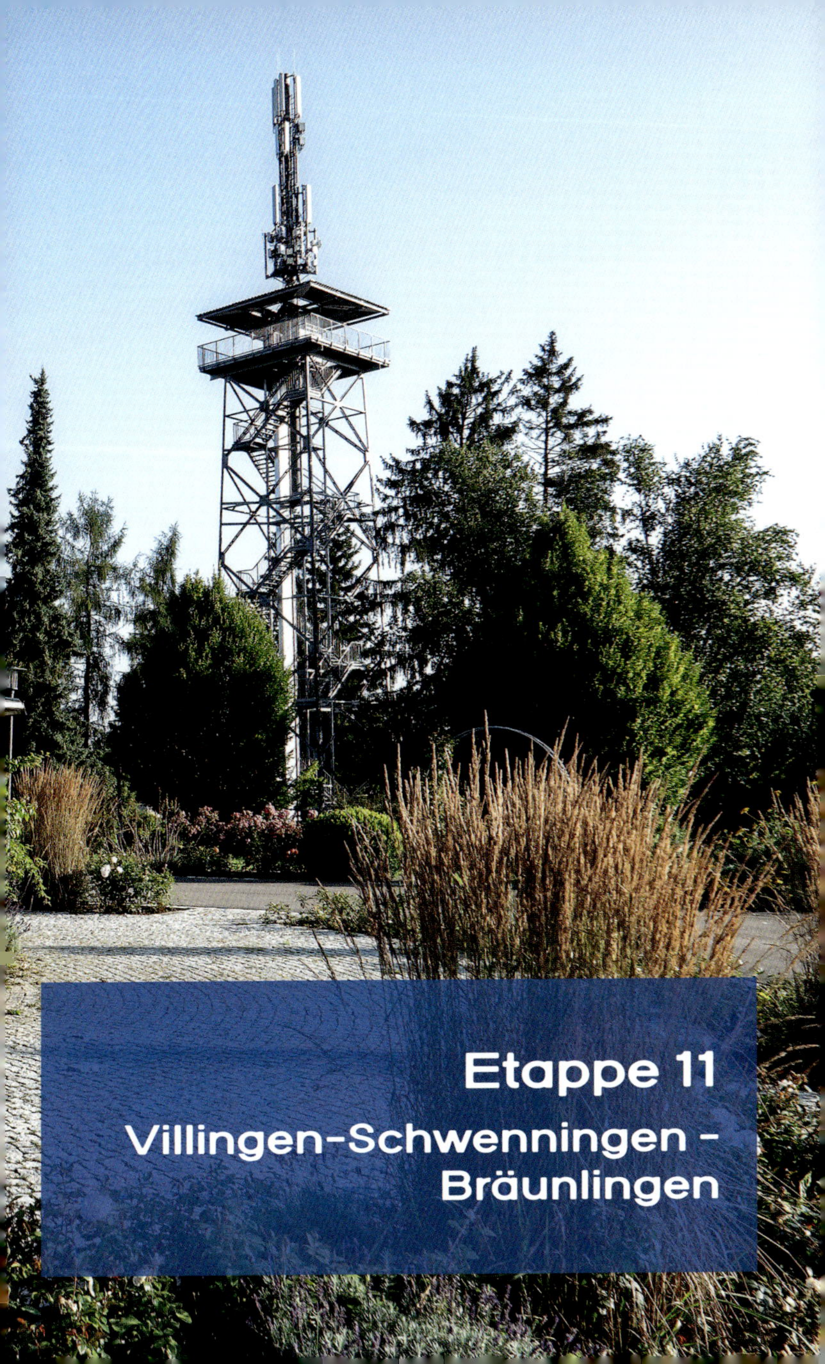

# Etappe 11

## Villingen-Schwenningen - Bräunlingen

# 70 AUSSICHTSTURM HUBENLOCH, VILLINGEN-SCHWENNINGEN

## 131 Stufen bis zum Weitblick

**Hinkommen:**
48°03'30.7"N 8°27'11.6"E

**Mit dem Auto:**
A81, Ausfahrt 36, Tuningen.
Weiter über L523, B27 und B33 nach Villingen. An der Gabelung auf B33 bleiben, dann links auf Schwenninger Straße. Am Bickentor rechts auf Klosterring und weiter auf Benediktinerring. Rechts auf Vöhrenbacher Straße und gleich links abbiegen. Parkmöglichkeiten am Theater am Ring. Über die Vöhrenbacher Straße geht es nur wenige Meter zu Fuß am Rande der Parkanlage Hubenloch weiter bis zum Turm.

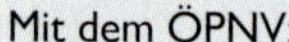

**Mit dem ÖPNV:**
Mit der Bahn nach Villingen. Zu Fuß rechts auf Bahnhofstraße und links auf Bickenstraße. Durch das Bickentor und immer geradeaus bis zur Vöhrenbacher Straße. Dann links abbiegen und weiter bis zum Turm.
**Vom Bahnhof bis zum Turm sind es 1,1 Kilometer.**

**Tourbeschreibung:**
Jede Menge Sehenswertes in der historischen Innenstadt Villingens. Aussichten bis zur Schwäbischen Alb und in den Schwarzwald vom Turm, Parkidylle in der Anlage Hubenloch.

Mein Wecker im Hotel in Rottweil klingelt sehr früh. Ich möchte um 7.30 Uhr in Villingen-Schwenningen sein. Die Sonne steht noch sehr tief und wirft lange Schatten – ideal für meinen Plan, heute den Aussichtsturm Hubenloch zu erklimmen. Mein kaputter Schuh macht mir erst einmal kaum Sorgen und ich hoffe auf die Gelegenheit, etwas zum Flicken zu finden.

In Villingen angekommen, starte ich meine heutige Etappe nach Donaueschingen und gehe durch das noch verschlafene Städtchen. Am Romäusturm, dem mit 34 Metern Höhe höchsten Turm der Villinger Stadtbefestigung, biege ich rechts ab, um weiter über die Parkanlage Hubenloch zum gleichnamigen Turm zu gelangen. Der viereckige Turm steht mitten im Park, oberhalb von Villingen. Erst 2008 wurde der 38 Meter hohe Turm erbaut. Seine höchste Aussichtsplattform befindet sich auf einer Höhe von 25 Meter. Er wird auch als Antennenmast für Mobiltelefone genutzt.

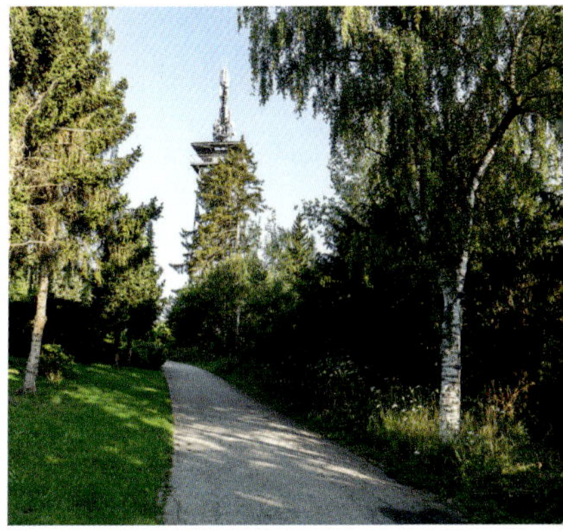

Umgeben ist der Turm von einem wunderschönen, weitläufigen Rosengarten, der durch seine Höhe von 750 Meter ü. NN einer der höchst gelegenen in Europa ist. Angelegt wurde er 2010 im Rahmen der Landesgartenschau.

Ich steige auf angenehm breiten Treppen den Turm hinauf. Die durchsichtigen Gittertreppen sorgen jedoch dafür, dass ich beim Aufstieg stets nach unten blicke. Oben habe ich auf der überdachten Aussichtsplattform nach Osten eine grandiose Sicht auf die aufsteigende Sonne über der Stadt Villingen und kann sogar bis hinüber zur Schwäbischen Alb blicken. Nach

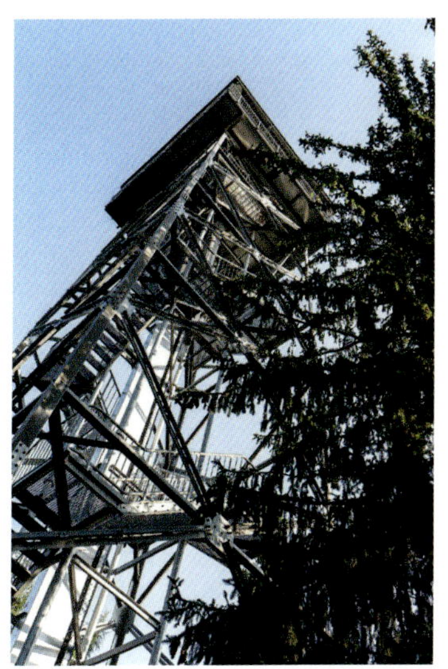

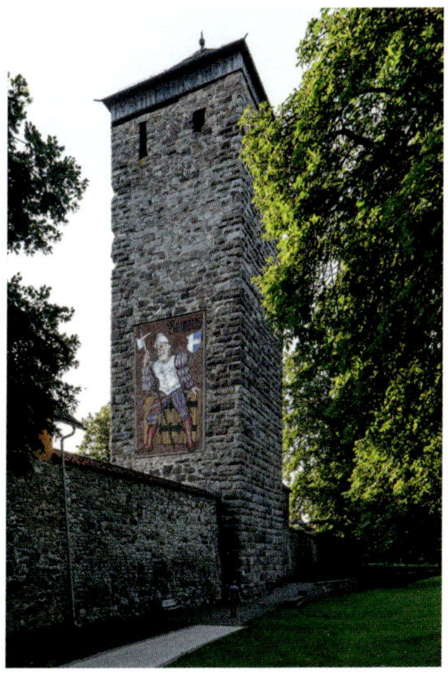

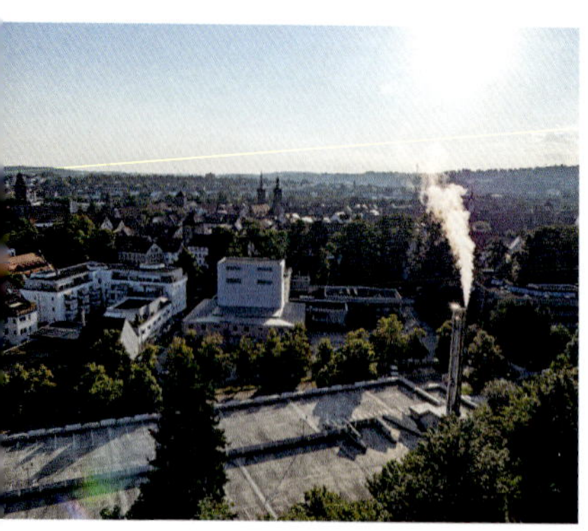

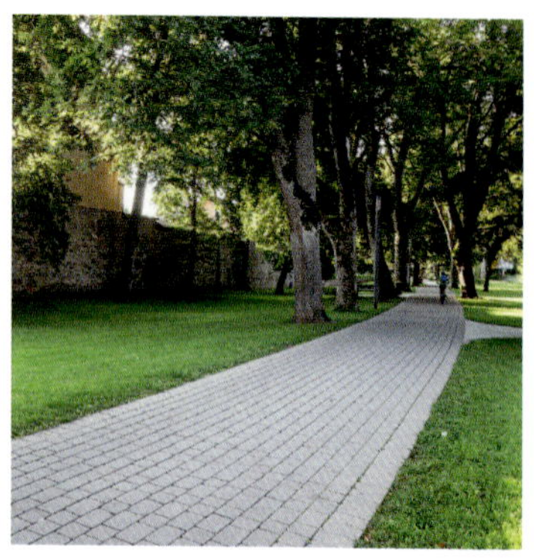

Westen schaue ich über den von der Parkanlage Hubenloch mit ihren vielen, alten Bäumen umgebenen Rosengarten bis tief in den Schwarzwald. Das frühe Aufstehen hat sich wieder einmal gelohnt!

## Tipp

Die Parkanlage Hubenloch bietet mit ihrem charmanten Flair, einem Rosengarten und einigen Ruhebänken die Möglichkeit, einfach mal zu genießen. Für Kinder gibt es tolle Spielplätze.

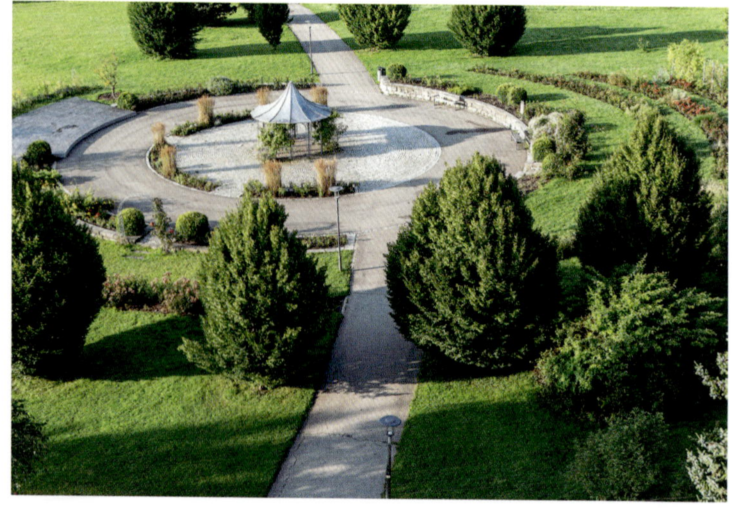

71

# HOLZSKULPTUREN AM WARENBACH, VILLINGEN-SCHWENNINGEN

## Holzkunst eines Weltmeisters

**Hinkommen:**
48°03'01.0"N 8°27'09.3"E

**Mit dem Auto:**
A81, Ausfahrt 36, Tuningen.

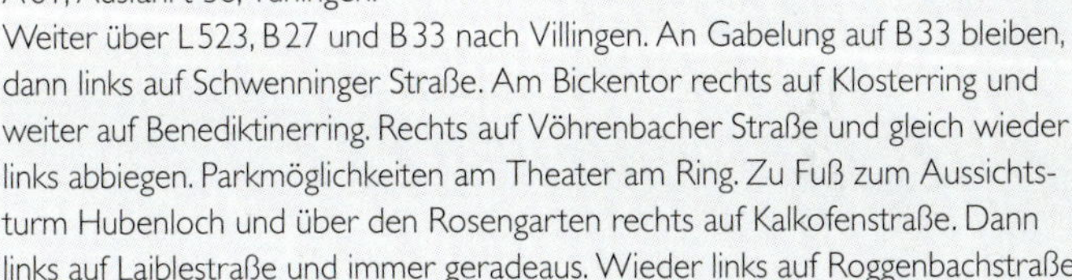

Weiter über L523, B27 und B33 nach Villingen. An Gabelung auf B33 bleiben, dann links auf Schwenninger Straße. Am Bickentor rechts auf Klosterring und weiter auf Benediktinerring. Rechts auf Vöhrenbacher Straße und gleich wieder links abbiegen. Parkmöglichkeiten am Theater am Ring. Zu Fuß zum Aussichtsturm Hubenloch und über den Rosengarten rechts auf Kalkofenstraße. Dann links auf Laiblestraße und immer geradeaus. Wieder links auf Roggenbachstraße.
**Ab dem Theater bis zu den Holzskulpturen sind es 1,3 Kilometer.**

**Mit dem ÖPNV:**
Mit der Bahn nach Villingen. Am Bahnhof zu Fuß über den Fluss Brigach, dann links auf Brigachstraße und immer an der Brigach entlang, geradeaus auf Schwedendammstraße. Rechts auf Dürrstraße, links auf Am Warenberg und sofort rechts auf Roggenbachstraße.
**Ab dem Bahnhof bis zu den Holzskulpturen sind es 1,3 Kilometer.**

**Tourbeschreibung:**
An den Skulpturen weite Wiesenlandschaften im Landschaftsschutzgebiet am Rande der Stadt Villingen.

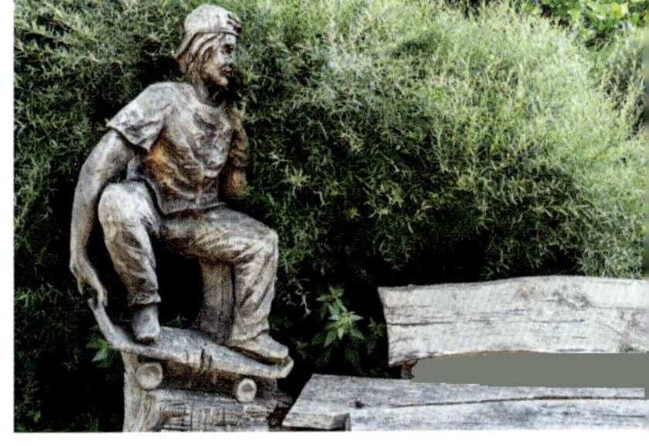

Ich schaue mir noch den lieblichen Rosengarten mit dem auffälligen Pavillon an und gehe dann aus der Stadt Villingen hinaus Richtung Süden. Kurz vor dem Stadtrand stoße ich auf eine Apotheke. Mit dem gekauften Hansaplast flicke ich meinen kaputten Schuh. Es funktioniert! Erleichtert gehe ich weiter Richtung Stadtrand.

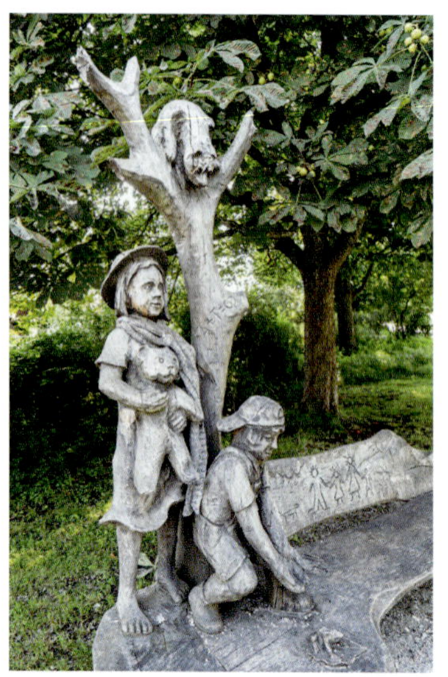

Ich überquere den kleinen Fluss Warenbach, biege auf die Roggenbachstraße, die vielmehr ein breiter Weg ist und direkt an einer großen, weiten, offenen und leicht ansteigenden Wiese liegt. Es ist herrlich, unten an ihr entlangzugehen. Der Weg verläuft durch ein ausgewiesenes Landschaftsschutzgebiet in Villingen Süd und ist als Spazierweg entlang des Warenbachs sehr beliebt. Ich genieße die weite Landschaft und staune, dass ich erst noch vor wenigen Minuten in der Stadt war und mich jetzt mitten im Grünen bewege.

Schnell fallen die besonderen Bänke auf, die hier entlang des

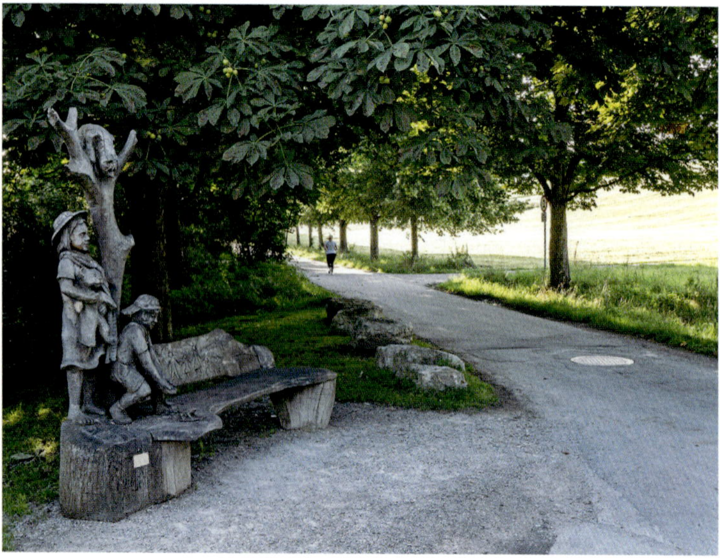

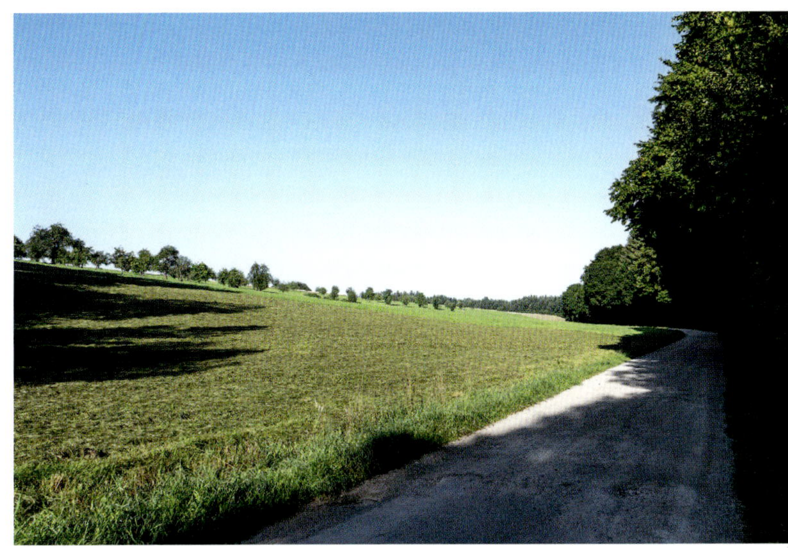

Weges platziert sind. 2015 hat diese der Weltmeister im Kettensägenschnitzen, Igor Loskutow, gestaltet. Die Skulpturen zeigen Menschen in ihren unterschiedlichen Lebensphasen wie der Kindheit, der Jugend, dem Erwachsensein und dem Alter. So spielt zum Beispiel ein Junge mit einem Frosch, während ein Mädchen mit einem Teddybären in der Hand danebensteht. Einen Teenager sieht man mit Skateboard, Erwachsene werden als tanzendes Paar dargestellt und eine Altvillingerin steht für das Alter.

Seit 2021 gibt es neue Holzskulpturen des Künstlers zum Thema Füße in der Parkanlage der Möglingshöhe bei Schwenningen. Am südlichen Stadtrand von Villingen gehe ich an der leicht aufsteigenden Wiese auf meiner linken Seite sowie einem größeren Spielplatz vorbei Richtung Westen, um zu meinem nächsten Highlight zu gelangen, der Schleifekapelle Sankt Wendelin.

## Tipp

Warenbachstüble in Villinger Kleingartenanlage, direkt an den Skulpturen. Mit viel Herzblut und wechselnder Speisekarte betreibt Barbara Ullrich die Gartenwirtschaft. Roggenbachstraße 4/1, 78050 Villingen-Schwenningen.

# 72 SCHLEIFEKAPELLE SANKT WENDELIN, VILLINGEN-SCHWENNINGEN

## Der Name ist Geschichte

**Hinkommen:**
48°03'04.1"N 8°25'58.7"E

**Mit dem Auto:**
A81, Ausfahrt 36, Tuningen.

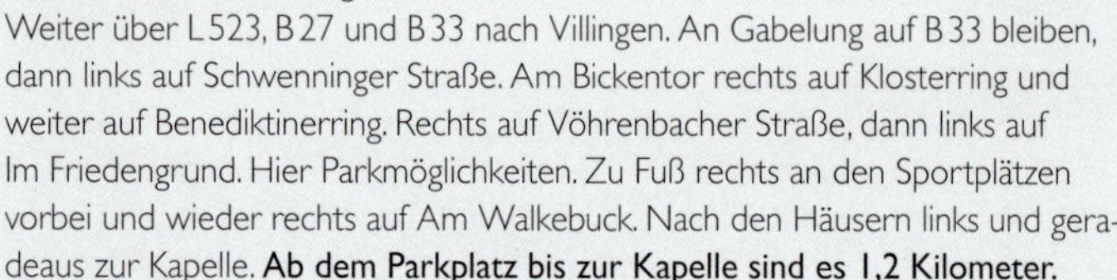

Weiter über L523, B27 und B33 nach Villingen. An Gabelung auf B33 bleiben, dann links auf Schwenninger Straße. Am Bickentor rechts auf Klosterring und weiter auf Benediktinerring. Rechts auf Vöhrenbacher Straße, dann links auf Im Friedengrund. Hier Parkmöglichkeiten. Zu Fuß rechts an den Sportplätzen vorbei und wieder rechts auf Am Walkebuck. Nach den Häusern links und geradeaus zur Kapelle. **Ab dem Parkplatz bis zur Kapelle sind es 1,2 Kilometer.**

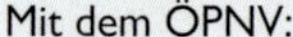

**Mit dem ÖPNV:**
Mit der Bahn nach Villingen. Weiter mit dem Bus 7 Richtung Villingen Heidplatz, Villingen-Schwenningen oder Bus 8 Richtung Villingen Hotelfachschule, Villingen-Schwenningen. Aussteigen in Villingen St.-Konrad-Kirche, Villingen-Schwenningen. An Wochenenden und Feiertagen Anrufsammeltaxi (AST), Anmeldung unter Telefon 01806/777272 bis eine Stunde vorher. Zu Fuß weiter auf St.-Konrads-Weg nach Süden und rechts auf Herdstraße. Nach den Häusern links und geradeaus zur Kapelle. **Ab der Haltestelle St.-Konrad-Kirche bis zur Kapelle sind es 800 Meter.** Alternativ ab Bahnhof Villingen (Schwarzwald) zu Fuß wie zu Highlight 71 (Holzskulpturen am Warenbach) und ab da immer geradeaus. Dann rechts auf Viehhofweg und links abbiegen, rechts über den Hof. **Ab dem Bahnhof Villingen (Schwarzwald) bis zur Kapelle sind es 3,2 Kilometer.**

**Tourbeschreibung:**
Idyllisches Fleckchen im Wald mit plätscherndem Bach im Hintergrund.

Von den schönen Skulpturen geht es immer geradeaus an der Wiese entlang, ehe ich auf einen kleinen Waldabschnitt stoße, an dem ich rechts vorbei wandere. Kurz danach biege ich rechts ab zu einem Hof, überquere eine Wiese und den Warenbach.

Auf einer kleinen Lichtung steht hinten am Waldrand schon fast schüchtern die Schleifekapelle. Die Villinger nennen sie liebevoll

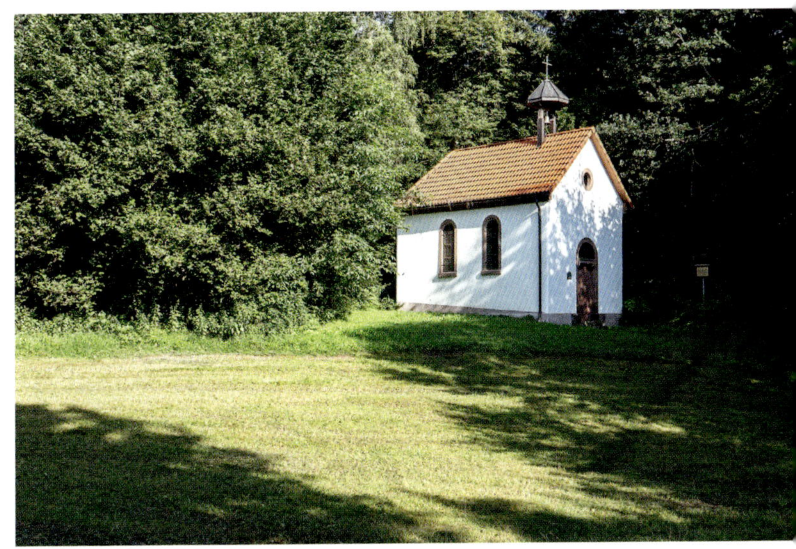

s'Schlifi-Käpelle. Das immer noch frühmorgendliche Licht mit den langen Schatten tut sein Übriges. Was für ein wunderschöner, malerischer Ort für eine Kapelle mit dem plätschernden Bach hinter mir.
Mit ihrem roten Ziegeldach und den schön verputzten Wänden wirkt sie sehr modern. Das ist auch kein Wunder, denn sie wurde 2006 aufwendig restauriert und erhielt eine Glocke, die hier auf dem Schleifehof wenige Meter entfernt gegossen wurde.
Ihren Namen verdankt die Kapelle tatsächlich dem Hof. Dieser wurde 1417 erstmals genannt und war bis zum Jahr 1895 eine Grob- und Feinschleiferei. Metallgegenstände wie Werkzeuge, Messer und Scheren wurden hier an Schleifsteinen geschliffen. Heute ist der Hof ein Landwirtschaftsgut. Die erste Kapelle wurde 1848 vom damaligen Besitzer der Schleife für seine Familie aus Holz erbaut. Ein in der Kapelle stehendes Kreuz galt als wundertätig. 1883 wurde sie durch einen Steinbau ersetzt und das Kruzifix war und blieb bis heute verschwunden. Seit 1986 ist die Kapelle im Besitz der Familie Hirt, die den Schleifehof heute noch bewirtschaftet. Die Kapelle ist dem heiligen Wendelin, Schutzpatron der Bauern und Hirten, geweiht. Eine Glocke, extra fürs Käpelle vom Gießermeister Glasbrenner aus

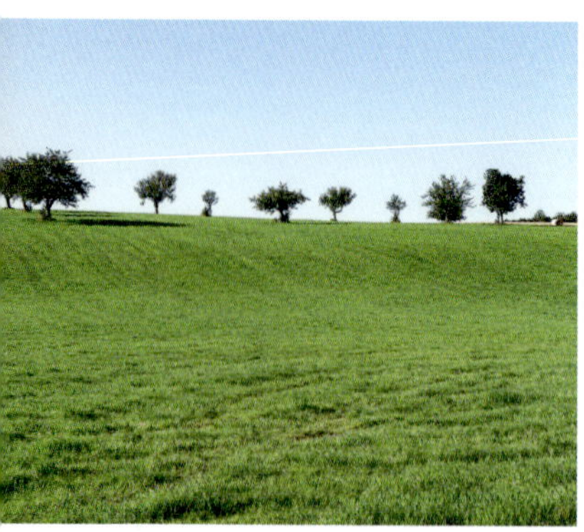

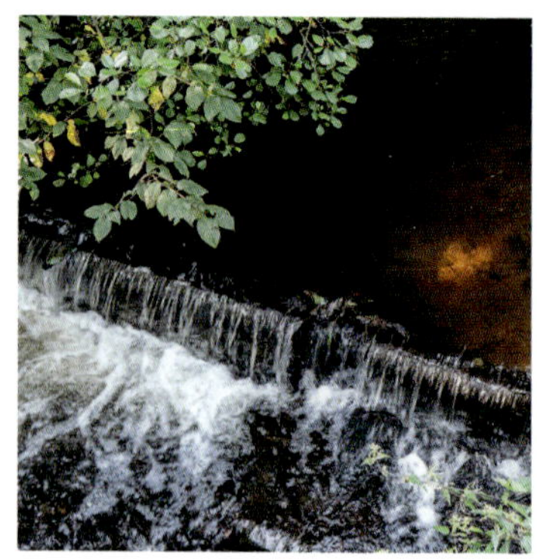

Schwäbisch Hall gegossen, läutet seit 2006 immer samstags um 12 Uhr das Wochenende ein. Die Kapelle ist dann geöffnet.

## Tipp

Die vielen Weitsichten und die leicht hügelige Landschaft in der näheren Umgebung eignen sich hervorragend für kürzere und längere Spaziergänge.

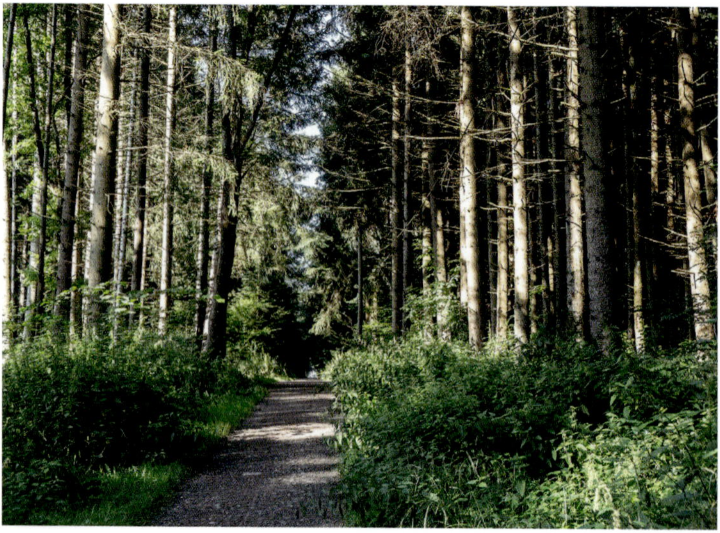

73

# MAGDALENENBERG – KELTISCHES FÜRSTENGRAB, VILLINGEN-SCHWENNINGEN

## Ein Hügel voller Superlativen

**Hinkommen:**
48°02'40.8"N 8°26'44.1"E

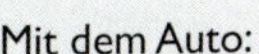

**Mit dem Auto:**
A 81, Ausfahrt 36, Tuningen.

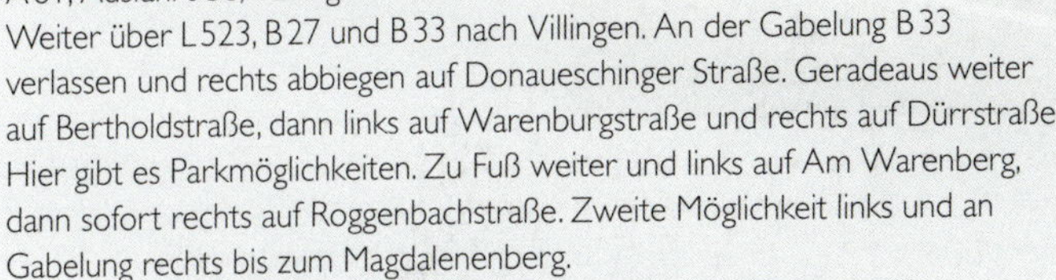

Weiter über L 523, B 27 und B 33 nach Villingen. An der Gabelung B 33 verlassen und rechts abbiegen auf Donaueschinger Straße. Geradeaus weiter auf Bertholdstraße, dann links auf Warenburgstraße und rechts auf Dürrstraße. Hier gibt es Parkmöglichkeiten. Zu Fuß weiter und links auf Am Warenberg, dann sofort rechts auf Roggenbachstraße. Zweite Möglichkeit links und an Gabelung rechts bis zum Magdalenenberg.
**Ab dem Parkplatz bis zum Magdalenenberg sind es 1,9 Kilometer.**

**Mit dem ÖPNV:**
Mit der Bahn nach Villingen. Zu Fuß über die Brigach und links auf Brigachstraße. Geradeaus auf Schwedendammstraße und rechts auf Dürrstraße. Weiter wie oben. **Ab Bahnhof sind es 2,9 Kilometer bis zum Magdalenenberg.**

**Tourbeschreibung:**
In der leicht hügeligen Landschaft gibt es auf den überwiegend gut befestigten und breiten Feldwegen zahlreiche weite, wunderschöne Aussichten in den Schwarzwald hinein.

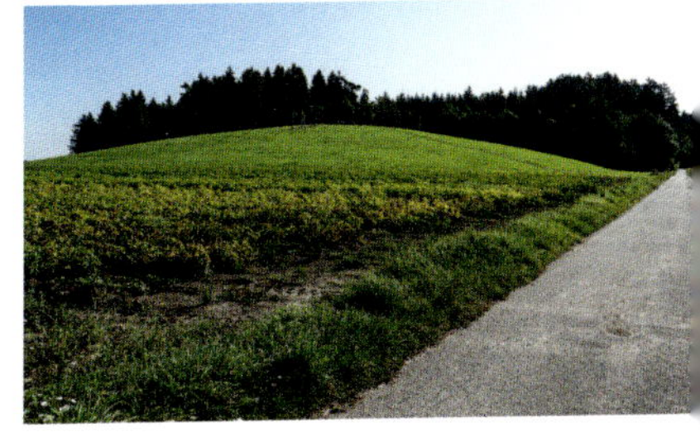

Ich verlasse den wunderschönen, einsamen Ort bei der St.-Wendelin-Kapelle und wandere oberhalb der Wiese weiter, die ich unten von den Holzskulpturen aus so schön fand. Das Morgenlicht ist gerade am Verschwinden und ich bekomme schöne Blicke auf Villingen. An der nächsten Gabelung biege ich rechts

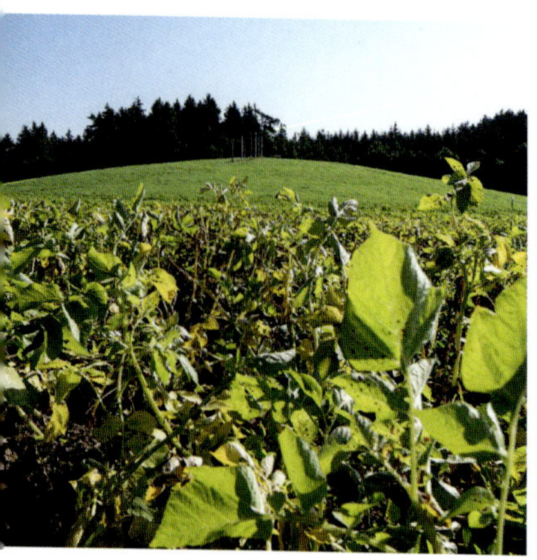

ab, um direkt zum Magdalenenberg zu gelangen, der mit einem Durchmesser von 100 Metern und einer Höhe von etwa acht Metern einer der größten Keltengrabhügel Europas ist. Viele Infotafeln auf dem Keltenpfad begleiten mich und ich erfahre, was es mit der Geschichte des Berges auf sich hat.

Der Magdalenenberg stammt aus der Hallstattzeit (frühe Eisenzeit). Diese 2600 Jahre alte Grabkammer des Fürsten vom Magdalenenberg ist der größte hallstattzeitliche Fund Europas. Die Grabbeigaben – wie Waffen, Schmuck, aber auch Alltagsgegenstände – geben einen Einblick in die Welt dieser frühen Kelten. Der Magdalenenberg gilt bis heute als mächtigste Grablege. 1890 gruben hier Archäologen zum ersten Mal, fanden aber nur ein geplündertes Fürstengrab.

1970 dann die Sensation, als 126 Nachbestattungen mit einzigartigen Beigaben gefunden wurden und den Magdalenenberg zu einem der

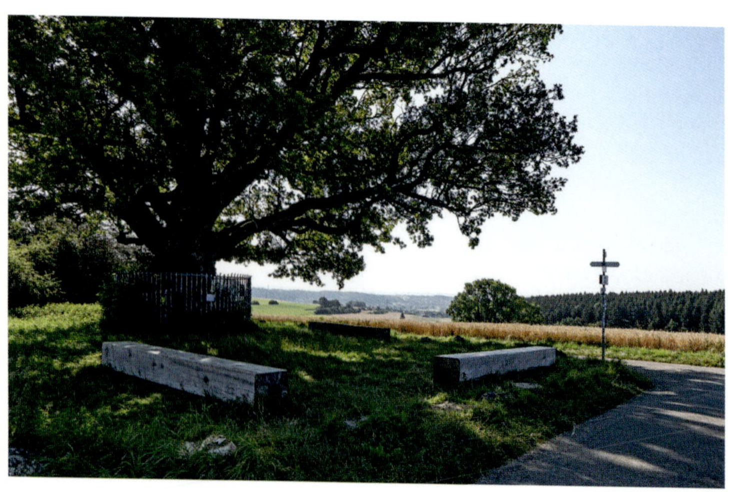

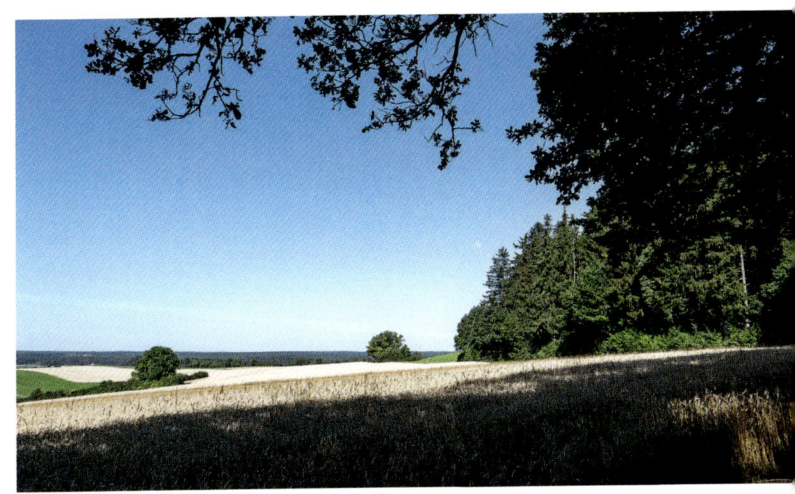

bedeutendsten Fundorte der Eisenzeit in Süddeutschland machten. Das Original der Grabkammer ist im Franziskanermuseum in Villingen-Schwenningen zu bestaunen. Auf einer der zahlreichen Infotafeln erfahre ich, dass der Magdalenenberg heute ein künstlicher Nachbau ist, da er nach der vollständigen Untersuchung auf seine ursprüngliche Höhe aufgeschüttet wurde. Auf 770 Metern Höhe bietet sich ein einmaliger Blick auf die nähere Umgebung.

Am Fuße des Hügels steht die über 275 Jahre alte imposante Magdalenenberg-Eiche, deren Krone beeindruckende 23 Meter misst. Sie ist durch ein Gitter um den Stamm gut geschützt und ein Naturdenkmal. Ich gehe am Fuße des Hügels weiter Richtung Rietheim. Während sich auf meiner linken Seite ein Wald befindet, schaue ich nach rechts weit in den Schwarzwald hinein.

## Tipp

Im Franziskanermuseum im ehemaligen Franziskanerkloster kann die 2600 Jahre alte, 6x8 Meter große, hölzerne Grabkammer besichtigt werden. Weitere Sammlungsschwerpunkte des Kulturhistorischen Museums sind die Stadtgeschichte und die Volkskunde des Schwarzwalds. Rietgasse 2, 78050 Villingen-Schwenningen, Telefon 07721/822351, Di bis Sa 13–17 Uhr, So und Feiertag 11–17 Uhr, www.franziskanermuseum.de.

# 74 JUDAS-THADDÄUS-KAPELLE, VILLINGEN-SCHWENNINGEN

## Lauschig am Waldrand gelegen

**Hinkommen:**
48°02'40.3"N 8°26'33.7"E

**Mit dem Auto:**
A81, Ausfahrt 36, Tuningen.

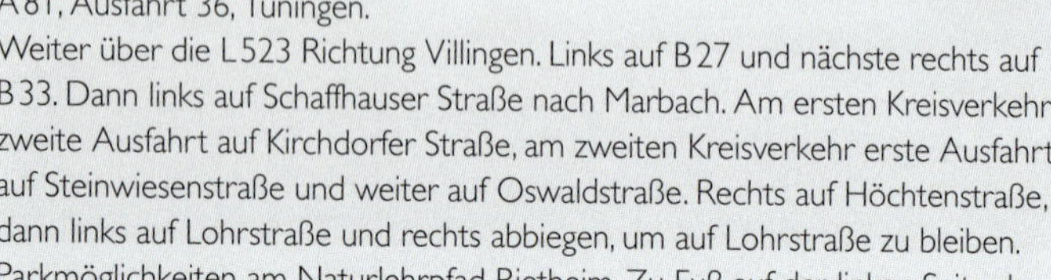

Weiter über die L523 Richtung Villingen. Links auf B27 und nächste rechts auf B33. Dann links auf Schaffhauser Straße nach Marbach. Am ersten Kreisverkehr zweite Ausfahrt auf Kirchdorfer Straße, am zweiten Kreisverkehr erste Ausfahrt auf Steinwiesenstraße und weiter auf Oswaldstraße. Rechts auf Höchtenstraße, dann links auf Lohrstraße und rechts abbiegen, um auf Lohrstraße zu bleiben. Parkmöglichkeiten am Naturlehrpfad Rietheim. Zu Fuß auf der linken Seite des Parkplatzes weiter geradeaus zur Kapelle.
**Ab dem Naturlehrpfad Rietheim bis zur Kapelle sind es 500 Meter.**

**Mit dem ÖPNV:**
Mit der Bahn nach Villingen. Zu Fuß über die Brigach und links auf Brigachstraße. Geradeaus auf Schwedendammstraße und weiter geradeaus auf Rietheimer Straße. Dann rechts auf Feldbergweg und dem Weg folgen.
**Ab dem Bahnhof Villingen bis zur Kapelle sind es 2,7 Kilometer.**

**Tourbeschreibung:**
Breite, gut zu begehende Feldwege mit tollen, weiten Aussichten in den Schwarzwald und hinüber zur Schwäbischen Alb.

Ich verlasse den geschichtsträchtigen Hügel und gehe an einem Waldstück entlang Richtung Süden. Nach rechts schaue ich herrlich über weite Felder und genieße diese besondere Schwarzwaldstimmung. Wenig später zeigt sich mir am Waldrand die spitzförmige Judas-Thaddäus-Kapelle. Vor ihr breitet sich die Landschaft leicht abschüssig aus, die Weitsicht ist einfach nur zum Genießen. Nach links kann ich sogar bis zur Schwäbischen Alb blicken und merke, wie sich hier der Schwarzwald und die Schwäbische Alb annähern. Wunderbar, dass hier einige der bequemen Himmelsliegen stehen, auf denen man sich zurücklehnen und genießen kann. Das Wetter ist sehr klar, keine einzige Wolke ist am Himmel zu sehen.

Judas Thaddäus missionierte hauptsächlich in Persien und Armenien und wurde von Jesus in die Schar der Apostel berufen. Wahrscheinlich erinnerte sein Name zu sehr an den Verräter Apostel, denn nur wenige Kirchen tragen seinen Namen. Erst nach seiner Neuentdeckung, Ende des 18. Jahrhunderts, gilt er als Patron für hoffnungslose Anliegen. Viele Hofkapellen bekamen seitdem seinen Namen verliehen – wie auch diese

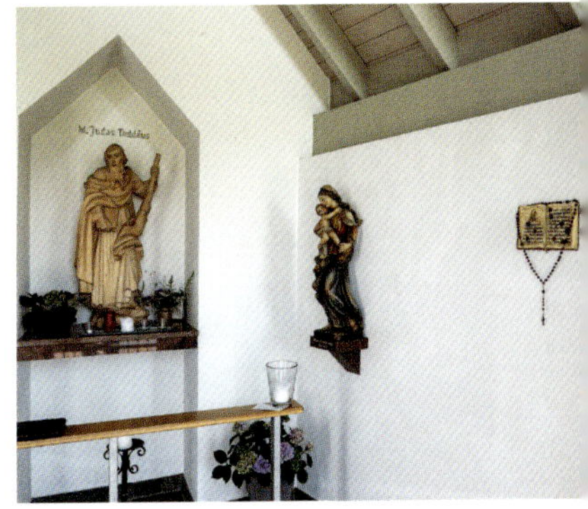

hier. Sein Gedenktag in der katholischen, anglikanischen und evangelischen Kirche ist der 28. Oktober, während die Ostkirchen am 19. Juni an ihn denken. Eine kleine Glocke, die 1909 in Kempten gegossen

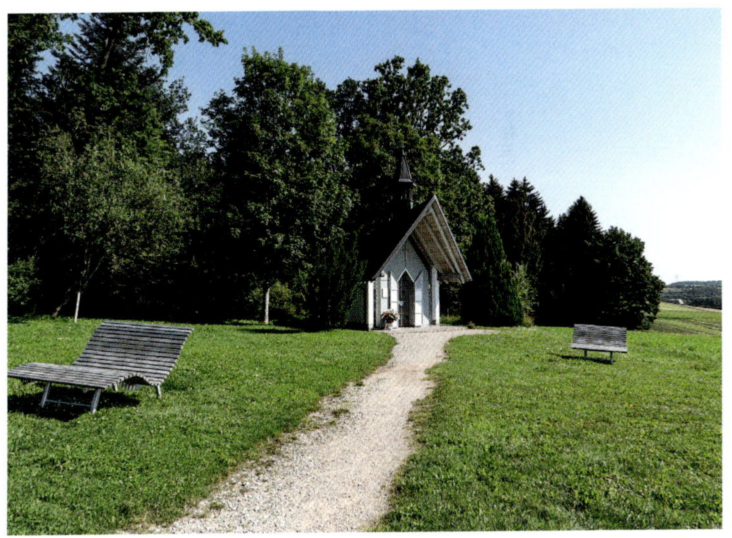

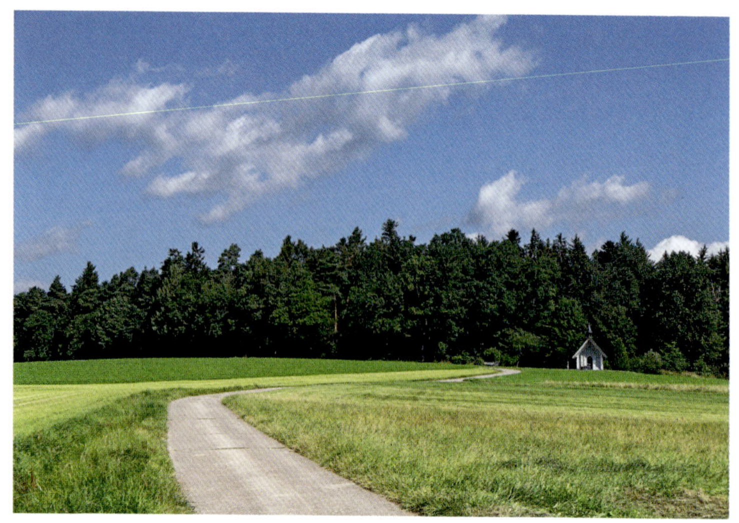

wurde, hängt in der Kapelle, die am 9. November 2000 geweiht wurde. Im Kapellenraum ist unter anderem eine aus Holz geschnitzte Figur des heiligen Apostels zu sehen. In der rechten Hand hält sie eine Bibel und in der linken eine Holzkeule, mit der Judas Thaddäus zu Tode kam. Die Kapelle ist an Sonn- und Feiertagen geöffnet.

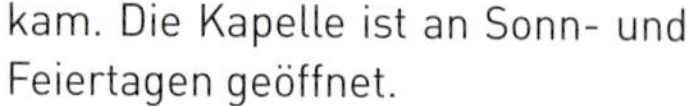

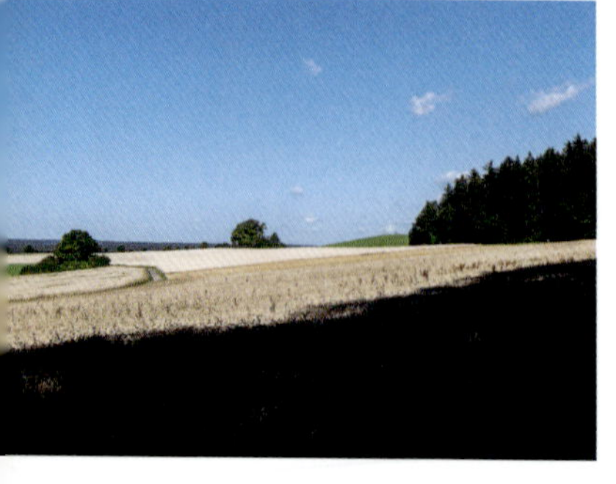

## Tipp

Auf dem 4,5 Kilometer langen Rietheimer Naturlehrpfad lernt man so einiges über die Land- und Forstwirtschaft. Die Infotafeln werden allerdings im Frühling auf- und im Herbst wieder abgebaut. Dennoch kann der Weg auf breiten, überwiegend asphaltierten Wegen jederzeit auch unabhängig der Infotafeln abgelaufen werden und sollte mit dem Kinderwagen, Rollstuhl oder Fahrrad kein Problem sein. Der Start befindet sich auf einem kleinen Parkplatz am Ende der Lohrstraße.

# LOURDESGROTTE, VILLINGEN-SCHWENNINGEN

75

## Ein Gebetsort am Waldrand

**Hinkommen:**
48°01'33.8"N 8°26'58.8"E

**Mit dem Auto:**
A 81, Ausfahrt 36, Tuningen.
Weiter auf L 523 Richtung Villingen-Schwenningen, dann links auf B 27 und rechts auf B 33. Nächste Möglichkeit links auf Schaffhauser Straße. In Marbach am Kreisverkehr zweite Ausfahrt und links auf Kirchdorfer Straße. Dann am nächsten Kreisverkehr erste Ausfahrt und weiter auf Steinwiesenstraße. Parkmöglichkeiten in Rietheim. Zu Fuß auf Pfaffenweilerstraße und links auf den Fohrlenhof. Am Fohrlenhof rechts und Beschilderung folgen.
**Ab Pfaffenweilerstraße etwa 500 Meter zur Lourdesgrotte.**

**Mit dem ÖPNV:**
Mit der Bahn nach Villingen-Schwenningen. Weiter mit dem Bus 80 Richtung Pfaffenweiler Kirche, Ausstieg in Rietheim, Pfaffenweilerstraße. An Wochenende oder Feiertag Anrufsammeltaxi (AST oder RUF, Telefon 018067/777272 bis eine Stunde vorher). Zu Fuß weiter geradeaus und links auf den Fohrlenhof. Weiter wie oben.

**Tourbeschreibung:**
Entlang an weiten Feldern, schöne Waldidylle an Grotte. Ruhiges Plätzchen mit besonderer Ausstrahlung.

Weiter geht es durch den kleinen Ort Rietheim, im Anschluss wandere ich an großflächigen Wiesen entlang Richtung Fohrlenhof. Die Lourdesgrotte muss unweit des Hofs liegen. Ich folge einem Wegweiser und gelange über einen kurzen Pfad direkt zu ihr – es erwartet mich ein idyllisch gelegener Gebetsort in einem kleinen Waldabschnitt.

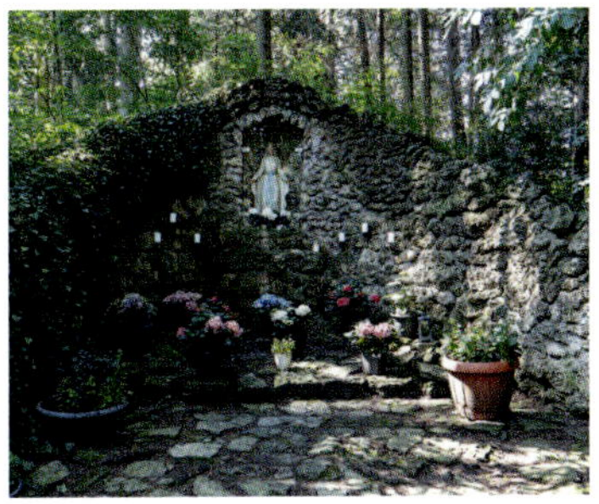

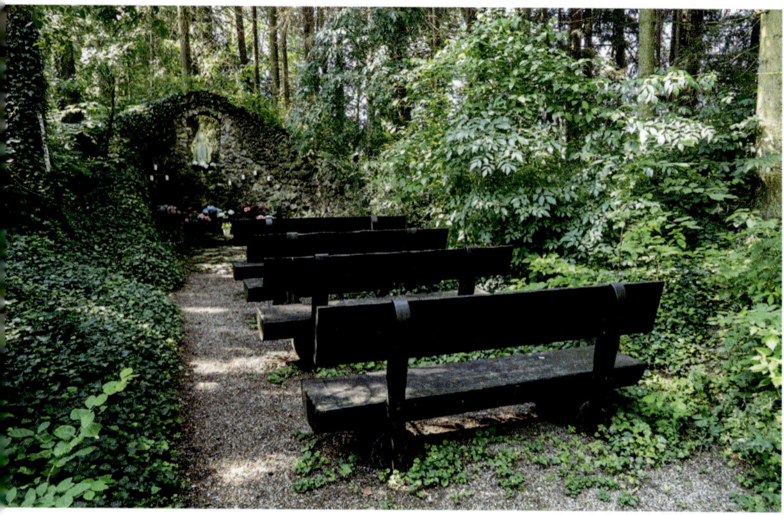

Die frei stehenden Kirchenbänke so mitten im Wald empfinde ich als etwas ganz Besonderes und bleibe erst einmal andächtig stehen. Dann gehe ich nach vorne und schaue mir die Grotte genauer an. Eine mit offenen Händen dargestellte Muttergottes steht geschützt hinter einer Glasscheibe in einer halbrunden Steinwand, die mit Kerzen geschmückt ist. Davor befinden sich schön bepflanzte Blumentöpfe. Links neben den Bänken gibt es an einem an den Baum gepinnten Infoblatt etwas über die Geschichte dieser Lourdesgrotte zu erfahren. Sie wurde als Dank für die zurückgekehrten Männer aus dem Zweiten Weltkrieg erbaut. Eine Marienstatue aus Lourdes ist Vorbild der Riettheimer Muttergottes. Die Einweihung fand am 26. Juli 1962 im Rahmen einer feierlichen Maiandacht statt.

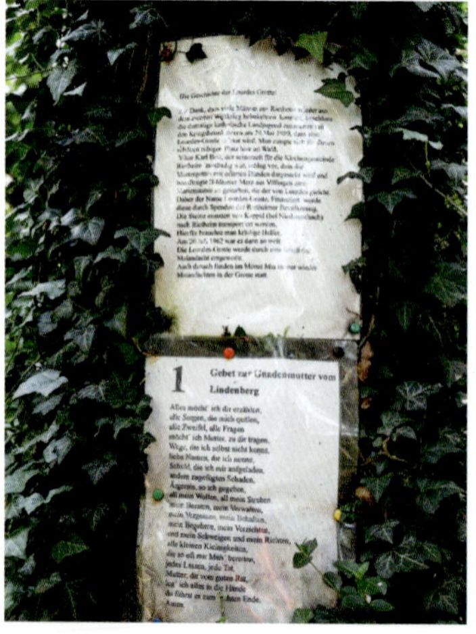

Unter dem Infoblatt hängt ein Gebet zur Gnadenmutter vom Lindenberg. Sie soll alle Sorgen, alle Zweifel, alle Schuld und jedes Ärgernis in die Hände nehmen und es zum Ende führen. Hier an der Grotte werden hauptsächlich Maiandachten und Marienfeiern abgehalten.
Ich merke, dass vor allem diese wunderschön gelegene Kapelle mir wieder Kraft gibt für meinen Weg, und ich gehe über sanfte Hügel entlang an Feldern nach Kirchdorf.

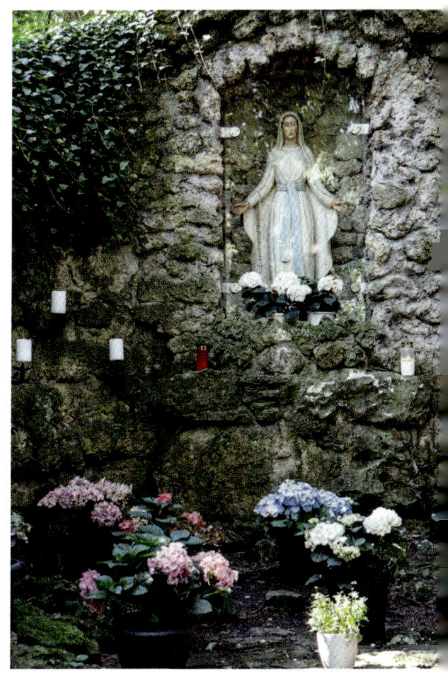

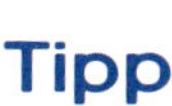


An der Pfaffenweilerstraße am südlichen Stadtrand von Rietheim gibt es ein buntes Blumenfeld mit Blumen zum Selberschneiden.

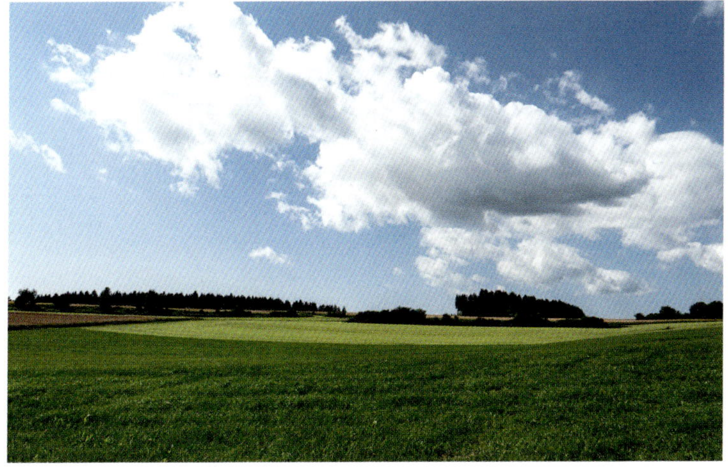

# 76 KIESWERK BRIGACHTAL, BRIGACHTAL
## Ein Lost Place?

**Hinkommen:**
48°00'49.9"N 8°28'57.4"E

**Mit dem Auto:**
A 81, Ausfahrt 36, Tuningen.

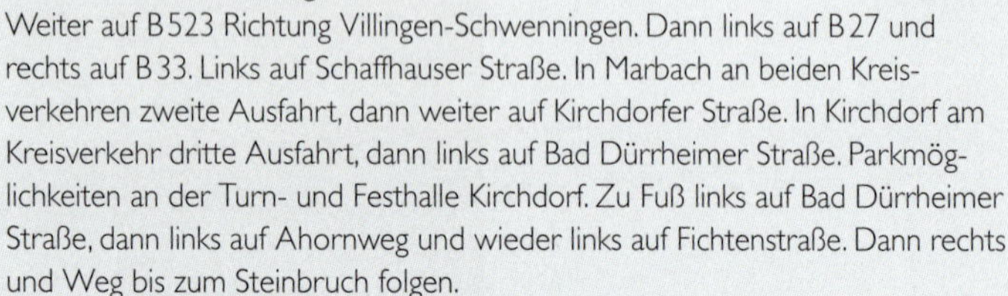

Weiter auf B 523 Richtung Villingen-Schwenningen. Dann links auf B 27 und rechts auf B 33. Links auf Schaffhauser Straße. In Marbach an beiden Kreisverkehren zweite Ausfahrt, dann weiter auf Kirchdorfer Straße. In Kirchdorf am Kreisverkehr dritte Ausfahrt, dann links auf Bad Dürrheimer Straße. Parkmöglichkeiten an der Turn- und Festhalle Kirchdorf. Zu Fuß links auf Bad Dürrheimer Straße, dann links auf Ahornweg und wieder links auf Fichtenstraße. Dann rechts und Weg bis zum Steinbruch folgen.
**Ab der Turn- und Festhalle bis zum Steinbruch sind es 900 Meter.**

**Mit dem ÖPNV:**
Mit der Bahn nach Villingen-Schwenningen beziehungsweise Donaueschingen. Weiter mit der Hohenzollernbahn, RE55 oder S1/S10 nach Brigachtal Kirchdorf. Zu Fuß weiter auf St.-Martin-Straße, dann rechts auf Marbacher Straße. Am Kreisverkehr links auf Schützenstraße, zweite Möglichkeit links und dem Weg folgen bis zum Steinbruch.
**Vom Bahnhof bis zum Steinbruch sind es 1,2 Kilometer.**

**Tourbeschreibung:**
Spannende Sichten auf einen nicht mehr benutzten Steinbruch und weite Fernsicht bis hinüber zur Schwäbischen Alb und zum Schwarzwald. Gut zu begehende, flache Wege.

An der Lourdesgrotte biege ich links ab und wandere zuerst noch am kleinen Ort Rietheim entlang, ehe es an vielen Feldern vorbei mit weiten Sichten nach Kirchdorf geht. Ich überquere die Brigach und die Bahnstrecke, die Donaueschingen mit Villingen-Schwenningen verbindet. Durch ein kleines Industriegebiet geht es am Ortsrand weiter und ich nutze hier die Möglichkeit, meinen Rucksack mit Proviant aufzufüllen. Kurz darauf verlasse ich die Ortschaft Kirchdorf und gehe weiter Richtung Klengen. Dazwischen befindet sich ein Steinbruch, den ich mir unbedingt anschauen möchte. Ich bin ganz überrascht, dass er nicht mehr benutzt wird. In der großen Grube sehe ich kein einziges Fahrzeug, alles ist ziemlich verwildert und überall wächst üppiges Grün. Der Steinbruch scheint aber noch nicht lange verlassen zu sein, denn ich habe Bilder gesehen, die vor gar nicht langer Zeit entstanden sind und einen belebten Steinbruch zeigen. Von dem unerwarteten Anblick bin ich irritiert und gleichermaßen fasziniert.

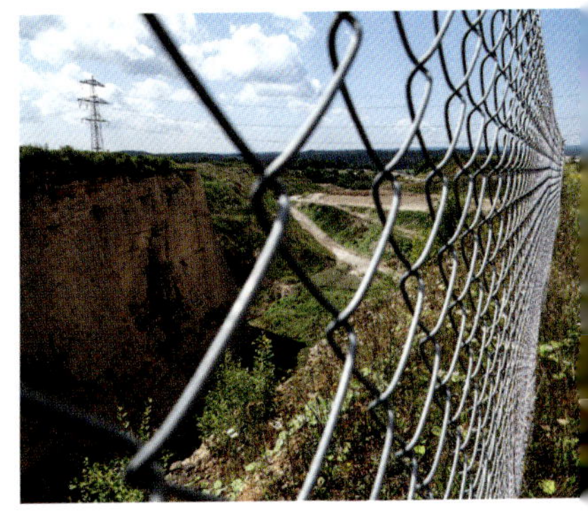

Während ich links an einem ungepflegten, dicht bewachsenen Zaun am Steinbruch entlang gehe, blicke ich an einigen lichteren Stellen immer wieder nach unten in die tiefe Grube und sehe nach vorne zum Trauf der Schwäbischen Alb. Je weiter ich am Zaun entlang gehe, desto spannender wird die Sicht in den Steinbruch mit den tief eingeschnittenen, steilen und schroffen Wänden. An der tiefsten Stelle ist sogar ein kleiner See und ich frage mich, ob das Grund- oder Regenwasser ist.

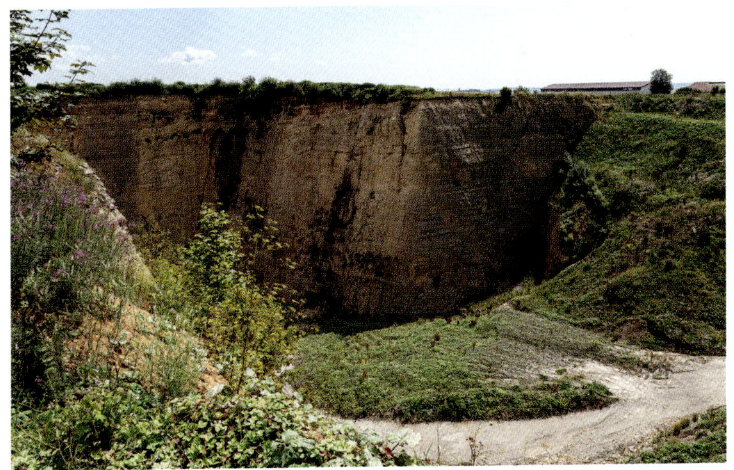

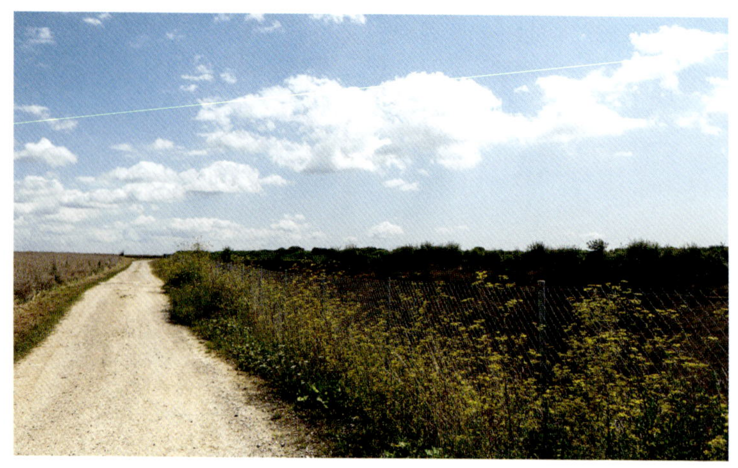

Es müssen nicht immer dunkle, verlassene Gebäude sein, die geheimnisvoll wirken. Der Steinbruch ist ein passendes, spannendes Gegenstück. Weiter geht es durch eine kleine Wohnsiedlung des Ortes Klengen und ich begebe mich zur gleichnamigen Kapelle.

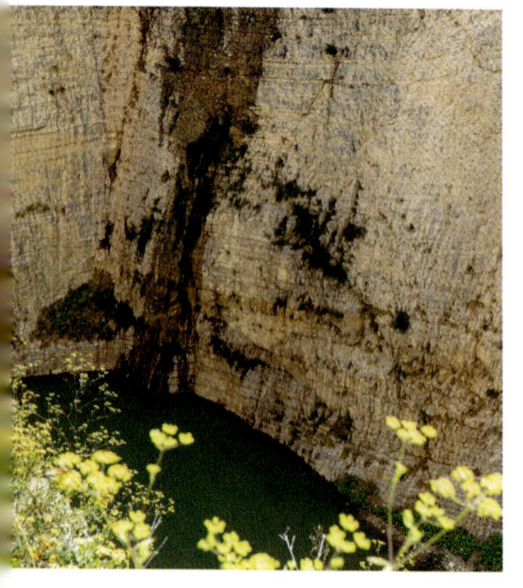

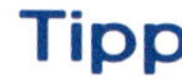

## Tipp

In Hettichs Hofladen steht Regionalität an erster Stelle. Samstags wird auf dem Bauernhof immer gebacken. Bauern-, Misch- und Dinkelbrot, Hefe- und Nusszöpfe kommen aus dem Steinbackofen direkt in die Regale des Hofladens. Außerdem gibt es Milch und Eier, verschiedene Sorten Käse, Fleisch und Wurstwaren. Über den Verkaufsautomat können jederzeit unabhängig von den Öffnungszeiten Eier, Nudeln und Dosenwurst erworben werden. Die Öffnungszeiten sind samstags von 8–12 Uhr, Siedlerstraße 34, 78086 Brigachtal Klengen, Telefon 07726/370416.

# KLENGENER KAPELLE, BRIGACHTAL

77

## Erinnerungsort an gefallene und vermisste Soldaten

**Hinkommen:**
48°00'03.0"N 8°28'27.6"E

**Mit dem Auto:**
A81, Ausfahrt 37, Dreieck Bad Dürrheim.
Weiter Richtung Donaueschingen. Am Flugplatz Donaueschingen rechts auf Dürrheimer Straße. Am Kreisverkehr erste Ausfahrt (scharf rechts) auf Breslauer Straße. Am Ende der Breslauer Straße scharf rechts auf Alemannenstraße, dann links auf Villinger Straße und rechts weiter auf Villinger Straße. Weiter nach Klengen. Dann rechts auf Ringstraße und wieder rechts auf Hochstraße.
Der Hochstraße folgen bis zur Kapelle. Parkmöglichkeiten direkt dort.

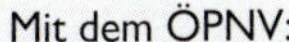

**Mit dem ÖPNV:**
Mit der Bahn nach Villingen-Schwenningen beziehungsweise Donaueschingen. Dann weiter mit Hohenzollernbahn, Regionalbahn oder S1/S10. Zu Fuß auf Bahnhofstraße, dann rechts auf Mühlgasse. Geradeaus auf Ringstraße und weiter auf Ringstraße. Geradeaus weiter auf Hochstraße und dieser folgen bis zur Kapelle.
**Vom Bahnhof bis zur Kapelle sind es 1,3 Kilometer zu gehen.**

**Tourbeschreibung:**
An der Kapelle lassen sich über große Felder weite Sichten bis hinüber zur Schwäbischen Alb und zum Schwarzwald genießen. Ein sehr friedlicher Ort.

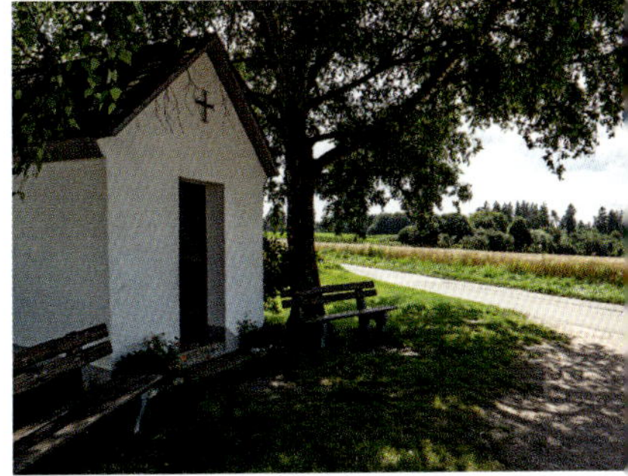

Vom Steinbruch geht es weiter durch das Wohngebiet Klengen, und ich erreiche schnell am südlichen Ende des kleinen Ortes die Klengener Kapelle. Vom wunderschönen Anblick, wie sie so an einer Weggabelung, umgeben von weiten Feldern und eingerahmt von zwei großen, Schatten spendenden Bäumen links und rechts steht, möchte ich gerne ein Bild machen. Leider stört

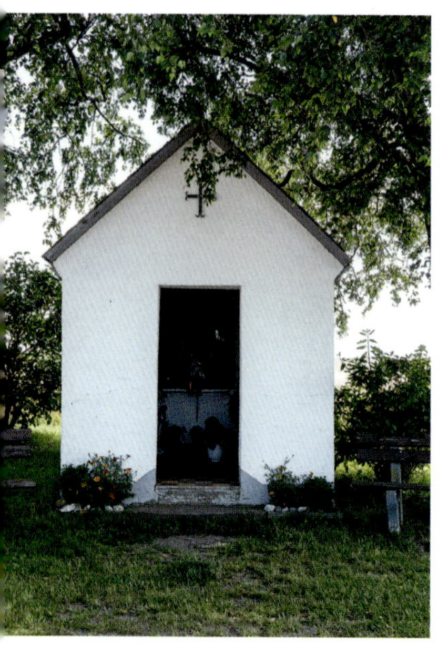

ein am Wegesrand parkendes Auto die Aufnahme, sodass ich erst einmal beschließe, mir die urkundlich älteste Hofkapelle der ehemaligen Urmark Klengen von innen anzuschauen. Sie ist frei zugänglich und hat keine Türe. Im Innenraum sind zwei Sitzbänke gegenüber voneinander aufgestellt, die senkrecht vor einer geschützten Madonnenfigur stehen.

Über ihr steht der Schriftzug „Gewidmet den gefallenen u. vermissten Soldaten". Darunter stehen zwei angezündete Kerzen, eine weitere Figur und Pflanzen.

Hier beschließe ich, auf einer der zwei Bänke neben der Kapelle im Schatten eine Pause einzulegen. Wie gut, dass mein Rucksack mit

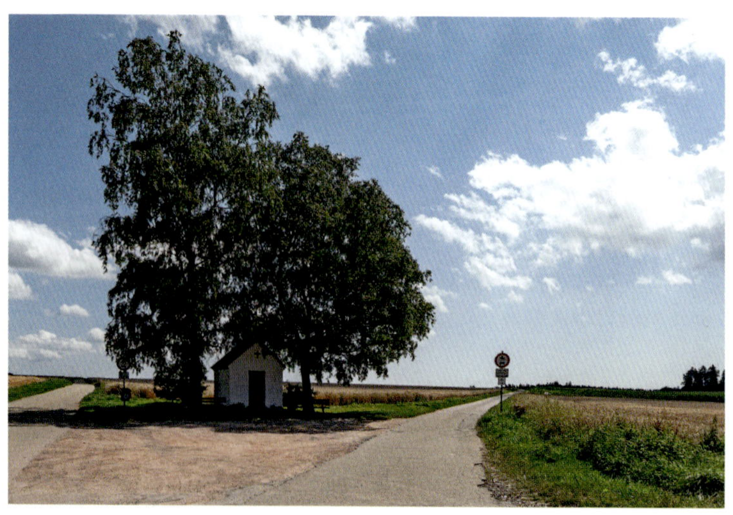

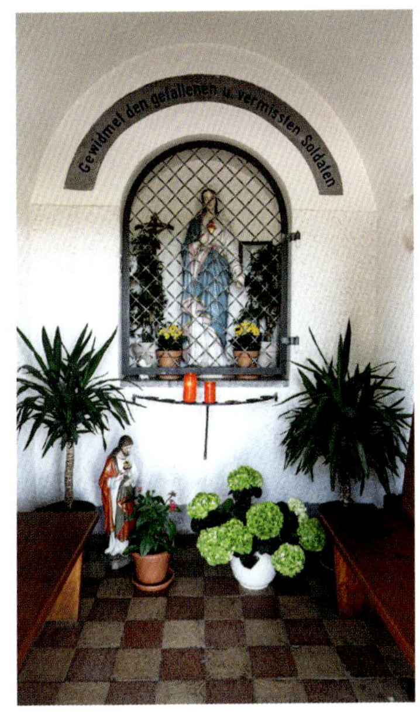


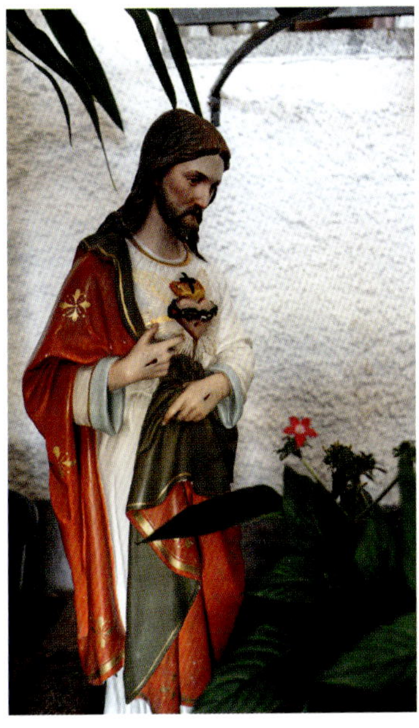

frischem Proviant gefüllt ist. So kann ich es mir hier erst einmal gut gehen lassen und mich von den bereits wieder knapp 15 gewanderten Kilometern erholen. Zu dem einen parkenden Auto hat sich jetzt auch noch ein zweites dazu gesellt. Aber es dauert gar nicht mal so lange, bis beide Besitzer mit ihren Hunden zurückkommen und wegfahren. Ich habe also meine Pause optimal genutzt und kann jetzt ein autofreies Bild von diesem wunderschönen Ort machen kann. Voller Elan gehe ich auf einem breiten, ebenen Feldweg weiter Richtung Grüningen und genieße die Aussicht über weite Felder bis hinüber zur Schwäbischen Alb.

## Tipp

Die aus dem 13. Jahrhundert stammende Mauritiuskirche steht wegen ihren kunsthistorisch bedeutsamen Freskenmalereien unter Denkmalschutz. Mit ihrem Standort am höchst gelegenen Punkt des Dorfes ist sie ein weithin sichtbarer Blickfang. Kirchberg 2, 78166 Donaueschingen, Stadtteil Grüningen.

# 78 GRÜNINGER KÄPPELE, DONAUESCHINGEN

## Grandiose Weitsicht über die Baar

**Hinkommen:**
47°59'17.1"N 8°28'59.5"E

**Mit dem Auto:**
A81, Ausfahrt 37, Dreieck Bad Dürrheim.
Weiter Richtung Donaueschingen. Kurz nach dem Flugplatz Donaueschingen rechts auf Dürrheimer Straße, am Kreisverkehr erste Möglichkeit scharf rechts auf Breslauer Straße. Dann rechts auf Alemannenstraße und nächste Möglichkeit links. Rechts auf Villinger Straße. Geradeaus weiter auf Landstraße, dann links auf Dorfstraße. Parkmöglichkeiten am Spielplatz. Weiter zu Fuß zurück auf Dorfstraße. Die Landstraße überqueren und dann gleich links auf Eichenweg. Weg folgen und an Gabelung links. Dann immer am Waldrand entlang. Nächste große Wegkreuzung links, **dann sind es noch etwa 100 Meter bis zur Kapelle. Vom Spielplatz zur Kapelle sind es 1,7 Kilometer.**

**Mit dem ÖPNV:**
Mit der Bahn nach Villingen-Schwenningen beziehungsweise Donaueschingen. Weiter mit der Hohenzollernbahn, RE55 oder S1 / S10 nach Donaueschingen Grüningen. Dann auf Dorfstraße und weiter wie oben.
**Vom Bahnhof bis zur Kapelle sind es 1,5 Kilometer.**

**Tourbeschreibung:**
Grandiose Weitblicke auf einer Anhöhe leicht oberhalb von Grüningen über die Baar bis hin zum Schwarzwald und zur Schwäbischen Alb.

Von der Klengener Kapelle geht es für gut eineinhalb Kilometer relativ eben und schnurgeradeaus weiter auf einem Feldweg, entlang an schier endlosen Feldern zur nächsten Kapelle. Auf dem Weg dorthin habe ich nach Westen eine grandiose Weitsicht über die Baar in den Schwarzwald, nach Osten blicke ich hinüber zur Schwäbischen Alb.
Die Lichtstimmung ist einmalig. Die Sonne scheint immer wieder durch die aufkommenden Schönwetterwolken, Licht und Schatten wech-

seln im Sekundentakt. Für einen kurzen Abschnitt muss ich mich aber von der atemberaubenden Darbietung der Natur verabschieden, da es in einen kleinen Waldabschnitt hineingeht. Dahinter liegt dann aber auch schon in einer kleinen Nische im Wald direkt rechts am Wegrand das Grüninger Käppele, während sich nach links der Wald wieder öffnet und ich auf ein weites Feld blicke.

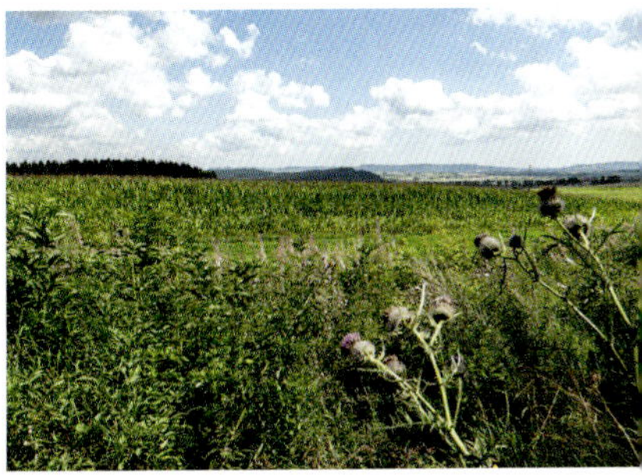

Der liebliche Anblick von „Fallers Käppele", wie sie auch genannt wird, hat es mir angetan. Die Bauernfamilie Faller hatte einen großen Anteil am Bau der Kapelle vor über 300 Jahren. Eine Überlieferung sagt, dass Bauer Faller im 18. Jahrhundert während einer schrecklichen Viehseuche sieben tote Pferde zu beklagen hatte. Er unternahm daraufhin eine Wallfahrt nach Einsiedeln in die Schweiz und hat dort das Gelübde abgelegt, nach seiner Rückkehr ein kleines Kirchlein zu errichten. Eine andere Quelle bezieht sich zwar auch auf die Familie Faller, berichtet aber davon, dass im Spanischen Erbfolgekrieg das Gelübde „Wenn wir überleben, wird eine Kapelle gebaut" abgelegt wurde. Für die Vieh-

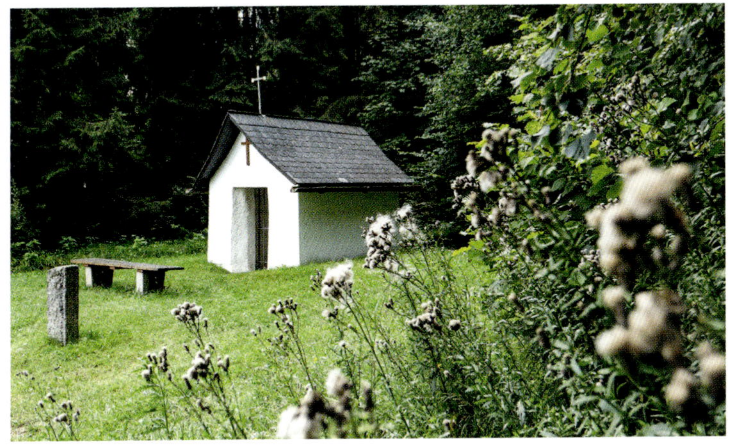

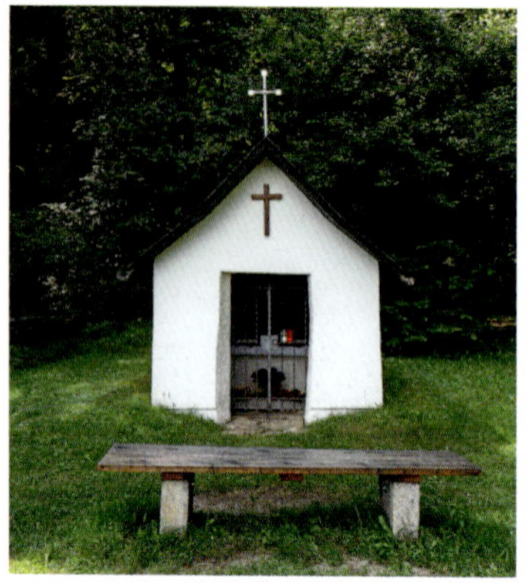

seuche spricht allerdings das gesicherte Gnadenbild in der Kapelle, das die Krönung Marias zusammen mit dem heiligen Rochus und dem Bauernheiligen Wendelin zeigt.
Heute wird die Kapelle durch die Eigentümerfamilie Ernst und Erika Neiniger, eine Nachfolge der Fallers, gepflegt. Sie haben sie dann auch vor rund dreißig Jahren restauriert. Die Kapelle ist der Heiligen Dreifaltigkeit geweiht und heute Anziehungspunkt für viele Gläubige. Zu besonderen Anlässen und zu Ehren des heiligen Josef werden heute Maiandachten und Kapellentage gefeiert. Die Gläubigen sitzen auf Bänken vor dem Käppele.
Ich lasse mich auf einer Bank vor der Kapelle nieder und genieße die Aussicht über die Baar bis hin zum Wartenberg bei Geisingen, der übermorgen auf meiner Strecke liegen wird.
Nach einer kurzen Verschnaufpause mache ich mich auf zu meinem letzten Highlight für heute, dem Aussichtspunkt Schellenberg.

## Tipp

Die Kapelle eignet sich als sehr schöner Rastplatz auf einer Wanderung oder auch nur auf einem kleineren Spaziergang. Ein Kleinod.

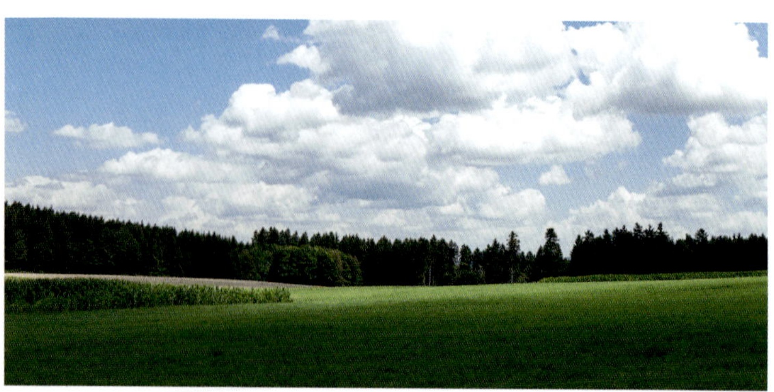

# AUSSICHTSPUNKT SCHELLENBERG, DONAUESCHINGEN

79

## Gemeinsamer Hausberg

**Hinkommen:**
47°56'44.1"N 8°27'27.8"E

**Mit dem Auto:**
A81, Ausfahrt 37, Dreieck Bad Dürrheim.

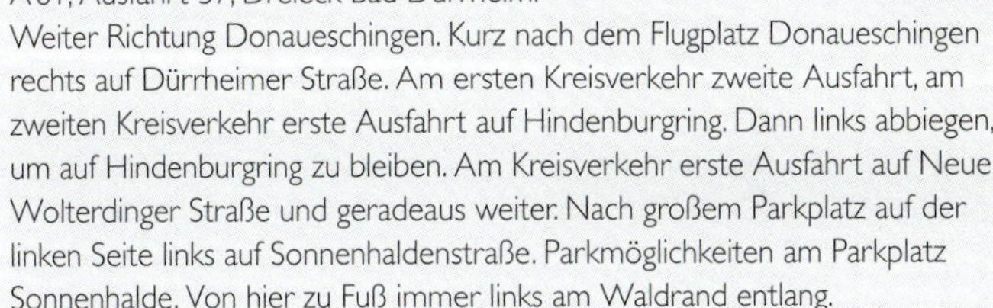

Weiter Richtung Donaueschingen. Kurz nach dem Flugplatz Donaueschingen rechts auf Dürrheimer Straße. Am ersten Kreisverkehr zweite Ausfahrt, am zweiten Kreisverkehr erste Ausfahrt auf Hindenburgring. Dann links abbiegen, um auf Hindenburgring zu bleiben. Am Kreisverkehr erste Ausfahrt auf Neue Wolterdinger Straße und geradeaus weiter. Nach großem Parkplatz auf der linken Seite links auf Sonnenhaldenstraße. Parkmöglichkeiten am Parkplatz Sonnenhalde. Von hier zu Fuß immer links am Waldrand entlang.
**Vom Parkplatz bis zum Aussichtspunkt sind es 1,4 Kilometer.**

**Mit dem ÖPNV:**
Mit der Hohenzollernbahn HZL RB42 bis nach Bräunlingen (Endstation). Weiter zu Fuß rechts auf Donaueschinger Straße, nach circa 450 Metern links auf den Feldweg. Diesem folgen bis zur Waldkante, dann rechts.
**Vom Bahnhof bis zum Aussichtspunkt sind es 1,9 Kilometer.**

**Tourbeschreibung:**
Schöne Hanglage, viele recht breite Feldwege mit imposanten Weitblicken über die Baar.

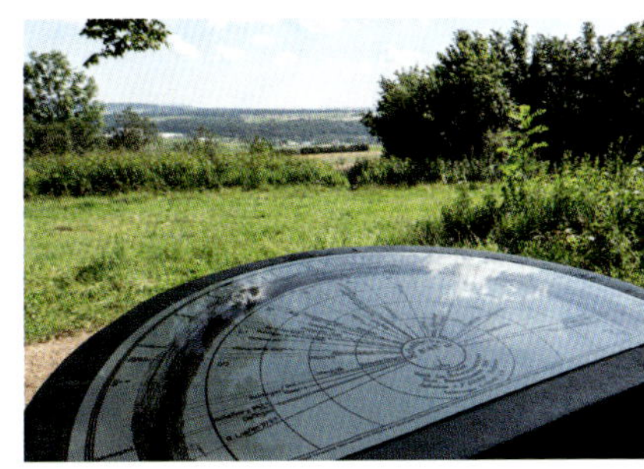

Zu meinem letzten Highlight heute, dem Aussichtspunkt auf dem Schellenberg, liegen noch gut 100 Höhenmeter vor mir. Der fünf Kilometer lang gezogene Anstieg bis dorthin ist deshalb aber nur leicht ansteigend. Doch erst einmal durchquere ich den kleinen Ort Grüningen, kreuze die Bahnstrecke zwischen Donaueschingen und

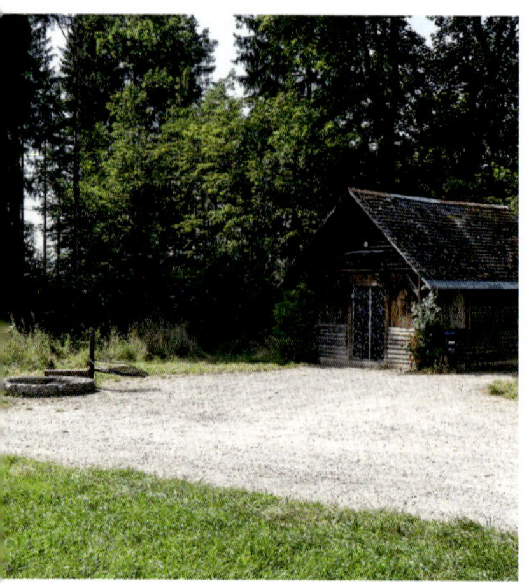

Villingen-Schwenningen, auf der ich nachher zurückfahren werde, und überquere die Brigach. Kurz nach Grüningen geht es auf einem schottrigen Waldweg leicht ansteigend in den Wald hinein Richtung Schellenberg, dem gemeinsamen Hausberg von Donaueschingen, Hüfingen und Bräunlingen. Die fehlende Aussicht gibt mir die Möglichkeit, mich auf mich selbst zu fokussieren und so gehe ich Schritt für Schritt meditativ bergan. Teilweise muss ich aber aufpassen, da der Weg immer mehr zu einem tiefen, schlammigen und feuchten Pfad wird und ich das Gefühl habe, querfeldein im Wald zu wandern. Das kleine Abenteuer endet aber, bevor es richtig anfängt und ich komme an der Amalienhütte heraus, die direkt am Waldrand steht.

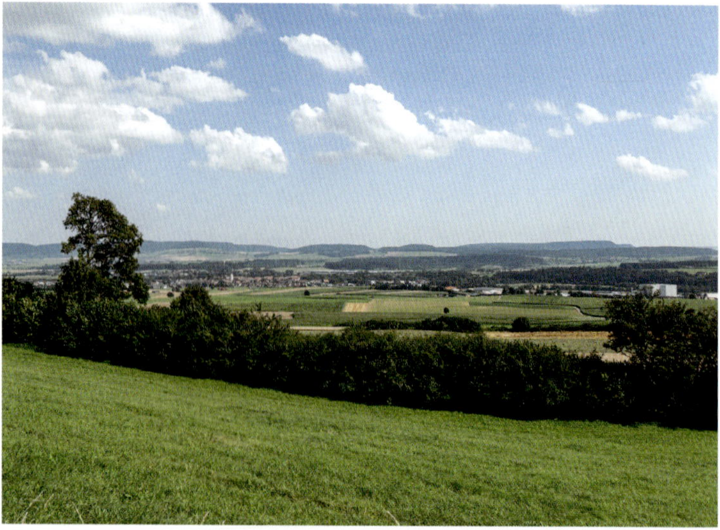

Vor der Hütte breitet sich eine wunderbare, große, leicht abfallende Wiese aus, und ich habe wieder eine tolle Weitsicht auf die ganze Baar bis hinüber zur Schwäbischen Alb. Sogar bis in die Schweizer Alpen soll man hier bei klarer Sicht sehen können. Dieses Glück habe ich heute trotz Sonnenschein leider nicht. Am Horizont ist es zu diesig.
Ich gehe über die Wiese weiter direkt zum 818 Meter hoch gelegenen Aussichtspunkt Schellenberg, der hier an einem lauschigen Plätzchen liegt. Vier große Bäume spenden herrlichen Schatten, zwei Bänke laden zum Genießen ein und eine Tafel klärt auf, was ich von hier aus alles sehen kann. Richtung Westen sind der Lupfen am Rande der Schwäbischen Alb sowie der Wartenberg zu erkennen, den ich übermorgen erreiche, Richtung Osten entdecke ich sogar den Feldberg.
An freien Feldern vorbei gehe ich den Hang wieder hinunter und genieße dabei noch einmal das Panorama. Anstatt wie ursprünglich gedacht nach Donaueschingen zu wandern, werde ich spontan meinen heutigen Zielort durch Bräunlingen ersetzen, da der Weg dorthin etwas kürzer ist als nach Donaueschingen. Durch meine letzten Fahrten von Rottweil nach Villingen-Schwenningen habe ich gelernt, dass Bräunlingen die Endsta-

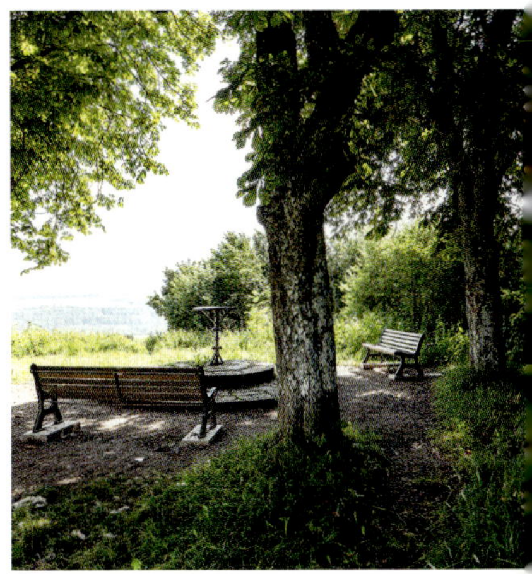

tion der Bahnstrecke von Rottweil über Villingen-Schwenningen nach Donaueschingen ist. Somit liegt Donaueschingen eine Station davor. Mit einem knapp zwei Kilometer langen, angenehmen Abgang auf überwiegend breiten Feldwegen und der grandiosen Sicht auf die Baar mit dem Wartenberg und der Schwäbischen Alb am Horizont genieße ich das Ende meiner heutigen Etappe nach Bräunlingen.

## Tipp

Die Amalienhütte kann man sogar bei der Stadt Donaueschingen für Veranstaltungen mieten. Preis pro Tag 35 Euro, Schulklassen 25 Euro, Telefon 0152-08220844, Ansprechpartner ist Hartmut Werner.

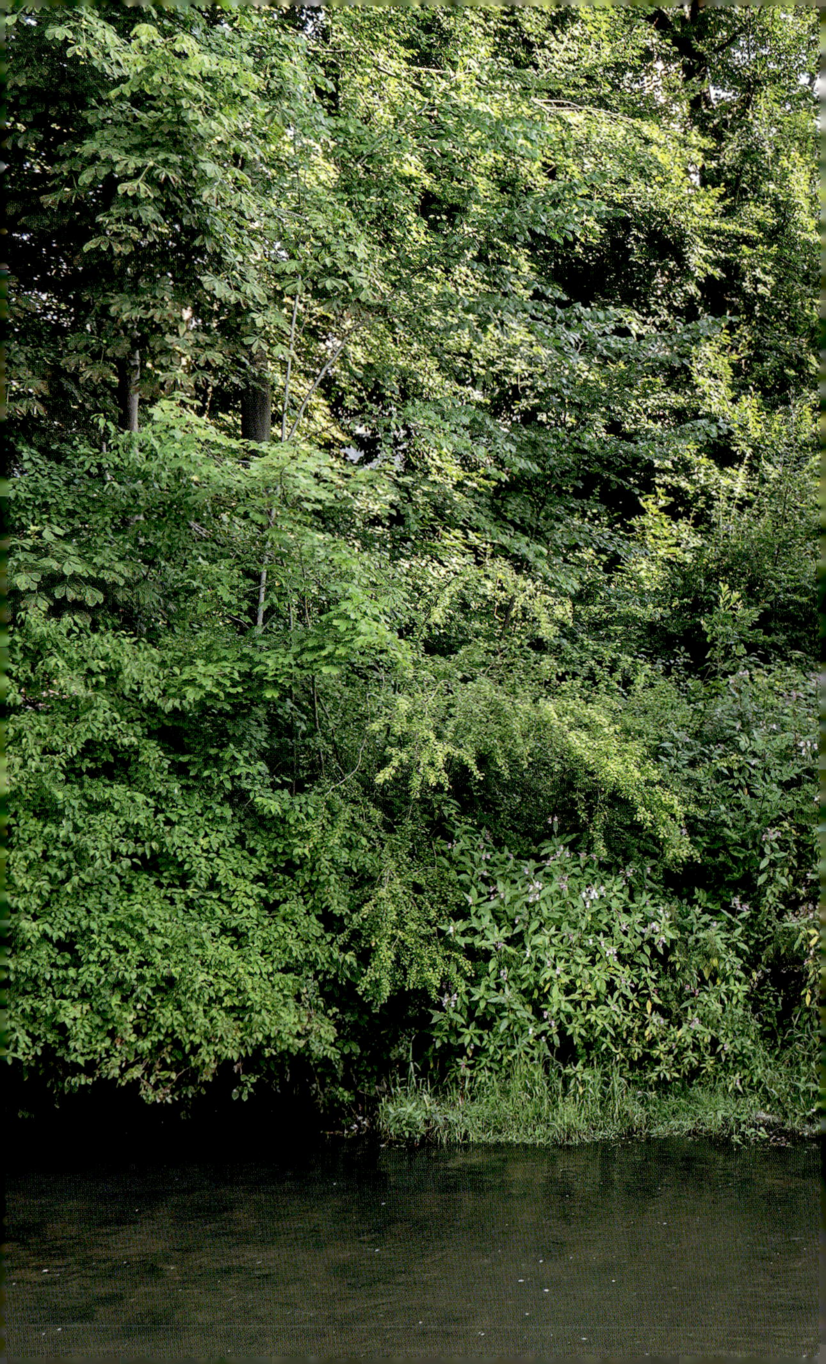

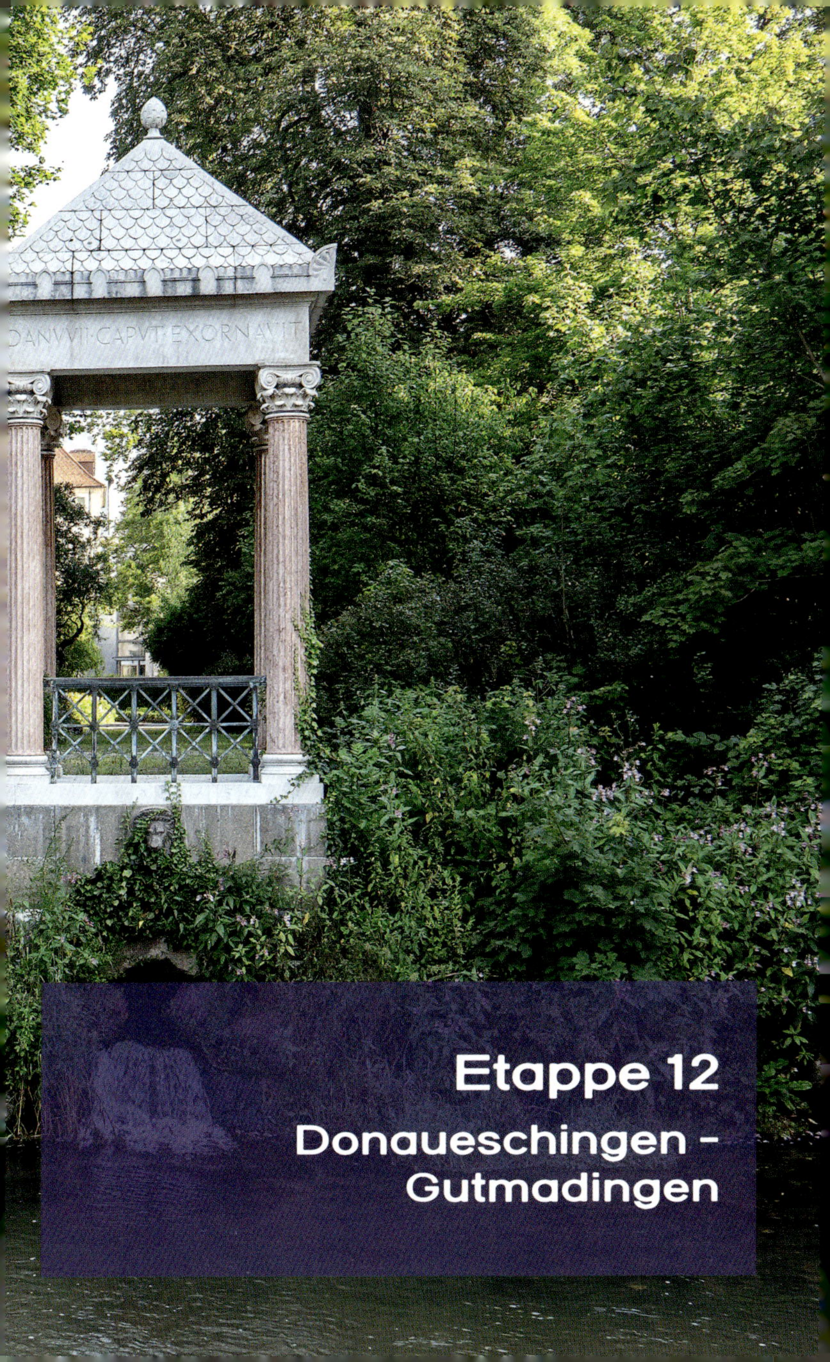


# Etappe 12

## Donaueschingen - Gutmadingen

# 80 DONAUQUELLE, DONAUESCHINGEN

## Ursprung des zweitlängsten Flusses in Europa

**Hinkommen:**
47°57'07.2"N 8°30'11.1"E

**Mit dem Auto:**
Von Norden: A81, Ausfahrt 37, Dreieck Bad Dürrheim.
Von Süden: A81, Ausfahrt 38, Geisingen.
Weiter nach Donaueschingen. Parkmöglichkeiten in Bahnhofsnähe. Dann zu Fuß durch die Innenstadt über die Josefstraße und die Brigach in Richtung Stadtkirche Sankt Johann überqueren. Den Wegweisern bis zur Quelle folgen.
**Von der Innenstadt bis zur Quelle sind es gut 500 Meter zu Fuß.**

**Mit dem ÖPNV:**
Mit der Bahn nach Donaueschingen. Zu Fuß entlang am Karlsgarten und weiter in Richtung Kirche Sankt Johann. Den Wegweisern bis zur Quelle folgen.
**Vom Bahnhof zur Quelle sind es circa 600 Meter.**

**Tourbeschreibung:**
Durch die schöne Innenstadt von Donaueschingen geht es über die Brigach und an der Stadtkirche vorbei zur Donauquelle.

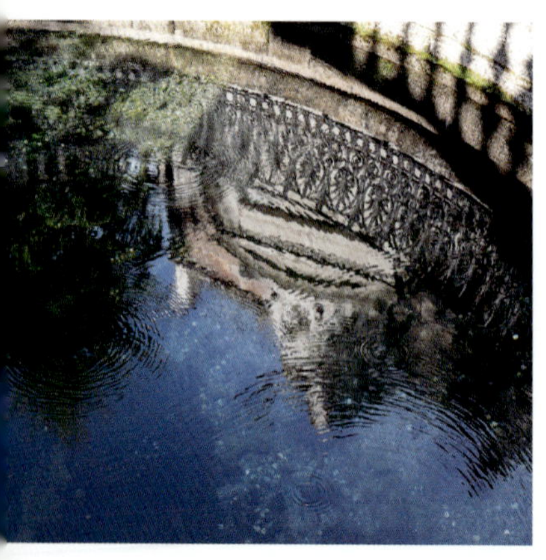

Da mein heutiger Startpunkt, die Donauquelle in Donaueschingen, nur über einen Umstieg in Villingen zu erreichen ist, stehe ich heute besonders früh auf. So bin ich schon um kurz vor acht Uhr in Donaueschingen und gehe in Richtung Stadtzentrum zur katholischen Kirche Sankt Johann. Zwischen ihr und dem benachbarten Fürstlich Fürstenbergischem Schloss befindet sich eine recht auffällige Betonwand, auf der eine abstrakte Zeichnung der Donau auf deren Quelle

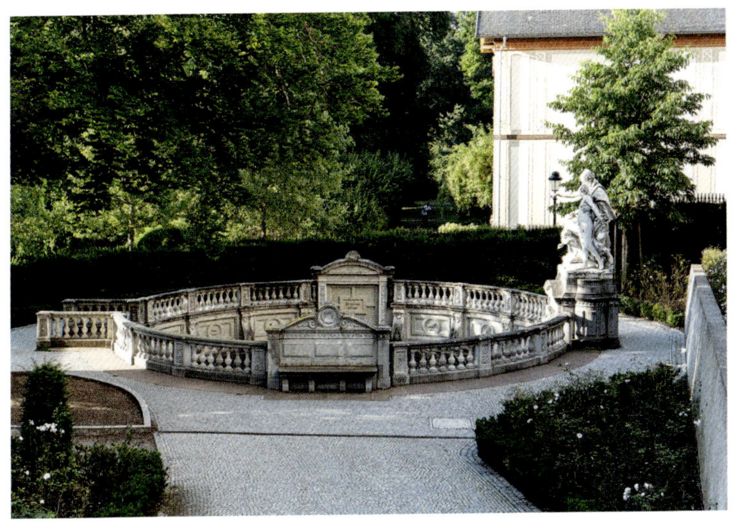

hinweist, die sich nur ein paar Schritte weiter unten in der idyllischen Parkanlage des Schlosses befindet.

Ich gehe hinunter zur weltbekannten Donauquelle und bestaune den kunstvoll eingefassten Quelltopf. Im glasklaren, fast türkisfarbenen Wasser steigen fast unbemerkt kleine Wasserbläschen empor. Wunderschön. An einer Infotafel erfahre ich, dass die Quelle aus dem versickerten Regenwasser im Schwarzwald entsteht. Dieses fließt unterirdisch bis zum Rand des Mittelgebirges, um dann in einer Karstaufstoßquelle im Schlosspark wieder aus der Erde zu sprudeln. Es ist schon ein besonderes Gefühl, am Ursprungsort des zweitlängsten Flusses Europas zu stehen. Die „Mutter Baar" in einer von Adolf Heer 1896 erschaffenen Skulpturengruppe oberhalb der Quellanlage weist ihrer Tochter, der Jungen Donau, den Weg Richtung Osten. Auf über 2.800 Kilometern bis ins Schwarze Meer durchfließt die Donau zehn Länder – so viele wie kein anderer Fluss auf der Erde.

Von der Quelle aus fließt das Wasser als Donaubach unterirdisch durch den Schlosspark und mündet nach rund 100 Metern beim Donautempel in die Brigach. Am Rande des Schlossparks fließen Brigach und Breg zusammen und zeigen nach einem bekannten Sprichwort der Donau den Weg.

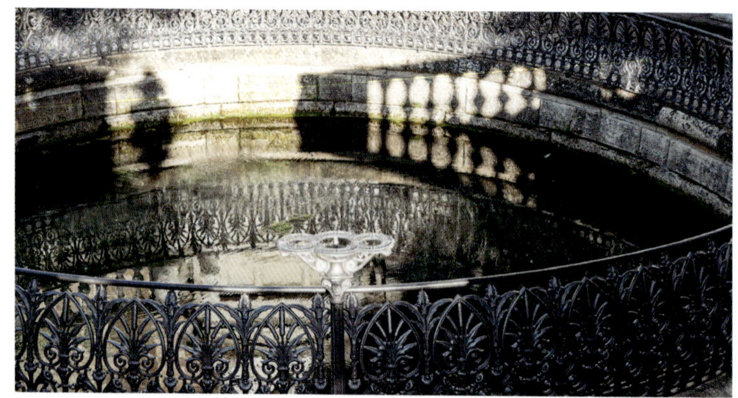

Um den Mündungsbereich, in dem die beiden Flüsse die Donau entstehen lassen, ökologisch aufzuwerten, wird er renaturiert und soll im Sommer 2022 fertig werden. Auch für die Besucher soll er attraktiver gestaltet werden. Zukünftig kann man von Stegen und Aussichtsplattformen den Zusammenfluss erleben. Ebenso informieren Infotafeln über die Bedeutung einer intakten Flusslandschaft.

Ich mache mich wieder auf den Weg Richtung Bahnhof Donaueschingen, überquere die Brigach und biege anschließend gleich links ab, sodass ich einige Meter an der Brigach entlang gehe. Bei der nächsten Gelegenheit müsste ich rechts abbiegen, erblicke aber geradeaus vor mir am anderen Ufer der schmalen Brigach den kleinen Donautempel im antik-griechischem Stil, aus dem das Quellwasser der Donau in die Brigach mündet. Er wurde in Erinnerung an die häufigen Besuche des Kaisers Wilhelm II. gebaut. Den Tempel schaue ich mir noch an und gehe dann rechts am Rand des Fürstenparks weiter, überquere den Bahnhof und wandere am Stadtrand von Donaueschingen weiter Richtung Hüfingen.

## Tipp

Die Johannes dem Täufer geweihte katholische Pfarrkirche St. Johann liegt direkt an der Quelle und gilt mit ihren beiden Türmen als Wahrzeichen der Stadt. Sie wurde von 1724–1747 im Stil des böhmischen Barock erbaut. Die Fürsten von Fürstenberg haben das Patronatsrecht und engagierten sich tatkräftig bei der Renovierung von 2007–2009.

# KRIEGSGRÄBERSTÄTTE, DONAUESCHINGEN

81

## Ehrenfriedhof auf dem Schellenberg

**Hinkommen:**
47°56'28.8"N 8°29'48.2"E

**Mit dem Auto:**
A81, Ausfahrt 38, Geisingen.

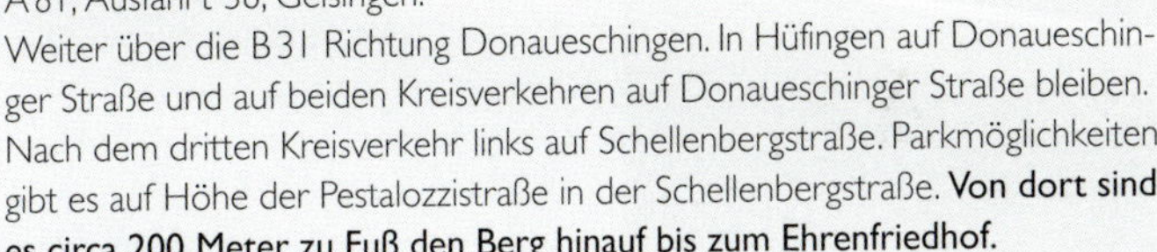

Weiter über die B31 Richtung Donaueschingen. In Hüfingen auf Donaueschinger Straße und auf beiden Kreisverkehren auf Donaueschinger Straße bleiben. Nach dem dritten Kreisverkehr links auf Schellenbergstraße. Parkmöglichkeiten gibt es auf Höhe der Pestalozzistraße in der Schellenbergstraße. **Von dort sind es circa 200 Meter zu Fuß den Berg hinauf bis zum Ehrenfriedhof.**

**Mit dem ÖPNV:**
Mit der Bahn nach Donaueschingen und weiter mit der HZL, RB42 oder S10 Richtung Hüfingen. Aussteigen in Donaueschingen Allmendshofen (eine Station). Zu Fuß auf die Riedstraße, die Friedrich-Ebert-Straße überqueren und weiter auf Schellenbergstraße bis zum Ehrenfriedhof.
**Vom Bahnhof zum Friedhof sind es knapp 500 Meter.**

**Tourbeschreibung:**
Am südlichen Rand von Donaueschingen geht es leicht angenehm den Berg hinauf. Am Friedhof durch einige umstehende Bäume ist es schön schattig. Weiter oben auf dem Schellenberg gibt es eine grandiose Weitsicht über die Baar.

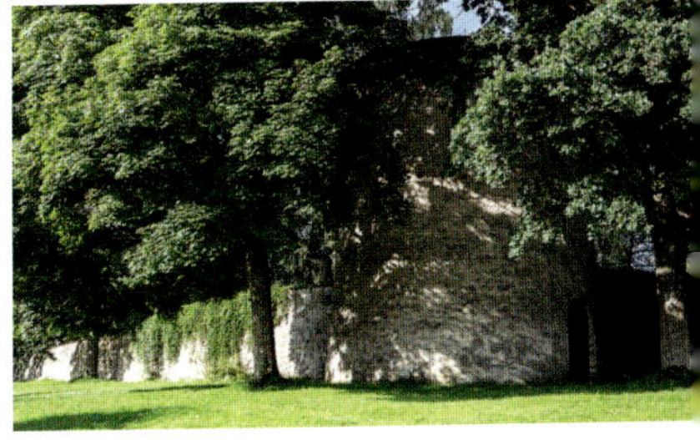

Die Parkanlage des Fürstlich Fürstenbergischen Schlosses lasse ich hinter mir und gehe weiter Richtung Allmendshofen. Am südlichen Ende von Donaueschingen biege ich rechts ab und gehe den Schellenberg hoch. Dort befindet sich auf halber Höhe, westlich neben dem Friedhof Allmendshofen, eine

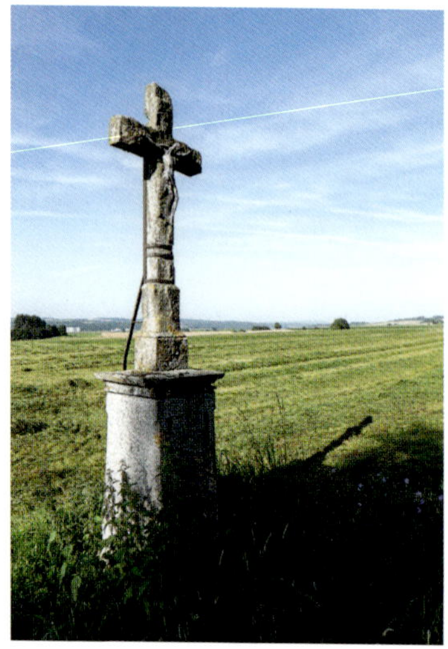

Kriegsgräberstätte. Sie erinnert an die Gefallenen und Vermissten der beiden Weltkriege. Die Friedhofsmauer hat einen markanten Turm, durch den ich in den Friedhof gelange. Dahinter steht auf einer Tafel: „Gott wird alle Tränen trocknen und der Tod wird keine Macht mehr haben“.

Die über 600 namentlich gekennzeichneten Gräber bestehen aus einzelnen Granitpflastersteinen, die in parallelen Linien zueinander liegen. Dazwischen sind liebevoll vereinzelte Sträucher mit roten Begonien gepflanzt, die wunderbar von der morgendlichen Sonne angestrahlt werden. Die Wahl für diese Pflanze kommt wohl nicht von ungefähr, denn sie steht für Liebeskummer und bittere Liebe. Eine Legende über diese Pflanze sagt, dass ein Mädchen mit dem Namen Wachsbegonie starb, als sie ihren

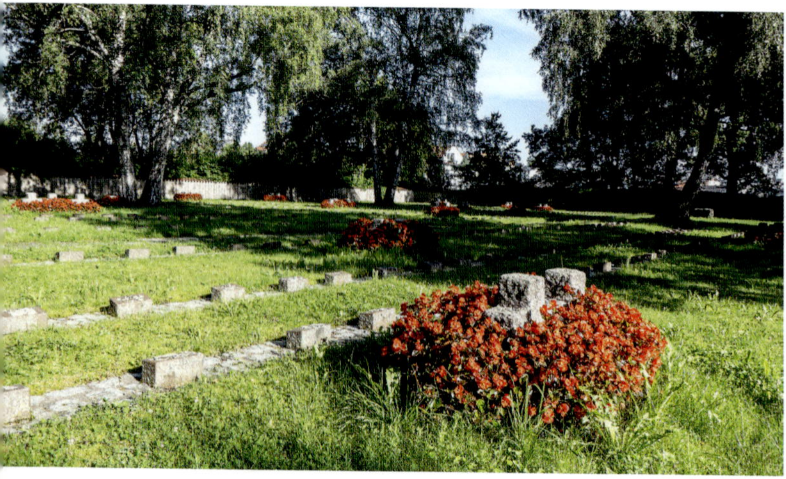

Vater vor hungrigen Wölfen retten wollte. Als die Dorfbewohner ihre Leiche zurück ins Dorf brachten, gab es auf dem ganzen Weg Blutspuren, an denen später Bergblumen wuchsen, die man nach dem Mädchen nannte.

2015 wurde der Friedhof saniert, da die einzelnen Grabsteine ohne Unterbau nur in den Boden eingelassen wurden. Sie haben sich im Laufe der Jahre naturbedingt verschoben und abgesenkt. Durch eine Verankerung im Boden besitzen sie nun einen größeren Halt und die Grabpflege wird dadurch vereinfacht, da die Steine in der Umfassung bleiben können.

Ich gehe über den Friedhof, genieße die morgendliche Stimmung und die langen Schatten der umstehenden Bäume und verlasse ihn am anderen Ende durch ein Tor.

Der Hang geht nach oben hin weiter und ich erkenne, dass ich nur ein paar Schritte weiter oben wohl eine tolle Aussicht bekommen werde. Daher gehe ich am südlichen Stadtrand von Donaueschingen weiter hinauf zum Schellenberg und werde tatsächlich mit einer Sicht bis weit in die Baar belohnt. Auf einem Panoramaweg gehe ich noch wenige Meter geradeaus bis zu einem Kruzifix, an dem ich links abbiege und hinunter nach Hüfingen wandere.

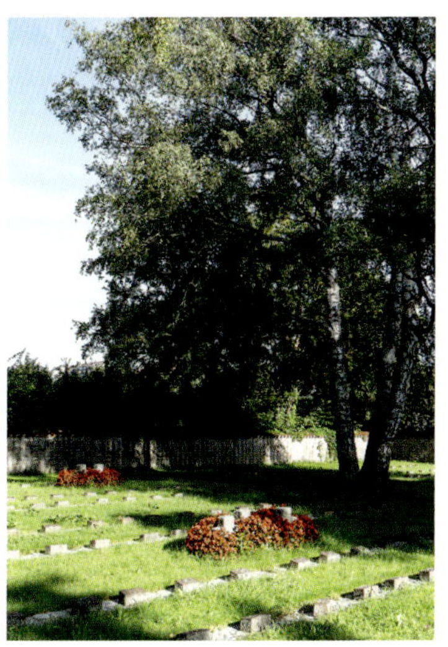

## Tipp

Donaueschingen lockt mit seinen zahlreichen Cafés und lokalen Spezialitäten wie der Schwarzwälder Kirschtorte oder einem erfrischenden Eisbecher.

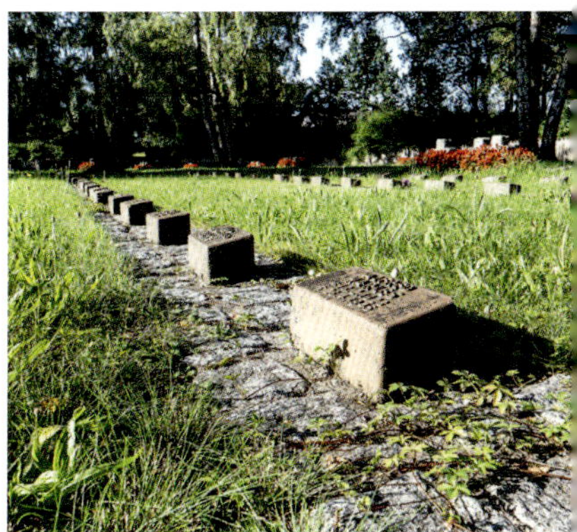

# 82 RIEDSEE, PFOHREN
## Urlaub in Stadtnähe

**Hinkommen:**
47°55'56.8"N 8°31'37.3"E

**Mit dem Auto:**
A81, Ausfahrt 38, Geisingen.
Dann auf die B31 und weiter über die Hüftinger Straße nach Pfohren. Dann links auf Am Riedsee. Einen größeren Parkplatz gibt es direkt am Campingplatz.

**Mit dem ÖPNV:**
Mit der Bahn nach Donaueschingen und weiter mit der HZL, RB42 oder S10 Richtung Hüfingen. Aussteigen in Donaueschingen Allmendshofen (eine Station). Von dort zu Fuß links auf die Riedstraße und die Breg überqueren. Dann immer geradeaus bis zum See. **Vom Bahnhof zum See sind es 3,5 Kilometer.**

**Tourbeschreibung:**
Die Seengruppe bietet ideale Möglichkeiten, in Stadtnähe Urlaub zu machen. Die Umgebung ist recht flach und weit, sodass sich auch schöne Spaziergänge gut anbieten.

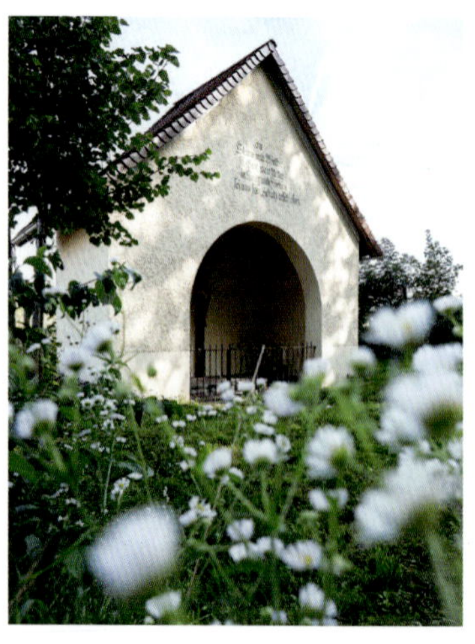

Auf dem Schellenweg, der nur wenige Schritte nach der Kriegsgräberstätte zu einem prachtvollen Panoramaweg wird, genieße ich die weite Aussicht über die Baar und gehe weiter geradeaus bis zu einem Kruzifix. Hier biege ich links ab und wandere auf einem Feldweg leicht bergab Richtung Hüfingen. Dort überquere ich die Bahnstrecke, die nach Donaueschingen führt und bleibe für einen kurzen Moment an einer weiteren schönen Kapelle stehen, auf der unter dem Dach „In Sturm und Wetter sei Gott mein Retter in Krieg und Frieden sei uns sein Schutz beschieden" steht. Am Kofenweiher verlasse ich Hüfingen und somit auch endgültig Donaueschingen, und es geht schnurstracks zum Riedsee, der zwischen den Orten Allmendshofen und Pfohren liegt.

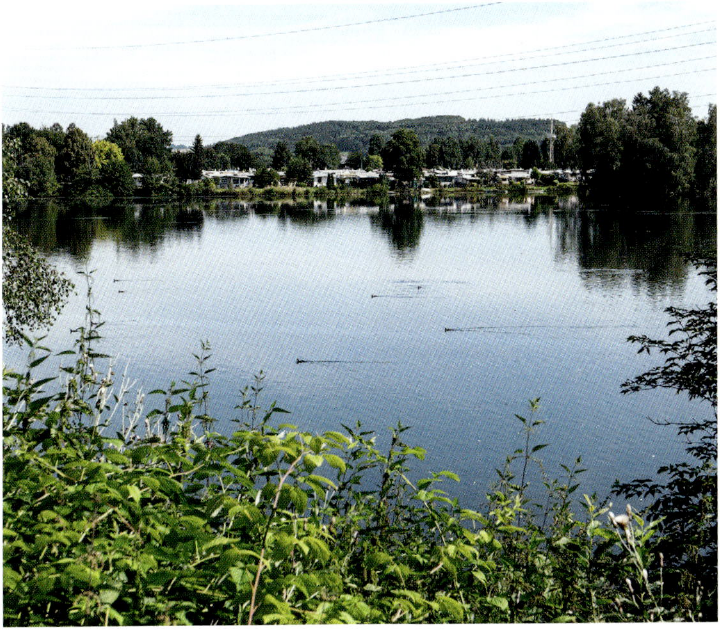

Durch eine Hecke hindurch blicke ich auf den ersten See, denn genau genommen handelt es sich um die Riedseen. Sie setzen sich zusammen aus den beiden größeren Hauptseen I und II, die beliebte Möglichkeiten zum Baden und Surfen bieten. An einem weiteren See, der „nur" Badesee genannt wird,

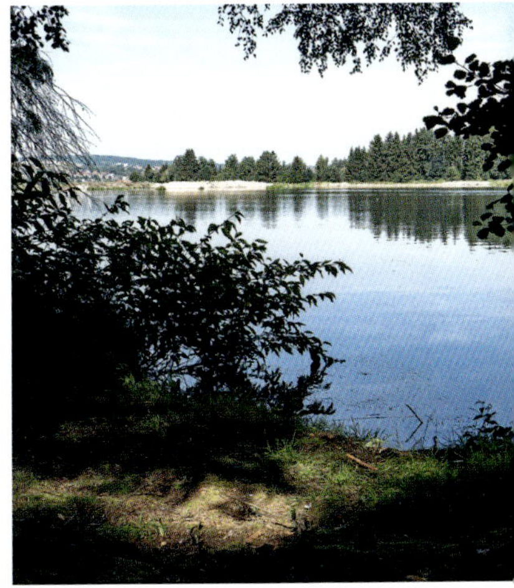

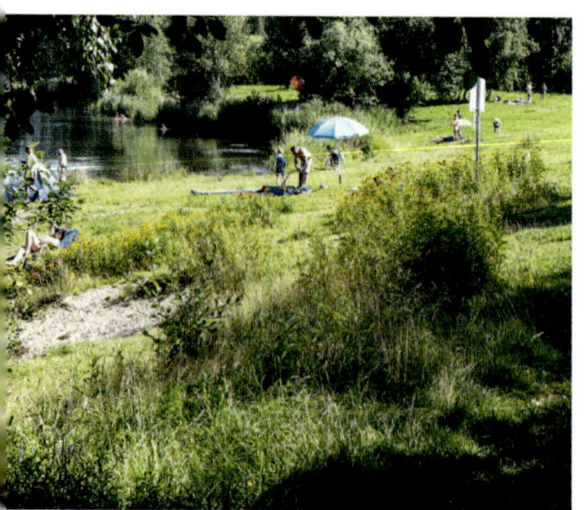

gibt es ein schönes Strandbad mit kinderfreundlichem Sandstrand, einen Nichtschwimmerbereich, einen Kinderspielplatz und eine herrlich große Liegewiese. Im Gegensatz zu den Hauptseen I und II ist der Badesee ein Natursee, der leider unter den trockenen, heißen Sommern und milden Wintern leidet. In unmittelbarer Nähe gibt es weitere kleine Seen.

Ich wandere gemütlich am Ufer der Seen I und II entlang, werfe einen Blick hinüber zum Campingplatz am anderen Ufer und fühle mich wie im Urlaub. Dann verlasse ich die Riedseen, und es geht flach mit viel Weitsicht in die Baar weiter Richtung Neudingen.

## Tipp

Da Grillen im Strandbad nicht erlaubt ist, gibt es auf dem Camping Riedsee einen Imbiss und ein Restaurant mit großer Terrasse direkt am See.

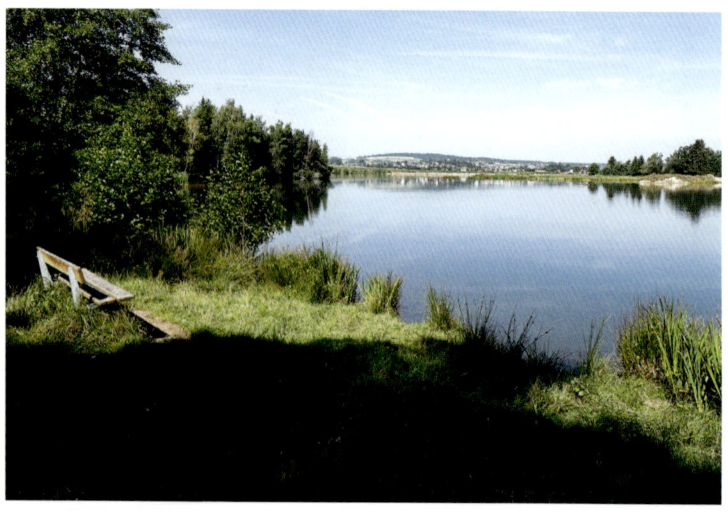

# KLOSTER „MARIA HOF“, NEUDINGEN

83

## Das Hauskloster der Grafen und Fürsten zu Fürstenberg

**Hinkommen:**
47°54'40.1"N 8°34'33.6"E

**Mit dem Auto:**
A81, Ausfahrt 31, Geisingen.
Weiter über die B31 Richtung Donaueschingen. Am Kreisverkehr geradeaus, dann links auf Alemannenstraße. Dieser durch Gutmadingen folgen und geradeaus weiter auf Gutmadinger Straße nach Neudingen. Die Kirche befindet sich direkt an der Gutmadinger Straße am Ortseingang von Neudingen.

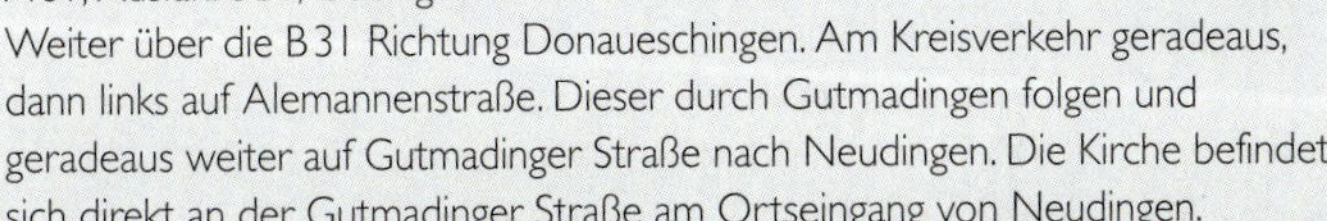

**Mit dem ÖPNV:**
Mit dem Zug nach Donaueschingen. Weiter mit dem Bus 820 Richtung Gutmadingen, Aussteigen in Neudingen Kirche. Von dort sind es noch wenige Meter zur Kirche. An Wochenenden und Feiertagen gibt es ein Ruftaxi (RUF). Anmeldung unter Telefon 0772I/9I32020 bis eine Stunde vorher, Gruppen mindestens fünf Werktage vor Fahrt anmelden.

**Tourbeschreibung:**
Weitläufige, leicht abschüssige Parkanlage am Ortsrand von Neudingen auf einer kleinen Erhebung, sodass sich fantastische Ausblicke über die Baar bis zum Wartenberg ergeben. Im Zentrum der Anlage befindet sich die Gruftkapelle der Fürstenbergs.

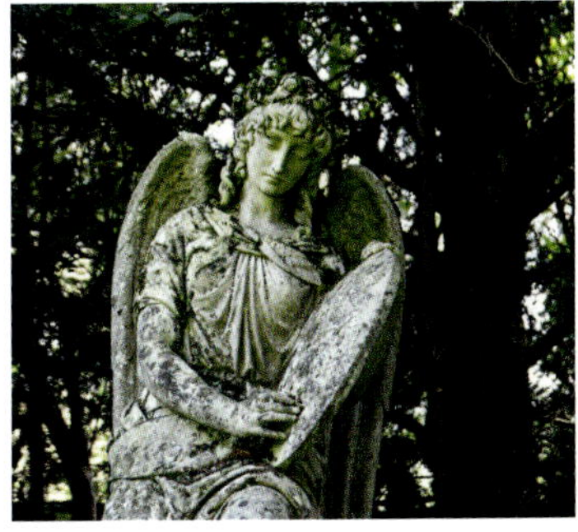

Vom Riedsee bei Pfohren geht es an vielen Feldern vorbei flach über die Baar. Ich genieße Ebene und Weite und blicke immer wieder über die junge Donau hinüber zum Wartenberg. Leider liegt die Bahnstrecke von Donaueschingen nach Tuttlingen zwischen der Donau und mir, sodass ich nicht an ihrem Ufer entlang gehen kann und deshalb am Straßenrand einer nicht stark be-

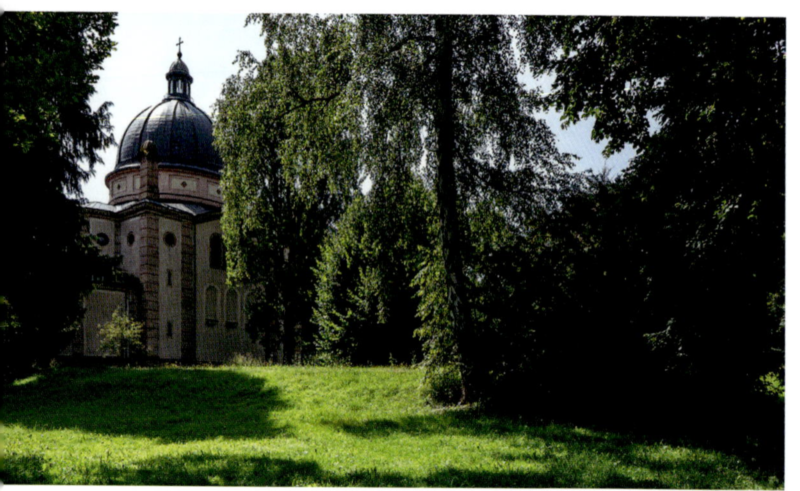

fahrenen Landstraße nach Neudingen folge.

In diesem Ort befindet sich mein nächstes und zugleich auch letztes Highlight meiner heutigen, etwas kürzeren Etappe nach Gutmadingen, die Gruftkirche „Maria Hof" auf einem kleinen Hügel. Durch ein Tor betrete ich eine großzügig wirkende, sanft abschüssige Parkanlage, in deren Mitte sich die Gruftkapelle der Fürsten zu Fürstenberg befindet.

Während in den Jahren 1274 bis etwa 1565 Dominikanerinnen hier lebten, beherbergte das Kloster in den Jahren 1584 bis 1802/1803 Nonnen, die dem Zisterzienserorden angehörten.

Anfang des 19. Jahrhunderts ging das Kloster in den Besitz der Fürstenbergs über, die seit Jahrhunderten die Kultur der Stadt Donaueschingen noch bis heute beeinflussen. So haben sie zum Beispiel bei der Renovierung der St.-Johann-Kirche in den Jahren 2007–2009 tatkräftig mitgeholfen. Nachdem das Kloster 1852 in ein Erziehungsinstitut für Mädchen umgewandelt wurde, brannte es vollständig ab. Daraufhin wurde anstelle des Klosters die Gruftkapelle des Hauses Fürstenbergs errichtet.

Ich mache erst einmal einen Rundgang um das Gebäude und bekomme von weiter unten, leicht oberhalb der Donau, einen fantastischen Weitblick über die Baar bis hinüber zum Wartenberg. An diesem wunderschönen Aussichtspunkt verweile ich einige Augenblicke und genieße einfach nur. Am Ende des Rundgangs stoße ich mitten im Park auf die imposante Grabanlage der Fürstenbergs mit einer Kniebank davor, die sich direkt neben der Gruftkapelle befindet.

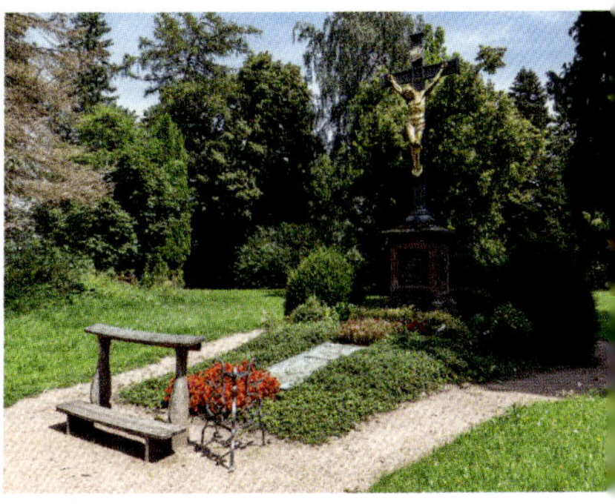

Wieder zurück auf der Landstraße, gehe ich weiter bis nach Gutmadingen. Dort befinde ich mich mehr oder weniger am Fuße des Wartenbergs und freue mich schon, den spitzförmigen Hügel morgen zu erklimmen.

## Tipp

In Donaueschingen liegt inmitten einer weitläufigen Parkanlage mit alten Bäumen, idyllischen Teichen und Wasseranlagen, historischen Gebäuden und Denkmälern das Fürstlich Fürstenbergische Residenzschloss. Während einer Führung gibt es besondere Einblicke in das Schloss mit dem Wohnkomfort einer Villa der Belle Epoque. Führungen können unter www.haus-fuerstenberg.de gebucht werden, Telefon 0771/229677480.

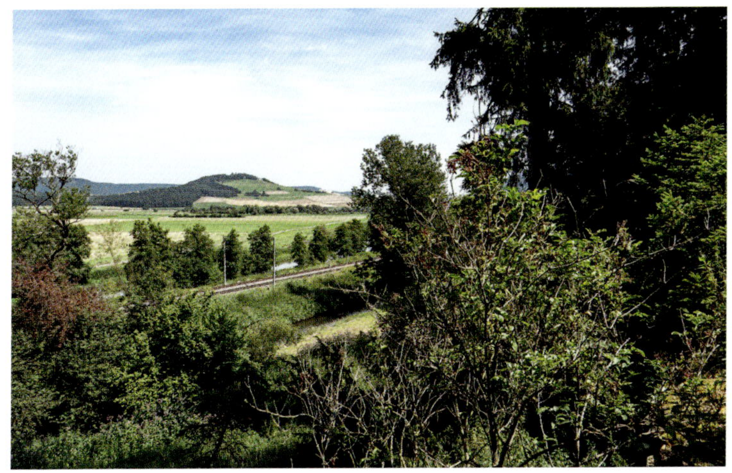

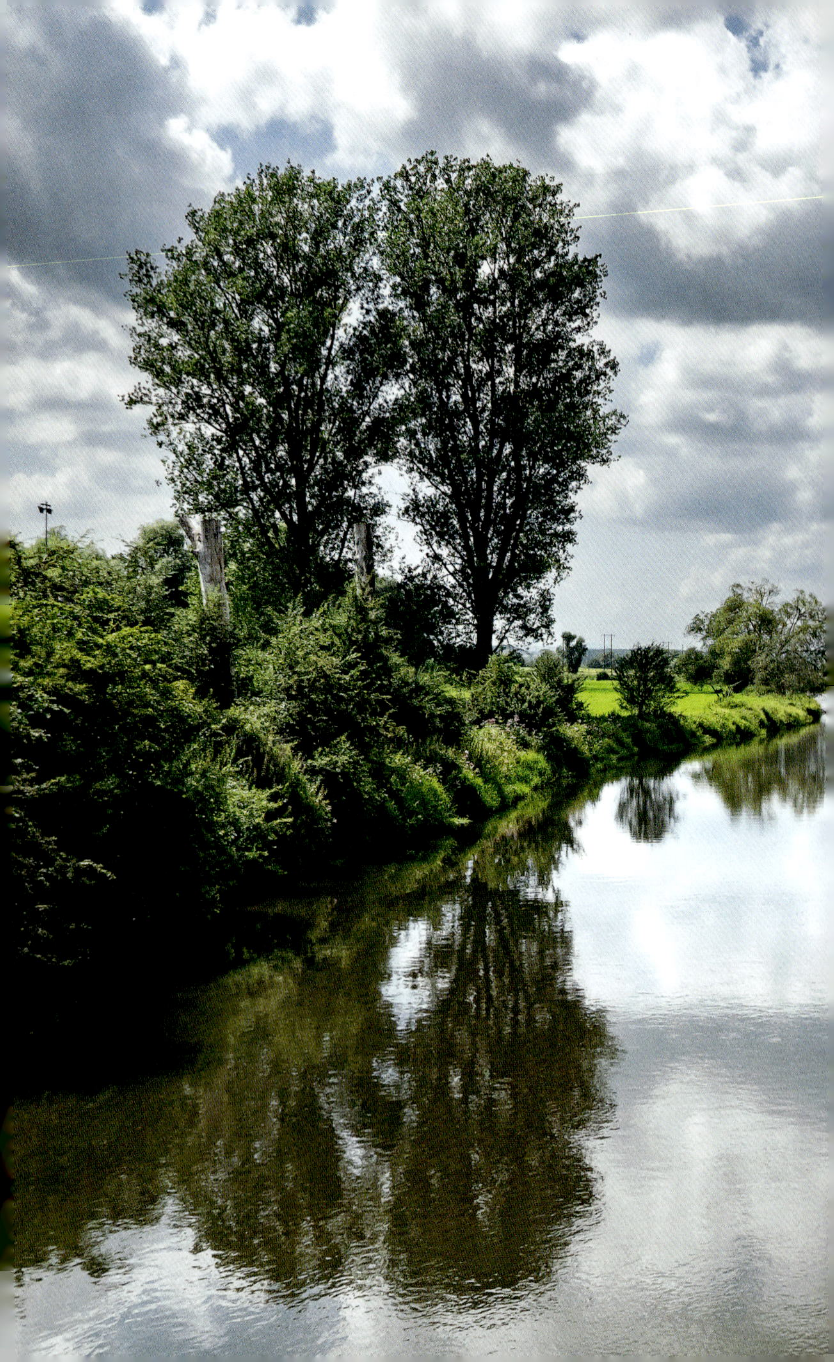

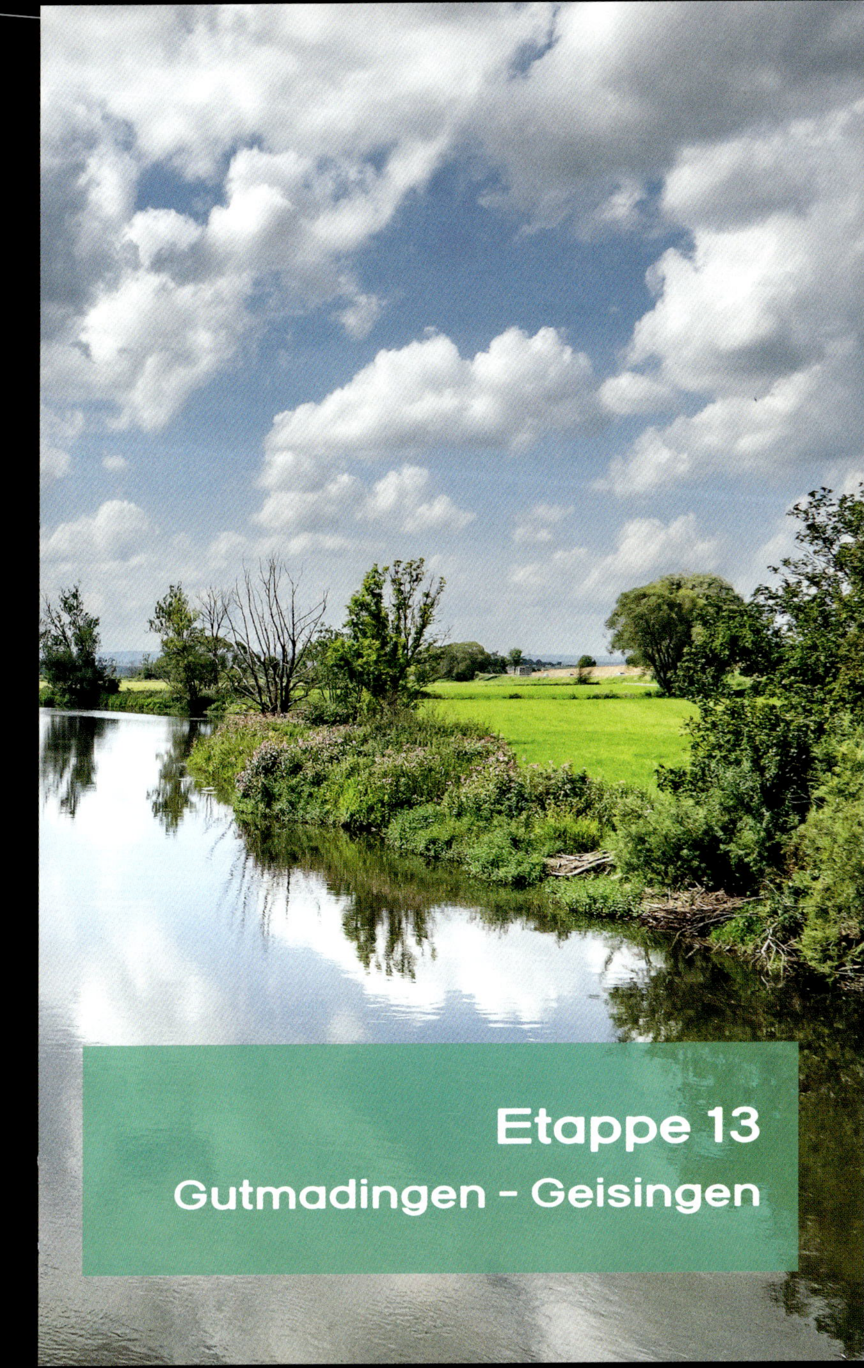

# Etappe 13

## Gutmadingen - Geisingen

# 84 WARTENBERG, GUTMADINGEN
## Wenn der Bierausschank zur Konkurrenz wird

**Hinkommen:**
47°55'26.3"N 8°37'01.1"E

**Mit dem Auto:**
A81, Ausfahrt 31, Geisingen.
Dann auf die B311 Richtung Immendingen, nächste Möglichkeit links auf Tuttlinger Straße nach Geisingen. Dort geradeaus auf Hauptstraße, am Kreisverkehr weiter auf Hauptstraße. Nächste Möglichkeit links und immer geradeaus auf „Drei Lärchen". An der Siedlung gibt es Parkmöglichkeiten. Von dort zu Fuß hoch auf den Wartenberg.
**Vom Parkplatz bis zum Gipfel des Wartenbergs sind es etwa 800 Meter.**

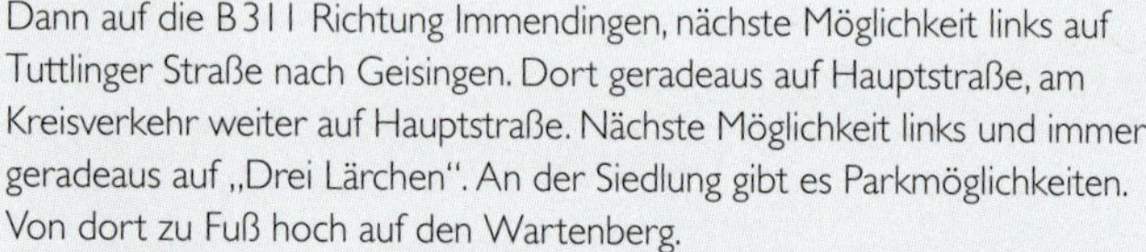

**Mit dem ÖPNV:**
Mit dem Zug nach Donaueschingen. Weiter mit dem Bus 820 nach Gutmadingen. (An Wochenenden und Feiertagen gibt es ein Ruftaxi (RUF). Anmeldung unter Telefon 07721/9132020 bis eine Stunde vorher, Gruppen mindestens fünf Werktage vor Fahrt anmelden). Dann auf Alemannenstraße Richtung Ortskern, dort auf die Hans-Kramer-Straße. Ihr folgen und über die Donau, dann links und mit nächster Möglichkeit die Bahn unterqueren. Danach rechts und dann links den Berg hinauf zum Schloss. **Vom Ortskern Gutmadingen bis zum Schloss Wartenberg sind es 2,3 Kilometer.**

**Tourbeschreibung:**
Der kegelförmige Wartenberg bietet weite Aussichten über die Stufenlandschaft der Baar und ihre breite Ebene mit der jungen, mäandernden Donau. Die Wege sowie der Anstieg zum Wartenberg sind gut zu begehen.

Heute geht es endlich auf den Wartenberg, den ich in den letzten Tagen schon so oft gesehen habe. Der westlich von Geisingen gelegene, nördlichste Hegauvulkan (844 Meter) erhebt sich mit seiner markanten, kegelartigen Form auffällig aus der flachen, weiten Baar. Die heutige Etappe ist durch die Anbindungen auch eine der kürzesten, was mir aber sehr gelegen kommt. Da mir durch die vielen Wanderkilometer der letzten Tage etwas Ruhe willkommen ist,

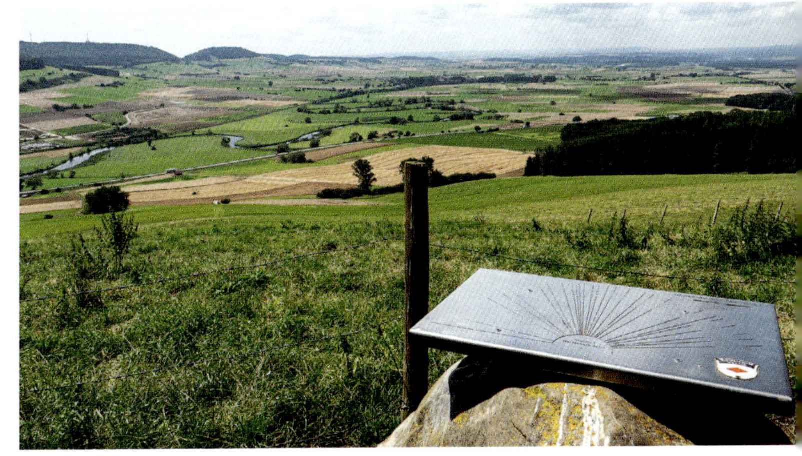

beschließe ich, einen Ausflugstag auf den Wartenberg zu machen. Mit seiner Aussicht, einer Burg und Kapuziner-Eremitage bietet er auch einige interessante Highlights, die gut miteinander zu verbinden sind.
In Gutmadingen überquere ich die junge Donau, und es geht auf einem geraden Feldweg stetig bergauf bis zu einem ehemaligen Jagdschloss, das heute in Privatbesitz ist. Von hier oben lassen sich großartige Ausblicke hinunter auf die junge Donau, die sich durch das weite Tal der Baar schlängelt, genießen. Man blickt auf Geisingen und entdeckt Donaueschingen. Im Nordosten, am Fuße des Wartenbergs, erstreckt sich das über 600 Hektar große Naturschutzgebiet Unterhölzer Wald – ein ehemaliger Wildpark mit bis zu 400-jährigen Eichen. Westlich an den Wartenberg grenzt eines der größten Feuchtgebiete der Baar an.
Der Grundsatz „sehen und gesehen werden" hat nicht nur für manche Menschen eine größere Bedeutung, in diesem Falle gilt es auch für das ehemalige Jagdschloss oben auf dem Wartenberg. Die exponierte Lage hatte nämlich zur Folge, dass es vom Ende des 18. Jahrhunderts bis 1969 immer mehr zur beliebten Zwischenstation der Reisenden zum Bodensee oder in den Schwarzwald wurde, liegt der Wartenberg doch sehr nahe an der Verbindungsstrecke zwischen der A81 und Donaueschingen.
Auch die Einheimischen hat es zumeist sonntags hinauf auf den Berg und zum beliebten und bewirteten Schlösschen gezogen. Sehr zum

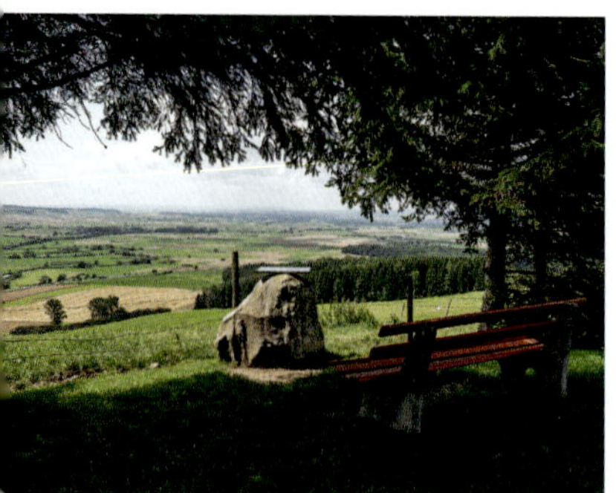

Leidwesen eines weiter unten ansässigen Bierwirts, dem das alleinige Recht zum Bierausschank zustand. Mit seiner Bitte, dem Aufseher im Schloss die erteilte Lizenz zum Bierausschank zurückzunehmen, konnte er sich jedoch nicht durchsetzen. So wurde aus dem Jagdschloss ein Bier- und Tanzhaus. Im Zweiten Weltkrieg diente das Haus allerdings auch als Kreisschulungslager der Hitler-Jugend. Nach der Verpachtung an einen Klavierunternehmer fand die gastronomische Nutzung 1969 jedoch ihr Ende. Das Schlösschen ist bis heute eine Wohnadresse mit einmaligem Ausblick. Diesen genieße ich nochmals einige Augenblicke an einem lauschigen, schattigen Plätzchen und gehe anschließend weiter zur Burg Wartenberg, leicht unterhalb des Aussichtspunktes.

## Tipp

Nicht nur der Wartenberg bietet einen tollen Ausflug, auch entlang der jungen Donau gibt es viele Gelegenheiten für ausgedehnte, naturnahe Spaziergänge.

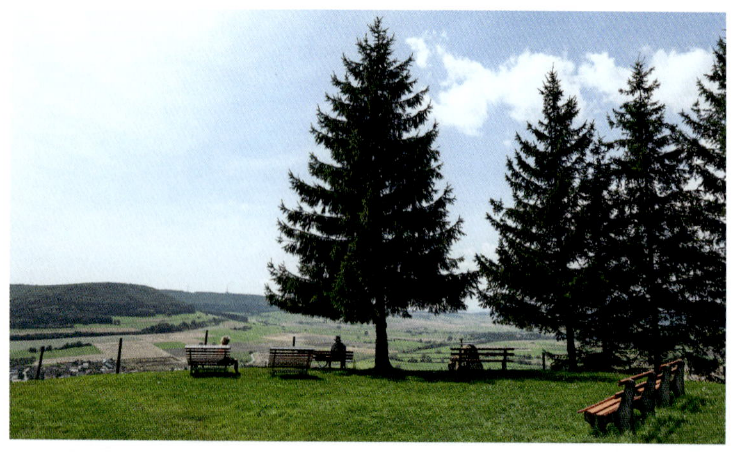

# BURG WARTENBERG, GUTMADINGEN

85

## Höhenburg auf mächtigem Bergkegel

**Hinkommen:**
47°55'33.1"N 8°36'48.4"E

**Mit dem Auto:**
A81, Ausfahrt 31, Geisingen.

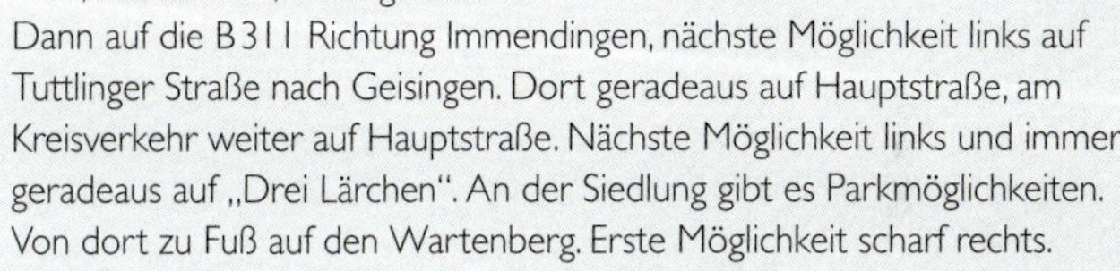

Dann auf die B311 Richtung Immendingen, nächste Möglichkeit links auf Tuttlinger Straße nach Geisingen. Dort geradeaus auf Hauptstraße, am Kreisverkehr weiter auf Hauptstraße. Nächste Möglichkeit links und immer geradeaus auf „Drei Lärchen". An der Siedlung gibt es Parkmöglichkeiten. Von dort zu Fuß auf den Wartenberg. Erste Möglichkeit scharf rechts.
**Vom Parkplatz zur Ruine sind es knapp 800 Meter.**

**Mit dem ÖPNV:**
Mit dem Zug nach Donaueschingen. Weiter mit dem Bus 820 nach Gutmadingen. An Wochenenden und Feiertagen gibt es ein Ruftaxi (RUF). Anmeldung unter Telefon 07721/9132020 bis eine Stunde vorher, Gruppen mindestens fünf Werktage vor Fahrt anmelden. Dann auf Alemannenstraße Richtung Ortskern, dort auf die Hans-Kramer-Straße. Ihr folgen und über die Donau, dann links und mit nächster Möglichkeit die Bahn unterqueren. Danach rechts und dann links den Berg hinauf zum Aussichtspunkt. Hier links am Waldrand entlang weiter, dann an der Gabelung wieder links.
**Vom Ortskern Gutmadingen zur Ruine Wartenberg sind es 2,6 Kilometer.**

**Tourbeschreibung:**
Auf dem Weg hoch zum Wartenberg eindrucksvolle Weitsichten über die Baar. Die Ruine selber ist in einem separaten kleinen Waldstück, aber nicht weit weg vom Aussichtspunkt. Gut zu begehende Wege.

Der Wartenberg bietet neben dem Jagdschloss und der genialen Aussicht über die Baar noch zwei weitere Highlights. Eines davon ist die auf einer bewaldeten Kuppe liegende ehemalige Burg aus dem Jahr 1140. Um zu ihr zu gelangen, wende ich mich vom Aussichtspunkt zum Schloss und begebe mich auf einem asphaltierten Weg nach links. Dieser führt mich zuerst links am Waldrand entlang, ehe ich

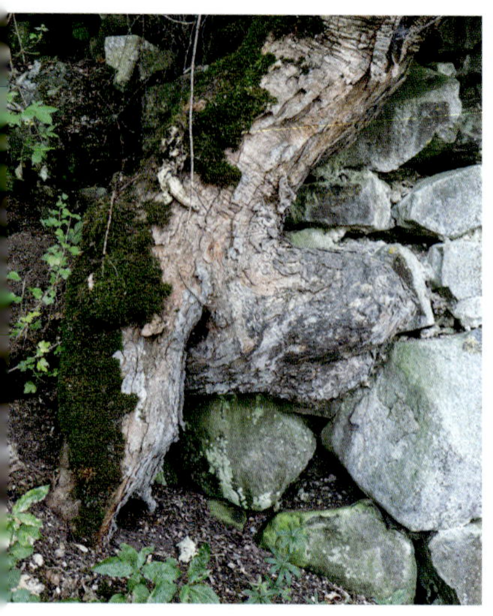

an einer Gabelung den linken Weg nehme und leicht bergab in einem weiten Linksbogen durch einen Wald gehe.
Kurz darauf sehe ich schon die Mauerreste der einstigen Burg oben auf dem Hang. Laut historischen Quellen soll es hier sogar gleich mehrere Burgen gegeben haben. Die hier noch zu sehenden Mauerreste stammen von der ursprünglichen Burg aus dem Jahre 1140. Nachdem die Besitzung durch die Heirat von Anna von Wartenberg mit Graf Heinrich von Fürstenberg an die Fürstenbergs überging, folgte eine zweite Burg Ende

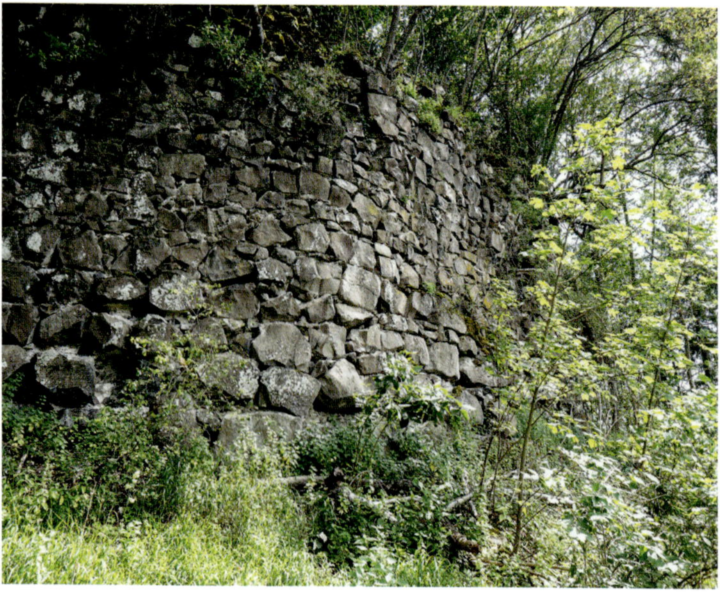

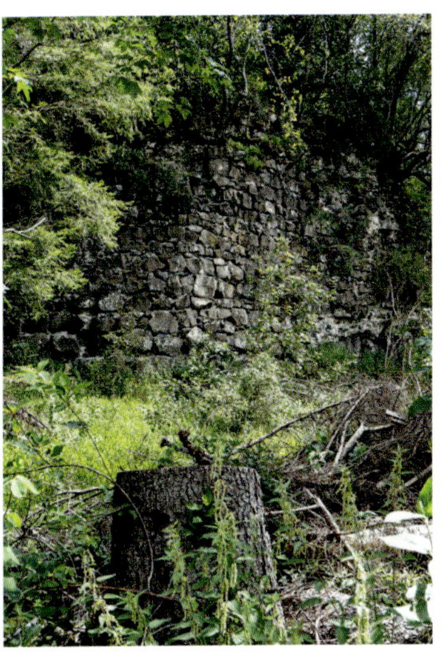

des 13. Jahrhunderts. Sie wurde im 15. Jahrhundert durch eine neue Anlage ersetzt und diente den Fürstenbergs bis ins 18. Jahrhundert als Wohnsitz, ehe sie 1870 abgetragen und durch ein Lustschloss ersetzt wurde. Dabei entstanden verschiedene Bildwerke, Statuen, Tempel, eine Eremitage und andere Spielereien. Heute ist die Anlage in Privatbesitz und daher bis auf die Eremitage leider nicht zugänglich. Deswegen mache ich hier kehrt und gehe wieder zum Aussichtspunkt, an dem ich vorbeigehe, um wenig später links in den Wald zur Eremitage der Kapuziner zu gelangen.

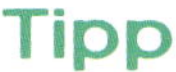

In der nördlichen, stillgelegten Tongrube im Mitteljura des ehemaligen Zementwerkes Geisingen können mit ein wenig Glück Fossilien gefunden werden. Die Grube beginnt allerdings nach der weitgehenden Stilllegung langsam zu verwachsen. Die Anlage gehört jetzt der Geisinger Kalkstein Schotterwerk GmbH & Co. KG. Aktuell wird sie teilweise renaturiert, es wird aber auch weiterhin sporadisch Ton aus der Grube geholt. Deswegen sollte vor dem Betreten der Anlage eine Genehmigung beim Besitzer eingeholt werden, Telefon Verwaltung 0771/83224-24.

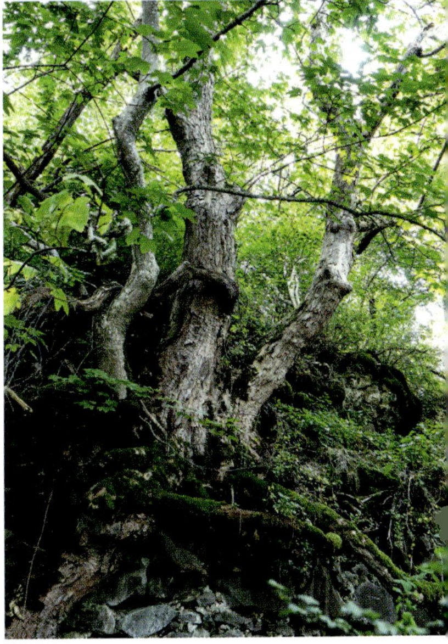

# 86 KAPUZINER-EREMITAGE, GUTMADINGEN
## Kapelle in Englischem Garten

**Hinkommen:**
47°55'31.9"N 8°37'09.3"E

**Mit dem Auto:**

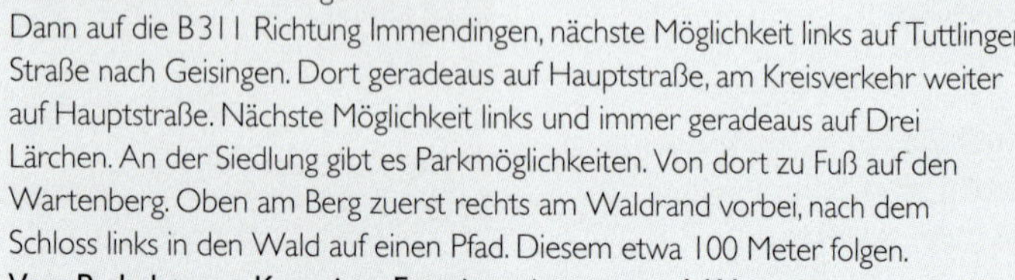

A81, Ausfahrt 31, Geisingen.
Dann auf die B311 Richtung Immendingen, nächste Möglichkeit links auf Tuttlinger Straße nach Geisingen. Dort geradeaus auf Hauptstraße, am Kreisverkehr weiter auf Hauptstraße. Nächste Möglichkeit links und immer geradeaus auf Drei Lärchen. An der Siedlung gibt es Parkmöglichkeiten. Von dort zu Fuß auf den Wartenberg. Oben am Berg zuerst rechts am Waldrand vorbei, nach dem Schloss links in den Wald auf einen Pfad. Diesem etwa 100 Meter folgen.
**Vom Parkplatz zur Kapuziner-Eremitage ist es etwa 1 Kilometer.**

**Mit dem ÖPNV:**
Mit dem Zug nach Donaueschingen. Weiter mit dem Bus 820 nach Gutmadingen. An Wochenenden und Feiertagen gibt es ein Ruftaxi (RUF). Anmeldung unter Telefon 07721/9132020 bis eine Stunde vorher, Gruppen mindestens fünf Werktage vor Fahrt anmelden. Dann auf Alemannenstraße Richtung Ortskern, dort auf die Hans-Kramer-Straße. Ihr folgen und über die Donau, dann links und bei nächster Möglichkeit die Bahn unterqueren. Danach rechts und dann links den Berg hinauf zum Aussichtspunkt. Hier rechts und kurz darauf nach links in den Wald auf einen Pfad. Diesem etwa 100 Meter folgen.
**Von Gutmadingen zur Kapuziner-Eremitage sind es 2,5 Kilometer.**

**Tourbeschreibung:**
Die Kapuziner-Eremitage befindet sich an einem idyllischen, schattigen Plätzchen im Wald. Zur richtigen Jahreszeit ist sie von einer prachtvollen Märzenbecherblüte umgeben. Zu erreichen ist sie über einen schmalen, ebenen Waldpfad.

Von der Burg Wartenberg gehe ich auf dem Hauptweg, der direkt an der Burg vorbeiführt, wieder zurück und den Berg leicht hinauf. Zuerst durch einen kleinen Waldabschnitt, kurz darauf rechts am Waldrand und an der privaten Schlossanlage vorbei. Danach geht es wieder am Wald entlang, ehe ich auf einen Pfad links in den Wald abbiege. Nach wenigen Metern bleibe ich stehen, um mich anhand meiner

Wanderkarte zu orientieren, ob ich auch den richtigen Weg eingeschlagen habe. Da vernehme ich ein lautes Knacken, schaue mich um und in dem Moment kracht ein dicker, großer Ast vom Baum ab und fällt direkt neben mir zu Boden. Vielleicht streiften mich ein paar kleinere Äste, ich kann es nicht mehr genau sagen. Erschrocken bleibe ich erst einmal stehen – was hatte ich gerade für ein Glück. Ich möchte mir nicht ausmalen, was passiert wäre, wenn ich zwei Schritte früher Halt gemacht hätte.

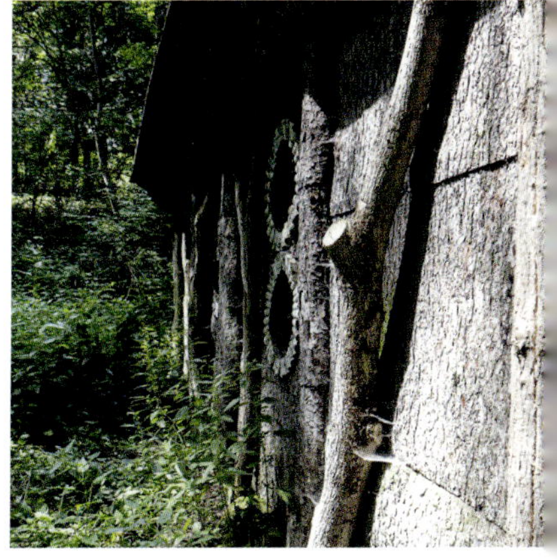

Ich stelle fest, dass ich auf dem richtigen Weg bin und entdecke wenig später vor mir auch schon die Eremitage der Kapuziner, die im Volksmund nur „Kapuziner" genannt wird.

Sie liegt wunderschön an einem schattigen Plätzchen im Wald. Das Sonnenlicht scheint vereinzelt durch den dichten Wald auf die Kapelle. Zur richtigen Jahreszeit gibt es hier eine prachtvolle Mär-

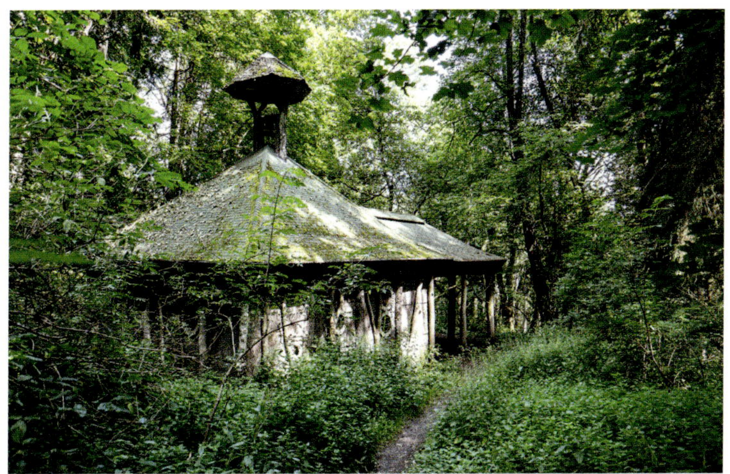

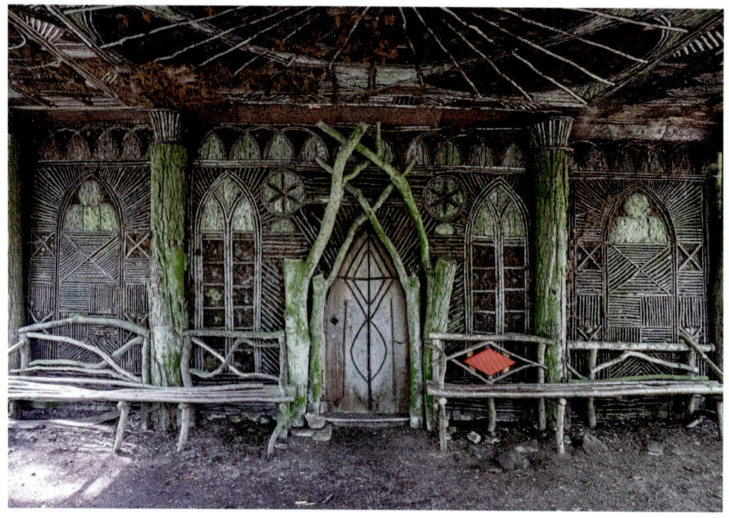

zenbecherblüte zu bestaunen. Ich nähere mich der Eremitage von hinten und schaue mir dann die aufwendig gestaltete Frontseite an, die mit verschiedenen Rundhölzern fein verziert ist. Das Muster stellt die nicht vorhandenen Fenster dar. Die verschlossene Eingangstüre ist links und rechts von zwei Holzbänken eingerahmt, die aus runden Baumstämmen bestehen.

Die Eremitage wurde 1783 im Auftrag von Fürst Joseph Maria Benedikt durch Fürst Joseph Wenzel zu Fürstenberg errichtet. Zeitgleich, als dieser auf dem Wartenberg ein Lustschloss mit anliegendem Englischen Garten anlegte. Die Eremitage diente aber lediglich der Attraktivität des Gartens – eine Spielerei der damaligen Zeit. So erwartet einen eine Überraschung, wenn man sich im dunklen Innenraum gegenüber eines Kapuziner setzt.

Wieder zurück auf meinem Pfad, komme ich noch einmal an der Stelle vorbei, an der mich fast der Ast getroffen hat. Ich verlasse den Wartenberg und wandere hinunter Richtung Geisingen.

## Tipp

Die Kapelle ist im Normalfall geschlossen, kann aber im Rahmen einer Führung durch die Ortsgruppe Geisingen des Schwarzwaldvereins, der auch die Pflege der Eremitage übernommen hat, besichtigt werden, Telefon 07704/452.

87

# AUSSICHTSPUNKT HÖRNEKAPF, GEISINGEN

## Panoramablick über die Baar

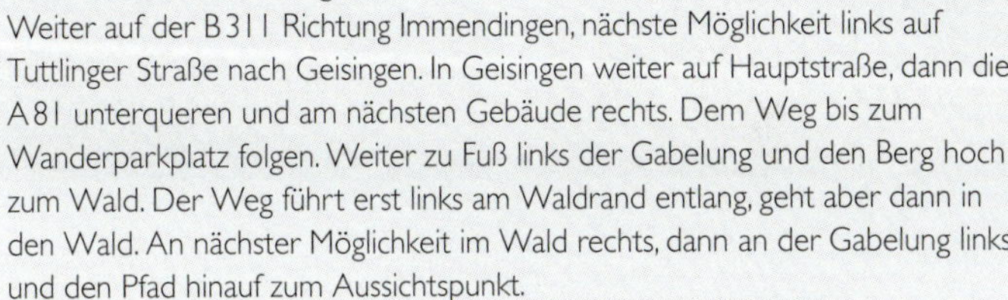

**Hinkommen:**
47°56'37.9"N 8°37'57.2"E

**Mit dem Auto:**
A81, Ausfahrt 38, Geisingen.
Weiter auf der B311 Richtung Immendingen, nächste Möglichkeit links auf Tuttlinger Straße nach Geisingen. In Geisingen weiter auf Hauptstraße, dann die A81 unterqueren und am nächsten Gebäude rechts. Dem Weg bis zum Wanderparkplatz folgen. Weiter zu Fuß links der Gabelung und den Berg hoch zum Wald. Der Weg führt erst links am Waldrand entlang, geht aber dann in den Wald. An nächster Möglichkeit im Wald rechts, dann an der Gabelung links und den Pfad hinauf zum Aussichtspunkt.
**Vom Wanderparkplatz zum Aussichtspunkt sind es 1,4 Kilometer.**

**Mit dem ÖPNV:**
Mit dem Zug nach Geisingen. Dann zu Fuß über die Hauptstraße durch Geisingen und weiter auf der Hauptstraße die A81 unterqueren. Am nächsten Gebäude rechts abbiegen und dem Weg folgen bis zum Wanderparkplatz. Ab hier weiter wie oben. **Vom Bahnhof zum Aussichtspunkt sind es 4,1 Kilometer.**

**Tourbeschreibung:**
Zuerst geht es über einen asphaltierten Feldweg, vorbei an Feldern, den Berg hoch, ehe es in den Wald geht. Später auf einem steilen Pfad hoch bis zur Hütte. Gigantische Aussichten über die Baar!

Ich verlasse den vielseitigen Gipfel des Wartenbergs mit seiner grandiosen Aussicht über die Baar, der Burg und dem Schloss mit Kapuziner-Eremitage und gehe hinunter Richtung Geisingen. Noch recht weit oben am Wartenberg bekomme ich mal wieder die A81 zu Gesicht, der ich mich seit Donau-

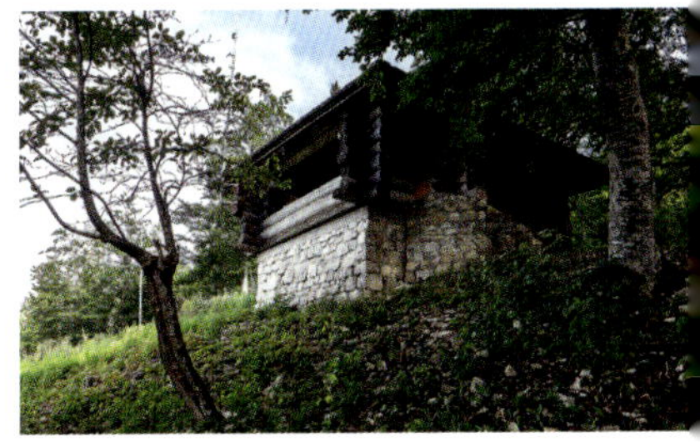

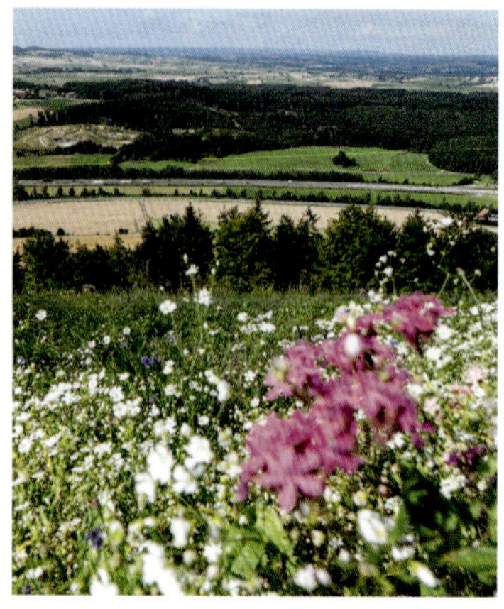

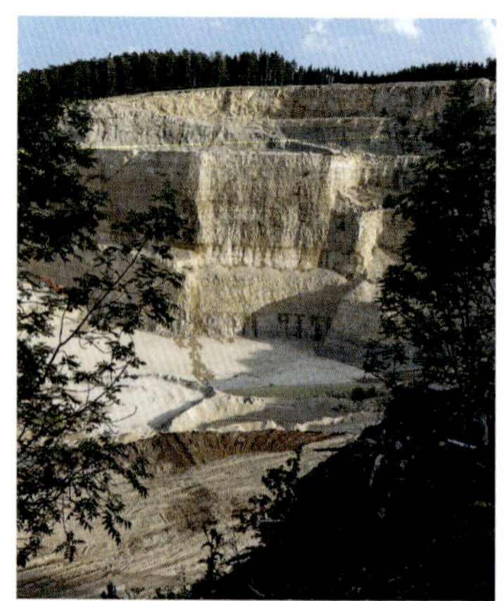

eschingen wieder nähere, nachdem ich mich ab Schwenningen ein wenig von ihr verabschiedet hatte. Je weiter ich hinab wandere, desto mehr verschwindet die Autobahn aber wieder, da sie sich in einem kleinen, flachen Tal ihren Weg sucht. Dafür blicke ich immer wieder hinüber zum gegenüberliegenden, bewaldeten Hang hoch zum Aussichtspunkt Hörnekapf, der durch seine Schneise sehr markant ist.

Beim Hörnekapf befindet sich auch die Hubertushütte, eine Wanderhütte neben einem Startplatz für Gleitschirmflieger. Dieser Aussichtspunkt ist mein nächstes Highlight und verspricht mir durch seine exponierte Lage eine umwerfende Aussicht. Ich bin sehr gespannt.

Kurz vor Geisingen biege ich scharf links ab, unterquere die A81 und biege bei der dritten Möglichkeit rechts ab. Auf einem asphaltierten Feldweg geht es zwischen vielen Feldern stetig bergauf, ehe ich auf einen Wald stoße, an dem ich links abbiege. Blicke ich nach links hinab, erkenne ich die Autobahn, dahinter den Wartenberg und die weite Baar. Wenig später geht es jedoch in den Wald hinein und über einen steilen, schmalen Pfad gelange ich hoch zum Hörnekapf.

Die Aussicht ist einfach nur gigantisch. Ich muss erst einmal stehen bleiben und staunen. Unter mir verläuft die Autobahn und vor mir liegt der Wartenberg. Durch die gewonnene Höhe kann ich schier unendlich weit über die Baar schauen und erkenne am Horizont den Schwarzwald. Kein Wunder, dass es hier einen Startplatz für Gleitschirmflieger gibt. Die links davon am Hang

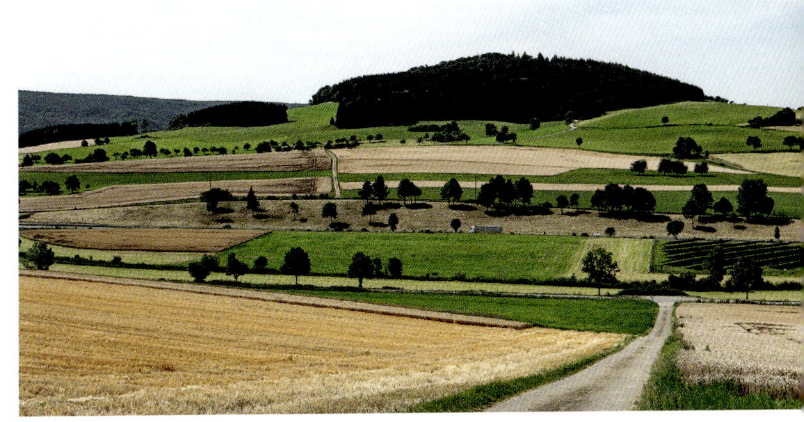

stehende und durch einen Vorbau gestützte Hubertushütte bietet mir die Möglichkeit, eine ausgiebige, genussvolle Rast zu machen. In ihr gibt es einen mit einem Tisch und zwei Bänken möblierten Raum, der einen guten Unterschlupf bei schlechtem Wetter bietet. Nach ausgiebiger Rast gehe ich im Wald recht eben und auf breiten Wegen weiter Richtung Geisingen. Unterwegs möchte ich mir noch einen recht großen Steinbruch anschauen.

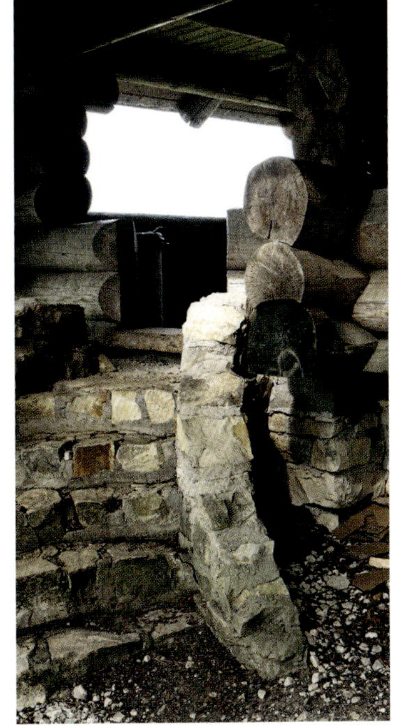

## Tipp

Viele ausgeschilderte Wanderwege wie der Tännlehau-Rundweg, der Ehrenburghauptweg oder der obere Saufangweg sind rund um den Hörnekapf möglich.

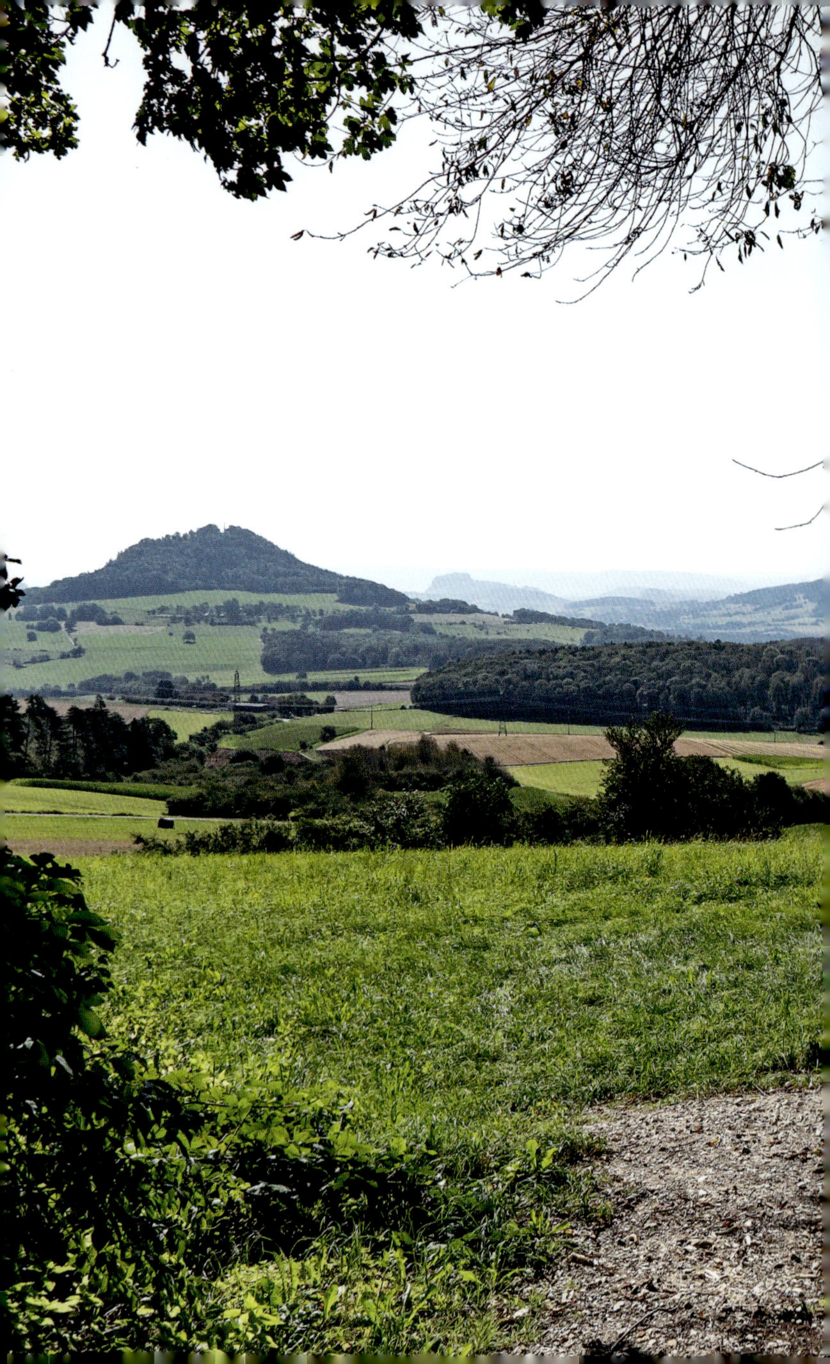

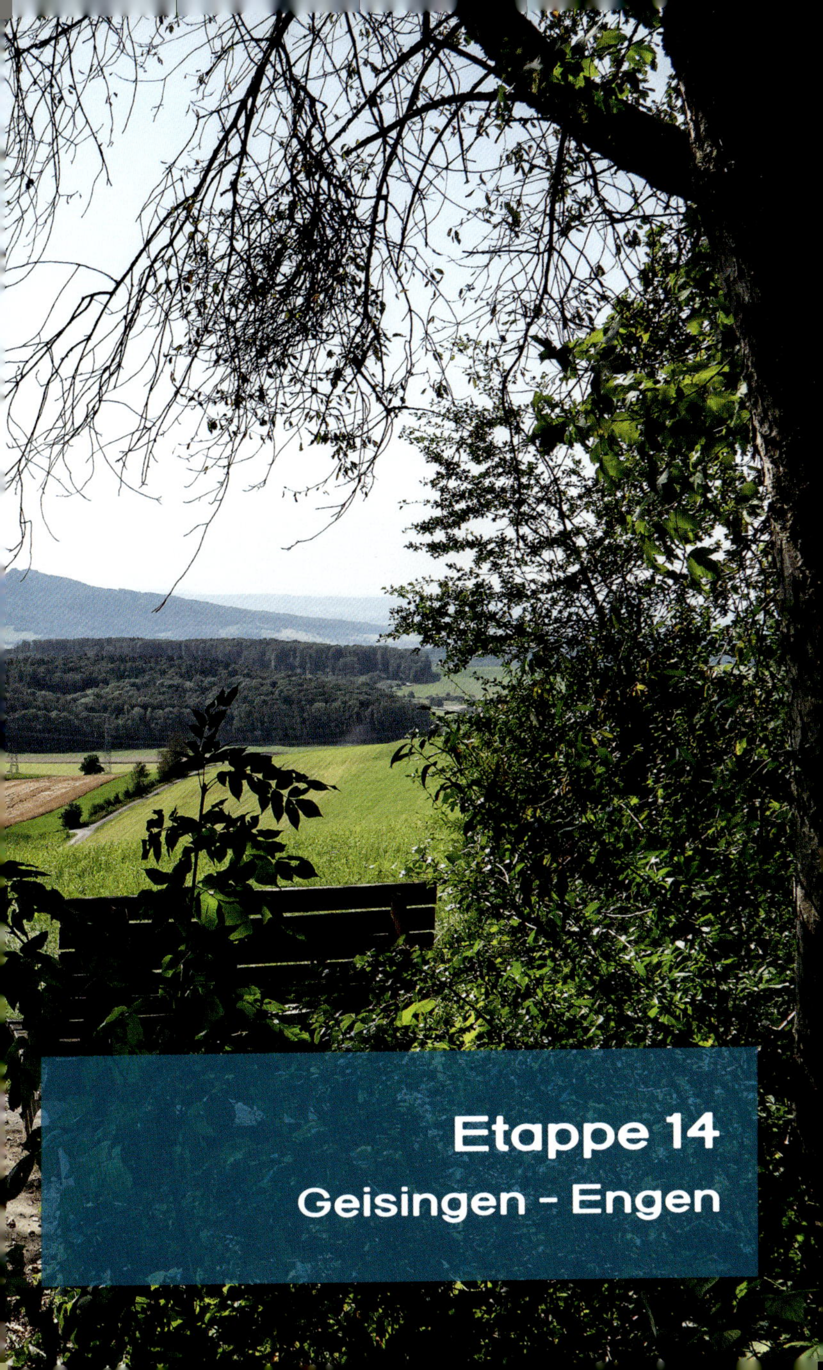

# Etappe 14

## Geisingen - Engen

# 88 ST.-ANTONIUS-KAPELLE, KIRCHEN-HAUSEN

## Große Beliebtheit bei Pilgern

**Hinkommen:**
47°54'28.8"N 8°40'05.0"E

**Mit dem Auto:**
A 81, Ausfahrt 38, Geisingen.

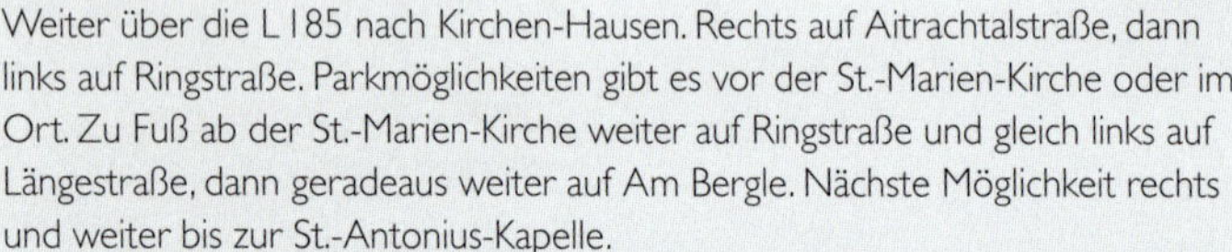

Weiter über die L 185 nach Kirchen-Hausen. Rechts auf Aitrachtalstraße, dann links auf Ringstraße. Parkmöglichkeiten gibt es vor der St.-Marien-Kirche oder im Ort. Zu Fuß ab der St.-Marien-Kirche weiter auf Ringstraße und gleich links auf Längestraße, dann geradeaus weiter auf Am Bergle. Nächste Möglichkeit rechts und weiter bis zur St.-Antonius-Kapelle.
**Von der St.-Marien-Kirche zur St.-Antonius-Kapelle sind es rund 650 Meter.**

**Mit dem ÖPNV:**
Mit der Bahn nach Geisingen. Dann auf die Hauptstraße und Engener Straße. Von der Engener Straße links auf den Riedweg und neben der Bahnstrecke weiter, nächste Möglichkeit (am Wanderparkplatz Donauradweg) rechts. Die Donau überqueren und gerade auf Bodenseestraße. Dann rechts auf Aitrachtalstraße. In Kirchen-Hausen leicht rechts auf Kindergartenweg. Ab der St.-Marien-Kirche weiter wie oben.
**Vom Bahnhof zur St.-Antonius-Kapelle sind es 3,4 Kilometer.**

**Tourbeschreibung:**
Auf asphaltierten Wegen geht es erst durch Kirchen-Hausen, dann leicht ansteigend. Ein breiter Schotterweg führt zur Kapelle. Schöne Aussicht auf Kirchen-Hausen.

Mit dem Zug fahre ich von Rottweil nach Villingen, steige dort um und weiter geht es nach Geisingen, wo ich meine heutige Etappe nach Engen beginne. Der letzte Abschnitt meiner Tour, wird mich durch den Hegau führen – eine außergewöhnliche Vulkan- und Burgenlandschaft.

Ich verlasse Geisingen in Richtung Immendingen, wandere zuerst an der Bahnstrecke entlang und biege dort nach Kirchen-Hausen ab. Zwischen dem Ortsrand und einem bewaldeten Hang geht es sanft hinauf zur St.-Antonius-Kapelle. Von dort oben bekomme ich einen tollen

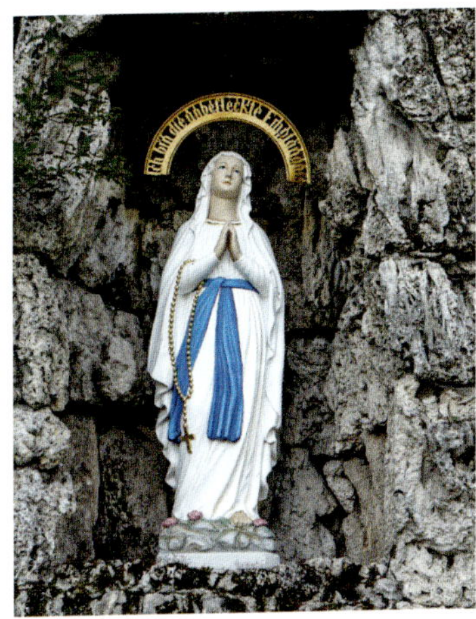

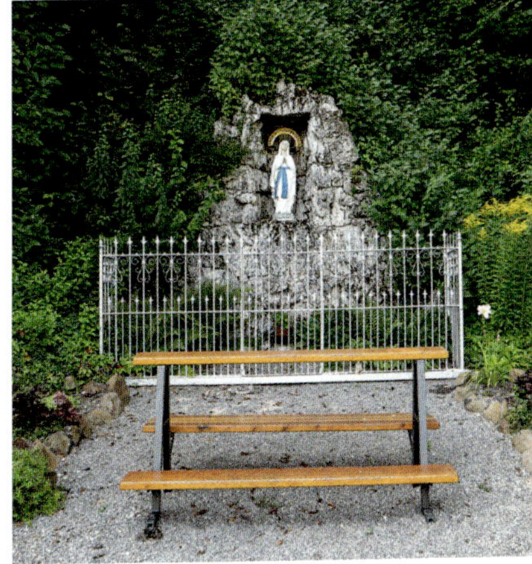

Blick auf den Ort. Mehrere Bänke laden ein, sich hier hinzusetzen und einfach nur die Aussicht zu genießen. Da ich aber gerade erst meine Wanderung gestartet habe, schaue ich mir lieber die große Wallfahrtskapelle an, die im spätgotischen Stil 1500 erbaut wurde, als die An-

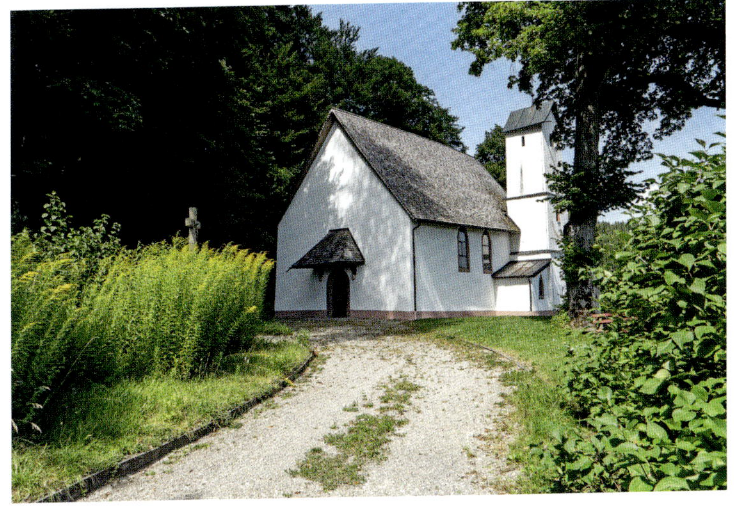

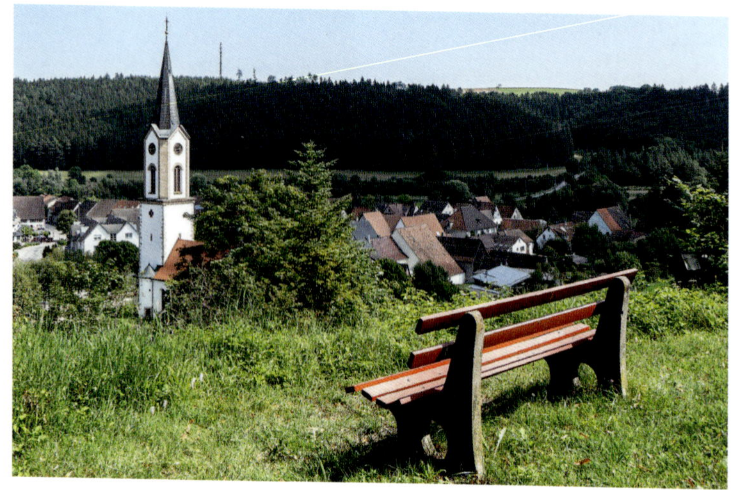

tonius-Verehrung ihren Höhepunkt erlebte. Der heilige Antonius gilt als Schutzheiliger der Viehhirten. In der Kapelle steht ein Rokoko- Altar aus dem Jahre 1788. Aufgrund ihrer Beliebtheit gerade bei Pilgern widerstand sie den Wessenbergischen Reformen um 1780. Der Freiburger Maler Kaufhold fertigte um 1950 sieben Fresken für die Kapelle.

Neben dem Kleinod befindet sich eine Mariengrotte aus dem Jahre 1889, die den Eindruck erwecken soll, dass die Gläubigen das Wunder von Lourdes auch in Kirchen-Hausen erleben könnten. Jeden Sonntag um 12 Uhr ruft ein Glöckchen zum Rosenkranz.

Ich bleibe noch ein wenig vor der Grotte stehen und bin dankbar, es schon so weit geschafft zu haben. Dann verabschiede ich mich von diesem idyllischen Ort und wandere am Rand von Hausen durch ein kleines Tal, überquere eine Bahnlinie und tauche immer tiefer in den Hegau ein.

## Tipp

Zwischen Immendingen und Möhringen verschwindet die Donau an verschiedenen Stellen im Flussbett. Dabei verteilt sich das Wasser nicht flächig im Erdreich, sondern fließt als gerichteter Strom in unterirdischen Hohlräumen ab. Nach starken Regentagen sieht man davon naturgemäß nicht viel, da die Donau dann nicht versickert.

# NEUHEWEN, STETTEN
## Der höchste Hegauer Vulkan

89

**Hinkommen:**
47°52'45.1"N 8°43'05.6"E

**Mit dem Auto:**
**Von Norden:** A81, Ausfahrt 38, Geisingen.

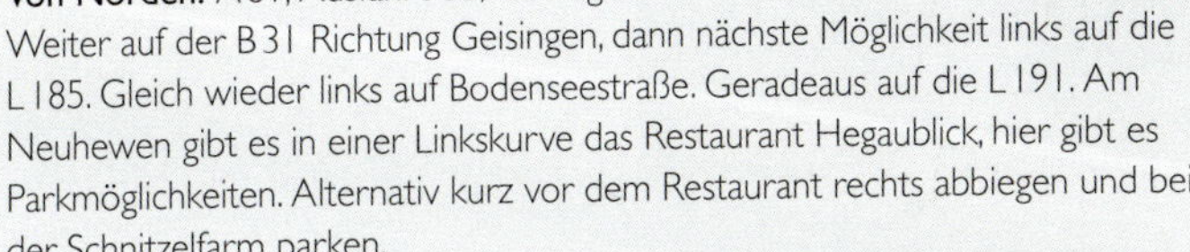

Weiter auf der B31 Richtung Geisingen, dann nächste Möglichkeit links auf die L185. Gleich wieder links auf Bodenseestraße. Geradeaus auf die L191. Am Neuhewen gibt es in einer Linkskurve das Restaurant Hegaublick, hier gibt es Parkmöglichkeiten. Alternativ kurz vor dem Restaurant rechts abbiegen und bei der Schnitzelfarm parken.
**Von Süden:** A81, Ausfahrt 39, Engen.
Weiter auf der B491 nach Engen. Die Bahn überqueren, danach links. Am ersten Kreisverkehr zweite Ausfahrt, am zweiten Kreisverkehr erste Ausfahrt auf Schwarzwaldstraße. Dieser folgen, geradeaus auf Eduard-Edge-Straße und geradeaus auf Neuhewenstraße. In Stetten der Neuhewenstraße rechts folgen. Parkmöglichkeiten entweder bei der Schnitzelfarm oder wenig später vor dem Restaurant Hegaublick.
Leider gibt es zur Burg keinen ausgeschilderten Weg. Aber vom Restaurant Hegaublick führen alle Wege auf den Neuhewen.
**Vom Hegaublick zum Burggelände ist es etwa 1 Kilometer.**

**Mit dem ÖPNV:**
Mit dem Zug nach Engen und weiter mit dem Bus 304 nach Stetten Hegaublick, Engen. An Wochenenden oder Feiertagen Anrufsammeltaxi (AST oder RUF, Telefon 07771/6473030 bis eine Stunde vorher).

**Tourbeschreibung:**
Am Fuße des Neuhewen zahlreiche lohnenswerte Blicke in den Hegau. Der Neuhewen an sich ist bewaldet, die Burg schwer zu begehen. Sie befindet sich wenige Meter oberhalb eines Pfades.

Ich lasse Kirchen-Hausen hinter mir, und es geht durch einen lockeren Waldabschnitt auf einem asphaltierten Weg stetig bergauf und für einen längeren Abschnitt schnurgeradeaus immer tiefer in den Hegau hinein. Wald und Felder wechseln sich regelmäßig ab.

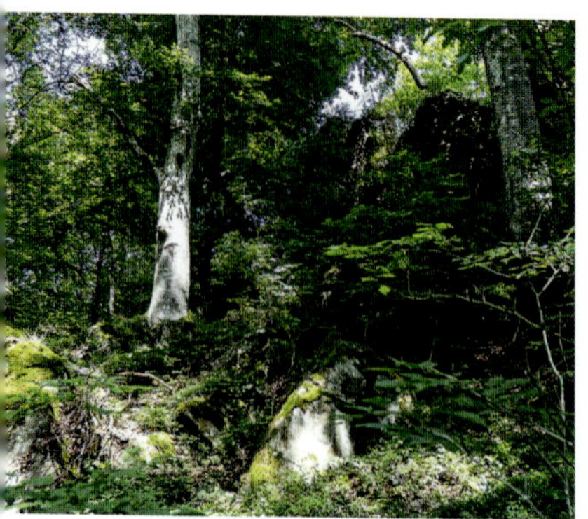

Vor mir sehe ich nun bereits den Neuhewen. Es wirkt fast ein wenig skurril, dass der höchste Berg des Hegaus mit seinen 867 Metern nur wie eine Kuppel erscheint. Ich wandere meist geradeaus und bekomme immer mehr vom wunderschönen Hegau zu sehen, bis ich schließlich auch die nächsten Vulkankegel erkennen kann. Die stumpfe Spitze des Hohenstoffeln ganz rechts, Hohenhewen und Hohenkrähen links davon, und, natürlich ganz wichtig: das erste Mal sehe ich meinen Zielberg, den Hohentwiel! Was für ein tolles Gefühl, die Ankunft direkt vor Augen zu haben. Von hier aus sollte ich eigentlich auch schon den Bodensee und die Schweizer Alpen sehen, leider ist es trotz wolkenlosem Himmel zu diesig. Aber auch so ist das Panorama einfach umwerfend. Eine alte Weisheit sagt, dass die gute Sicht auf die Alpen schlechtes Wet-

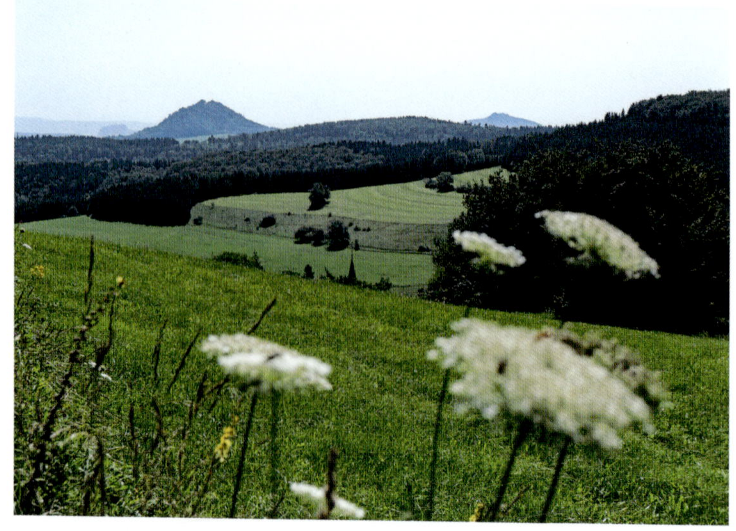

ter vorhersagt. Insofern begrüße ich, dass das Wetter weiterhin stabil bleiben sollte.

Die Hegauberge entstanden vor 13 bis 9 Millionen Jahren durch vulkanische Tätigkeit. Neben einzelnen Bergrücken bildeten sich in den Senken durch die vorstoßenden Gletscher aus den Alpen oft tiefe Becken, von denen das Bodenseebecken das Bedeutendste ist. Feuer, Eis und Wasser schufen hier mit ihren unvorstellbaren Kräften diese einmalige Landschaft.

Nach dem Panorama-Hochgenuss gelange ich kurz vor Stetten auf den sogenannten Stettener Panoramaweg, biege links ab und gehe wieder in den Wald hinein, zuerst auf einem breiten Weg, dann auf einem Pfad hoch auf den Neuhewen. Leider ist die Burg selbst touristisch nicht erschlossen, und es gibt auch keinen beschilderten Weg zur Burganlage. Mein Pfad führt mich aber angenehm und leicht unterhalb an ihr vorbei, und ich erkenne sehr gut einige Mauerreste der ehemaligen trapezförmigen Hauptburg. Sie wurde im 13. Jahrhundert errichtet und 1639 im Dreißigjährigen Krieg durch bayerische Truppen zerstört. Später haben die Herren von Fürstenberg sie erworben, die sie dann an die Familie „Ebinger von der Burg" wieder abtreten mussten. Seit Mitte des 18. Jahrhunderts ist das Stet-

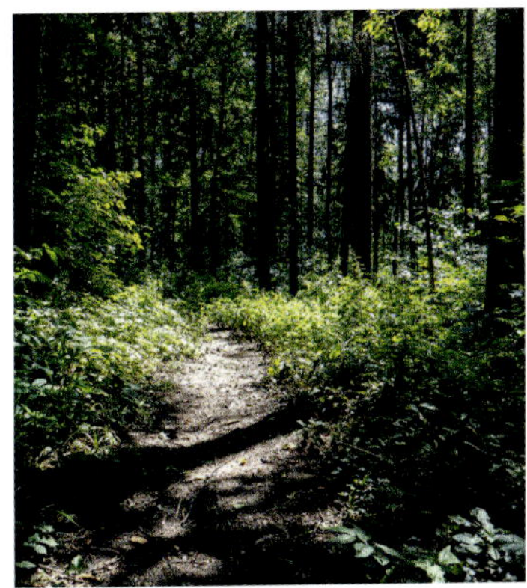

ter Schlössle – so wird sie im Volksmund genannt – bis heute erneut in fürstenbergischem Besitz.

Ich verlasse am Neuhewen den Premiumwanderweg, biege rechts ab und bekomme wieder das atemberaubende Panorama zu sehen. Wenig später stoße ich noch einmal für einige Meter auf den schönen Premiumwanderweg. Dann geht es für einen längeren Abschnitt in einen Wald hinein und in Richtung Napoleonseck, meinem nächsten Highlight.

## Tipp

Einkehr im Restaurant Hegaublick mit badischer, internationaler Küche, Brunch und dem sagenhaften Blick zum Bodensee und zu den Schweizer Alpen. Hegaublick 6, 78234 Engen, Telefon 07733/8755, saur@hegaublick.de.

# 90 NAPOLEONSECK, STETTEN

## Wo einst die Schlacht von Engen stattfand

**Hinkommen:**
47°51'31.4"N 8°42'55.9"E

**Mit dem Auto:**
A81, Ausfahrt 39, Engen.

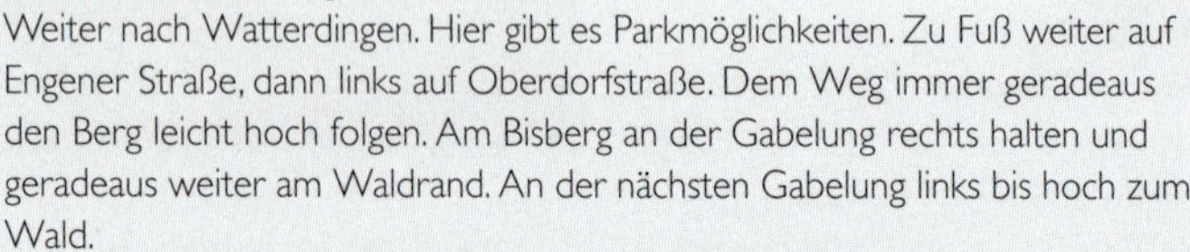

Weiter nach Watterdingen. Hier gibt es Parkmöglichkeiten. Zu Fuß weiter auf Engener Straße, dann links auf Oberdorfstraße. Dem Weg immer geradeaus den Berg leicht hoch folgen. Am Bisberg an der Gabelung rechts halten und geradeaus weiter am Waldrand. An der nächsten Gabelung links bis hoch zum Wald.

**Von Watterdingen bis zum Napoleonseck sind es 2,7 Kilometer.**

**Mit dem ÖPNV:**
Mit der Bahn nach Engen. Dann auf Ballenbergstraße, die nächste links auf Hewenstraße. Dann wieder links auf Ludwig-Finckh-Straße und gleich rechts auf Zum Franzosenwäldle. Ab jetzt immer geradeaus zum Ballenberg hoch, dann in den Wald. An der ersten Gabelung noch geradeaus, dann rechts. Geradeaus aus dem Wald hinaus, dem Linksbogen folgen und dann scharf rechts auf den beschilderten Burgenweg. Diesem immer geradeaus bis zum Napoleonseck folgen.

**Von Engen zum Napoleonseck sind es circa 5 Kilometer.**

**Tourbeschreibung:**
Fantastisches Panorama auf die Hegauberge, bei klarer Sicht mit etwas Glück bis zu den Schweizer Alpen und zum Bodensee. Überwiegend, breite, gut zu begehende Wege, leicht hügelig.

Vom gigantischen Hegaublick mit dem Panorama, das durch die Sicht auf die Hegauvulkane Hohenhewen, Hohenkrähen und Hohenstoffeln mit dem Bodensee und den Schweizer Alpen im Hintergrund besticht, gehe ich hinunter nach Stetten, um dann auf dem Gegenhang wieder hinauf zu wandern. Mein Weg führt angenehm und leicht ansteigend wenig später durch den Wald und ich gehe für einige Zeit immer geradeaus, bis ich den Wald verlasse, auf den Postweg stoße und wieder das unbeschreibliche Panorama vor mir habe. Die blickfangenden Vulkanberge stehen in einer weiten, hügeligen und malerischen Landschaft vor mir.

Hier am Waldrand befindet sich auch das markierte Napoleonseck, welches an die französischen Truppen erinnert, die hier unter Napoleon während der Schlacht von Engen am 3. Mai 1800 ihren Gefechtsstand hatten. Das österreichische Heer wollte das Vordringen der Franzosen durch Oberfeldherr Moreau unterbinden, was jedoch nicht gelang. Eine Gedenktafel in der Kirche St. Gordian in Watterdingen, leicht unterhalb von hier, erinnert an die über 150 gefallenen Soldaten. Die einen sagen, Napoleon selbst soll wohl niemals in Engen gewesen sein. Die anderen sagen das Gegenteil und begründen dies damit, dass er hier die Worte „Welch malerische Au!“ gesagt haben soll, wodurch Watterdingen auch den Namen Mallau bekommen hat.

Ich setze mich hier auf eine Bank neben der Gedenktafel und genieße einfach nur die Weitsicht. Es kommt mir unwirklich vor, dass an so einem schönen Platz so eine grausame Tat stattgefunden hat. Nach einer gediegenen Pause gehe ich auf dem Postweg zuerst am Waldrand, wenig später vorbei an weiten Feldern weiter Richtung Tengen.

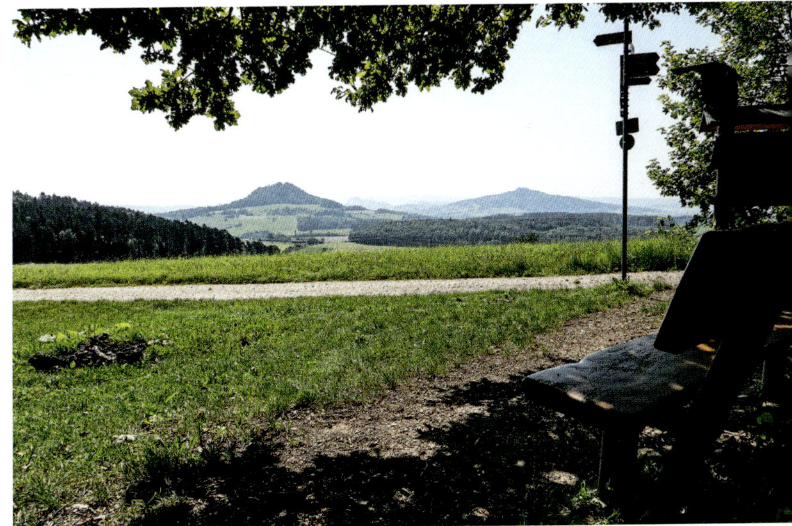

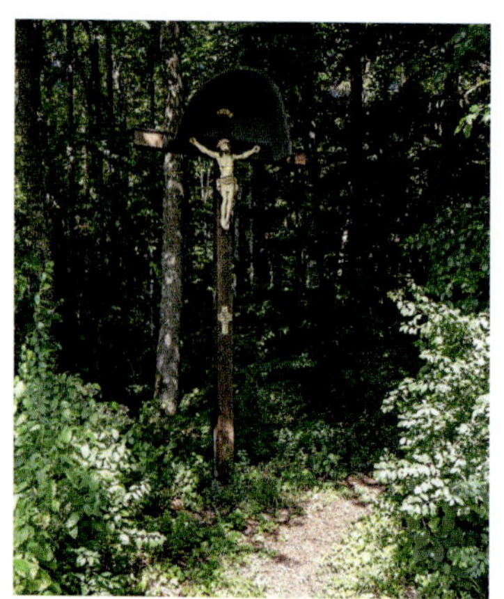

## Tipp

Der gut 9 Kilometer lange, ausgeschilderte Postweg ist ein herrlicher Panoramarundweg im Hegau mit Start an der Alten Postweg-Hütte leicht oberhalb von Watterdingen. Er wurde bereits ab 1561 durch Boten benutzt, um Nachrichten zwischen Engen und dem Elsass zu vermitteln. Er ist noch bis heute als Wanderweg weit über die Grenzen hinaus bekannt.

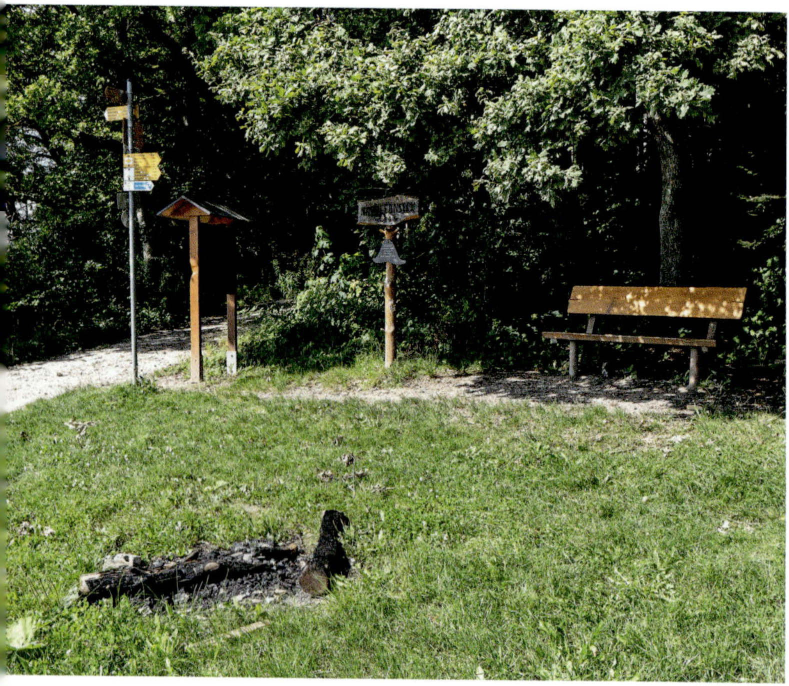

# BIBERQUELLE, ENGEN

## Eifriger Grenzgänger

91

**Hinkommen:**
47°51'15.7"N 8°42'30.4"E

**Mit dem Auto:**
A81, Ausfahrt 39, Engen.

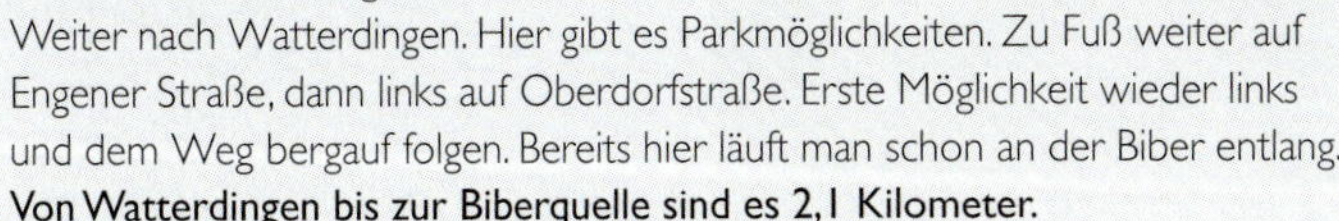

Weiter nach Watterdingen. Hier gibt es Parkmöglichkeiten. Zu Fuß weiter auf Engener Straße, dann links auf Oberdorfstraße. Erste Möglichkeit wieder links und dem Weg bergauf folgen. Bereits hier läuft man schon an der Biber entlang.
**Von Watterdingen bis zur Biberquelle sind es 2,1 Kilometer.**

**Mit dem ÖPNV:**
Mit der Bahn nach Engen. Dann auf Ballenbergstraße, die nächste links auf Hewenstraße. Dann wieder links auf Ludwig-Finckh-Straße und gleich rechts auf Zum Franzosenwäldle. Ab dann immer geradeaus zum Ballenberg hoch, dann in den Wald hinein. An der ersten Gabelung noch geradeaus, dann rechts. Geradeaus aus dem Wald hinaus, dem Linksbogen folgen und dann scharf rechts auf den beschilderten Burgenweg. Diesem immer geradeaus bis zum Napoleonseck folgen. Am Napoleonseck an der Gabelung links durch den Wald und dem Postweg weiter folgen bis zum Aussichtspunkt mit dem Bänkchen. Hier links den Hang runter, bei nächster Möglichkeit wieder links. Die Quelle befindet sich leicht abseits, aber sichtbar vom Hauptweg.
**Von Engen zur Biberquelle sind es 6,2 Kilometer.**

**Tourbeschreibung:**
Auf überwiegend breiten, hügeligen Hängen geht es durch den wunderschönen Hegau mit prachtvollem Panorama auf die Hegauberge. Mit ein wenig Glück sind der Bodensee und die Schweizer Alpen zu sehen.

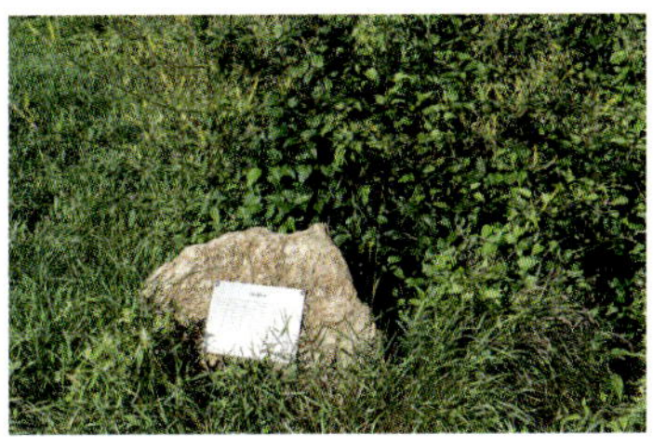

Vom Napoleonseck gehe ich auf dem Alten Postweg ein kleines Stück durch den Wald Richtung Tengen, bevor ich wieder das gigantische Panorama des Hegaus vor mir habe. In der hügeligen Landschaft liegen vor mir der kleine Bisberg, links dahinter der

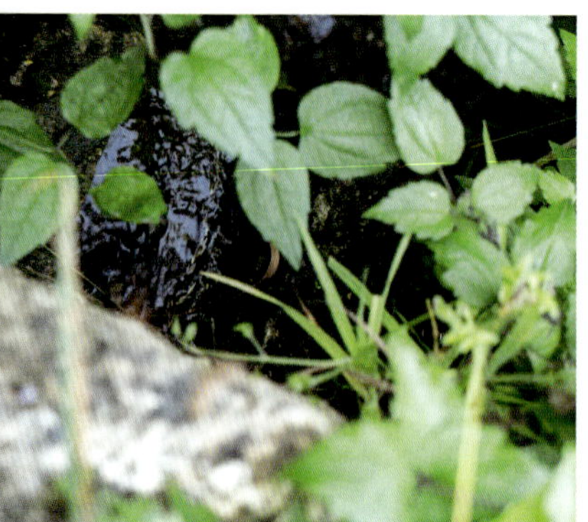

Hohenhewen und rechts der kegelförmige Hohenstoffeln. Dazwischen erkenne ich bereits mein Ziel: Der markante Hohentwiel bei Singen! Was für ein Glücksgefühl, es schon so weit geschafft zu haben.

Ich genieße meine letzten Kilometer in dieser einzigartigen Landschaft. Wenig später erreiche ich ein Bänkchen, das flankiert wird von einem jungen Baum und einem Kruzifix. Hier gönne ich mir eine kleine Pause und genieße das einmalige Panoramakino. Beglückt gehe ich einen Hang hinunter und blicke dabei immer auf den Bisberg, der sich direkt vor mir befindet. Das bedeutet aber auch, dass es gleich wieder hinauf geht, da dieser Berg mein übernächstes Highlight sein wird. Dazwischen liegt leicht abseits des Hauptweges in der Talmulde fast unscheinbar die Biberquelle. Wäre hier nicht ein Stein mit einer kleinen Aluplatte,

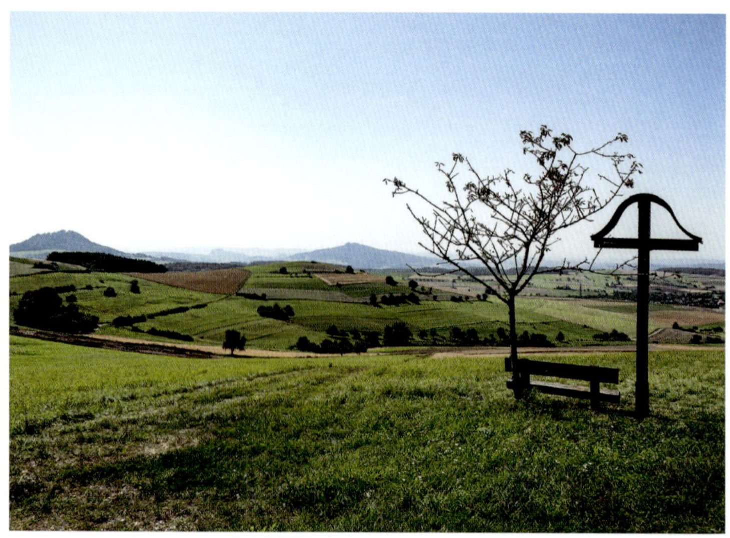

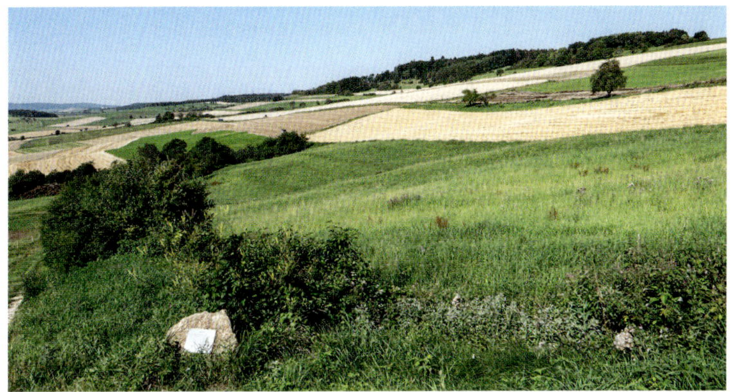

die über die Biber informiert, hätte ich sie fast übersehen.

Der nur 30,6 Kilometer kurze Fluss Biber überquert auf seinem Weg zur Mündung in den Rhein fünfmal die schweizerisch-deutsche Grenze. Auf einer Höhe von 717 Metern sucht sich die Biber ihren Weg nach Blumenfeld und stürzt dabei über den Blumenfelder Wasserfall. Nach der Vereinigung mit dem Riedgraben hinter Bibern verläuft sie mehrere Kilometer im Grenzgebiet zwischen der Schweiz und Deutschland. Nach einem erneuten Grenzübergang hinter Thayngen fließt sie wieder durch die deutschen Städte Bietingen und Randegg, bevor sie in der Schweiz bis Schaffhausen fließt. Hinter den zwei Gemeinden Buch und Ramsen mündet sie nun auf einer Höhe von 394 Metern bei der Bibermühle in den Rhein. Ich gehe wieder zurück auf meinen Hauptweg und mache mich auf zum Bisberg.

## Tipp

Die 9 Kilometer lange, beschilderte Wannenbergtour bietet einzigartiges Alpenpanorama. Sie startet und endet am Parkplatz an der Spitzhütte oberhalb von Tengen.

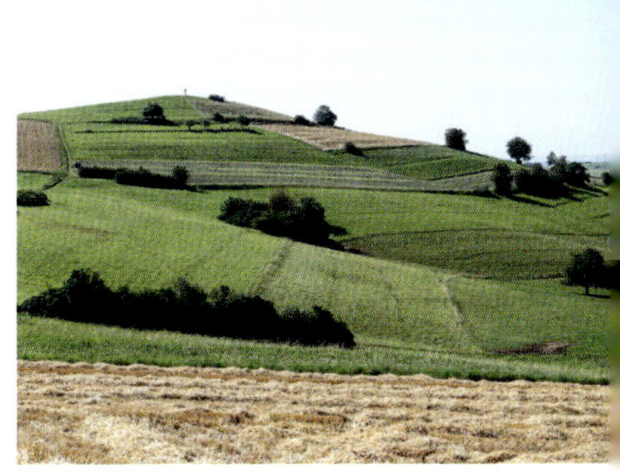

# 92 BISBERG, ENGEN
## Anders als die anderen

**Hinkommen:**
47°51'01.1"N 8°42'36.0"E

**Mit dem Auto:**
A81, Ausfahrt 39, Engen.
Weiter nach Watterdingen. Hier gibt es Parkmöglichkeiten. Zu Fuß weiter auf Engener Straße, dann links auf Oberdorfstraße und dieser bis zum Gipfel folgen. Von Watterdingen sieht man schon den kleinen Bisberg.
**Von Watterdingen zum Bisberg sind es 1,8 Kilometer.**

**Mit dem ÖPNV:**
Mit der Bahn nach Engen. Dann auf Ballenbergstraße, die nächste links auf Hewenstraße. Dann wieder links auf Ludwig-Finckh-Straße und gleich rechts auf Zum Franzosenwäldle. Ab dann immer geradeaus zum Ballenberg hoch, dann in den Wald. An der ersten Gabelung noch geradeaus, dann rechts. Geradeaus aus dem Wald hinaus, dem Linksbogen folgen und dann scharf rechts auf den beschilderten Burgenweg. Diesem immer geradeaus bis zum Napoleonseck folgen. Am Napoleonseck an der Gabelung links durch den Wald und dem Postweg weiter folgen bis zum Aussichtspunkt mit dem Bänkchen. Hier links den Hang runter, bei nächster Möglichkeit wieder links. An der Biberquelle vorbei zum Bisberg.
**Vom Bahnhof Engen zum Bisberg sind es 6,8 Kilometer.**

**Tourbeschreibung:**
Hügelig geht es durch die Weiten des Hegaus mit atemberaubendem Panorama.

Etwas auffälliger als die unscheinbare Biberquelle liegt der Bisberg nun direkt vor mir. Durch seine flache, kegelförmige Form und dem kahlen „Gipfel" sticht er zwar aus der hügeligen Landschaft hervor, wirkt aber dennoch durch die mächtigeren ehemaligen Vulkane Hohenhewen und Hohenstoffeln eher wie ein Fremdkörper in der so typischen Hegaulandschaft.
Ich gehe von der Biberquelle wenige Meter zurück auf den Hauptweg, der mich dann auch direkt an den Fuß des Bisbergs führt. Ein Wiesenpfad würde mich zum Gipfelkreuz führen, welches sichtbar nur wenige Schritte weiter oben

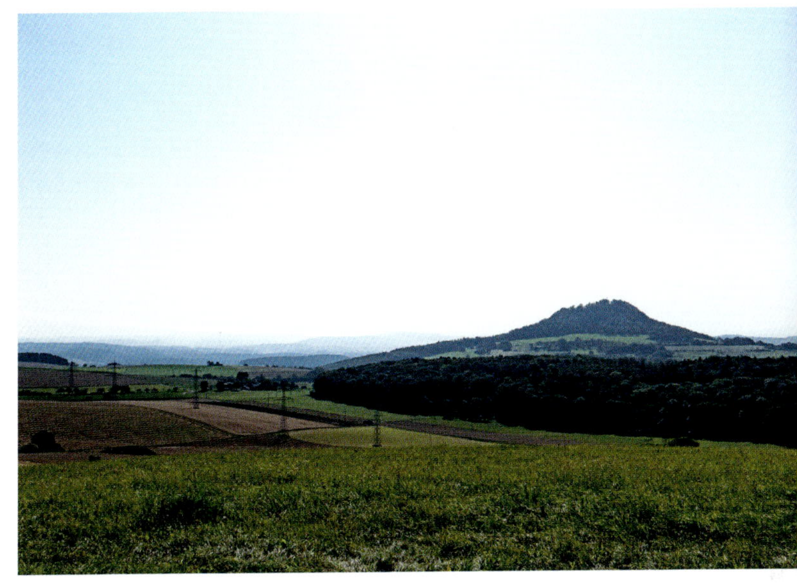

steht. Leider stoße ich aber kurz vor dem Kreuz auf ein Schild, das darauf hinweist, dass der Hügel in Privatbesitz ist und nicht betreten werden darf. Irgendwie schon ärgerlich. Sei's drum, auch von hier unten ist die Sicht auf den Hohentwiel, der durch die beiden Vulkane Hohenhewen und Hohenstoffeln flankiert ist, einfach nur gigantisch. Da kann ich es auch verschmerzen, dass ich trotz des traumhaften Sommerwetters und ohne eine Wolke am Himmel den Bodensee nur erahnen kann und die Schweizer Alpen sogar überhaupt nicht sehe. Hierfür ist es am Alpenrand doch ein wenig zu diesig.

Der Bisberg hat aber auch eine historische Bedeutung. In der Schlacht von Engen am 3. Mai 1800 zwischen Franzosen und Österreichern hatten sich die Österreicher von hier bis ins Tal hinunter nach Watterdingen aufgestellt. Die Franzosen gewannen und haben die benachbarte Stadt Engen im Pariser Triumphbogen verewigt.

Vom Bisberg gehe ich auf breiten Feldwegen nun Richtung Ballenberg und nach Engen weiter und schaue immer wieder zurück zu diesem kleinen, so besonders geformten Hügel und in den Hegau hinein.

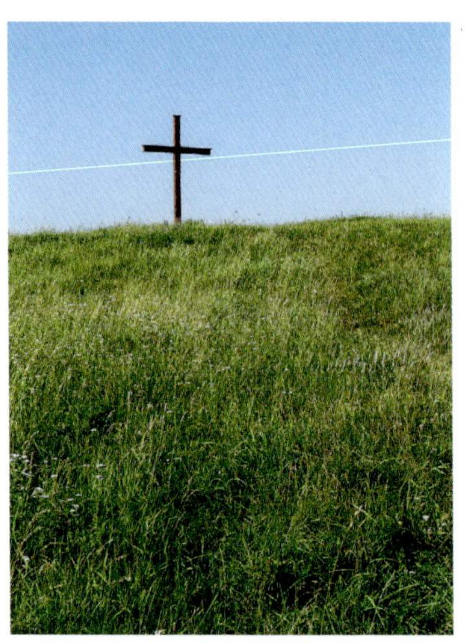

## Tipp

Auf dem Weg vom Bisberg zum Ballenberg kommt man an den zwei Hauserhöfen vorbei. Am zweiten befindet sich an einem schattigen, lauschigen Plätzchen die Hofkapelle Wendelin, die 1935 erbaut wurde. Hier gibt es eine Gedenktafel für die Gefallenen in den letzten Kriegen. Außerdem ist eine schöne figürliche Schnitzdarstellung des heiligen Wendelins zu sehen.

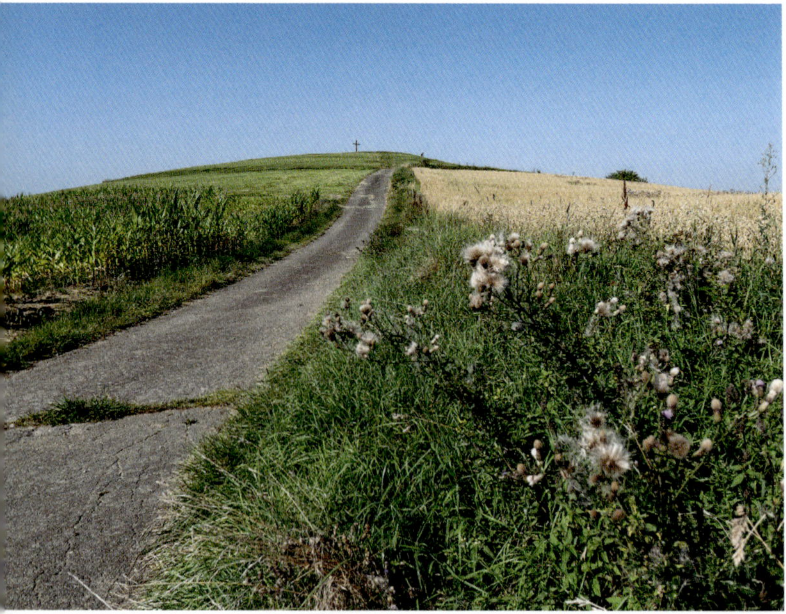

# BALLENBERG, ENGEN

93

## Bedeutsam bei der Schlacht von Engen

**Hinkommen:**
47°51'19.2"N 8°45'08.4"E

**Mit dem Auto:**
A81, Ausfahrt 39, Engen.

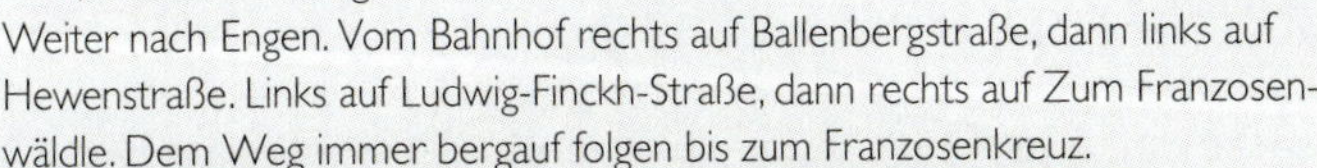

Weiter nach Engen. Vom Bahnhof rechts auf Ballenbergstraße, dann links auf Hewenstraße. Links auf Ludwig-Finckh-Straße, dann rechts auf Zum Franzosenwäldle. Dem Weg immer bergauf folgen bis zum Franzosenkreuz.
**Vom Bahnhof zum Franzosenkreuz am Ballenberg sind es 1,7 Kilometer.**

**Mit dem ÖPNV:**
Mit der Bahn nach Engen. Weiter zu Fuß wie oben.

**Tourbeschreibung:**
Zuerst geht es hinaus aus Engen, dann über einen leichten Anstieg hoch zum Ballenberg. Schöne Sicht in den Hegau, vor allem auf den Hohenhewen. Mit ein wenig Glück gibt es eine Fernsicht zum Bodensee und zu den Schweizer Alpen.

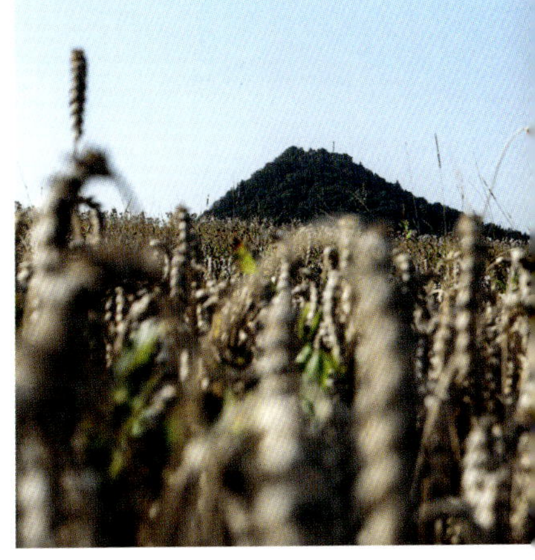

Auf dem Weg vom Bisberg zu meinem heutigen letzten Highlight, dem kuppelförmigen, bewaldeten Ballenberg, nähere ich mich über die hügelige Landschaft des Hegaus auch meiner heutigen Zielstadt Engen. Dabei gehe ich auf dem Alten Postweg in einen Wald und biege dort rechts auf den Römerweg. Wenig später öffnet sich nach links der Wald, und ich bekomme einen schönen, idyllisch eingerahmten Blick zurück auf den Neuhewen. Danach öffnet sich der Wald noch einmal ganz, sodass ich

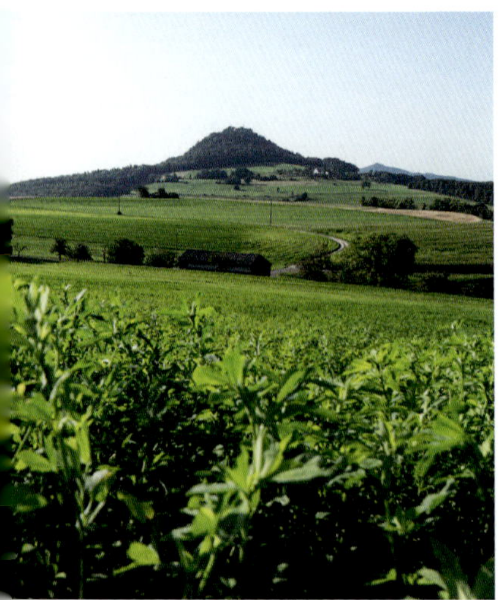

wieder die Weite des Hegaus genießen kann.

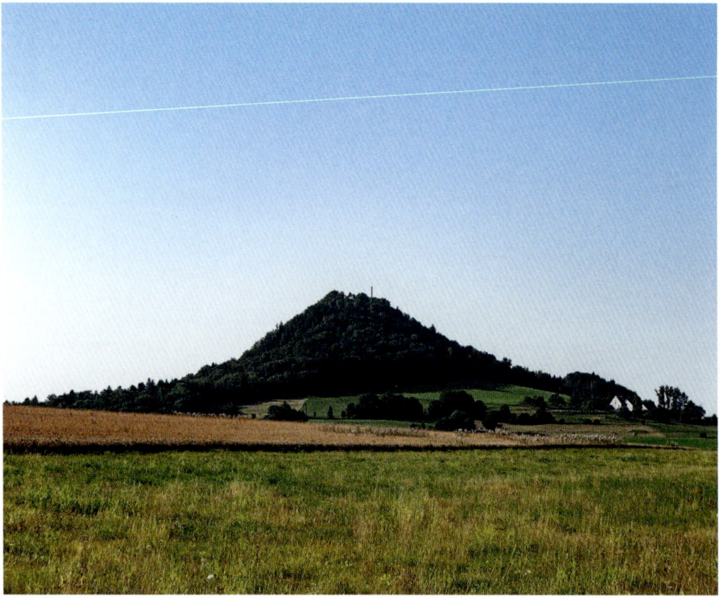

Die Hegauvulkane Hohenstoffeln und Hohentwiel haben sich mittlerweile hinter dem Hohenhewen versteckt, an dem ich nun recht nah vorbei wandere. Direkt vor mir befindet sich der 710 Meter hohe Ballenberg, und ich gehe schnurstracks in den Wald. Nach einer Weile endet dieser Waldabschnitt, und ich bekomme eine grandiose Sicht auf Engen. Die Hegauberge liegen für den Moment hinter mir. Zwischen ihnen und mir liegt ein restlicher Waldausläufer des Ballenbergs.

Auch hier, an diesem wirklich schönen, einzigartigen Plätzchen mit der grandiosen Sicht auf Engen, erinnert das sogenannte Franzosenkreuz an die Schlacht von Engen am 3. Mai 1800, die die Franzosen gegen die Engländer gewonnen haben. Einige Sitzbänke stehen neben dem Kreuz, auf denen man die Sicht auf Engen genießen kann. Wieder abwärts folge ich dem Weg „Zum Franzosenwäldchen" stetig hinunter nach Engen. Der Name dieses Weges erinnert ebenso wie das Napoleonseck westlich des Ballenbergs an die blutigen Ereignisse der Schlacht. Auf dem Weg nach unten bekomme ich nun auch wieder den Hohenhewen zu Gesicht, dahinter ragen der Hohenstoffeln rechts und der Hohenkrähen links hervor. Ich erreiche die ersten Wohnhäuser von Engen und bin schnell am Bahnhof.

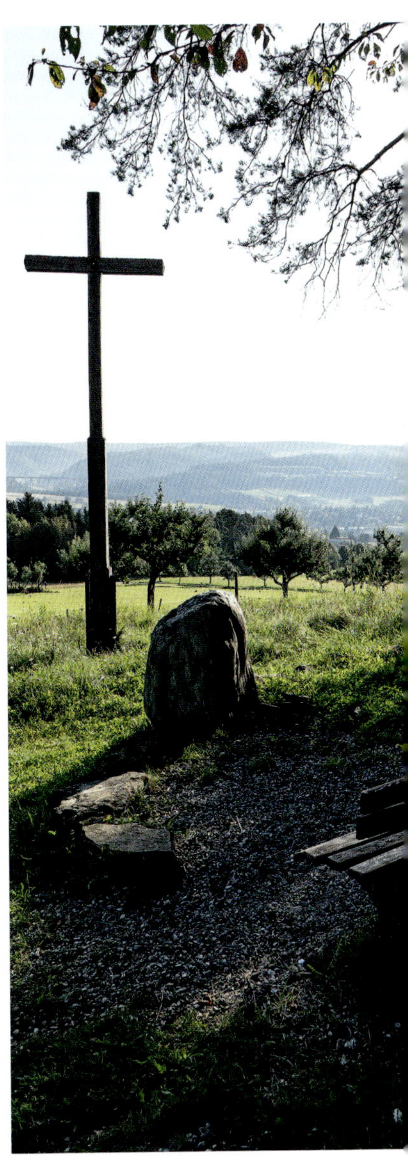

## Tipp

Auf dem knapp 14 Kilometer langen, ausgeschilderten Burgenweg von Mühlhausen nach Singen mit dem Ziel Hohentwiel, schaut man fast immer auf den Hegau und wenn die Wetterlage stimmt, zum Bodensee und den Schweizer Alpen. Die Tour verläuft überwiegend auf gut befestigten Wegen. Gelbe Wegweiser mit Burgensymbol zeigen den Weg.

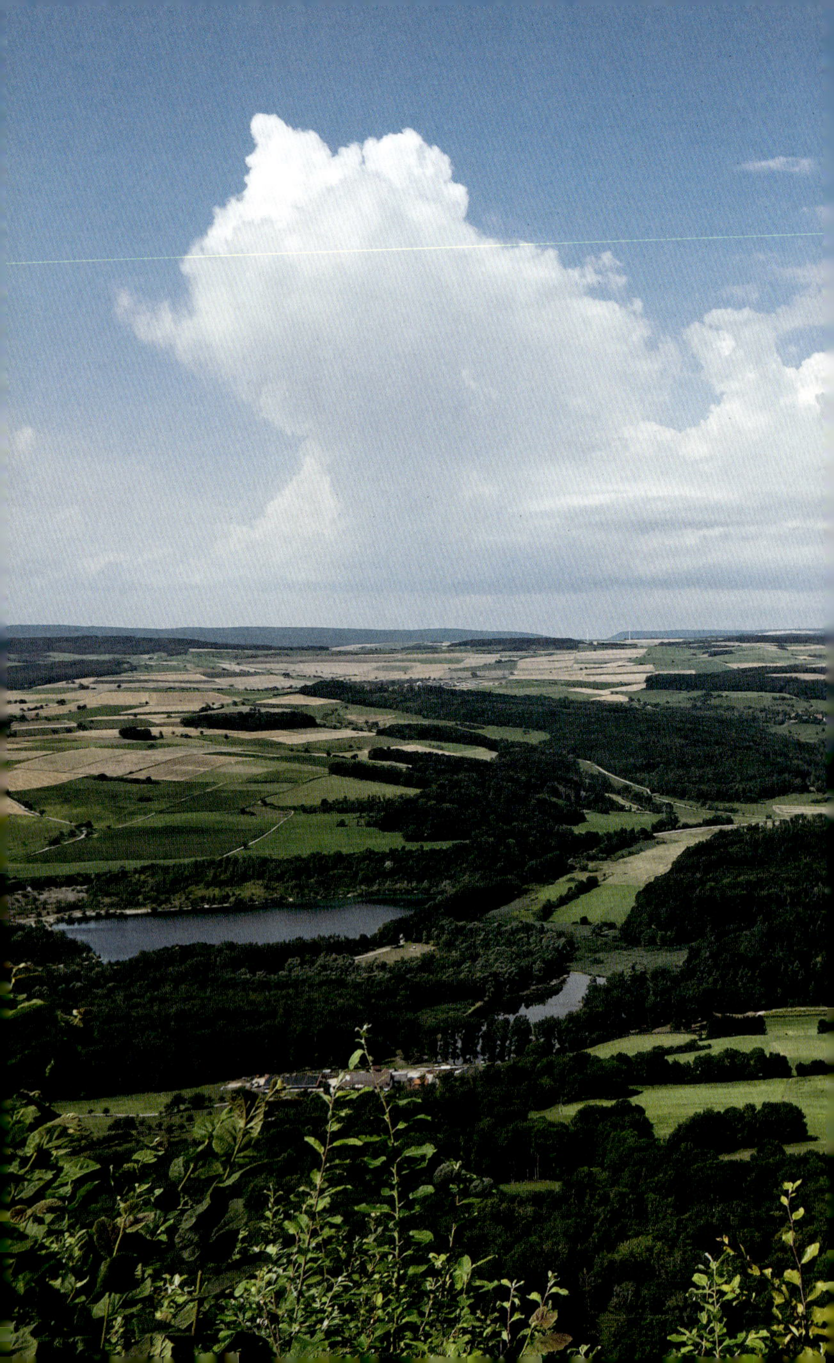

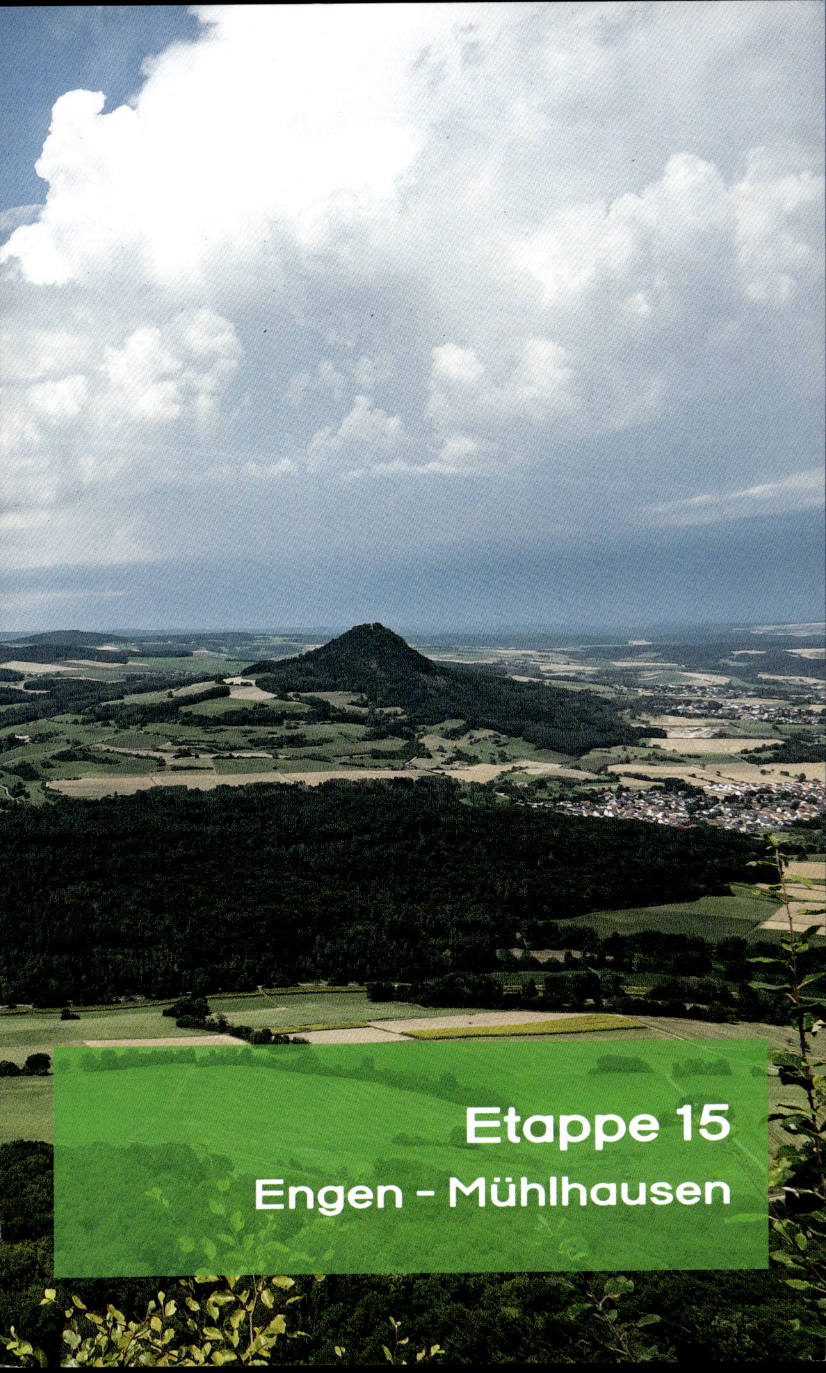
Etappe 15
Engen - Mühlhausen

# 94 HOHENHEWEN, ENGEN
## Standhafte Burganlage

**Hinkommen:**
47°50'08.4"N 8°44'50.7"E

**Mit dem Auto:**
A81, Ausfahrt 39, Engen.

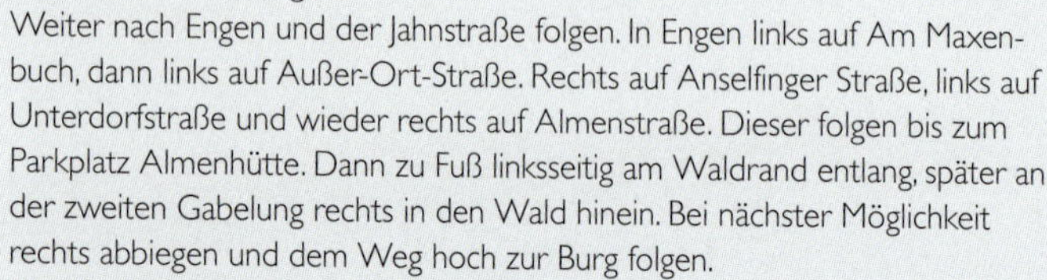

Weiter nach Engen und der Jahnstraße folgen. In Engen links auf Am Maxenbuch, dann links auf Außer-Ort-Straße. Rechts auf Anselfinger Straße, links auf Unterdorfstraße und wieder rechts auf Almenstraße. Dieser folgen bis zum Parkplatz Almenhütte. Dann zu Fuß linksseitig am Waldrand entlang, später an der zweiten Gabelung rechts in den Wald hinein. Bei nächster Möglichkeit rechts abbiegen und dem Weg hoch zur Burg folgen.
**Vom Parkplatz zur Burg sind es 2,7 Kilometer.**

**Mit dem ÖPNV:**
Mit der Bahn nach Engen.
Dann zu Fuß links auf Hegaustraße. Rechts auf Ballenbergstraße und links auf Hewenstraße. Der Hewenstraße bis zum Kreisverkehr folgen, hier links auf Goethestraße, später geradeaus weiter auf Sportplatzstraße. Dann links auf Anselfinger Straße und gleich rechts auf Unterdorfstraße. Wieder rechts auf Riedbachstraße und bei nächster Möglichkeit links abbiegen, um zur Almenhütte zu gelangen. Ab hier weiter wie oben.
**Vom Bahnhof zur Burg sind es 4,8 Kilometer.**

**Tourbeschreibung:**
Auf Feld- und Waldwegen sowie Pfaden geht es über eine Höhe von 300 Metern recht steil hinauf zum Hohenhewen. Wird man zuerst noch vom herrlichen Panorama des Hegaus für die Mühen des Aufstiegs entschädigt, geht es wenig später in den Wald hinein. Auf der Bergspitze wiederum erwartet einen erneut prachtvolles Panorama mit Blick auf Hohenstoffeln und Hohenkrähen und mit ein wenig Glück sieht man sogar den Bodensee und die Schweizer Alpen.

Heute starte ich meinen vorletzten Wandertag. Da ich mir den letzten Tag als Genusstag mit einer recht kurzen Strecke vorgenommen habe, mache ich sogar meine letzte richtige Wanderung. Sie verläuft von Engen nach Mühlhausen bei Engen und ich besteige unterwegs gleich zwei große Vulkane – den Hohenhewen, der mit seinen beiden Höckern der auffälligste Hegauvulkan ist und den großen, stumpfen und dadurch flach wirkenden 842 Meter hohen Hohenstoffeln.

Das Hegau wurde vor etwa 14 Millionen Jahren durch „Feuer, Eis und Wasser zu einem Paradies geformt", wie es der Heimatdichter Ludwig Finck treffend bemerkte und zählt heute nicht nur zu den malerischsten, sondern auch zu den geologisch bemerkenswertesten Landschaften Deutschlands. Als die Abkühlung des Vulkanismus einsetzte, kam es zur Ablagerung von Gestein und Geröll und das „Herrgotts Kegelspiel" erhielt sprichwörtlich seinen „letzten Schliff".

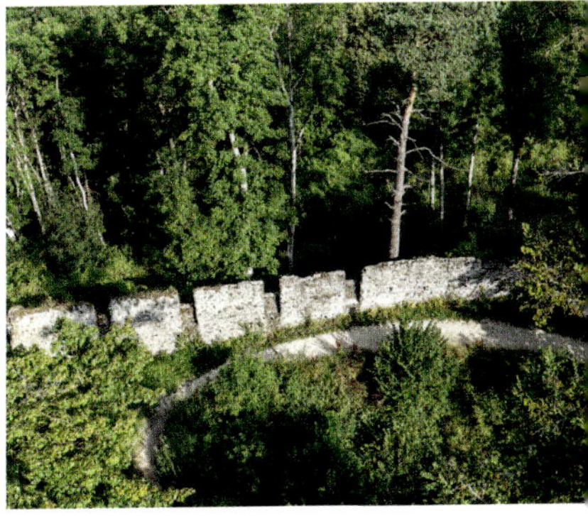

Ich freue mich, direkt und ohne

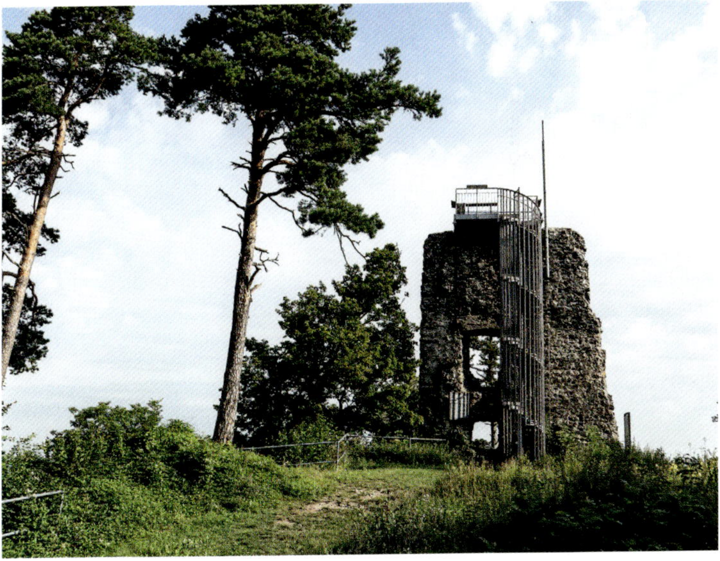

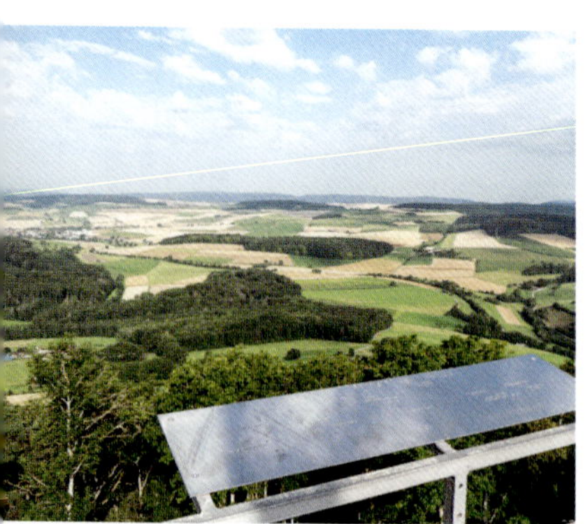

Umsteigen von Rottweil nach Engen mit dem Zug fahren zu können. Schnell lasse ich Engen hinter mir und bekomme am südlichen Stadtrand einen sehr schönen Blick auf die Stadt. Wenig später eröffnet sich mir das weite Hegaupanorama mit dem Hohenkrähen ganz links, dessen Spitze wie abgeschnitten scheint und dem stumpfen, kegeligen Hohenstoffeln weiter rechts daneben. Obwohl es nach wie vor sonnig und kaum eine Wolke am Himmel zu sehen ist, bekomme ich auch heute leider keine Sicht auf die Alpen. Dafür ist es am Horizont zu diesig.

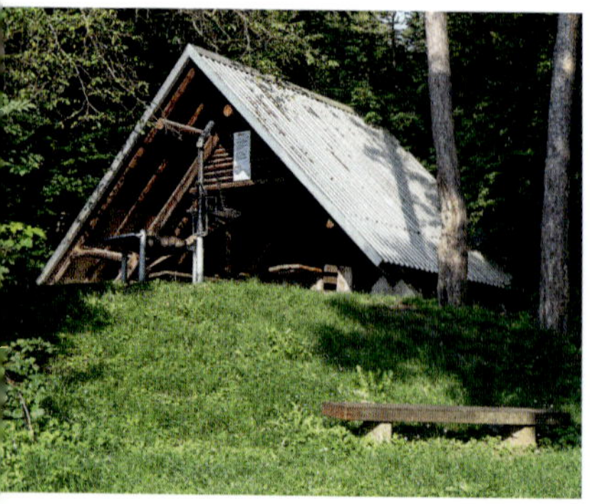

Ich passiere den Ort Anselfingen und erreiche kurz danach die Almenhütte mit mehreren Grillmöglichkeiten. Sie darf aber nur unter vorheriger Anmeldung genutzt werden (Telefon 07733/5020). Bei der Hütte geht ein Pfad weiter, dem ich zuerst am Waldrand folge, bevor ich mich vom Hegaupanorama verabschieden muss und in den Wald hineingehe, der mich direkt hinauf auf den 846 Meter hohen Hohenhewen bringt. Nach einem recht knackigen Anstieg, es sind rund 300 Höhenmeter zu überwinden, ragt kurz vor dem Gipfel die hochmittelalterliche Burgruine Hohenhewen hervor, die um 1170 von den Herren von Engen gebaut wurde. Sie herrschten rund 400 Jahre über diese Region. Nachdem sie durch die Grafen von Lupfen-Stühlingen zu einem berüchtigten Raubritternest geworden ist, wurde sie durch einen Schwäbischen Städtebund erfolglos belagert. Ebenso belagerten die Schweizer die Burg im Schweizerkrieg 1499 erfolglos, auch während des Deutschen Bauernkrieges 1524/1525 wurde sie nicht bezwungen. Erst im Dreißigjährigen Krieg zerstörten bayerische Landsknechte die Burg und sie ging in den Besitz der Herren von Fürstenberg über, für die ein Wiederaufbau nicht in Frage kam. 1937 wurde die Ruine freigelegt. Heute sind nur noch wenige Mauerreste vorhanden.

Ich gehe nun ganz hinauf auf die Bergspitze und finde mich auf einer großen Grillwiese wieder. Über eine Wendeltreppe gelange ich auf den Aussichtsturm, von dem ich eine wunderbare Weitsicht über den nördlichen Hegau mit dem Neuhewen habe, nach links blicke ich bis zum Schwarzwald und nach rechts zur Schwäbischen Alb. Am Horizont geht die Landschaft in die Baar über. Gegenüber des Turms habe ich am anderen Ende der Wiese eine gigantische Sicht auf den Hohenstoffeln sowie links davon auf den Hohenkrähen. Leider ist es immer noch zu diesig, um die Alpen zu sehen, während ich den Bodensee schemenhaft erkennen kann. Ich bleibe noch eine Weile hier stehen, beobachte einen Zeppelin und gehe dann auf der Südseite des Hohenhewens bergab Richtung Welschingen, das ich rechtsseitig passiere.

## Tipp

Auf dem 6 Kilometer langen, ausgewiesenen Premiumwanderweg Hewensteig geht man mit der Natur auf Tuchfühlung. Die steilen Anstiege erfordern aber teilweise Trittsicherheit und gute Kondition. Aber auch rund um den Hohenhewen bieten sich atemberaubende Wanderungen in flacherem Gefilde an.

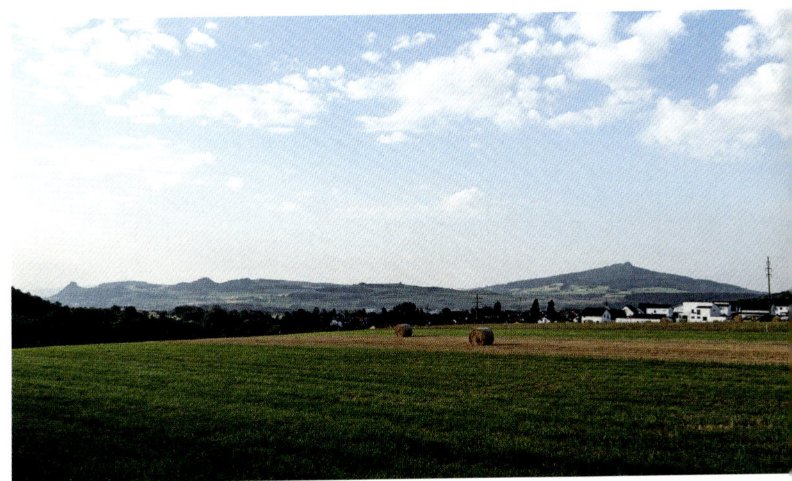

# 95 HOHENSTOFFELN, WEITERDINGEN

## Hegauberg mit gleich drei Burgen

**Hinkommen:**
47°47'44.0"N 8°45'02.4"E

**Mit dem Auto:**

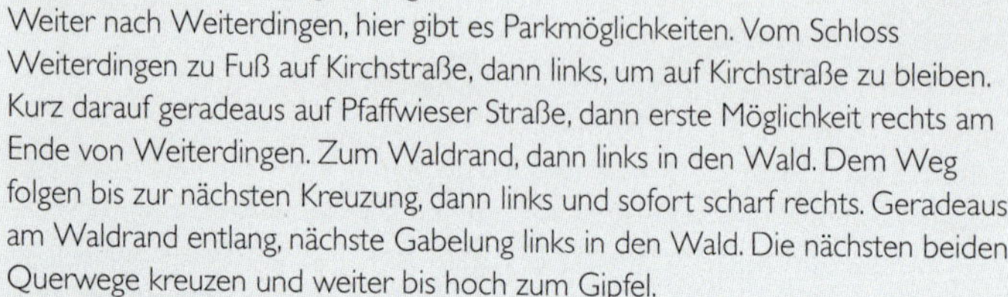

A81, Ausfahrt Kreuz Singen, Singen.
Weiter nach Weiterdingen, hier gibt es Parkmöglichkeiten. Vom Schloss Weiterdingen zu Fuß auf Kirchstraße, dann links, um auf Kirchstraße zu bleiben. Kurz darauf geradeaus auf Pfaffwieser Straße, dann erste Möglichkeit rechts am Ende von Weiterdingen. Zum Waldrand, dann links in den Wald. Dem Weg folgen bis zur nächsten Kreuzung, dann links und sofort scharf rechts. Geradeaus am Waldrand entlang, nächste Gabelung links in den Wald. Die nächsten beiden Querwege kreuzen und weiter bis hoch zum Gipfel.
**Von Weiterdingen zum Gipfel sind es 2,7 Kilometer.**

**Mit dem ÖPNV:**
Mit dem Zug nach Mühlhausen bei Engen. Dann zu Fuß weiter nach Weiterdingen. Ab dem Schloss Weiterdingen weiter wie oben.
**Vom Bahnhof Mühlhausen bei Engen zum Gipfel sind es 6,5 Kilometer.**

**Tourbeschreibung:**
Der Hohenstoffeln ist über die Südseite wesentlich einfacher zu besteigen als über die Nordseite. In beiden Fällen geht es aber im Aufstieg durch Mischwald. Der Aufstieg wird mit einer gigantischen Sicht auf den Hegau und den Hohenhewen belohnt.

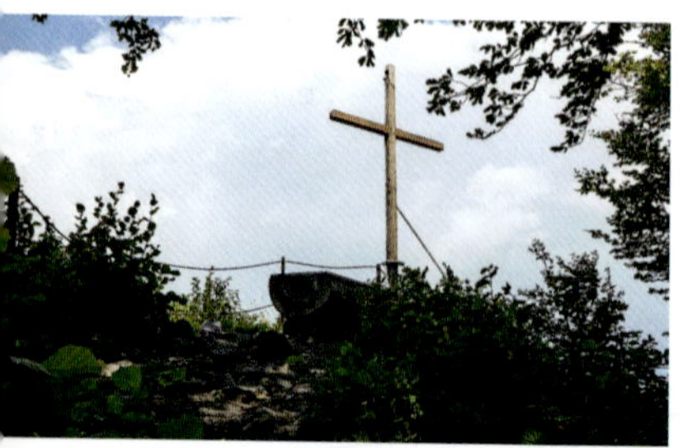

Auf der Südseite des Hohenhewen gehe ich auf einem Waldpfad den Berg hinunter, ehe sich der Wald auf halber Höhe öffnet und ich direkt auf den stumpfen, flachen und 842 Meter hohen Hohenstoffeln blicke. Links neben mir liegt der Ort Welschingen, an dem ich aber entlang von Wiesen und Feldern seit-

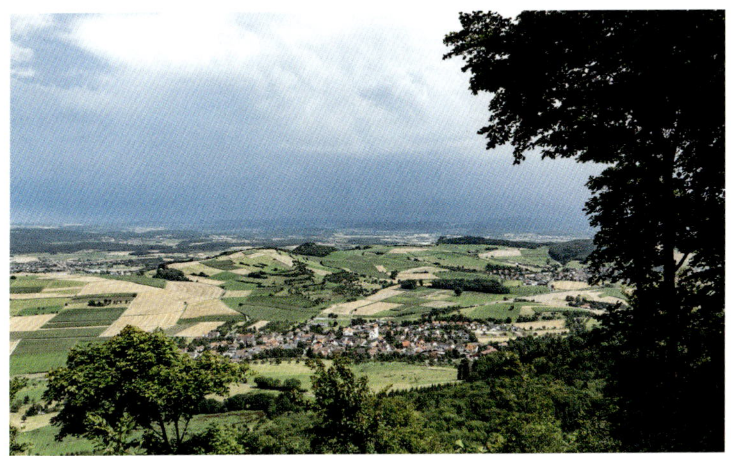

lich vorbei wandere und schließlich auf eine Landstraße stoße, die die beiden Orte Binningen und Welschingen verbindet. Hier muss ich ein Stück entlang gehen Richtung Binningen, es gibt an diesem Abschnitt keinen Gehweg. Das ist aber nicht weiter schlimm, da die Straße kaum befahren ist.

An einem Baggersee, der in Privatbesitz ist, biege ich links ab, kreuze eine kleine Wiese und gehe rechts am Waldrand entlang. Wenig später befindet sich rechts von mir das imposante Sumpfgebiet Riedgraben und ich stelle fest, dass es hier ziemlich viele Fliegen gibt, die ständig um mich herumschwirren. Ich bleibe weiter am Waldrand und folge dem Weg nach links, während sich auf meiner rechten Seite der Hohenstoffeln befindet. Bei nächster Möglichkeit biege ich rechts ab und spüre, dass die Luft immer schwüler wird. Die Wolken bilden sich auch schon zu Türmen und ein kleines Gewitter scheint aufzuziehen. Über eine große Wiese gehe ich über die Nordseite des ehemaligen Vulkans erst einmal hoch zum Gipfel und blicke dabei immer wieder zurück zum Hohenhewen, bevor es wieder in einen Laubwald geht. Das Gewitter entwickelt sich schneller als erwartet, und ich finde rechtzeitig Unterschlupf in einer Hütte direkt unterhalb eines ehemaligen Steinbruchs, der bis 1939 dem Abbau von Basalt diente. Hier zieht das Gewitter schnell über mich hinweg. Ich kann deshalb nach kurzer Zeit weiter zum Steinbruch gehen und genieße noch einmal die freie Sicht auf den Hohenhewen. Dann biege ich wieder links auf einen Waldpfad, der mich mit einem kurzen, anstrengenden Anstieg hoch zum Hohenstoffeln bringt. Auch dieser ehemalige Vulkanberg mit seinen Edellaubwäldern und dem Orchideen-Buchenwald steht unter Naturschutz.

Die Weitsicht ist der Wahnsinn! Unter mir breitet sich der Hegau aus, und ich blicke über den kleinen, privaten See wieder zum Hohenhewen. Dahinter liegt der kuppelartige Neuhewen. Der Aussichtspunkt befindet sich auf einem gesicherten Felsvorsprung und ist leider genau so fliegenreich wie das Sumpfgebiet weiter unten. Dennoch ist der Aufstieg einfach nur lohnend, denn neben der unglaublichen Aussicht gibt es auch hier wieder eine Burganlage, die sogar einmal aus drei Burgen bestand: die Burg Hinterstoffeln auf dem Nordgipfel, die Burg Vorderstoffeln auf dem Südgipfel sowie im Sattel des Berges die Burg Mittelstoffeln. Durch seine ursprünglichen drei Gipfel war er ja

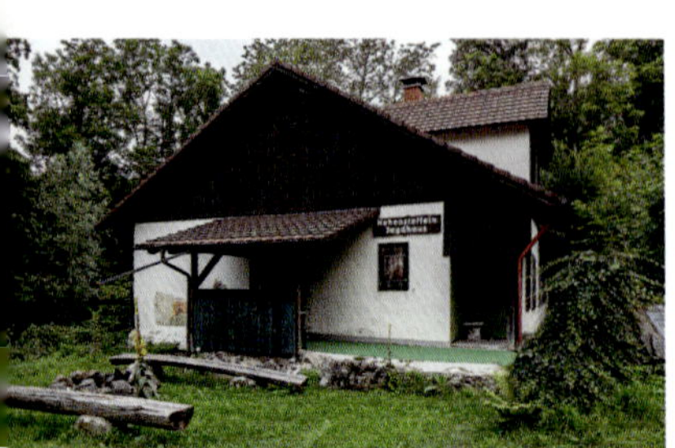

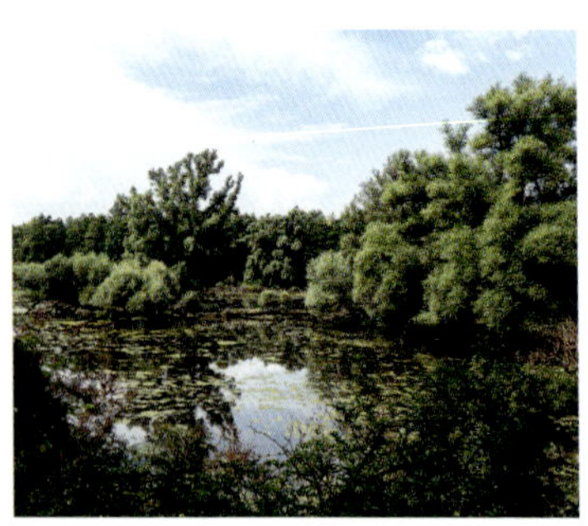

auch prädestiniert für drei Burgen, wobei der nördlichste durch Basaltabbau abgetragen wurde. Alle drei Burgen, die erstmals im Jahre 1034 erwähnt und im Dreißigjährigen Krieg zerstört wurden, waren im Besitz der Herren von Stoffeln, die Ende des 14. Jahrhunderts ausstarben.

Auf der Ostseite gehe ich wesentlich entspannter hinunter Richtung Weiterdingen, als ich hochgekommen bin.

## Tipp

Einkehr im südlich des Hohenstoffeln gelegenen Homboller Besenstüble, das vier Monate im Jahr geöffnet hat und deftige Hausmannskost sowie einen hauseigenen Wein anbietet. Am Hofverkaufsstand gibt es jederzeit frische Milch in der Flasche zu kaufen.
www.hofguthomboll.de,
Telefon 07739/236, Reservierungen für das Besenstüble bitte nur telefonisch.

# HEILIG-GRAB-KAPELLE, HILZINGEN

96

## Gottesdienst unter freiem Himmel

**Hinkommen:**
47°47'19.8"N 8°46'24.9"E

**Mit dem Auto:**
A81, Ausfahrt 42, Hilzingen.
Weiter über die Hilzinger Straße nach Weiterdingen. Kurz vor Weiterdingen befindet sich die Kapelle rechts neben der Hilzinger Straße. Parkmöglichkeiten gibt es kurz vorher am Grillplatz Gewann Tiefenkreuz, bei der Kreuzung, an der die Weiterdinger Straße in die Hilzinger Straße übergeht. **Von dort ist es zu Fuß etwa 1 Kilometer entlang der nicht stark befahrenen Hilzinger Straße.**

**Mit dem ÖPNV:**
Mit dem Zug nach Mühlhausen bei Engen. Zu Fuß nach Weiterdingen, dann in Weiterdingen links auf Weiterdinger Straße. Geradeaus auf Hilzinger Straße und dieser bis zur Kapelle folgen.
**Vom Bahnhof Mühlhausen bei Engen bis zur Kapelle sind es 5,1 Kilometer.**

**Tourbeschreibung:**
Auf breiten, gut zu begehenden Straßen geht es recht hügelig mit vielen reizvollen Ausblicken auf die Hegauvulkane durch den Hegau. Mit ein wenig Glück gibt es Sicht auf die Schweizer Alpen.

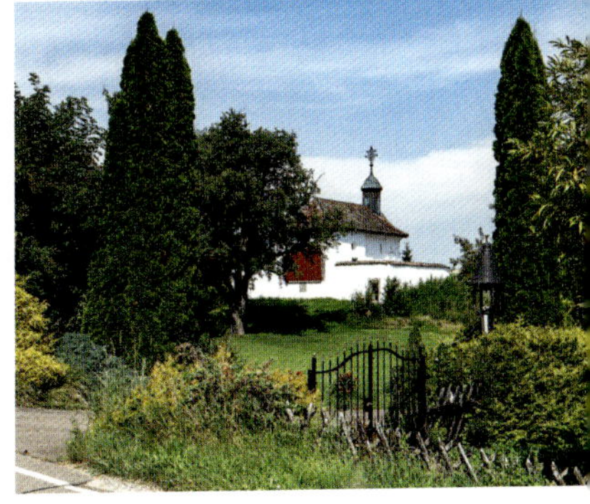

Der Abstieg vom Hohenstoffeln auf der Ostseite ist wesentlich angenehmer als der Aufstieg von Norden her. Auf einem breiten Waldweg geht es angenehm bergab Richtung Welschingen. Ziemlich unten öffnet sich der Wald und weite Felder befinden sich vor mir. Wenn ich zurückblicke, sehe ich wieder den Hohenhewen und rechts daneben den Ort Weiterdingen. Die St.-Mauritius-Kirche von Weiterdingen sticht

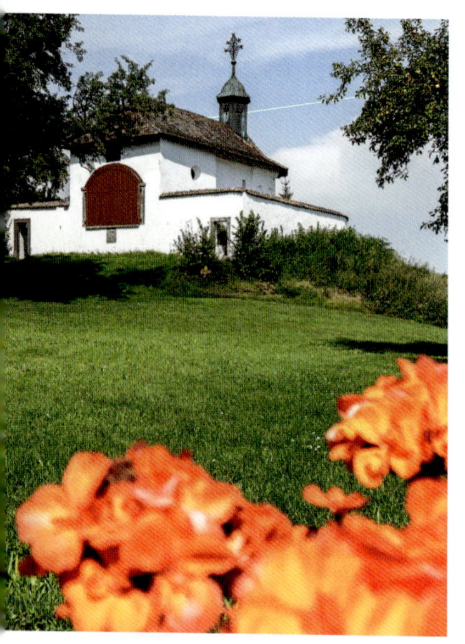

malerisch hervor. Die abziehenden Gewitterwolken lassen den Hohenhewen so erscheinen, als ob er tatsächlich gerade aktiv ist. Ich gehe wenige Schritte an den Feldern entlang und biege bei nächster Gelegenheit rechts auf die Alte Römerstraße Richtung Hilzingen. Kurz darauf befindet sich links von mir eine Hecke, und ich erkenne durch eine Toreinfahrt die Heilig-Grab-Kapelle. Sie befindet sich auf einem Grundstück, das wie ein schöner, kleiner Garten wirkt.

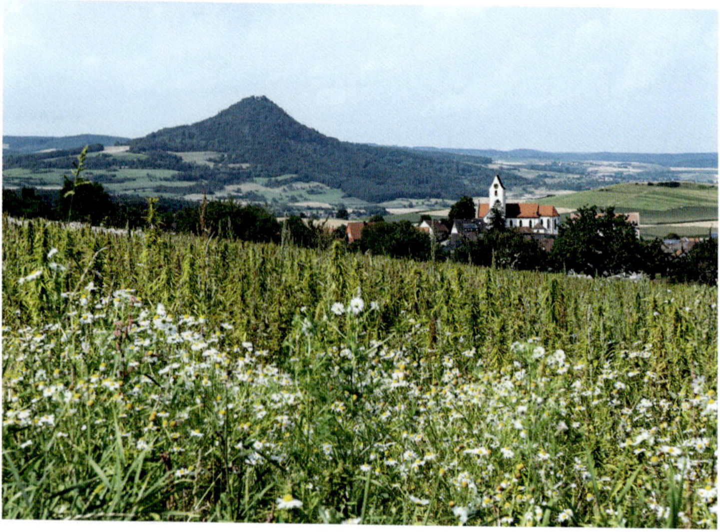

Die barocke Wallfahrtskapelle aus dem 17. Jahrhundert liegt auf einer Anhöhe und besteht nur aus einer Nachbildung der Grabkammer der Grabeskirche in Jerusalem und ei-

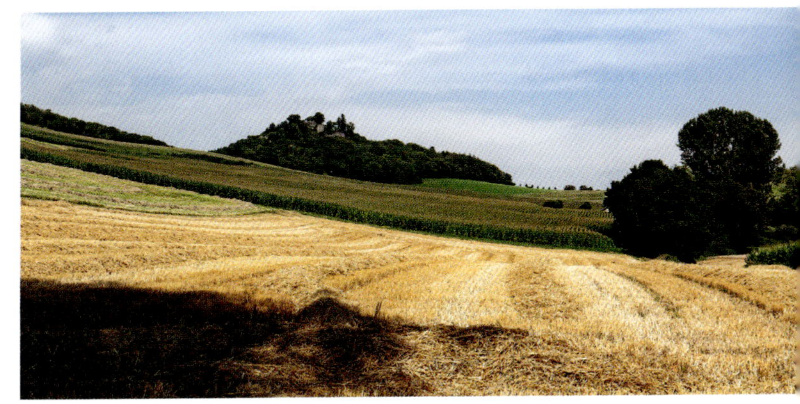

nem Vorraum mit Nachbildungen der Leidenswerkzeuge. Die Mauerumfriedung mit Kreuzwegstationen und zwei seitlichen Zugängen wurde 1732 hinzugefügt. Der Altarraum befindet sich hinter einer zweiflügeligen Türe auf der Vorderseite, die während des Gottesdienstes aufgemacht wird. So können die Gläubigen auf der Wiese vor der Heilig-Grab-Kapelle an den regelmäßig stattfindenden Gottesdiensten teilnehmen, was ich mir sehr stimmungsvoll vorstelle.

Ich schaue mich noch ein bisschen um, gehe dann wieder auf die Alte Römerstraße und wandere zurück Richtung Weiterdingen. Bei nächster Möglichkeit biege ich rechts ab mit dem Ziel Mühlhausen bei Engen. Auf dem Weg dorthin lägen eigentlich noch das Hegaukreuz, eine Art Freifläche mit Rundumsicht auf fast alle Hegauvulkane sowie der Mägdeberg auf meiner Strecke. Da mir jedoch das Gewitter heute einen kleinen Strich durch die Rechnung gemacht hat und es für die zwei Highlights nun zeitlich zu eng wird, werde ich morgen, an meinem letzten Wandertag, mit diesen beginnen.

## Tipp

Im Magdalenenhof, von Hilzingen kommend kurz vor der Kapelle, gibt es neben einem Bio-Hofladen auch eine Brennerei. Frische Äpfel, Birnen, Beeren, eigene Obstbrände sowie Apfelsaft, Most und Süßmost werden hier angeboten. Aber auch Betriebsführungen und Schnapsproben. Öffnungszeiten Mo – Fr 8.30–12 Uhr, 13.30–18.30 Uhr, Mi geschlossen, Sa 8.30–13 Uhr. Magdalenenhof 1, 78247 Hilzingen, www.magdalenenhof.info, Telefon 07731/60607.

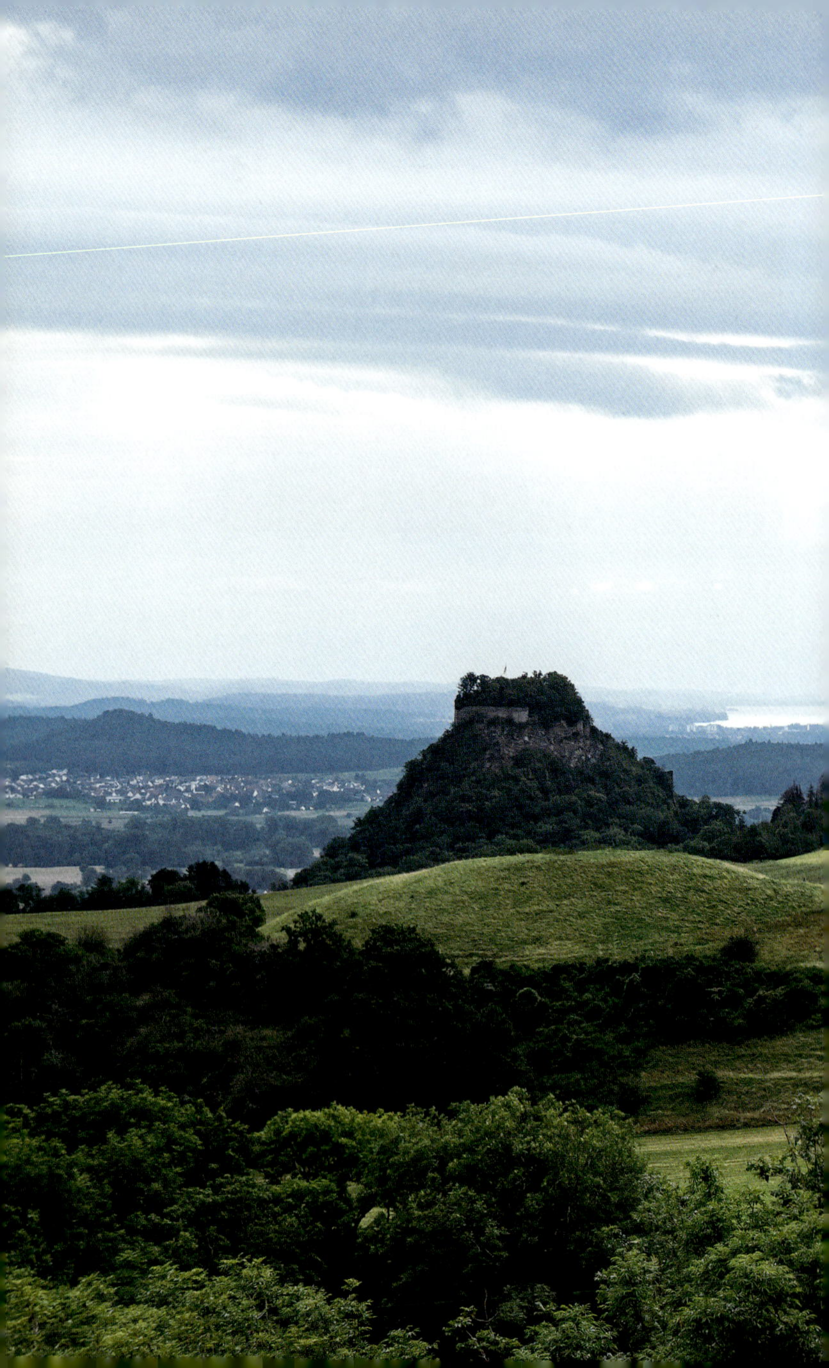

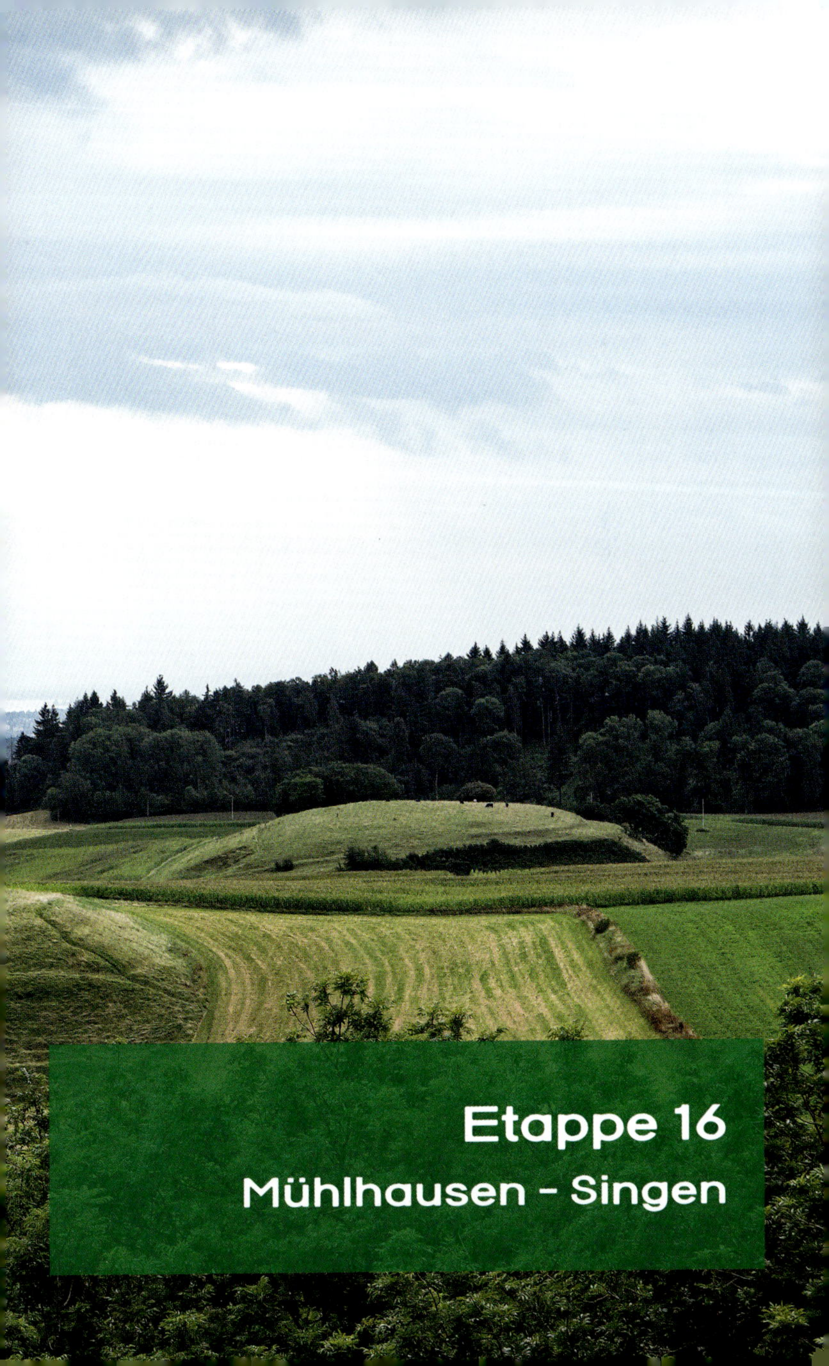

# Etappe 16

## Mühlhausen - Singen

# 97 HEGAUKREUZ, HILZINGEN

## Ein guter Ort zum Nachdenken

**Hinkommen:**
47°48'25.1"N 8°47'26.3"E

**Mit dem Auto:**
A81, Ausfahrt 41, Kreuz Singen.

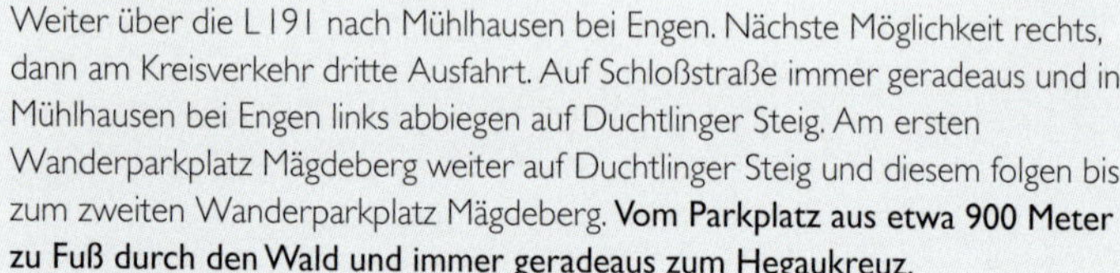

Weiter über die L191 nach Mühlhausen bei Engen. Nächste Möglichkeit rechts, dann am Kreisverkehr dritte Ausfahrt. Auf Schloßstraße immer geradeaus und in Mühlhausen bei Engen links abbiegen auf Duchtlinger Steig. Am ersten Wanderparkplatz Mägdeberg weiter auf Duchtlinger Steig und diesem folgen bis zum zweiten Wanderparkplatz Mägdeberg. **Vom Parkplatz aus etwa 900 Meter zu Fuß durch den Wald und immer geradeaus zum Hegaukreuz.**

**Mit dem ÖPNV:**
Mit der Bahn nach Mühlhausen bei Engen. Der Bahnhofstraße folgen, dann links auf Schloßstraße. Nächste Möglichkeit rechts auf Duchtlinger Steig. Weiter wie oben.
**Vom Bahnhof bis zum Hegaukreuz sind es 2,5 Kilometer.**

**Tourbeschreibung:**
Unglaubliche Rundumsicht auf fast alle ehemaligen Hegauvulkane. Wege sind überwiegend breit, leicht hügelig und gut zu begehen.

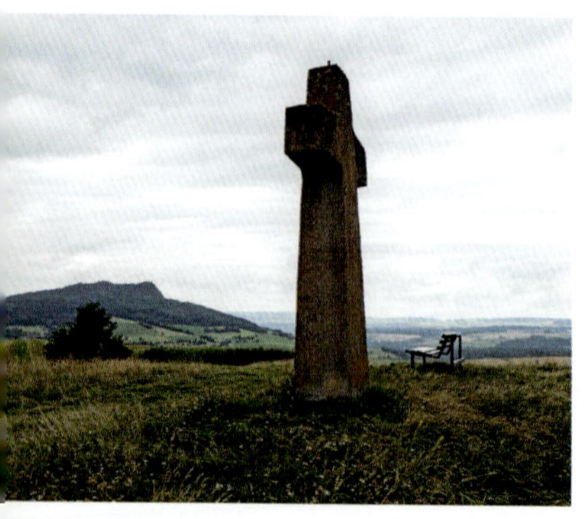

Auf geht es zu meiner letzten Etappe! Ich bin unheimlich stolz, schon so weit gekommen zu sein und dieses Gefühl wird mich heute ganz sicher den ganzen Weg bis zum Ziel begleiten. Dabei spielt es auch keine Rolle mehr, dass es heute zugezogen hat. Im Gegenteil. Ich bin sehr froh, dass das Wetter die letzte Woche so stabil war. Mit diesem Glücksgefühl fahre ich nach Mühlhausen bei Engen und hole

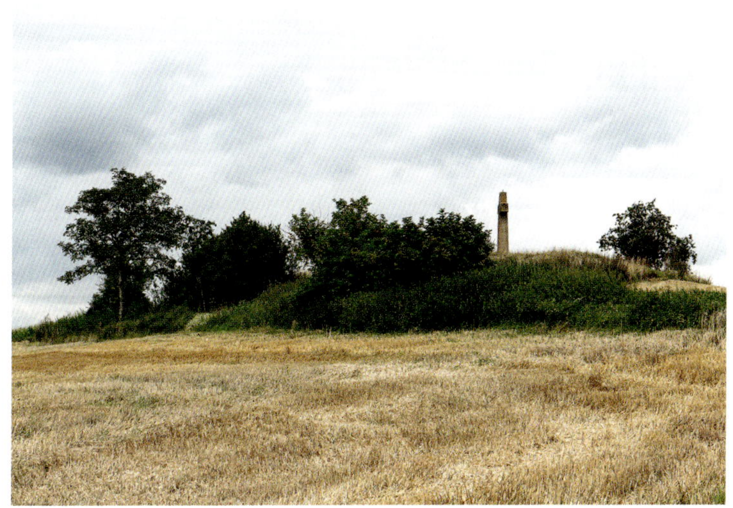

meine zwei Highlights, die ich gestern zeitlich bedingt ausfallen lassen musste, gleich zu Beginn nach. Das sind der Mägdeberg, ein kuppelartiger, bewaldeter Hügel und das Hegaukreuz.

Ich mache mich zuerst zum bereits von Weitem sichtbaren Hegaukreuz auf, das kurz hinter dem Mägdeberg liegt. Auf dem Weg dorthin komme ich rechts am kleinen Hügel Offerenbühl vorbei und erreiche etwas später einen Wanderparkplatz beim Mägdeberg. An einer Infotafel über den Mägdeberg biege ich rechts in den Wald und passiere das Tor einer Burgmauer. Den Wald lasse ich Stück für Stück wieder hinter mir und komme schon recht bald am vier Meter hohen Hegaukreuz an, das sich auf einer rund 660 Meter hohen Anhöhe zwischen den Orten Weiterdingen, Mühlhausen und Duchlingen befindet.

Von dieser besonderen Stelle bietet sich eine malerische Aussicht auf den Hegau. Ich habe eine 360-Grad-Rundumsicht – sehe nach Norden den Hohenhewen und den Neuhewen dahinter, nach Osten liegt der Mägdeberg unmittelbar vor mir, im Süden der wie abgeschnitten wirkende Hohenkrähen und im Westen den stumpfen Hohenstoffeln. Auch erkenne ich nun den Bodensee, wobei die Sicht auf die Schweizer Alpen mir leider wieder nicht gegönnt ist.

Das imposante Hegaukreuz wurde vor 50 Jahren aufgestellt und ist

dem damaligen Landrat Ludwig Seiterich gewidmet, der sich mit einem großen Engagement für die Landschaft im Hegau und die wirtschaftliche Stabilität eingesetzt hat und sich hier an diesem markanten Ort inspirieren ließ. Das Kreuz besteht aus Tengener Muschelkalk, ein Material, welches Zeugnis über eine Zeit der Steingewinnung ist, die bis zu den Römern zurückreicht.
Ich bleibe hier noch ein Weilchen und genieße die famose Rundumsicht, ehe ich mich auf den Weg zurück mache Richtung Mägdeberg.

## Tipp

Die Gegend war nicht immer friedlich. So gab es im Hegau zum Beispiel am 3. Mai 1800 die berüchtigte Schlacht von Engen zwischen Franzosen und Engländer, die die Franzosen gewannen. Eine Kanonenkugel aus dieser Zeit steckt noch in einer Hauswand in der Welschinger Straße in Welschingen gegenüber dem Gasthaus Adler und ist auch als „Denkmal" markiert. Viele Rundwege zu den ehemaligen Hegauvulkanen bieten sich an und lassen sich mit dem inspirativen Platz beim Hegaukreuz verbinden.

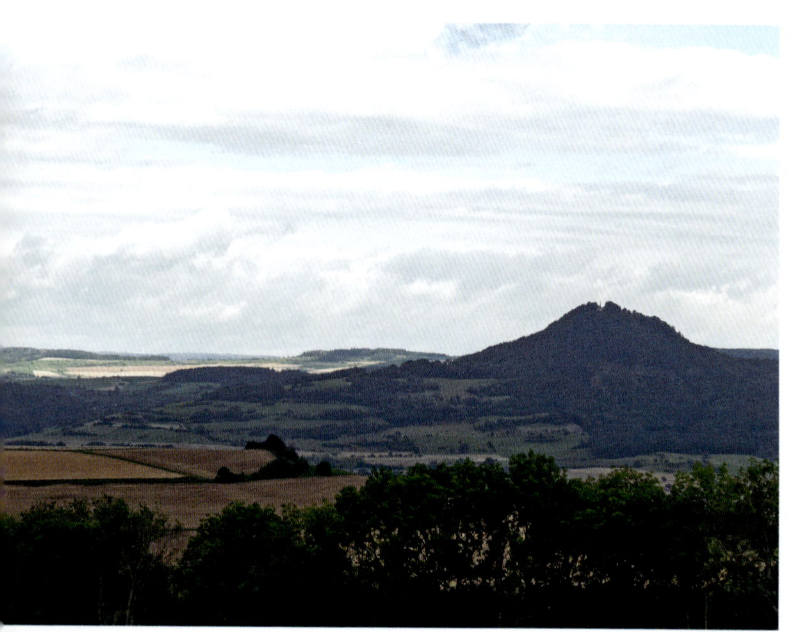

# MÄGDEBERG, HILZINGEN
## Die heilige Ursula als Namensgeberin

98

**Hinkommen:**
47°48'25.1"N 8°47'26.3"E

**Mit dem Auto:**
A81, Ausfahrt 41, Kreuz Singen.
Weiter über die L191 nach Mühlhausen bei Engen. Nächste Möglichkeit rechts, dann am Kreisverkehr dritte Ausfahrt. Auf Schloßstraße immer geradeaus und in Mühlhausen bei Engen links abbiegen auf Duchtlinger Steig. Am ersten Wanderparkplatz Mägdeberg weiter auf Duchtlinger Steig und diesem folgen bis zum zweiten Wanderparkplatz Mägdeberg.
**Dem Weg in den Wald nur wenige Meter bis zur Burg folgen.**

**Mit dem ÖPNV:**
Mit der Bahn nach Mühlhausen bei Engen. Der Bahnhofstraße folgen, dann links auf Schloßstraße. Nächste Möglichkeit rechts auf Duchtlinger Steig. Weiter wie oben.
**Vom Bahnhof bis zum Mägdeberg sind es 2,1 Kilometer.**

**Tourbeschreibung:**
Hügelige Landschaft mit gigantischen Blicken in den Hegau. Der Mägdeberg ist bewaldet. Gut befestigte, breite Wege. Auf dem Burggelände lohnt es sich, festes Schuhwerk zu tragen.

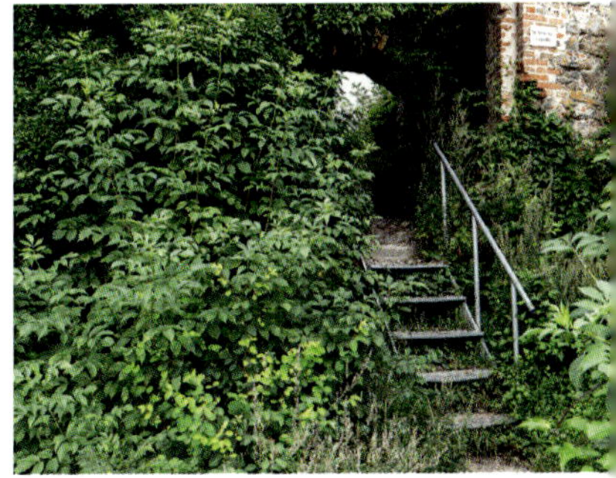

Vom Hegaukreuz gehe ich wieder zurück zum Mägdeberg, der unmittelbar vor mir liegt. Auf einer Infotafel, die direkt am Wanderparkplatz Mägdeberg steht, lese ich, dass der Berg als Wallfahrtsberg wie geschaffen war für eine Kapelle. Diese wurde dann auch gebaut und der heiligen Ursula und ihren elftausend Mägden geweiht. Einer Legende nach war sie wohl

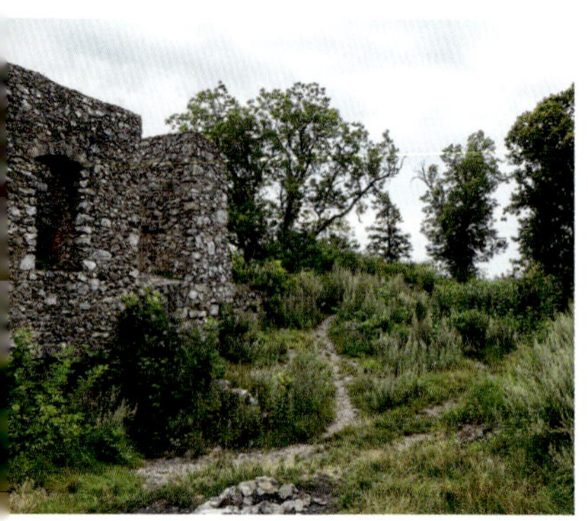

auch Namensgeberin für den Berg. Heute befindet sich die Kapelle allerdings im Dorf Mühlhausen.
Aus der vorgeschichtlichen Zeit gibt es aber einen anderen Ansatz für den Namen des Berges. Bereits im 13. Jahrhundert nannte man den Berg Megideberc, Megdeberg oder Magdeberc. In diesen Bezeichnungen findet sich das althochdeutsche Wort Magad für Jungfrau. Demnach ist der Mägdeberg ein „Berg der Jungfrauen".
Außerdem ist der Mägdeberg seit 1984 ein ausgewiesenes Naturschutzgebiet und bietet Lebensraum für eine Vielzahl seltener Pflanzen und Pflanzengesellschaften.
Im Naturschutzgebiet befindet sich auf der Westseite des Berges sogar eine Kletterwand, die aber nur schonend genutzt werden darf.
Um 1240 erbaute Abt Konrad von Zimmern von Reichenau die Burg. Nachdem Truppen der Stadt Konstanz diese 1378 zerstörten, baute sie Graf Eberhard von Württemberg

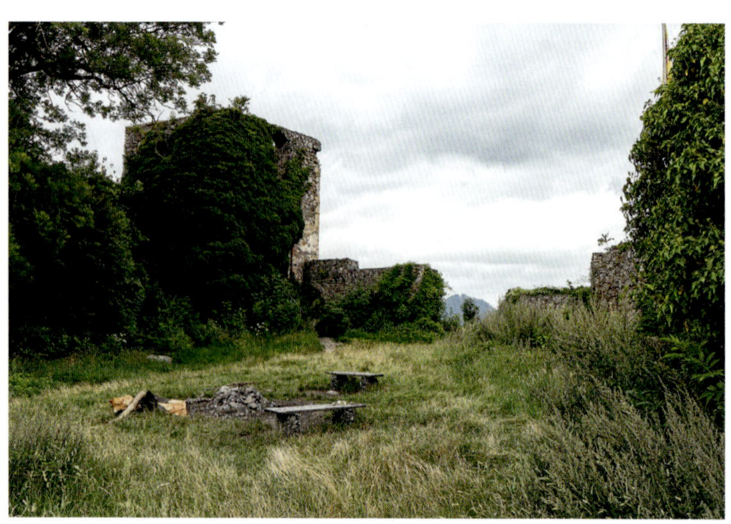

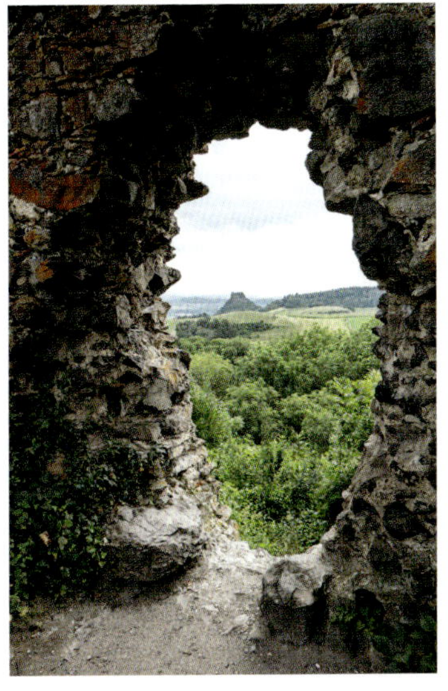

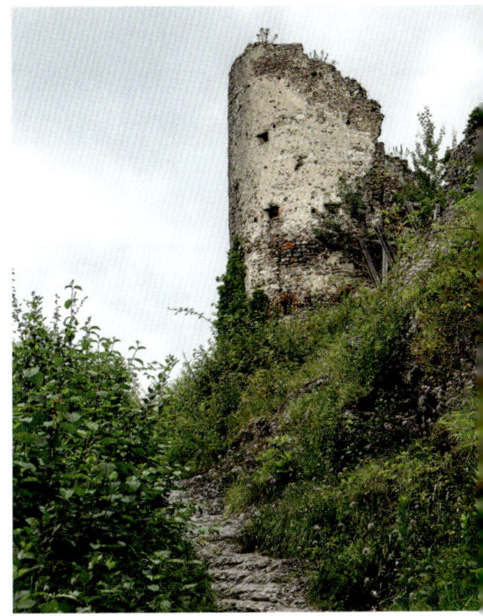

wieder auf. Um 1770 dann wurde die Burganlage abgebrochen.

Von der gegenüberliegenden Seite des Wanderparkplatzes Mägdeberg gehe ich auf einem Pfad in den Wald hinein, ehe ich nach wenigen Metern durch ein Tor in der Burgmauer auf das Burggelände gelange. Die Burganlage macht einen geheimnisvollen Eindruck. Die Vegetation ist üppig und artenreich. Überall gibt es kleine Mauerreste, Nischen und sogar die eine oder andere Grillmöglichkeit. Immer wieder bekomme ich Aussichten auf das so besondere Hegaupanorama mit seinen zahlreichen Bergkegeln.

Ich schaue mir noch einige versteckte Ecken an und mache mich dann zurück zum Ausgang, biege links ab und gehe den Pfad, den ich vorhin hochgekommen bin, auch wieder hinunter zum Wanderparkplatz. Von dort aus mache ich mich zum kleinen Hügel Offerenbühl auf.

## Tipp

Im Gasthaus Mägdeberg, das idyllisch im Herzen des Hegaus liegt, gibt es eine gutbürgerliche Küche und regionale Spezialitäten aus eigener Schlachtung. Die variierenden Öffnungszeiten sind der Website zu entnehmen: www.gasthaus-maegdeberg.de, Telefon 07733/8129.

# 99 OFFERENBÜHL, HILZINGEN
## Rundumblick auf die Vulkan-Highlights

**Hinkommen:**
47°48'13.7"N 8°48'32.6"E

**Mit dem Auto:**
A81, Ausfahrt 41, Kreuz Singen.

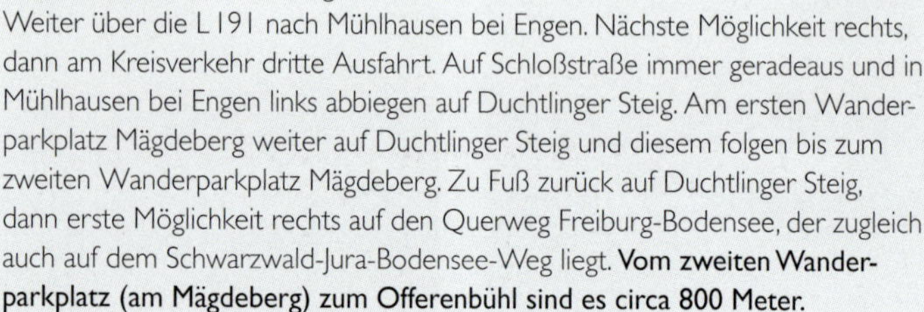

Weiter über die L191 nach Mühlhausen bei Engen. Nächste Möglichkeit rechts, dann am Kreisverkehr dritte Ausfahrt. Auf Schloßstraße immer geradeaus und in Mühlhausen bei Engen links abbiegen auf Duchtlinger Steig. Am ersten Wanderparkplatz Mägdeberg weiter auf Duchtlinger Steig und diesem folgen bis zum zweiten Wanderparkplatz Mägdeberg. Zu Fuß zurück auf Duchtlinger Steig, dann erste Möglichkeit rechts auf den Querweg Freiburg-Bodensee, der zugleich auch auf dem Schwarzwald-Jura-Bodensee-Weg liegt. **Vom zweiten Wanderparkplatz (am Mägdeberg) zum Offerenbühl sind es circa 800 Meter.**

**Mit dem ÖPNV:**
Mit der Bahn nach Mühlhausen bei Engen. Der Bahnhofstraße folgen, dann links auf Schloßstraße. Nächste Möglichkeit rechts auf Duchtlinger Steig. Weiter wie oben. Nach dem Mägdeberghof rechts auf den Querweg Freiburg-Bodensee, der zugleich auch auf dem Schwarzwad-Jura-Bodensee-Weg liegt.
**Vom Bahnhof zum Offerenbühl sind es 1,8 Kilometer.**

**Tourbeschreibung:**
Breite, gut befestigte Feldwege, kurzer, steiler, aber müheloser Anstieg zum „Gipfel". Weite Rundumsicht über den Hegau.

Ein eher unscheinbarer Hügel im Hegau ist der 612 Meter hohe Offerenbühl, den ich gestern erst entdeckt habe, als ich vom Mägdeberg hinunter nach Mühlhausen gewandert bin. Ich gehe vom Mägdeberg auf dem Querweg Freiburg-Bodensee, der zugleich auch auf dem Schwarzwald-Jura-Bodensee-Weg liegt, hinüber zum Offerenbühl, der direkt an meine Wanderstrecke grenzt. Im Vorbeigehen überlege ich mir noch, ob es sich wirklich lohnt, da hinaufzugehen. Weil es nur ein kleiner und nicht bewaldeter Hügel ist, nehme ich mir die Zeit und bin nach einem kurzen, steilen Aufstieg im Nu oben.

Und ja, es hat sich auf jeden Fall gelohnt: Oben auf dem Offerenbühl sehe ich tatsächlich alle wesentlichen Vulkanberge des Hegau. Gut, vom Hohentwiel bei Singen sehe ich zwar nur den Gipfel, da er sich hinter einem Berg versteckt. Aber immerhin!

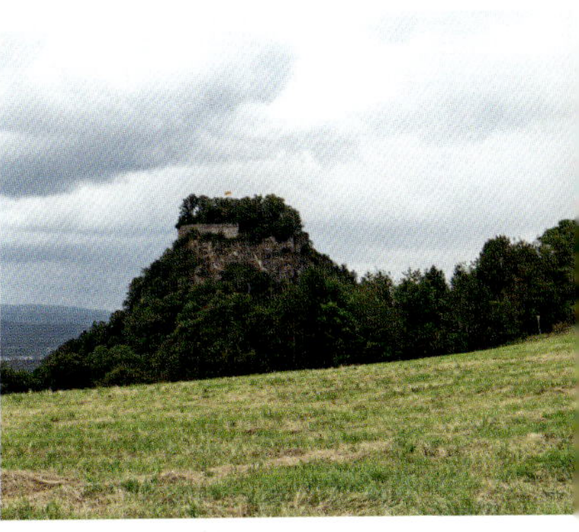

Kaum habe ich meine Gedanken zu Ende gebracht, dass hier beim Gipfelkreuz auch ein Picknick nett wäre, beobachte ich, wie sich unten am Weg ein Auto nähert und direkt am Fuße des Hügels parkt. Eine kleine Gruppe Menschen steigt aus. Sie steigen, gut bepackt, hoch zu mir und lassen sich zum Picknick nieder. Wir begrüßen und unterhalten uns kurz, bevor ich mich wieder auf den Weg hinab mache und meine Wanderung fortsetze. Ich bin froh, diesen kleinen Hügel für mich entdeckt und als „Zufallsbekanntschaft" in meine Highlights aufgenommen zu haben.

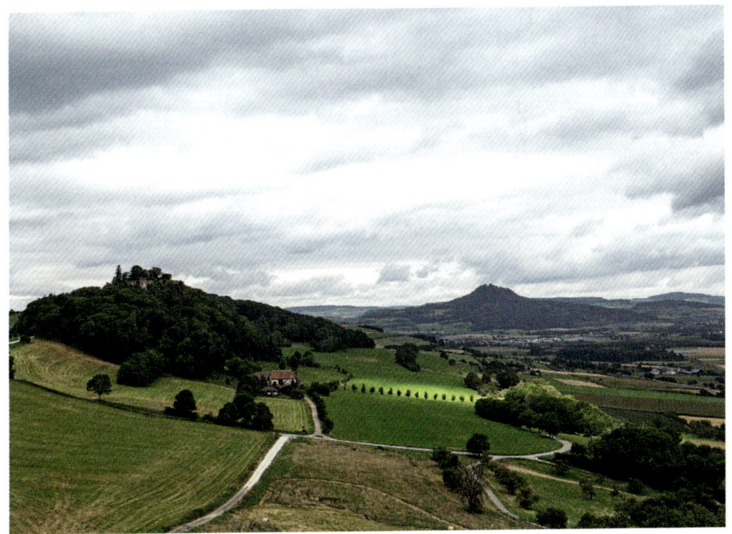

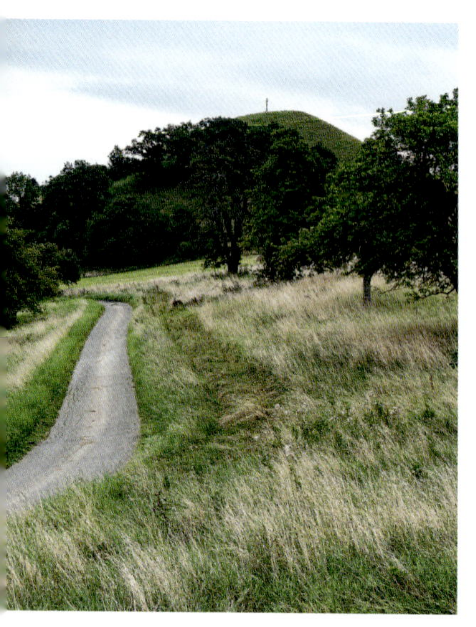

## Tipp

Auf der „anderen" Seite des Ortes Mühlhausen befindet sich das Ehinger Ried. Das Niedermoor mit seinen Teichen ist ein ausgewiesenes Naturschutzgebiet. Hier können Laubfrosch, Rohrammer, Zwergtaucher und Nachtigall und viele andere Arten ungestört leben. Seit 1986 betreut der BUND Baden-Württemberg auch die Wiesen des Schutzgebietes, die seltenen Arten wie der Mehlprimel oder der Sibirischen Schwertlilie einen Lebensraum bieten.

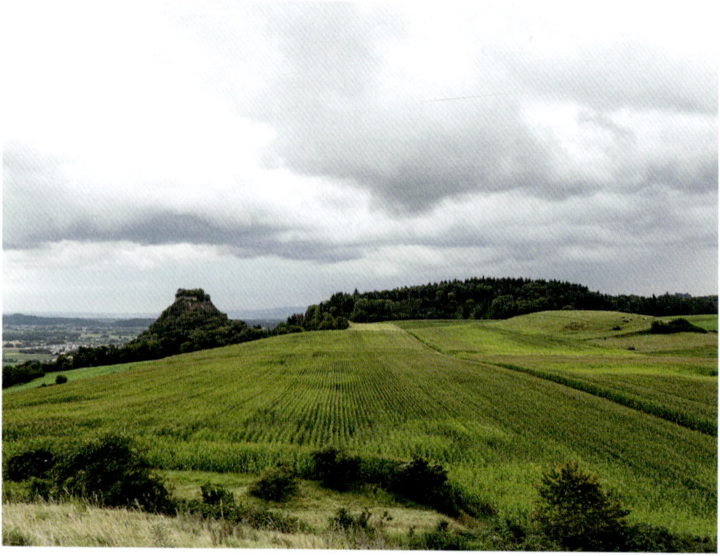

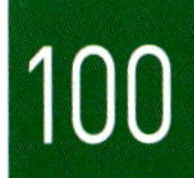

# HOHENKRÄHEN, HILZINGEN
## Die Burg eines Gespenstes

**Hinkommen:**
47°47'55.5"N 8°49'13.2"E

**Mit dem Auto:**
A81, Ausfahrt 41, Kreuz Singen.
Auf L191 Richtung Singen, am Kreisverkehr geradeaus, dann rechts auf Duchtlinger Straße. Die A81 unterqueren und dem Straßenverlauf folgen bis zum Wanderparkplatz Hohenkrähen. Dort zu Fuß weiter durch den Wald. Bei der nächsten Kreuzung rechts, dann immer geradeaus zur Burg.
**Vom Parkplatz zur Burg sind es circa 1,2 Kilometer.**
Einen weiteren Wanderparkplatz gibt es an der L191 Richtung Mühlhausen rechts unterhalb des Hohenkrähen. Von dort den Wegen hoch zur Burg folgen.
**Von diesem Wanderparkplatz sind es circa 1,7 Kilometer bis zur Burg.**

**Mit dem ÖPNV:**
Mit dem Zug nach Singen. Dann zu Fuß weiter auf Erzbergstraße. Links auf Alemannenstraße und rechts auf Hohenkrähenstraße. Dieser folgen bis zur Überquerung der Radolfzeller Aach, dann gleich links und die Bahnstrecke überqueren. Rechts auf Duchtlinger Straße, dieser folgen bis zum Wanderparkplatz Hohenkrähen. Weiter wie oben.
**Vom Bahnhof zum Hohenkrähen sind es circa 5,6 Kilometer.**

**Tourbeschreibung:**
Der Hohenkrähen ist vom Süden (Wanderparkplatz Hohenkrähen) wesentlich einfacher zu erreichen als vom Norden. Überwiegend führen die breiten Wege durch den Wald. Das Burggelände an sich ist steil, teilweise geht es nur auf Felsplatten nach oben, die aber immer gut gesichert sind. Trotzdem kann es an Regentagen rutschig sein, daher ist stabiles Schuhwerk zu empfehlen.

Vom Offerenbühl geht es auf dem Querweg Freiburg-Bodensee, der zugleich auch auf dem Schwarzwad-Jura-Bodensee-Weg liegt, weiter zum 644 Meter hohen Hohenkrähen, der sich direkt vor mir befindet. Ich nähere mich ihm auf einem breiten, gut befestigten Feldweg, der mich wenig später an den Rand eines Waldes führt. Schon die ganze Zeit erkenne ich oben auf dem markanten Vulkankegel eine

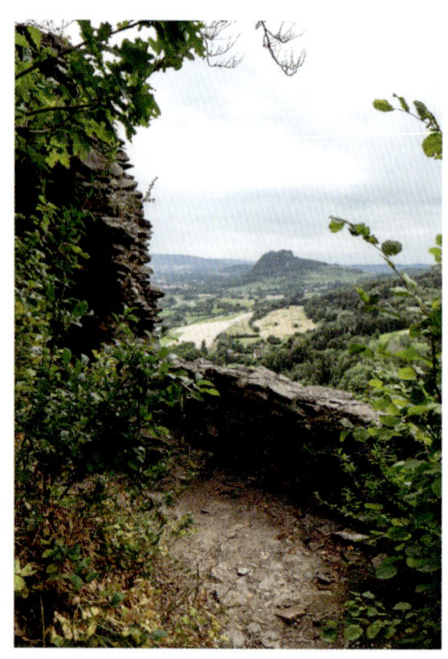

Burg mit einer Fahne, die ich mir natürlich näher anschauen möchte. Sogar das berüchtigte Burggespenst Poppele soll hier noch heute umgehen. Der einstige Burgvogt „Popolius Maier" – so heißt es – sei wegen seiner Gewalttätigkeit verflucht worden und müsse nun ruhelos umherirren. Heute ist der Poppele eine der Hauptfiguren der Singener Fasnacht.

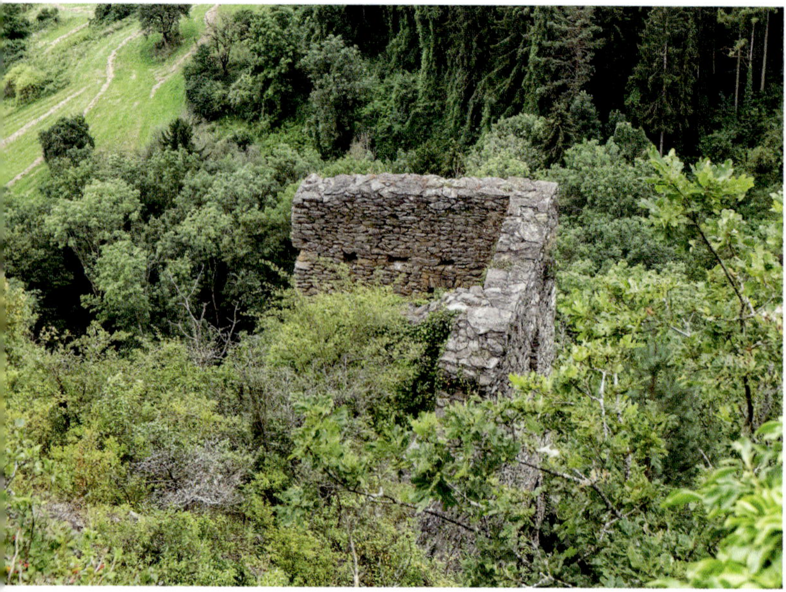

Um zur Burg zu gelangen, muss ich vor dem Wald einen kleinen Umweg in Kauf nehmen. Mein direkter Hauptweg scheint sich nämlich im Wald zu verlieren. Von Süden ist der Hohenkrähen wesentlich leich-

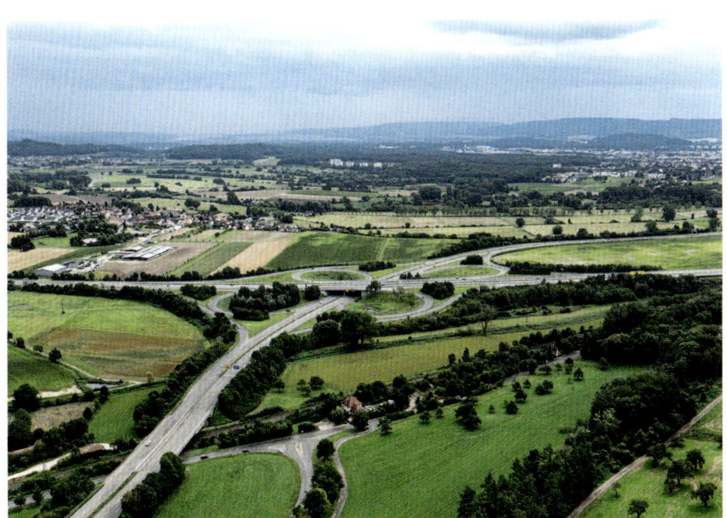

ter zu erreichen. Deswegen gehe ich kurz vor dem Waldrand nach rechts, um bei nächster Gelegenheit links abzubiegen. Ich folge einem breiten, angenehmen Weg, der zuerst linksseitig am Wald verläuft und später dann durch den Wald. Bei nächster Gelegenheit nehme ich links den Querweg Freiburg-Bodensee zur Burg.

Mein Umweg führt mich auf einem breiten Waldweg zum Altkrähenhof. Ich stehe vor einem großen Torbogen. Respekt und Anstand sind erwünscht. Ich betrete das Burggelände und erfahre an einer Infotafel, dass die Burg im 12. Jahrhundert durch die Herren von Friedingen, die sich ab 1190 auch „de Craien" nannten, errichtet wurde.

Funde aus der Bronze-, Hallstatt- und Römerzeit belegen, dass schon Römer und Alemannen auf dem Phonolithkegel (Vulkankegel) gelebt haben. Ebenso wie die Burg auf dem Mägdeberg wurde die Burg auf dem Hohenkrähen nach vielen Besitzerwechseln vom Festungskommandanten des Hohentwiel, Konrad Widerholt, im Dreißigjährigen Krieg niedergebrannt. Seitdem wird die Ruine nicht mehr genutzt. Sie gilt als eine der imposantesten Burgruinen im Hegau – auch durch ihre kühne Lage auf dem sehr steilen, fast alpinen, Vulkankegel.

Im Hofbereich steht ein gelbes Haus, in dessen Wand eine Kanonenkugel aus dem Jahr 1732 steckt. Weil sich in diesem Jahr die Hefe-

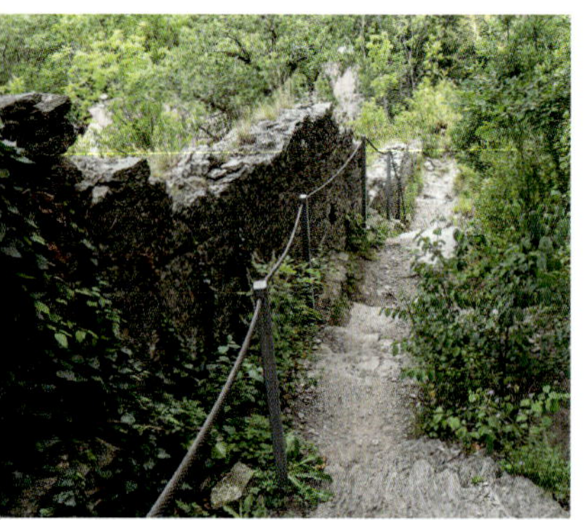

steuer erhöht hatte, sind als Folge die Nahrungsmittelpreise extrem angestiegen. Daraufhin erhob sich das Volk im Hegau und es kam zu einer Schlacht mit den Adligen, die die Hegauer gewannen. Während der Schlacht erwischte wohl eine Kanonenkugel diese Hauswand. Vom gelben Haus aus erkunde ich das verwinkelte, ansteigende Burggelände. Die Wege sind sehr steil, ich steige teilweise auf Felsplatten hinauf. An einem Handlauf kann ich mich allerdings gut festhalten. Vom oberen Teil des Burggeländes blicke ich herrlich gen Bodensee und habe mein Ziel, den Hohentwiel, unmittelbar vor mir. Mein Glücksgefühl, es fast geschafft zu haben, ist unbeschreiblich. Unter mir liegt die A81, und ich beobachte das Treiben auf dem Autobahnkreuz Singen. Dann geht es wieder steil abwärts, ich verlasse Burggelände und Hohenkrähen und mache mich auf zu meinem Zielhighlight, dem Hohentwiel bei Singen.

## Tipp

Einkehr im Restaurant Hotel Hegauhaus, das durch seine einzigartige Lage mit herrlichem Panoramablick zum Hohentwiel über den Hegau bis hin zum Bodensee besticht und auf der Südseite des Tannenbergs liegt. Aus der ideenreichen Küche gibt es kräuterreiche, regionale Produkte wie Lamm vom Hohentwiel, Gemüse von der Insel Reichenau, Fisch aus dem Bodensee und Weine aus der Region. Duchtlingerstraße 55, 78224 Singen. Mi – So von 11.30–14 Uhr und 17–21 Uhr. www.hotel-hegauhaus.de, Telefon 07731/44672.

# HOHENTWIEL, SINGEN
## Nie bezwungene Burg

101

**Hinkommen:**
47°45'52.0"N 8°49'07.4"E

**Mit dem Auto:**
A81, Ausfahrt 41, Kreuz Singen.
Weiter auf L191 Richtung Singen, am Kreisverkehr geradeaus, dann rechts auf Duchtlinger Straße. Nach dem Rechtsknick erste Möglichkeit links, dann an der Gabelung wieder links und weiter bis zum Parkplatz Hohentwiel. Zu Fuß rechts am Friedhof vorbei und dem Weg hoch zur Burganlage folgen.
**Vom Parkplatz bis zum Eingang der Burganlage sind es circa 700 Meter.**

**Mit dem ÖPNV:**
Mit der Bahn nach Singen. Dann zu Fuß auf Erzbergstraße, nächste Möglichkeit links auf Hegaustraße. Rechts auf Hauptstraße und gleich wieder links auf Schlachthausstraße. Am Theater „Die Färbe" geradeaus bis zur Gabelung. Hier rechts, links an den Tennisplätzen vorbei, dann links auf Schaffhauser Straße. Rechts auf Virchowstraße, geradeaus auf Am Olgaberg und weiter geradeaus auf Sonnenrain. Auf dem sogenannten Vulkanpfad hoch zum Hohentwiel.
**Vom Bahnhof zum Hohentwiel sind es 3,3 Kilometer.**

**Tourbeschreibung:**
Die Wege auf dem Hohentwiel sind überwiegend gut befestigt. Unglaubliche Aussicht auf den ganzen Hegau. Mit ein wenig Glück Sicht zum Bodensee und vor allem gigantisches Alpenpanorama.

Nun bin ich also auf dem Weg zum Hohentwiel, dem Ziel meiner langen Wanderstrecke, die ich in Herrenberg begonnen habe. Mein Glücksgefühl trägt mich förmlich dorthin. Vom Hohenkrähen wandere ich zuerst hinaus aus dem Wald und weiter auf der Duchtlinger Straße Richtung Hohentwiel, der nun zum Greifen nah vor mir

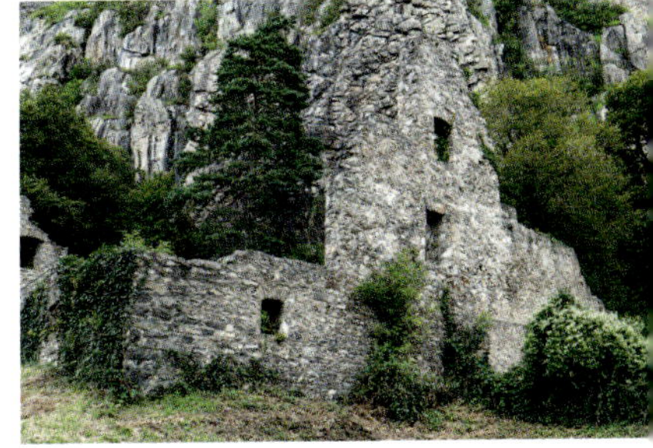

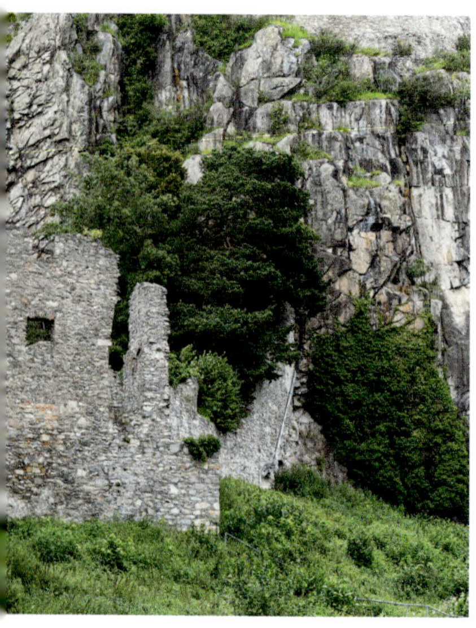

liegt und mit jedem Schritt größer wird. Dabei nähere ich mich auch der A81 und überquere sie schließlich über dem Tunnelportal, durch welches ich schon so oft in die Schweiz gefahren bin.

Danach beginnt auch schon der Anstieg auf den 696 Meter hohen Hohentwiel. Dieses Markenzeichen der Region Hegau gilt als einer der historisch bedeutendsten Berge der Bodenseeregion, ja sogar von ganz Mitteleuropa. In seiner bewegten Vergangenheit rangen immer wieder lokale Machthaber, aber auch europäische Großmächte um den Berg. Über weite Wiesen geht es stetig bergauf und ich schaue immer wieder zurück in den Hegau, aus dem ich gekommen bin. Der Hohentwiel bietet mit seinen schroffen Felswänden, dem Wald und den Magerrasen außergewöhnliche Lebensbedingungen für eine sehr besondere Pflanzenwelt.

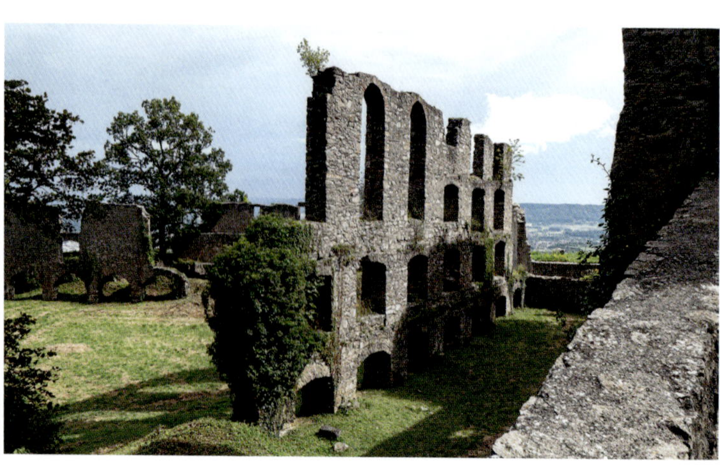

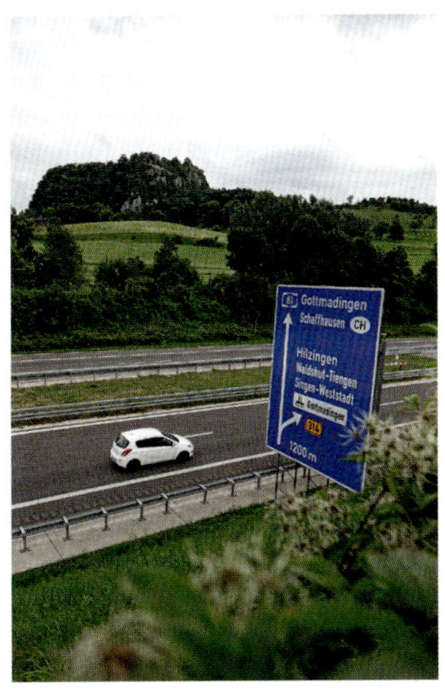


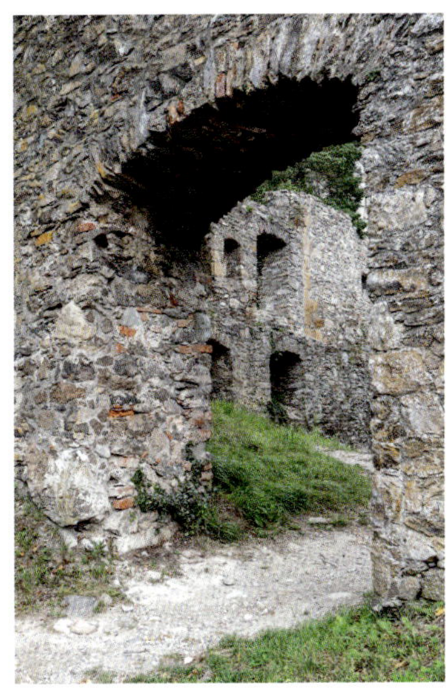

Ein Eldorado für Naturfreunde. So wachsen auf der Südseite, bedingt durch die steilen Hangabschnitte, die den Sonnenstrahlen besonders stark ausgesetzt sind, eher mediterrane Pflanzen, während auf der Nordseite eher skandinavische Arten wachsen. Hier gedeihen Orchideenarten, die man nur vom Schwarzen Meer oder der Rheinmündung kennt. Die Weinberge und die Schafe vom alten Hofgut bilden dazu einen herrlichen Kontrast.

Der Nieselregen hat aufgehört und vom Westen zeigt sich sogar blauer Himmel. Ob ich Glück habe und bei meiner Ankunft doch noch die Sonne genießen kann? Mittlerweile befinde ich mich am Fuße der Festung, die ich durch das Alexandertor betrete. Mit ihren neun Hektar ist sie eine der größten Festungsruinen Deutschlands und diente bereits im Jahr 915 Herzog Burkhards III. und seiner Gemahlin Hadwig als Wohnsitz. Noch heute ist deren Geschichte durch den Roman „Ekkehard“ von Joseph Victor Scheffel, den die Singener als Autor sehr verehren, lebendig.

In der alten Remise der Domäne auf halber Höhe befindet sich ein Informationszentrum mit umfassender Dauerausstellung. Erzählt wird die spannende Geschichte des Hohentwiels und seiner Bewohner. Mittelpunkt der Ausstellung ist ein Modell der Festung – so wie sie im

18. Jahrhundert ausgesehen hat. Im Gegensatz zu den anderen Burgen im Hegau wurde sie dank der natürlichen Lage und ihren kunstvollen Verteidigungswerken militärisch nie bezwungen.

Auf gepflasterten Wegen gehe ich durch mehrere kleinere Tunnel und erreiche den Hof, von dem aus das Hauptgelände der Festungsruine besichtigt werden kann. Ich erkunde die imposante, große Burganlage, gelange dabei immer höher, bis ich eine Aussichtsplattform erreiche, von der aus ich über den gesamten Hegau nach Norden blicken kann. Man sagt, es sei das schönste Panorama, das man in Baden-Württemberg vor sich haben kann. Unter mir schlängelt sich die A81 bis zum Horizont. Und genau in diesem Moment kommt tatsächlich die Sonne hervor. Was für ein Glück! Ich bleibe einfach nur stehen und genieße, bevor ich mich wieder auf den Rückweg hinunter nach Singen aufmache und meine Tour mit einem überglücklichen, stolzen Gefühl beende.

## Tipp

Spannendes über die Besonderheiten des Hohentwiels und seine Geheimnisse sowie über Natur- und Landschaftsschutz gibt es anhand der Infotafeln auf dem drei Kilometer langen Hohentwiel-Vulkanpfad zu erfahren. Startpunkt ist der Besucherparkplatz an der Domäne Hohentwiel.

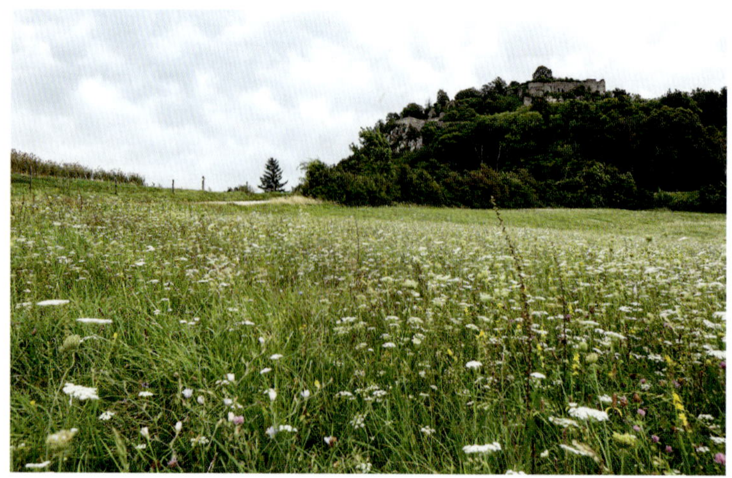

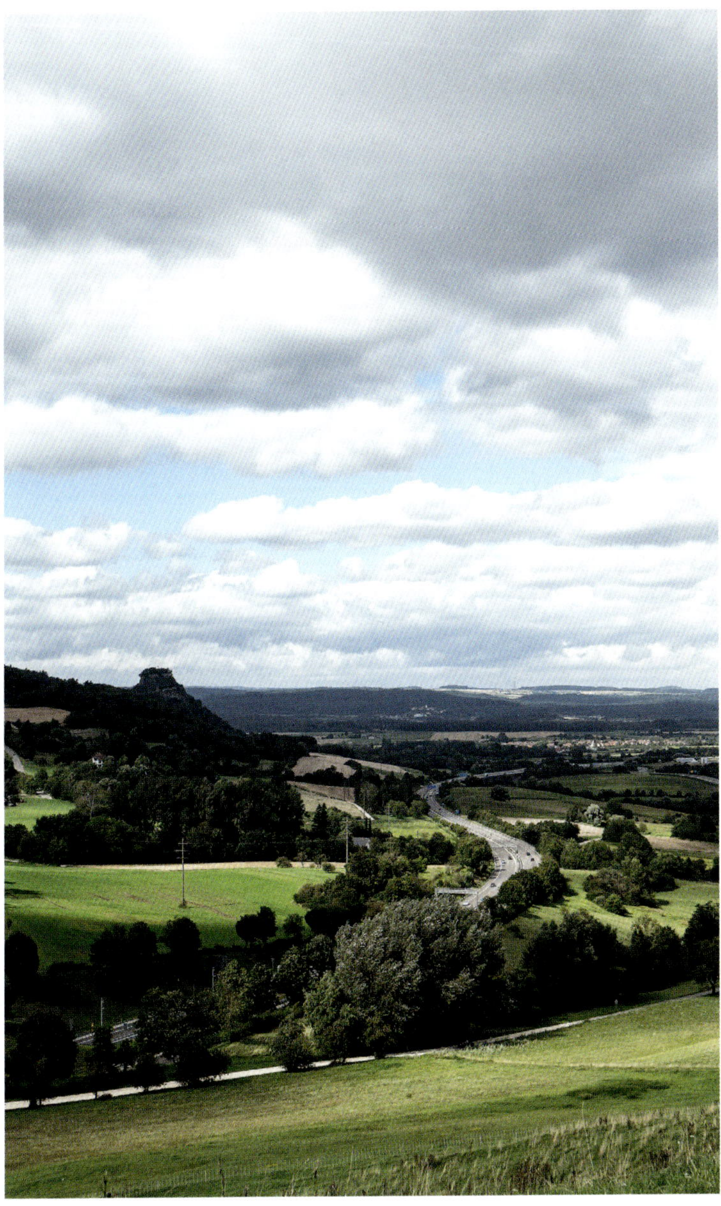

# Impressum

Alle Angaben in diesem Buch wurden vom Autor sorgfältig recherchiert sowie vom Verlag geprüft. Für die Richtigkeit der Angaben kann jedoch keine Haftung übernommen werden. Für Hinweise und Anregungen sind wir jederzeit dankbar.



Umschlag: PMP-Agentur für Kommunikation
Titelbild: Sebastian Wenzel
Lektorat: Ulrike Weiler
Schlusskorrektorat: Sabine Tochtermann
Kartografie: Anneli Nau
Layout und Satz: Uhl+Massopust, Aalen
Druck und Einband: FINIDR, s.r.o. | Česká republika

ISBN 978-3-96555-096-4

Besuchen Sie unsere Homepage und informieren Sie sich über unser vielfältiges Verlagsprogramm:
www.oertel-spoerer.de

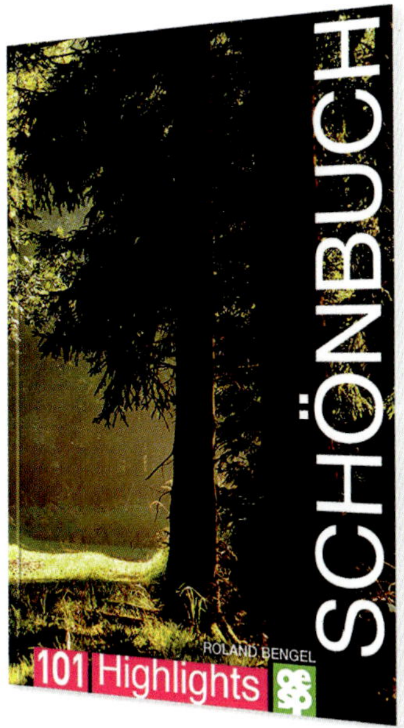


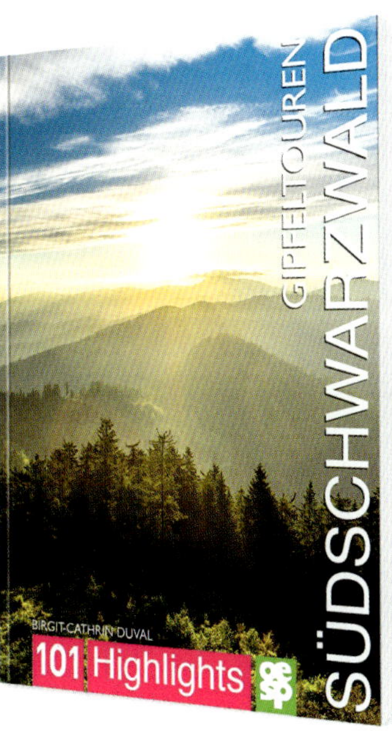


Dieses Buch ist ein Kaleidoskop, so bunt und vielfältig wie der Naturpark Schönbuch selbst.

Der Naturliebhaber Roland Bengel zeigt Ihnen die schönsten, interessantesten und kulturhistorisch bedeutsamsten Plätze in und um den Schönbuch.

Sowohl sportlich ambitionierte Wanderer und Spaziergänger, Familien mit Kindern und auch Menschen mit Gehbehinderung finden passendeTouren.

Packen Sie das Buch in Ihren Rucksack und kommen Sie mit auf die schönsten, unbekanntesten und geheimnisvollsten Berge im Südschwarzwald.

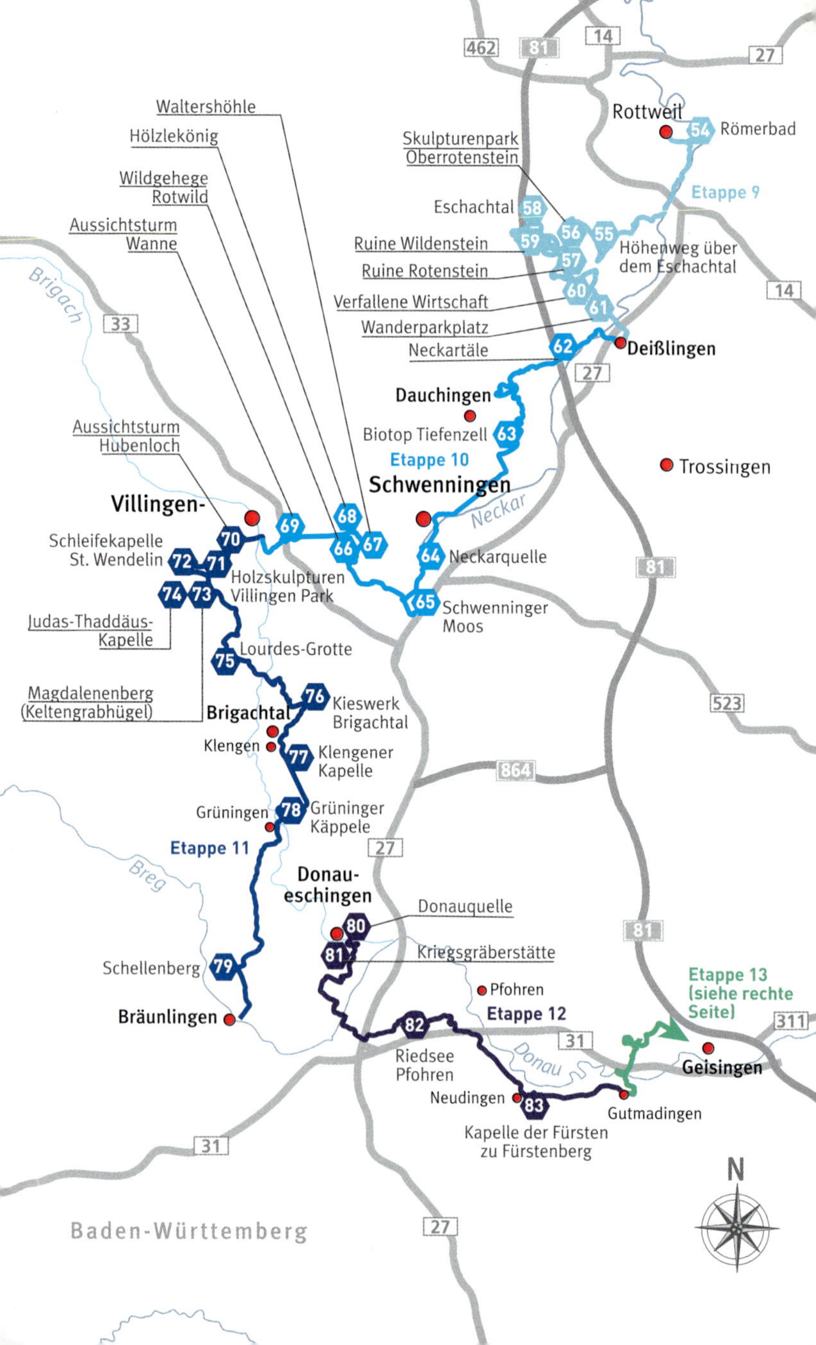

Waltershöhle
Hölzlekönig
Wildgehege Rotwild
Aussichtsturm Wanne
Skulpturenpark Oberrotenstein
Rottweil
Römerbad
Etappe 9
Eschachtal
Ruine Wildenstein
Ruine Rotenstein
Verfallene Wirtschaft
Wanderparkplatz
Neckartäle
Höhenweg über dem Eschachtal
Deißlingen
Dauchingen
Biotop Tiefenzell
Etappe 10
Schwenningen
Trossingen
Aussichtsturm Hubenloch
Villingen-
Schleifekapelle St. Wendelin
Holzskulpturen Villingen Park
Neckar
Neckarquelle
Schwenninger Moos
Judas-Thaddäus-Kapelle
Lourdes-Grotte
Magdalenenberg (Keltengrabhügel)
Brigachtal
Kieswerk Brigachtal
Klengen
Klengener Kapelle
Grüningen
Grüninger Käppele
Etappe 11
Brigach
Breg
Donau-eschingen
Donauquelle
Kriegsgräberstätte
Schellenberg
Bräunlingen
Pfohren
Etappe 12
Etappe 13 (siehe rechte Seite)
Riedsee Pfohren
Donau
Geisingen
Neudingen
Gutmadingen
Kapelle der Fürsten zu Fürstenberg
Baden-Württemberg
N